本书为国家社科基金重大项目"荆楚全书"(批准号：10@ZD093)之子课题成果之一。

叶植　靳进  辑校

习凿齿
文史合集校注

Collection of Literary and Historic
Works of Xi Zaochi with Annotations

中国社会科学出版社

图书在版编目（CIP）数据

习凿齿文史合集校注 / 叶植，靳进辑校 . —北京：中国社会科学出版社，2023.11
ISBN 978－7－5227－2896－4

Ⅰ.①习⋯　Ⅱ.①叶⋯②靳⋯　Ⅲ.①文史—中国—文集　Ⅳ.①C52

中国国家版本馆 CIP 数据核字（2023）第 242627 号

出 版 人	赵剑英
责任编辑	宋燕鹏
责任校对	李　硕
责任印制	李寡寡

出　　版	中国社会科学出版社
社　　址	北京鼓楼西大街甲 158 号
邮　　编	100720
网　　址	http：//www.csspw.cn
发 行 部	010－84083685
门 市 部	010－84029450
经　　销	新华书店及其他书店

印　　刷	北京明恒达印务有限公司
装　　订	廊坊市广阳区广增装订厂
版　　次	2023 年 11 月第 1 版
印　　次	2023 年 11 月第 1 次印刷

开　　本	710×1000　1/16
印　　张	27.25
字　　数	423 千字
定　　价	158.00 元

凡购买中国社会科学出版社图书，如有质量问题请与本社营销中心联系调换
电话：010－84083683
版权所有　侵权必究

前　言

一　习凿齿生的卒年考

习凿齿，字彦威，襄阳人，其生年失载，但以现有的文献资料不难给予一个合理的推定。与习凿齿相去不远的刘义庆在其《世说新语》中谓："习凿齿史才不常，宣武甚器之，未三十，便用为荆州治中。"[①] 同条注引晋檀道鸾著《续晋阳秋》曰："凿齿少而博学，才情秀逸，温甚奇之。自州从事岁中三转至治中。"均谓习凿齿深受东晋权臣桓温器重，官职于三十岁前一年中连升三级。唐余知古《渚宫旧事》载："桓温，穆帝永和元年自徐州刺史代庾翼为荆州征西将军，都督荆、雍、梁、益六州，辟习凿齿为西曹主簿。"[②]《晋书》也载桓温于穆帝永和元年（345）八月为安西将军、荆州刺史出镇荆州。翌年十一月，桓温率荆州孤军进伐割据蜀地的成汉政权，三年三月灭成汉，随后又平定当地邓定、隗文发动的叛乱，四月振旅还江陵。[③]《晋阳秋》载："习凿齿为桓温主簿，令于蜀，致星人，既至，问国家祚运修短之期。"[④] 可见永和二年，习凿齿随桓温伐蜀时已在州主簿任上，平蜀后短暂出任过蜀郡（辖成都、广都、

---

① （南朝宋）刘义庆著，（南朝梁）刘孝标注，余嘉锡撰：《世说新语笺疏》卷上之下《文学第四》，中华书局1983年版，第258页。
② （唐）余知古著，袁华忠注译：《渚宫旧事译注》卷5《晋代》，湖北人民出版社1999年版，第191页。
③ 《晋书》卷98《桓温传》，中华书局1974年标点本，第2569页。
④ （隋）虞世南：《北堂书钞》卷73《主薄》"三十年看儒书不如诣习主薄"条，引檀道鸾《晋阳秋》。中国书店1989年影印本，第266页。四库本、东京大学东洋文化研究所"薄"作"簿"。四库本"至"作"致"。

繁、江原、临邛、郫六县）之一县令，将蜀地一知名星相师请至江陵，为桓温预测其政治前景，或即留在江陵，当年升任治中。

史载习凿齿受到桓温格外青睐主要得益于新结识的好友袁乔的举荐。袁乔在永和二年秋才到达荆州任江夏相，支持桓温伐蜀并亲自担任伐蜀先锋，永和四年八月因功封湘西伯，不久死去，在荆州任职时间只有大约两年。年轻、出身阳夏（今河南太康）高门的袁乔与襄阳地方豪族出身的青年习凿齿此前应未曾谋面，两人在地位、声望、事业上相差巨大，从相识到欣赏无疑也需要一些时日。① 由此不难推断习凿齿自州从事→西曹主簿→蜀令→治中三连升大约发生在永和三年（347）期间，因此成为当时政坛上崭露头角的新人，其时不到30岁，但离30岁也不会过远，若以最大值29岁推算，习凿齿大概生于元帝太兴二年（318），或此后1—2年。②

关于习凿齿的卒年，唐许嵩《建康实录》有明确记载："太元九年（384），冬十月辛亥朔，日有食之……是月，前荥阳太守习凿齿卒。"前秦苻坚派征南大将军苻丕于379年攻陷襄阳，习凿齿与释道安被掳至长安，受到苻坚厚待。不久，凿齿以罹疾为由获准返回襄阳。太元八年（383）苻坚兵败淝水，次年4月"襄、邓反正，朝廷欲征凿齿使典国史，会卒，不果"③。其时习凿齿所著《汉晋春秋》《襄阳耆旧传》等著作应已完成并蜚声海内，苻坚的器重又使其身价倍增，应是造成朝廷在甫一收回襄阳就立即征其典国史的原因之一，另一主要原因则是其于临终前所上《皇晋宜越魏继汉不应以魏后为三恪》为晋朝设计的一套新的建政理论引起了朝廷重视，但当孝武帝的诏书到达襄阳时，习凿齿已驾鹤西归，《晋书》本传亦有如是记载，以此推算，习凿齿享年应为68岁左右。

---

① 参见黄惠贤、柳春新《〈晋书·习凿齿传〉述评》，《魏晋南北朝隋唐史资料》，第24辑，2008年。
② 参阅黄惠贤《习凿齿事迹丛考》，《襄阳师专学报》（社科专号）1988年第3期。
③ 《晋书》卷82《习凿齿传》，第2154页。另见附录。

二 习凿齿的家世履历

《晋书》本传载习凿齿出身于襄阳大族，为荆楚郡姓，属当时的次门，其怪名或来自雅致的《诗经》（见附录）。习凿齿年少时即以博学多才、文采炳焕闻名当时，依两晋州郡佐吏例从当地豪族优秀子弟中辟除辟为荆州从事，被桓温提拔为西曹主簿、蜀令，后又累迁治中、荆州别驾，习凿齿曾在给桓温笺中感激其知遇拔擢之恩无疑出自真心，桓温可谓是其一生仕宦生涯的恩主。

别驾一职事繁责重，但凿齿应付裕如，莅事有绩，前后在州十年，职业中还结识了一众高朋，"时清谈文章之士韩伯、伏滔等并相友善"，[①]在门禁森严的两晋门阀政治生态中，仅出身乡豪的习凿齿跻升为举足轻重的大州上纲，依势交结王侯将相与当世名士，实属非凡。

史载习凿齿在荆州工作十年以后，遭遇两次仕途挫折，被桓温"左迁"户曹参军和出为荥阳太守，二者孰前孰后，史无明文。但从前引《续晋阳秋》和《世说新语》的记载顺序看，习凿齿是先左迁户曹参军，后出为荥阳太守。对于习凿齿在荥阳太守任上开始撰写《汉晋春秋》，并从荥阳病归襄阳，史籍记载一致，仅与涉笔便误的《晋书》有所扞格。以此推之，习凿齿系先任户曹参军，后出为荥阳太守。[②]

今按，"左迁"说值得商榷。州署别驾是由州刺史自辟的理民佐吏，年俸约百石，而诸曹参军乃军府、王府属官，须经中央任命、板除，或要履行中央的任命、板除手续，地位远在州府属官之上。户曹参军职司桓温势力范围内的兵役、赋税，非经验丰富之干才不能堪此重任，非腹心忠贞之士不会轻授此要职。太守乃朝廷的封疆大吏，虽无将军称号，但官品直升为五品，秩约二千石，何"左迁"打击之有？循州治中、别驾→军（王）府诸曹参军→郡守之路升迁的两晋南朝官吏极多，仅从桓温麾下循此路径晋升的就有多位，时人皆无左迁之说。习凿齿以一介勤

[①] 《晋书》卷82《习凿齿传》，第2153页。
[②] 《晋书》卷82《习凿齿传》，第2153页。

勉文人出任郡守明显属于显任，无疑得益于桓温生前的最后关照，至于习凿齿出镇荥阳有没有带将军职尚不能以简单的一句"出为荥阳太守"论断，况且其时没带将军号的郡守虽属少数但并非没有。

洛阳自永嘉五年（311）被刘曜攻占后，永和十二年（356）桓温北伐一度被短暂收回，东晋于其地设置辖河东、荥阳、陈留三郡的司州，与习凿齿离开荆州出任荥阳太守的时间相合。兴宁元年（363）"慕容炜寇荥阳，太守刘远奔鲁阳"①，荥阳再度丢失。故习凿齿离开荥阳回到襄阳的时间当在隆和元年（362）刘远出任荥阳太守之前，"才学有父风"②的儿子习辟强应于其回乡前后依例继仕荆州，使其得以安心完成《汉晋春秋》《襄阳耆旧记》的撰写，并与昔日好友谢安等频有书信往来。其时，佛教方兴，明帝极力推崇并躬自虔诚礼佛，习凿齿遂于兴宁三年（365）邀请道安法师僧团来襄阳传教，还为其创造了优越的生活条件和良好的弘法、译经环境，为佛教在中国的传播，尤其在印度佛教中国化方面起到过重要推动作用。其间还被苻坚一并礼请至长安一段时间，最后寿终于襄阳。

三　习凿齿的主要著述

在史学勃兴的六朝时期，正史较野史更为繁荣，晋史见于记载的有23家之多，其中纪传体《晋书》见于《隋书·经籍志》有九家，尚不包括梁时郑忠所撰《晋书》七卷、庾铣《东晋新书》七卷。编年体《晋纪》九家，除裴松之《晋纪》外，皆见于《隋书·经籍志》，孙盛的《晋阳秋》、檀道鸾的《续晋阳秋》和习凿齿的《汉晋春秋》尚不包括在其内。

史载习凿齿"博学洽闻""史才不常"，《隋书·经籍志》载其主要著述有《襄阳耆旧记》五卷、《习凿齿集》五卷。③《新唐书·艺文志》

---

① 《晋书》卷8《哀帝纪》，第207页。
② 《晋书》卷82《习凿齿传》，第2158页。
③ 《隋书》卷33《经籍志二》，中华书局1973年标点本，第975页；卷35《经籍志四》，第1068页。

载有《汉晋春秋》五十四卷、《襄阳耆旧传》五卷、《逸人高士传》八卷、《习凿齿集》五卷。①

《汉晋春秋》不少材料或来源于刘珍等人的《东观汉纪》、孙盛的《晋阳秋》、干宝的《晋纪》等史书，一些内容甚至与《晋阳秋》《晋纪》雷同，如"刘禅乐不思蜀""羊祜增修德信以怀吴人"见载于《晋阳秋》。"诸葛诞兵败淮南，其手下百人视死如归"，高贵乡公被杀后，"陈泰要司马昭杀贾充以谢天下"见载于《晋纪》。这些雷同应是来自相同史源之故。《汉晋春秋》的行文风格也与其先的《晋阳秋》《晋纪》等编年体晋史大体一致。

《汉晋春秋》应破稿发凡于习凿齿出守荥阳期间，主要写作完成于病归襄阳习家池以后。习凿齿写作《汉晋春秋》的目的，《续晋阳秋》认为是"斥温觊觎之心也"②，为历史上绝大多数史学家所采信，只有唐刘知几持否定态度，在他看来，哪有通过用改写魏蜀吴三国的政权性质和朝代兴替的五行运行规律，专门撰写一部史书、用以劝谏其主子不行篡逆之事的？事实上，《汉晋春秋》成书之日桓温早已不在人世，其抱病给孝武帝呈上其《皇晋宜越魏继汉不应以魏后为三恪》长疏，暗示朝廷应防止权臣篡政更在桓温逝世十余年之后，何裁正桓温篡政野心之有？从习凿齿著述本身观察，其"取戒当时"的意图固然彰明昭著，主要目的则是想将晋朝从名不正、言不顺的魏晋禅让的建国理论中解脱出来，以"定正邪之途，明顺逆之理"③，达到改变三国正闰的根本目的，是一位比别人站得更高看得更远的当世学者，无意间为皇权专制政治制度建立了一条根本原则，有巨大的历史指导意义。

《汉晋春秋》起自汉光武，终于晋愍，将东汉、三国、西晋三代近三百年的历史融于一史之中，却冠以《汉晋春秋》的书名，表明汉晋是两

---

① 《新唐书》卷58《艺文志二》，中华书局1975年标点本，第1459、1480页；卷60《艺文志四》，第1588页。《旧唐书·经籍志上》《文献通考·经籍考·史》所载同。

② （清）汤球、黄奭辑，乔治忠校注：《众家编年体晋史》，天津古籍出版社1989年版，第251页。

③ （唐）刘知几撰，（清）浦起龙释：《史通通释》卷7《探赜》，上海古籍出版社1978年版，第212页。

个前后相继的王朝，明白无误直截了当地否定三国为一个历史朝代，为了解决缺失中间这一段的技术难题，他将蜀亡以前的三国历史设定为东汉政权的延续，刘备所建的蜀汉割据政权为其继承者，是为正朔，在《汉晋春秋》和《襄阳耆旧传》将蜀亡前的三国称为季汉、或蜀；将曹魏定性为反动的篡逆政权，孙吴为混水摸鱼的分裂割据势力，踢出中国历史的帝王序列；将蜀亡后的魏吴史归入晋史。于临终前还念念不忘地上了《皇晋宜越魏继汉不应以魏后为三恪》长疏，将他为晋朝新创的一套建政理论呈献给孝武帝，反复论证魏晋鼎革后的晋政权是一个正义势力完全依靠自身的智谋消灭一个反动罪恶势力的伟大政权，并完成了统一大业，它比逆取政权的周朝正义，比借助多方力量执政的汉朝伟大，希望以此新论取代过往那个名实不符、漏洞百出、使晋朝"侧足不正"的所谓"禅让"理论，从根本上解决晋因国统不正而受到的多种束缚、有可能动摇国本、不能昭示后世的巨大政治问题。

历史上维持儒家封建纲常名教的不乏其人，但为挽救现实政权危机，不仅为此专门撰写一部史书，还为之创建一套新的建政理论的，习凿齿当属第一人且是唯一一人，可谓空前绝后，煞费苦心。由于其理论本身存在着诸多严重缺陷，又受多种政治因素制约未被当朝采纳，但其所表达的史学思想和其本身具有的史学价值却备受后世推崇，他提出的以蜀为正的正统史观引发了中国古代正统与非正统问题的长期论争。唐初王勃作《大唐千岁历》断魏晋至周隋均非正统，唐所封元魏、北周、隋之"三恪"应予废黜，将习氏的观点发挥到了极致。[1] 刘知几对习凿齿的史学观也给予了充分肯定。李德林认为习氏《汉晋春秋》"欲使三方所峙，同为霸名"，"正司马炎兼并，许其帝号"[2]。但在此数百年间，还仅是少数学者的持论，直到南宋，这一史学理论才占绝对统治地位，不少史家还不惜重写三国时期的历史以正闻，如宋萧常、元郝经二人撰写《续后汉书》，明谢陛著《季汉书》，体例上均"以蜀承汉统，而列魏、吴为世

---

[1] 《旧唐书》卷190上《王勃传》，第5006页。
[2] 《隋书》卷42《李德林传》，中华书局1973年标点本，第1196页。

家"①"讲学家以为申明大义，上继春秋"②，成为封建政治的不易纲常和史学轨范，其史学意义被不断发扬光大，罗贯中正是在这一思想观念指导下写就小说《三国志通俗演义》，使这一理论播扬天下。因此，与其说习凿齿是一位历史学家，不如说他是东晋时期一位没能登堂入室的政治理论大家。

《汉晋春秋》在体例上采用《春秋》三传的编年体，仿照其笔法叙事，在记载一个历史事件后，对其中重要人物、事件用儒家的思想观点予以臧否，这也是稍早于习凿齿的东晋诸史家的共同做法。《汉晋春秋》品评卓越主要体现在其"彰善瘅恶，以为惩劝"③的尖锐评论上。刘备是习凿齿崇拜的人物，但他对刘备的评价褒贬恰当、实事求是。当刘备拥众南逃江陵，仅能日行十余里而导致兵败当阳时，他赞誉其"虽颠沛险难而信义愈明，势逼事危而言不失道"④。在刘备用阴谋手段夺得益州时又谴责曰"今刘备袭夺璋土，权以济业，负信违情，德义俱愆"⑤。认为其听法正之言，纳宗侄刘瑁之妻为后有违"人伦之始，王化之本"，"而违礼教"⑥，更是重大过失。他批评曹操因一时得意，对张松态度傲慢，导致前功尽弃，统一大业功败垂成，实在不值。告诫统治者要始终谦和谨慎，否则容易以小失大。

叙事周详，注重伦理道德，品评卓越是《汉晋春秋》的过人之处。裴松之赞誉"孙盛、习凿齿搜求异同，罔有所遗"⑦。为我们保存了不少极有价值的稀见史料。张承宗据现存《汉晋春秋》辑文统计，裴松之"在他为《三国志》注中'用《汉晋春秋》曰'的形式补充史料70条，又用'习凿齿曰'形式，提供史论16条，合计达86条"，"在南朝的史

---

① 《江南通志》卷169《人物志·隐逸·徽州府》，《文渊阁四库全书》，台湾商务印书馆1982—1986年影印版，史部，第511册第852页。
② 《通鉴问疑提要》，《四库全书总目》卷88，《文渊阁四库全书》，台湾商务印书馆1982—1986年影印版，第2册第811页。
③ 《晋书》卷82《列传第五十二》史臣曰，第2159页。
④ 《三国志》卷32《先主传》裴注引习凿齿语，中华书局1959年标点本，第878页。
⑤ 《三国志》卷37《庞统传》裴注引习凿齿语，第956页。
⑥ 《三国志》卷34《二主妃子传》裴注引习凿齿语，第906页。
⑦ 《三国志》卷35《蜀志·诸葛亮传》裴注引《郭冲五事》，第925页。

著和史注中引用习氏《汉晋春秋》有沈约《宋书》的《礼志》《五行志》《州志》，梁刘昭为司马彪《续汉书》所作的注补，刘孝标为《世说新语》所作的注等"，"唐宋类书中引用习凿齿的《汉晋春秋》的有《群书治要》《艺文类聚》《北堂书钞》《初学记》《开元占经》《白孔六贴》及《太平御览》等。史注中引用《汉晋春秋》的有李贤为《后汉书》所作注，此外还有《文选》李善注亦有所引用。其中以《太平御览》引用最多"，"《太平御览》保存习氏《汉晋春秋》中的史料19条，另有史论1条《别周鲁通诸葛论》"①。这些著录保存了许多有价值的史料，如蜀建兴七年（229）孙权称帝，"其群臣以并尊二帝来告"②。当时，蜀国群臣咸要公开声讨孙权僭越之罪，诸葛亮则力排众议，从实际出发，再次阐明与吴结盟的重要性，精辟地分析了继续结盟与绝交的利弊，说服了众人，"乃遣卫尉陈震庆权正号"③。这是研究吴、蜀关系的重要史料。关于诸葛亮的相关史实，《三国志》记载颇为简略，而《汉晋春秋》则保存了很多历史细节。如《诸葛亮传》仅记"亮躬耕陇亩，好为梁父吟"。《汉晋春秋》则详细记载"亮家于南阳之邓县，在襄阳城西二十里，号曰隆中"④。建兴六年（228），诸葛亮北伐，《三国志·诸葛亮传》只有寥寥数语，而《汉晋春秋》则详细记载了当时朝廷中的争议和诸葛亮的析答，从而使我们对这次北伐的缘由和诸葛亮的战略思想有一个清晰的理解。⑤诸葛亮讨伐南中，《三国志》只记了"亮率众南征，其秋悉平"。《汉晋春秋》则记载了马谡告诫诸葛亮，对南中的征讨要以攻心为上，续述诸葛亮七擒七纵孟获故事，事虽或不实，但仍不失为研究蜀对边疆和少数民族政策的重要资料。⑥建兴九年（231），诸葛亮再次北伐，《三国志》只记了22个字，而《汉晋春秋》则以近四百字的篇幅详细记述这次战役

---

① 张承宗：《〈汉晋春秋〉在史学上的影响》，《史学史研究》1996年第2期。
② 《三国志》卷35《诸葛亮传》，裴注引《汉晋春秋》，第924页。
③ 《三国志》卷35《诸葛亮传》，裴注引《汉晋春秋》，第924—925页。
④ 《三国志》卷35《诸葛亮传》，裴注引《汉晋春秋》，第911页。
⑤ 《三国志》卷35《诸葛亮传》，裴注引《汉晋春秋》，第923—924页。
⑥ 见《三国志》卷35《诸葛亮传》，裴注引《汉晋春秋》，第921页。

的全过程。①

《汉晋春秋》所用史料也有一些失察失实之处，如上面提及的"七擒七纵孟获，南人不复反"事，清人曾予质疑："夫一阵之顷，固无七纵七禽之理。若纵之去而复为阵战以禽之，则蛮烟瘴岭之间如是七往返，势必旷日持久，何能春出而秋还？亮之表又云：并日而食矣。三军储偫何所取资？此实事之必无，而世反以此讶之为至神，仰以为至奇，耳食口传，群然不以为怪。"② 当代学术界对此事也基本持怀疑否定态度，缪越称其事"是不合情理的"，"也是不合事实的"③。引用《汉晋春秋》最多的裴松之对习凿齿的一些记载的真实性亦持谨慎态度，还指出过《襄阳记》和《汉晋春秋》在记载董恢以宣信中郎副费祎使吴时，一些内容自相抵牾："此二书俱出习氏而不同若此……以此疑习氏之言为不审的也。"④

《汉晋春秋》叙事语言也较司马迁、班固辈琐碎，正文往往与夹注互混，保留有当时史家的通病。其体例黜魏帝蜀，现存辑文中却多是直呼昭烈皇帝为"刘备""刘玄德""先主"，称曹操为武帝、曹丕为文帝，兹或是引用者的疏忽所致，亦可能是魏晋禅让是当朝建政的法理依据，仍不得不以官方意见叙之。

《襄阳耆旧记》是一部记述一地人文史地的著作，主要记述襄阳的地理山川、先贤名士、风土物产、古迹传说，意在"矜其乡贤，美其邦族"⑤。裴松之注《三国志》作《襄阳记》，杭世骏《三国志补注》作《襄阳耆旧传》，《隋书》作《襄阳耆旧记》，新旧《唐书》作《襄阳耆旧传》，《通志》《说郛》、郡斋本作《襄阳耆旧传》，宋《崇文总目》卷3《正史类》谓《襄阳耆旧传》三卷。而《文献通考》、元脱脱之《宋史》

---

① 参见张承宗《〈汉晋春秋〉在史学上的影响》，《史学史研究》1996年第2期。
② 《书蜀志诸葛亮传七纵七禽事》，载《御制文集二集》卷31《书事》，《文渊阁四库全书》，台湾商务印书馆1982—1986年影印版，集部，第1301册第475页。
③ 方北辰：《三国志全本今译注》缪越作《序论》，陕西人民出版社2011年第二版，第8—9页。
④ 《三国志》卷39《董允传》裴松之案语，第987页。
⑤ （唐）刘知几撰，（清）浦起龙释：《史通通释》卷10《载述》，第275页。

仍作《襄阳耆旧记》，这些作者未必真的看过原著，其记述可能都转引自《隋书》。

《郡斋读书志》谓："《襄阳耆旧记》，右晋习凿齿撰，前载襄阳人物，中载其山川城邑，后载其牧守。《隋书·经籍志》曰《耆旧记》、《唐艺文志》曰《耆旧传》。观其书，纪录丛脞，非传体也，名当从《经籍志》云。"① 一直是权威结论。事实上，此书的内容不仅限于郡书，也有家史、地理、都邑等，所记襄阳山川、城邑与牧守也不能以襄阳之耆旧视之，以《传》名此书确有不妥之处，名之《记》更为准确，故许多史籍在引用该书时，皆称之为《襄阳记》，引用《襄阳耆旧记》最多的裴松之《三国志注》无不以《襄阳记》称之，稍有不慎，极易与所谓郭仲产的《襄阳记》混为一谈。不过，笔者以为郭仲产并未撰写过《襄阳记》，乃是后人见《襄阳耆旧记》载有习凿齿身后事，遂误传、误信其后的郭仲产曾撰有《襄阳记》，其所谓的郭仲产《襄阳记》的文字应该是好事者续写之《襄阳耆旧传》，或许原本就是郭仲产《南雍州记》的文字，郭仲产撰有《襄阳记》或其续撰过《襄阳耆旧记》的理据阙如。

汉魏六朝时，出现了大量传录乡邦贤达、风流名士的"郡国之书"，如《兖州先贤传》《徐州先贤传》《交州先贤传》《益部耆旧传》《鲁国先贤传》《汝南先贤传》《陈留耆旧传》《会稽先贤传》等。不过，诚如刘知几所言，著作虽多，其"能传诸不朽，见美来裔者，盖无几焉"②。《襄阳耆旧记》无疑是其中的一部能"见美来裔者"。

习凿齿撰写《襄阳耆旧记》的重要目的之一是为襄阳习氏创造一个良好的政治文化环境。通过对岘山一带襄阳大族和荆州刺史偶遇二十多位中央中级官吏会集一起之所谓"冠盖里"的描写，点明习家池乃是地灵人杰的风水宝地；通过对习融、习郁、习珍3个习氏先祖的重点塑造，辅之以对习温、习承业、习祯等人嘉德懿行的简单勾勒，巧妙地为襄阳习氏创造了一个华丽的先世世系；通过对习英习、庞林妇、习蔼等人的

---

① 晁公武撰、孙猛校证：《郡斋读书志校证》，上海古籍出版社1990年版，第364页。
② （唐）刘知几撰，赵吕甫校注：《史通新校注》之《内篇·杂述篇》，重庆出版社1990年版，第582页。

描摹，为襄阳习氏树立了一个家教谨严、诗书传家、尊重礼法的门风形象；运用、创作典型事例，精心刻画两晋襄阳诸牧守形象，拉近了襄阳习氏与东晋朝野的密切关系，对襄阳习氏久列六朝仕林无疑有所帮助。收录襄阳习凿齿生前人物中，习氏人物多达13人，他们分别仕宦于蜀汉、吴，以蜀汉为多，活跃于曹魏政权的习授则遭摈弃，见于史籍的习忠、习隆尚未算在内。书中多有溢美襄阳习氏人物之辞，录入习氏女性一位，此类做法实不多见，家乡、家族情结之重不难概见。其所记人物中，庞德公、羊祜、杜预、刘弘、山简等人的史料几乎被《晋书》全文采用，被采纳尚不知晓者不知凡几。吴庆焘辑录的第三卷"山川"部分14条中3条与习家池有关，其中2条有直接关系。第四卷"城邑"部分共有8条，其中的6条内容实与城邑无关，当是内容散失难觅加之吴庆焘辑补不慎所至。第五"牧守"部分8条，妙笔生花地对胡烈、羊祜、山简、刘弘、皮初、桓宣、邓遐、朱序等九位当朝名宦进行倾力描写甚至创作，影响最大，以羊祜、山简写得最为鲜活感人，也是《晋书》中的精彩之笔。

习凿齿在《襄阳耆旧记》中以鲜明的政治立场、儒家的道德价值观、清雅的审美取向，平实清淡、信息量大的简短语言，循序渐进、丝丝入扣的叙事手法，独特而富有感染力的语言表达方式，将一个个并不鲜明显赫甚或是极为普通的人物、事件描写得鲜活夺目，形象丰满，颇有志人小说的味道，深得左丘明、司马迁、班固叙事作文手法之精髓。《襄阳耆旧记》不仅是一部早期的地方史著作，还是一部优秀的传记文学作品，无名氏将其收入《五朝小说大观》，颇具真知灼见。

《习凿齿集》五卷内容无考，从书名看，《与桓祕书》《与释道安书》《与谢安论释道安书》《与谢侍中书》《与褚常侍书》诸信函，政论文《皇晋宜越魏继汉不应以魏后为三恪》《别（削、侧）周鲁而通诸葛论》及小诗《灯》《诸葛武侯宅铭》《南征赋》等均应该是其《集》中的内容。朱胜非《绀珠集》卷五"蟾蜍辟兵"条称文字来自《习凿齿集》[①]，

[①] （宋）朱胜非：《绀珠集》卷5《嘉话录》"蟾蜍辟兵"条，《文渊阁四库全书》，台湾商务印书馆1982—1986年影印版，集部，第872册第368页。

诚如此，其书应该包括刘知几所称"杂记"和"地理书"方面的内容。①《习凿齿集》虽然散失严重，然就单篇文字而言不少篇什却相对完整，本书辑录其政论文2篇，尺牍5函，诗赋（含片段）3篇，杂记（含片段）7条。习凿齿的史学思想在《集》中阐释得更为清晰系统，其所具有的深厚佛学功底与文学才能在《集》中得到较为充分的反映，并有一定的佛学和文学研究价值。

新旧《唐书》载习凿齿还撰有《逸人高士传》八卷，② 却没有留下可以凿信的只言片语，③ 即使有，也因未标明作者而无从辨识，对该书内容、体例乃至该书是否真的存在皆无法准确判断。我们若从习凿齿的其他著述引用频率都较高，桓玄曾以其世荆楚无"肥遁之士"为憾，出资让皇甫希之专门创作荆楚隐逸人物故事，被时人讥为"充隐"的故事看，习凿齿在《襄阳耆旧记》之外，另撰有同类性质的《逸人高士传》的可能性不大，本书亦无从辑录。

四　习凿齿著作的流传

《汉晋春秋》约于唐末五代时散佚。周必大《文忠集》云《汉晋春秋》"徒见于《唐·艺文志》及本朝《太平御览》之目，逮仁宗时修《崇文总目》，其书已逸，或谓世亦有之，而未之见也"④。清末，始有黄奭以人物为中心的辑佚本一卷，收《汉学堂丛书》中，汤球以编年形式辑为三卷，收《广雅书局丛书》中，黄本主要收辑史事，极少收录评论；汤本则史事评论并收，兼及有关论议。我们现在所见的是清人汤球、黄奭二人辑录的佚文百余条不足二万字的版本。王仁俊辑本虽号称一卷，

---

① （宋）朱胜非：《绀珠集》卷5《嘉话录》"蟾蜍辟兵"条，第872册，第368页。
② 《旧唐书》卷46《经籍志·经籍上》，中华书局1975年标点本，第2002页；《新唐书》卷58《艺文志》，第1480页。
③ 《太平御览》卷532《礼仪部》有"习凿齿《逸民高士传》曰董威辇，不知何许人，忽见于洛阳白社中。"《文渊阁四库全书》，台湾商务印书馆1982—1986年影印版，子部，第898册第69页。笔者案：董威辇见于洛阳白社中事逸出楚楚、逸出襄阳的地理范围，其事见于《晋书·隐逸传》《神仙传》《晋阳秋》等，以出于《晋书·隐逸传》最为可信。
④ 《文献通考》卷191《经籍考十八》，中华书局1986年版，第1623—1624页。

实则只有简单一条，收入《玉函山房辑佚书补编》中，尚未刊行，稿本现藏于上海图书馆。乔治忠先生将汤球《汉晋春秋》辑本予以整理校注，收入《众家编年体晋史》中，1989年由天津古籍出版社出版，并将黄奭辑佚本中所有汤辑本漏略的部分内容作为补遗收录。近年，阎步克将汤球《汉晋春秋》辑入其《众家编年体晋史》中，仍为三卷本，被陕西师范大学古籍整理研究所录入其2001年开发的汉籍检索系统。黄尚明在汤本基础上进行了校勘和注译，其《汉晋春秋今注今译》2011年由中国文史出版社出版。余鹏飞对几个辑本进行了校补，其《校补汉晋春秋》2012年由湖北人民出版社刊出。这些辑佚的内容可能连原书内容的十分之一都不到，不过如前所述，已足以窥探其体例风格与内容之大观。在乔治中先生辑校的《众家编年体晋史》中，《汉晋春秋》所占的篇幅最大，说明习著质量高于大多数编年体《晋书》。

　　学术界一直认为南宋时《襄阳耆旧记》原著依然存在，南宋光宗绍熙年间（1190—1194）由襄阳太守吴琚"刻于郡斋"，深惜其本未能传世。事实上，在绍熙前百余年的北宋，皇甫选看到的《襄阳耆旧记》已非原本，他说："习凿齿《襄阳耆旧传记》，书曰五卷，载先贤事迹及山川地理，末有贺铸题疑，记述无伦贯，非全书云。"① 书后已有北宋著名词人贺铸所题"记述无伦贯"的书评和其书并非原作的发疑。明神宗时，襄阳宜城进士胡价为临海县令，于曾参与编修《湖北通志》的陈曾佑即所说之学生处获得钞本，刻于明万历二十一年（1593），称此底本来自宋以来传世的三卷本，或当是《崇文总目》所言之三卷本。清乾隆五十三年（1788），任兆麟对其家藏的一册郡斋刊本《襄阳耆旧传》予以整理，删节后人续补部分，厘订为三卷，收入其《心斋十种》本中（见附录序二）。光绪二十五年（1889），自称吴琚族裔的襄阳吴庆焘做了进一步的校补考订，简单粗糙不乏讹错地增入内容单薄的山川、城邑两卷，以补足原书之五卷。今人武汉大学黄惠贤先生著《校补襄阳耆旧记》，"在'人物'、'守宰'的三卷以心斋十种本为底本，参考吴庆焘本，着重于校勘；'山川'、'城邑'二卷，参考清人王谟辑习凿齿《襄阳记》和吴本，

---

① （宋）王应麟：《玉海》卷15《地理·地理书》，上海古籍出版社1987年版，第258页。

着重在于辑补，附带作点校勘"①。湖北大学舒焚、张林川的《襄阳耆旧记校注》（湖北人民出版社1999年版）以吴本为底本，对该书每篇都做了校订、注释与全文翻译，同时补充相关史籍，旨在尽量恢复原貌，为读者省去翻检相关资料与字词书之辛劳。两个版本的作者都对该书的辑录、翻刻、流传等做了详细考证。

2013年笔者于上海图书馆偶然发现与任兆麟家藏版大约相同的郡斋本《襄阳耆旧传》善本。其所谓的右漕司是吴琚任襄阳太守时的襄阳右漕司藏本，还是南宋初任四川转运（漕司）副使井度的收藏本，已不得而知。职居漕司副使的井度临终前将其丰富的藏书一并送给了晁公武。晁氏于任合州、恭州、荣州知州时，以井度所赠加上自己的藏书，撰成《郡斋读书志》，共得书二万四千五百余卷，其中便记有"前载襄阳人物，中载其山川城邑，后载其牧守""纪录丛脞，非传体"的五卷本《襄阳耆旧记》。但无论是哪个漕司版本，肯定被吴琚重新编辑订正过，因为现在所看到的，明嘉靖间重刻的这部被认为是"已佚"的郡斋本《襄阳耆旧传》已无山川、城邑和牧守，也没有编目和分卷，听任后世好事者主要据现成史书简单删节抄袭续写至五代汉时的襄阳耆旧和守宰，文字粗糙，讹误甚多，几无价值可言，所选人物粗疏不全，亦非皆为襄阳郡姓，如齐末名宦襄阳令沈约、张弘策、梁雍州刺史萧纲皆未入传，而先贤中居然还夹杂有习凿齿本人的小传。书中晋夏侯玄、唐孟浩然"俄而玄宗至"之"玄"字，均避宋真宗附会赵氏始祖为玄朗讳，改"玄"为"元"，为避宋太祖赵匡胤父追尊宣祖武昭皇帝弘殷讳，改晋"刘弘"为"刘洪"、唐鲍防条"桑弘羊"为"桑洪羊"。为避宋仁宗"赵祯"讳，唐尹枑条将唐太宗"贞观"年号写作"正观"，可见这本让大家深为期待念念不忘的所谓"郡斋本"，并非皇甫选和贺铸所见"记述无伦贯"的《襄阳耆旧传（记）》，这应是吴琚或他人对皇甫选和贺铸所见或井度收藏的郡斋本加以删节续写并改称《襄阳耆旧传》的改写本，文献中屡见将《襄阳耆旧记》称为《襄阳耆旧传》，所记人物往往晚至习凿齿身后数世等诸多混乱现象皆当根源于此。任氏

---

① 黄惠贤：《校补襄阳耆旧记·序》，中州古籍出版社1987年版，第6页。

所谓其家藏的一册《襄阳耆旧传》正是明神宗时重刻的宋吴琚刻于襄阳郡斋的郡斋本，他删除郡斋本所记习凿齿身后人物，加以简单编目，订正补充数处，厘定为三卷本，这即是清吴庆焘及其他当代学者整理时用作底本的基础版本，而非习凿齿原书之三卷本，此次辑校恢复其原貌，以斯释疑解惑。

  在此书付梓初校期间，笔者又找到北京图书馆（今中国国家图书馆）藏清无名氏重校的抄本《重校襄阳耆旧传》，厘订为上下两卷，讹错脱漏极多，不足为本次校注之参考，著名藏书家黄丕烈为之作记（见附录《题跋》），直呼是书为伪书，应伪于宋时，并提及当时的另一藏书大家陈鳣（1753—1817）新收了一本由吴琚专刻于郡斋的《襄阳耆旧传》，该书见录于清初藏书大家钱谦益的《绛云楼书目》，知吴琚所刻郡斋本曾分别为陈鳣的向山阁和钱谦益的绛云楼所收藏。绛云楼藏书焚毁于顺治七年（1650），向山阁藏本或即是笔者所见上图收藏之郡斋本，黄丕烈称为汇刻本，亦是本书校勘之底本。至此，传说已佚失的宋明清诸版本之《襄阳耆旧传》硕果犹存。

  本书在吸收前人成果的基础上首次对《汉晋春秋》《襄阳耆旧记》《习凿齿集》合辑为《习凿齿文史合集校注》，仍属于传统的"校正文字，解字注音，阐释典故，解析文意"范畴。本书的特点一是首次完成对习凿齿全部著述的辑校整理，鉴于当代检索技术的巨大进步与广泛应用，注文均未作深入广泛的收集堆砌。二是郡斋本《襄阳耆旧传》虽非习凿齿原著，但说其是伪书并不确切，审诸文字，习氏生前部分文字语言与习氏的书法风格完全一致，可以与其他史籍注引的零星资料相对照，自是习氏原作，只有极少条目被后世窜乱，如将早于习凿齿的习嘏条附于习凿齿条之后，将孙盛评论司马炎灭蜀谶语的文字放入向充传内，其窜乱续写时间当发生在五代之汉而不是黄丕烈所说的宋，不仅不是伪书，正是其书为历代所重才引致好事者将其续写至五代之汉，仍可视为《襄阳耆旧传》的祖本，对近几十年辑校的几个版本也有所匡正和补充，如流传本蔡瑁条文字："魏文作《典论》，以蔡瑁成之"，于文义不通，郡斋本作"魏文作《典论》，以蔡瑁诚之"，则文义明白晓畅，故笔者仍以其作底本，保持其不分卷原貌，仅增加序号和人名作简目，后附吴庆焘等辑补的山川、城邑两卷，及明陆长庚、清任兆麟、黄丕烈、吴庆焘四个序跋。三是提出了习凿齿的仕进与仕宦生涯都得益于桓温的关照，"裁正桓温篡政野心说"凿空等新解。

习凿齿的著述是治汉晋史的必备案头资料，本书首次予以合辑与简单校注，并作极少量的考证，冀能方便汉晋文史学者的研究。

书稿初稿完成于2014年，今始得本校襄阳历史文化研究院资助付梓，秦军荣院长对出版给予了鼎力襄助。靳进老师负责了《襄阳耆旧传》习凿齿身后增补部分和附录二、三的校注，以及参考文献、人名地名索引和少量校对任务，其余由叶植完成并最终修改审定。

目 录

汉晋春秋辑校注

凡 例 ……………………………………………………………（3）

汉晋春秋 卷一 ………………………………………………（5）
　明帝 ……………………………………………………………（5）
　质帝 ……………………………………………………………（7）
　桓帝 ……………………………………………………………（9）
　献帝 ……………………………………………………………（11）

汉晋春秋 卷二 ………………………………………………（40）
　先主 ……………………………………………………………（40）
　后主 ……………………………………………………………（42）

汉晋春秋 卷三 ………………………………………………（128）
　武帝 ……………………………………………………………（128）
　惠帝 ……………………………………………………………（142）
　怀帝 ……………………………………………………………（143）
　愍帝 ……………………………………………………………（144）

误辑入《汉晋春秋》文 …………………………………………… (148)
　　章帝 …………………………………………………………… (148)
　　晋怀帝 ………………………………………………………… (149)
　　康帝 …………………………………………………………… (154)

习凿齿集辑注

卷一　疏论 ……………………………………………………… (159)
　　一　皇晋宜越魏继汉不应以魏后为三恪 …………………… (159)
　　二　侧周鲁通诸葛论 ………………………………………… (171)
　　三　与伏滔共论青楚人物 …………………………………… (173)

卷二　尺牍 ……………………………………………………… (186)
　　一　与桓祕书 ………………………………………………… (186)
　　二　与释道安书 ……………………………………………… (190)
　　三　与谢安论释道安书 ……………………………………… (199)
　　四　与谢侍中书 ……………………………………………… (201)
　　五　与褚常侍书 ……………………………………………… (202)

卷三　诗赋歌铭 ………………………………………………… (204)
　　一　灯 ………………………………………………………… (204)
　　二　南征赋 …………………………………………………… (204)
　　三　胡烈歌 …………………………………………………… (205)
　　四　山公歌 …………………………………………………… (206)
　　五　诸葛武侯宅铭 …………………………………………… (207)
　　六　冠盖里铭 ………………………………………………… (209)

卷四　讥调捷对 ………………………………………………… (211)
　　一　习凿齿捷对孙兴公 ……………………………………… (211)

二　与孙绰相讥调 …………………………………………（212）

卷五　其他 ……………………………………………………（213）
　　一　点醒星人 ………………………………………………（213）
　　二　姤卦解 …………………………………………………（214）
　　三　黄沙四塞 ………………………………………………（214）
　　四　董威辇 …………………………………………………（215）
　　五　蟾蜍辟兵 ………………………………………………（216）
　　六　习凿齿释道安相互诋评［一］ ………………………（216）

襄阳耆旧传校注

例　言 …………………………………………………………（221）
　　一　宋玉 ……………………………………………………（222）
　　二　庞德公　庞统 …………………………………………（224）
　　三　王逸 ……………………………………………………（231）
　　四　蔡瑁 ……………………………………………………（232）
　　五　杨虑　杨仪 ……………………………………………（236）
　　六　繁仲皇 …………………………………………………（238）
　　七　习融习询习蔼习承业习珍习温 ………………………（238）
　　八　黄承彦 …………………………………………………（242）
　　九　马良　马谡 ……………………………………………（243）
　　十　杨颙 ……………………………………………………（248）
　　十一　向朗　向宠　向充 …………………………………（250）
　　十二　廖化 …………………………………………………（253）
　　十三　董恢 …………………………………………………（254）
　　十四　张悌 …………………………………………………（255）
　　十五　李衡 …………………………………………………（258）
　　十六　罗宪　罗尚 …………………………………………（260）

十七　蒯钦 …………………………………………… (262)

十八　习凿齿 ………………………………………… (263)

十九　韩系伯 ………………………………………… (266)

二十　郭祖深 ………………………………………… (266)

二十一　蔡道贵 ……………………………………… (268)

二十二　梁鱼弘 ……………………………………… (269)

二十三　罗艺 ………………………………………… (269)

二十四　尹怦 ………………………………………… (271)

二十五　张柬之 ……………………………………… (273)

二十六　柳浑　浑瑊 ………………………………… (276)

二十七　席豫 ………………………………………… (278)

二十八　鲍防 ………………………………………… (280)

二十九　孟浩然 ……………………………………… (282)

三十　朱朴 …………………………………………… (283)

三十一　杜易简　杜审言　杜甫 …………………… (286)

贤　牧 ……………………………………………………… (291)

一　胡烈 ……………………………………………… (291)

二　羊祜 ……………………………………………… (292)

三　杜预 ……………………………………………… (293)

四　山简 ……………………………………………… (295)

五　李茂 ……………………………………………… (296)

六　刘弘 ……………………………………………… (296)

七　皮初 ……………………………………………… (298)

八　桓宣 ……………………………………………… (298)

九　邓遐 ……………………………………………… (300)

十　朱序 ……………………………………………… (301)

十一　刘诞 …………………………………………… (301)

十二　刘道产 ………………………………………… (302)

十三　褚裕之 ………………………………………… (303)

十四　朱修之 …………………………………（303）

十五　张邵 ……………………………………（304）

十六　萧赤斧 …………………………………（305）

十七　萧缅 ……………………………………（305）

十八　萧景 ……………………………………（306）

十九　柳庆远 …………………………………（307）

二十　萧恭 ……………………………………（307）

二十一　李密 …………………………………（308）

二十二　贾思同 ………………………………（309）

二十三　王述 …………………………………（309）

二十四　申徽 …………………………………（310）

二十五　李礼成 ………………………………（311）

二十六　崔弘度 ………………………………（311）

二十七　韦世康 ………………………………（312）

二十八　薛道衡 ………………………………（312）

二十九　李孝恭 ………………………………（313）

三十　张公谨 …………………………………（314）

三十一　韩思复 ………………………………（315）

三十二　樊泽 …………………………………（317）

三十三　李皋 …………………………………（318）

三十四　柳公绰 ………………………………（319）

三十五　李承 …………………………………（319）

三十六　裴度 …………………………………（321）

三十七　卢钧 …………………………………（322）

三十八　王起 …………………………………（323）

三十九　徐商 …………………………………（324）

四十　刘审交 …………………………………（325）

四十一　安审琦 ………………………………（326）

贤　宰 (327)

　　一　刘秀之 (327)
　　二　传僎 (328)
　　三　厍狄履温 (328)
　　四　颜粅 (329)
　　五　襄阳耆旧传终 (329)

辑　补 (331)

　　一　王昌 (331)
　　二　人有二黄 (333)
　　三　盗发楚王冢 (333)

附录一　吴庆焘辑补《襄阳耆旧记》之"山川、城邑" (335)

　　一　鹿门山 (335)
　　二　中庐山 (336)
　　三　岘山 (337)
　　四　万山 (338)
　　五　荆山 (339)
　　六　薤山 (340)
　　七　石梁山 (340)
　　八　冠盖山 (341)
　　九　浊水 (342)
　　十　沔水 (342)
　　十一　檀溪 (342)
　　十二　马仁陂 (343)
　　十三　巫山 (344)
　　十四　夏水 (344)
　　十五　北津 (345)
　　十六　战地 (345)
　　十七　枏中 (346)

十八　松子亭 ·· (346)
　　十九　牵羊坛 ·· (347)
　　二十　活国城 ·· (348)
　　二十一　乐宅戍 ··· (349)
　　二十二　张平子碑 ··· (350)
　　二十三　三公城 ··· (351)
　　二十四　诸葛女郎墓 ·· (351)
　　二十五　秦颉冢 ··· (352)
　　二十六　熨斗陂 ··· (352)
　　二十七　木兰桥 ··· (352)
　　二十八　黎丘 ·· (353)

附录二　《襄阳耆旧传》四旧序跋 ······························ (355)
　　序一　（明）陆长庚 ·· (355)
　　序二　（清）吴郡任兆麟心斋氏 ····························· (359)
　　序三　《重辑襄阳耆旧记序》 ································ (361)
　　跋　《重校襄阳耆旧传》 ······································ (364)

附录三　习凿齿名字释义 ·· (366)
　　一　怪名不类与穿凿的解读 ···································· (366)
　　二　雅名释义 ·· (369)

附录四　《晋书》卷82《习凿齿传》 ························· (378)

参考文献 ··· (380)

人名地名索引 ·· (392)

汉晋春秋辑校注

凡　　例

1. 《汉晋春秋》于唐以后散佚，清末始出现 2 个辑本：一为黟县辑佚大家汤球辑，由广雅书局刊刻，1936 年商务印书馆再版，1938 年收入王云五主编、商务印书馆发行的《丛书集成新编》；二为另一辑佚大家甘泉黄奭辑，1934 年由江都朱氏刊刻于《黄奭逸书考》第八函第九十三册；还有所谓的王仁俊辑本，实际是只简单辑录了钟离意一条，收入《玉函山房辑佚书续编》，现藏上海图书馆。当代学者乔治中以汤球辑本为底本，以黄奭辑本作补遗校注的《汉晋春秋》，收入其《众家编年体晋史》，1989 年由天津古籍出版社出版。黄尚明译注的《汉晋春秋》亦以汤球辑本为底本，与黄奭辑本对校和补遗，2011 年由中国文史出版社出版。2012 年，湖北人民出版社出版了余鹏飞《校补〈汉晋春秋〉》，对汤球辑本予以少量校补。本次校注中分别以汤本、黄本、乔本、尚明本、余本称之。

2. 本书采上述诸家之长，另行辑校并加简注，重点是将汤本、黄本、尚明本中原本不是《汉晋春秋》内容的《晋书·习凿齿传》《侧周鲁通诸葛论》《晋宜越魏继汉不应以魏后为三恪》从《汉晋春秋》中剔出，将《晋书·习凿齿传》置于附录，其余编入《习凿齿集》中。

3. 凡前文已注解过的内容在后文中复见时一般不再注释。

4. 校勘记所引各书引文主要参考现在通行版本与台湾商务印书馆影印出版的文渊阁《四库全书》本。

5. 引文出处采用《历史研究》的最新注释方式，如将"《三国志》卷六注"改为"《三国志》卷6注"，"《御览》卷四百八十"改为"《太平御览》卷480"。

6. 〔〕内文字和条目大多为汤球辑佚时所加，少量非汤球所辑或其遗漏缺略者为笔者所补，均未一一注明。

7. 本书校注的内容仍属于传统的"校正文字，解字注音，阐释典故，解析文意"范畴，依出现前后用阿拉伯数字标示。

8. 括号中的纪年，公元前的纪年在阿拉伯数字前加前字，公元纪年则直接用阿拉伯数字表示。

9. 刘备于益州所建政权本称汉或季汉，从未自称蜀、蜀汉。为照顾读者的习惯，本书大多仍以蜀汉相称。

①汤球（1804—1881），字伯玗，又字笏卿，安徽黟县人。清代最具代表性的辑佚书大家。《清史稿·文苑传》本传载其"少耽经史，从正燮、文台游，传其考据之学。通历算星纬，耻以艺名。尝辑郑康成逸书九种、刘熙《孟子注》、刘珍等《东观汉记》、皇甫谧《帝王考记》、谯周《古史考》《傅子》、伏侯《古今注》"。他无意科举，以孝、廉闻名乡里，以授徒著述为乐，穷其毕生之主要精力对23家晋史进行辑佚和校勘，在所辑佚的80余种书籍中，有70余种是关于晋书晋史的，成书有《晋书》卷九家、《晋纪》卷九家、《编年》卷五家。汤球治学严谨，其辑本均依经典考辨真伪，比较异同，不穿凿附会，以补晋史之阙。

②黄奭（1809—1853），《清史列传》卷69有传。江苏甘泉（今江苏扬州江都区）人，清代又一著名辑佚书大家。黄奭本名锡麟，字右原，官至刑部江西司行走、钦差委办兵部江北善后，父为嘉道年间扬州盐商黄至筠，字韵芬，又字个园，是一位著名的儒商，以其字命名的家宅是清末著名的私家园林。黄奭早年师从江藩，辑录各家《尔雅》古注为《尔雅古义》，此后十余年中，辑郑玄著作为《高密遗书》14种，唐以前280多种佚书为《汉学堂丛书》（又名《黄氏逸书考》），辑汉至六朝佚书为四类：《汉学堂经解》112种，《通纬》72种，《子史钩沉》84种，《通德堂经解》17种。著有《国朝汉学师承记》和《国朝宋学渊源记》等书。惜英年早逝。

汉晋春秋　卷一

明　帝

钟离意治仲尼庙

　　明帝[1]勤于吏事，苛察逾甚，或于殿前鞭杀尚书郎[2]。（《太平御览》卷649《刑法部·鞭》）

　　钟离意[3]相鲁[4]，见仲尼庙颓毁，会诸生于庙中，慨然叹曰[一]："蔽芾甘棠[5]，勿翦勿伐，况见圣人庙乎！"遂躬留治之。周观[6]舆服之在焉，自仲尼以来莫之开也。意发视之，得古文策书[7]，曰："修吾书[二]，董仲舒[8]；治吾堂，钟离意。璧有七，张伯[9]盗一。"意寻案[10]未了。而卒张伯者，治中庭，治地得六璧[11]，上之。意曰："此有七，何以不遂？"伯惧，探璧怀中。鲁咸以为神。[三]（《后汉书》志第二十《郡国志二·鲁国》刘昭注补）

【校勘记】

　　[一]"慨然叹曰"，"慨然"下尚明本衍"而"。

　　[二]"修吾书"，《后汉书》刘昭注补）、汤本、黄本、余本、尚明本均讹"修"为"乱"。按，董氏首倡"罢黜百家，独尊儒术"，为史上尊孔第一人，岂会"乱"圣人书？据《后汉书》卷40《钟离意传》注引《意别传》、《水经注》卷25《泗水》、《搜神记》卷3、《艺文类聚》卷84《宝玉部》、《东家杂记》卷下改"乱"为"修"。

[三] 诸辑本均将"明帝于殿前鞭杀尚书郎"与"钟离意相鲁"析为二事。按，两事应为一事，中有缺文。《后汉书·钟离意传》："时诏赐降胡子缣，尚书案事，误以十为百。帝见司农上簿，大怒，召郎将笞之。意因入叩头曰：'过误之失，常人所容，若以懈慢为愆，则臣位大，罪重，郎位小，罪轻，咎皆在臣，臣当先坐。'乃解衣就格，帝意解，使复冠而贳郎。帝性褊察，好以耳目隐发为明，故公卿大臣数被诋毁，近臣尚书以下至见提拽。"今合为一条。黄本校勘记：又《后汉书·明帝纪》十五年三月幸孔子宅注引《汉春秋》曰："帝时升庙立，群臣中庭北面，皆再拜，帝进爵而后坐"，案此条不知是孔衍的《汉魏春秋》，还是习凿齿《汉晋春秋》，姑附于此。

【注释】

1　明帝：刘庄（28—75），光武帝刘秀第四子，东汉第二位皇帝。初名阳，封东海王，建武十九年（43）立为皇太子，建武中元二年（57）即皇帝位，在位时吏治清明，社会安定，经济文化得到较快的恢复和发展。崩于永平十八年，庙号显宗，谥孝明皇帝。

2　尚书郎：官名。东汉始置，在皇帝左右处理政务。初从尚书台久任令史中拔擢，后从孝廉中选取。初入台时称"守尚书郎"，次年为"尚书郎"，三年后称"侍郎"。侍郎主起草文书，秩俸四百石。魏、晋尚书各曹有尚书郎、侍郎等，通称"尚书郎"。晋时为清要之职，号为大臣之副。

3　钟离意：字子阿，生卒年不详，东汉会稽山阴（今浙江绍兴）人。钟离意青年时做过郡督邮，主张严内宽外，太守贤之，任以县事。建武年间（25—57）辟大司徒侯霸府，先后出任瑕丘（今山东兖州）与堂邑（今江苏大合）令。明帝即位，征为尚书，常主动为部下承担过失，以敢于诤谏著称，多次封还诏书。永平三年（60）外放为鲁相，卒于任上。

4　鲁：鲁国，东汉光武帝封其侄刘兴为鲁王，治曲阜，传六代。曹丕称帝后，国除。

5　蔽芾甘棠，勿翦勿伐：语出《诗经·召南》。《史记·燕召公世家》谓:"周武王之灭纣,封召公于北燕。(前省)召公巡行乡邑,有棠树,决狱政事其下,自侯伯至庶人各得其所,无失职者。召公卒,而民人思召公之政,怀棠树不敢伐,哥咏之,作《甘棠》之诗。"后世以"甘棠"称颂循吏的美政和遗爱。蔽芾(fú),草木茂盛貌,一说小貌。甘棠,即棠藜,一名杜藜,子有白有赤,白子为白棠,即甘棠。甘棠滑爽可口。赤子为赤棠,子涩无味,但质坚韧,成材可作弓、杖。翦,同"剪"。

6 周观:纵观、环视、遍览。

7 策书:简册。古代常用以记录史实或书写帝王任免官员、诏令等。

8 董仲舒(前179—前104):广川郡(今河北衡水景县)人,汉代思想家、哲学家、政治家、教育家,治《春秋》博士。元光元年(前134),汉武帝诏征治国方略,董仲舒于应对中系统提出了"天人感应""大一统"学说和"罢黜百家,表彰六经"的主张,认为自然、人事都受制于天命,反映天命的政治秩序和政治思想应该统一,其学说遂成为封建社会的不易纲常。武帝以董仲舒为江都易王刘非国相,元朔四年(前125),改任胶西王刘端国相,4年后辞官回家从事著述,太初元年病逝。

9 张伯:兵卒名。

10 寻案:追查、调查、考实,亦作"寻按"。

11 璧:扁平圆形中间有圆孔的玉,古代在典礼时用作礼器。《说文》:"璧,瑞玉环也。"

质 帝

梁冀毒杀质帝

帝[1]初年幼小[一],闻梁冀[2]专权于天下,每出朝[二],辄目之曰:"此跋扈[3]将军。"冀闻而大惧,遂阴行鸩[4]毒。始病,呼太尉李固[5]入。固前问病,帝曰:"食煮饼,令腹中闷,得水尚可活。"冀曰:"不可。"语未绝而崩。(《太平御览》卷92《皇王部十七·孝质皇帝》。《后汉书》卷34《梁统传附梁冀传》、卷63《李固传》节录其文。)

【校勘记】

［一］"帝初年幼小"，汤本、乔本、尚明本作"质帝年幼小"。

［二］"每朝出"，乔本、尚明本作"每出朝"。

【注释】

1　帝：质帝刘缵（138—146），一名刘续，东汉第十位皇帝。刘缵于永康元年（145）即位，次年被梁冀毒死，谥孝质皇帝。

2　梁冀（？—159）：东汉安定乌氏（今甘肃泾源东北）人。梁冀为汉顺帝、桓帝两皇后之兄，任大将军，骄横不法，专朝政二十余年，因质帝称其为"跋扈将军"，遂毒死质帝，另立桓帝。延熹二年（159），桓帝与宦官单超等人密谋，将其杀死。

3　跋扈：跋，踩踏。扈，随从、跟随。专横暴戾，泛指人臣之强梁。《尔雅》："山卑而大，扈跋者不由蹊随而行。言强梁之人，行不由正路，山卑而大且欲跋而逾之，故曰跋扈。"《山堂肆考》卷230《补遗》"跋扈"条："扈，竹篱也。设以候鱼，鱼大者则跋扈而出。盖喻人臣之强梁者。"

4　鸩：传说中的一种食蛇毒鸟，用其羽毛泡酒能毒杀人。此指用毒杀人。

5　李固（94—147）：字子坚，汉中南郑（今陕西汉中南郑）人。李固为司徒李郃之子，年少时便以学问著称，屡辞州郡荐举，曾直陈宦官外戚专权之弊，后担任荆州刺史、泰山郡太守、将作大匠及大司农等职。冲帝时，擢太尉，与梁冀共理朝政，在立帝问题上与梁冀发生冲突，建和元年（147）被梁冀诬陷杀害。

桓　帝[1]

桓帝与唐衡谋诛梁冀

〔延熹二年[一]〕梁皇后[2]崩，桓帝独呼小黄门唐衡至北户，如厕，问："左右梁冀不相得[3]者为谁？"衡对曰："单超、左悺，前诣[4]河南尹不疑[5]，礼敬小简，不疑收其兄弟，送洛阳狱。"于是，帝与[二]入室定谋，啮超臂出血以为盟，乃诛梁冀。（《太平御览》卷480《人事部·誓盟》）

【校勘记】

[一]"延熹二年"，汤本、乔本、尚明本作延熹元年（158）。据袁宏《后汉纪》《后汉书·梁皇后纪》《后汉书·单超传》《通志·单超传》改元年为二年。

[二]"帝与"，黄本脱"与"。

【注释】

1　桓帝：刘志（132—167），章帝曾孙，袭父爵为蠡吾侯。本初元年（146），质帝崩，梁太后与兄大将军梁冀迎入南宫即位。梁太后临朝听政，外戚梁冀擅权。延熹二年（159），依靠宦官单超等诛大将军梁冀，翦其党羽，朝政转入宦官之手。致朝政败坏，公开卖官鬻爵，激起官僚士大夫的不满。延熹九年，世家豪族与太学生联合反对宦官，结果李膺等200余人被捕，形成第一次党锢之祸。刘志爱好佛事，荒淫游乐无度，永康元年（167）卒，谥孝桓皇帝，庙号威宗。

2　梁皇后：桓帝懿献梁皇后，名女莹，梁商之女，顺烈梁皇后梁妠、大将军梁冀之妹，延熹二年崩。

3　不相得：彼此不投缘、不契合。

4　诣：到，特指到尊长那里去。

5　不疑：即梁不疑，梁商次子，梁冀弟。梁不疑喜读经书，善待士人。永和六年（141）任河南尹，本初元年（146）迁光禄勋。梁不疑与梁冀不和，晚年辞官居乡，不参与政事。

桓帝幸樊城老父独耕不辍[一]

桓帝幸樊城[1]，百姓莫不观[二]。有一老父[三]独耕不辍，议郎[2]张温[3]使问焉，父笑[4]而不答。[四]温因与之言，问其姓名，不告而去（《水经注》卷28《沔水》《艺文类聚》卷19《人部三·啸》《太平御览》卷392《人事部三十三·啸》）

【校勘记】

[一] 余本未辑此条。

[二] "观"后黄本衍"之"。

[三] "老父"，黄本作"父老"。

[四] "笑"，《艺文类聚》《太平御览》作"啸"，"笑而不答"下少"温因与之言，问其姓名，不告而去"13字。

【注释】

1 樊城：在今襄阳城对面之汉江北岸，与襄阳城隔江相对。

2 议郎：官名，郎官的一种，秦置，西汉沿置。议郎属光禄勋，征贤良方正敦朴有道之士担任，职司顾问应对，毋须轮流当值。东汉时一般郎官均受五官中郎将、左右中郎将管辖，仅议郎例外，且得与闻朝政。

3 张温（？—191）：字伯慎，汉末南阳穰县（今河南邓州）人。桓帝延熹（158—167）中，张温为尚书郎，后迁尚书令、大司农。灵帝中平元年（184），拜司空。二年，拜车骑将军，出征凉州边章、韩遂等。三年，拜太尉。后为司隶校尉，封互相侯。献帝初为卫尉，时董卓秉政，因旧怨使人诬告张温与袁术交通，将其笞杀于市。

4 啸：撮口发出清长的叫声，俗称打口哨。汉刘向《九叹·思石》："临深水而长啸兮，且倘佯而泛观。"汉晋以来，高士多善啸。传其俗源自游牧民族。

此家必出贵人[一]

[二]涿¹人李定²云:"此家必出贵人。"(《三国志》卷32《先主传》注)

【校勘记】

[一] 此条系年无考,当为先主少年时事,汤本将其系于初平二年,尚明本沿用。

[二] 汤本、乔本于涿人前加:"初,先主篱上有桑如车盖"。

【注释】

1 涿:涿郡,汉置,治涿县(今河北涿州)。魏文帝黄初年间更名范阳郡。

2 李定:涿郡人,余无考。

献　帝¹

曹操不敢复朝请

〔建安元年,迁都许[一]。〕献帝都许²,守位而已,宿卫近侍,莫非曹氏党旧恩戚。议郎赵彦³尝为帝陈言时策,曹操恶而杀之。其余内外多见诛。操后以事入见殿中,帝不任其忿,因曰:"君能相辅则厚,不尔,幸垂恩相舍。"操失色,俯仰求出。旧仪⁴:三公⁵辅兵入庙[二]⁶,令虎贲⁷执刃挟之。操顾左右,汗流洽背,自后不敢复朝请。(《太平御览》第九十二《皇王部十七·孝献皇帝》《后汉书》卷10下《伏皇后纪》)

【校勘记】

[一] 此条系年无考。"建安元年,迁都许"七字为汤球所加,是。

[二] "庙",影印宋本《太平御览》作"朝"。

【注释】

1 献帝：刘协（181—234），汉灵帝次子。中平六年（189）四月，灵帝崩，长子刘辩即帝位，被封为勃海王。七月，徙陈留（开封市东南陈留镇）王。九月，董卓废刘辩，被立为帝。建安二十五年（220），刘协禅帝位于曹丕，丕封其为山阳公，食邑万户。死于魏青龙二年，谥考献皇帝。

2 许：许昌，位于今河南许昌东，古许国地。秦汉时置许县，曹操迎汉献帝都此，魏文帝曹丕以"魏基昌于许"，改许县为"许昌"。

3 赵彦：汉献帝时议郎，履迹不详，为曹操所杀。《袁绍檄州郡文》："议郎赵彦，忠谏直言，议有可纳，故圣朝含听，改容加锡。操欲迷夺时权，杜绝言路，擅收立杀，不俟报闻。"

4 旧仪：犹古礼。此处指汉代礼仪制度。

5 三公：古代中央三个最高官位的统称，传始置于周初。东汉三公为太尉、司徒、司空。

6 庙：王宫的前殿，亦泛指朝廷。

7 虎贲：勇士或掌侍卫国君、宿卫宫廷之官。此指侍卫皇帝的武士。

刘表向邓羲言天下之达义

[天子都许，刘表¹虽贡献，而与袁绍²相结。邓羲³谏[一]，] 表答羲曰："内不失贡职，外不背盟主，此天下之达[二]⁴义也，治中⁵独何怪[三]乎？"（《三国志》卷6《刘表传》注）

【校勘记】

[一] 汤本、乔本、尚明本误将"天子都许，刘表虽贡献，而与袁绍相结。邓羲谏"录为《汉晋春秋》文，并误"邓羲"为"郭羲"。

[二] "达"，汤本、余本黄本、乔本并讹为"大"。

[三] 乔本误"独何怪"为"何独怪"。

【注释】

1　刘表（142—208）：字景升，山阳高平（今山东微山西北）人，汉景帝子鲁恭王刘余之后。少知名，为太学"八及"之一。大将军何进辟为北军中侯，后代王睿为荆州刺史，晋镇南将军、荆州牧，封成武侯，雍容自保于江汉间。建安十三年病死于襄阳，次子刘琮嗣位，同年曹操南征，刘琮以州降附。

2　袁绍（？—202）：字本初，汝南汝阳（今河南周口西南）人，出身号称"四世三公"的汝南袁氏。汉末群雄之一，官至大将军、太尉，封邺侯。袁绍在官渡之战中落败于曹操，在平定冀州叛乱后病死。

3　邓羲：章陵人（今湖北枣阳东南），刘表荆州治中，建安十三年（208）曹操得荆州后降曹，擢为侍中。

4　达：通行的、永恒的。《礼记·中庸》："知、仁、勇三者，天下之达德也。"

5　治中：官名。西汉元帝始置，六朝时州吏中均有此官，全称治中从事史，亦称治中从事，为州刺史僚佐之上纲，地位仅次于别驾。《宋书·百官志》谓汉治中从事史主财谷簿书，晋、宋时主众曹文书事。

太祖问王朗孙策何许人

孙策[1]之始得朗[一][2]也，谴让之[二]。使张昭私问朗[3]，朗誓不屈，策忿而不敢害也，留置曲阿[4]。建安三年，太祖[5]表[6]征朗，策遣之。太祖问曰："孙策何以得至此邪？"朗曰："策勇冠一世，有儁[三]才大志。张子布，民之望[7]也，北面而相之；周公瑾[8]，江淮之杰，攘臂而为其将[9]。谋而有成，所规不细，终为天下大贼，非徒狗盗而已。"（《三国志》卷13《王朗传》注）

【校勘记】

[一]"始得朗"，汤本、乔本、尚明本"朗"上衍"王"，黄本编目作"孙策"。

[二]"谴让之"，黄本脱此三字。

[三]"儁",汤本、黄本作"隽",尚明本用简体"俊"。按,"儁""雋""隽"同,通俊。

【注释】

1　孙策（175—200）：字伯符,吴郡富春（今浙江杭州富阳）人,孙坚长子,号"小霸王"。汉末割据江东,建安五年遇刺身亡,孙权称帝后,追谥长沙桓王。

2　王朗（？—228年）：字景兴,东海郯（今山东郯城北）人。汉末三国时期的著名经学家,著有《周易传》《春秋传》《孝经传》《周官传》等。师从太尉杨赐,因通晓经籍而被拜为郎中。先任徐州刺史陶谦治中从事,后迁会稽太守,败降孙策,被曹操征为汉谏议大夫、参司空军事。官至曹魏司徒,封兰陵侯。太和二年去世,谥成侯。

3　张昭（156—236）：字子布。彭城（今江苏徐州）人。三国时期孙吴重臣,先后辅佐孙策、孙权,晚年以老疾辞官,拜辅吴将军,封娄侯。嘉禾五年去世,谥文侯。

4　曲阿：地名,在今江苏丹阳。秦置曲阿县,三国吴改云阳,晋复称曲阿,唐天宝初改为丹阳。

5　太祖：指曹操,曹丕代汉后追尊的庙号。

6　表：臣子给君主奏章的一种。此指曹操上汉献帝推荐征召王朗的表。征,征召。

7　望：人所敬仰的、知名的。

8　周公瑾：周瑜（175—210）字,庐江舒县（今安徽庐江西南,或说在今安徽舒城）人。21岁助孙策平定江东,后辅佐孙权。建安十三年（208）与刘备联军破曹军于赤壁,十四年领南郡太守,十五年病逝。

9　攘臂：捋衣伸臂。攘,捋、撩。

袁绍与公孙瓒书

[袁绍为冀州牧,遣鞠义及刘虞子和与虞故从事鲜于辅等合兵击公孙瓒,瓒固守易京,攻之,连年不能拔,]袁绍与瓒¹书曰："孤²与足下,既有前盟旧要³,申⁴之以讨乱之誓⁵,爱过夷、叔⁶,分著丹青,谓为旅[一]

力同[二]轨[三]，足踵齐、晋[7]。故解印释绂[8]，以北带[9]南，分割膏腴，以奉执事[四][10]，此非孤赤情之明验邪？岂寤[11]足下[五]弃烈士之高义，寻祸亡之险踪，辍[六][12]而改虑，以好易怨，盗遣士马，犯暴豫州[13]。始闻甲卒在南，亲临战陈，惧于飞矢进流，狂刃横集，以重足下之祸，徒增孤（子）[七]之咎衅也[14]，故为荐书恳[八]侧[15]，冀可改悔。而足下超然自逸，矜其威诈，谓天罔可吞，豪雄可灭，果令贵弟殒于锋刃之端[16]。斯言犹在于耳，而足下曾不寻讨祸源，克心罪己，苟欲逞其无疆之怒，不顾逆顺之津[九]，匿怨害民，骋于余躬。遂跃马控弦[十]，处我泜上[十一]，毒遍生民，辜延白骨。孤辞不获已，以登界桥之役[17]。是时，足下兵气霆震，骏马电发；仆师徒肇合[十二]，机械不严，强弱殊科[十三]，众寡异论。假天之助，小战[十四]大克。遂陵蹑奔背，因垒馆谷[18]。此非天威棐谌[19]，福丰有礼之符表乎[20]？足下志犹未厌，乃复纠合余烬，率我蜂贼[十五][21]，以焚爇[十六]勃海[十七][22]。孤又不获宁，用及龙河之师[23]。赢兵前诱，大军未济，而足下胆破众散，不鼓而败，兵众扰乱，君臣并奔，此又足下之为，非孤之咎也。自此以后，祸隙弥深，孤之师旅，不胜其忿，遂至积尸为京[24]，头颅满野，愍彼无辜[25]，未尝不慨然失涕也。后比得足下书，辞意婉约，有改往修来之言。仆既欣于旧好克复，且愍兆民之不宁，每辄引师南驾，以顺简书[26]。弗盈一时，而北边羽檄[27]之文未尝不至；孤是用[十八]痛心疾首，靡所错情。夫处三军之帅，当列将之任，宜令怒如严霜，喜如时雨，臧否[28]好恶，坦然可观。而足下二三其德，强弱易谋，急则曲躬，缓则放逸，行无定端，言无质要[29]，为壮士者固若此乎？既乃残杀老弱，幽土[十九][30]愤怨，众叛亲离，孑然无党。又乌丸[31]、濊貊[32]，皆足下同州[二十]，仆与之殊俗，各奋迅激怒，争为锋锐；又东西鲜卑[33]，举踵来附。此非孤德所能招，乃足下驱而致之也。夫当荒危之世，处干戈之险，内违同盟之誓，外失戎狄之心，兵兴州壤，祸发萧墙[34]，将以定霸，不亦难乎！前以西山陆梁[35]，出兵平讨，会麹义[36]馀残，畏诛逃命，故遂住大军，分兵扑荡。此兵，孤之前行，乃界桥搴旗拔垒，先登制敌者也。始闻足下镌金纡紫[37]，命以元帅，谓当因兹奋发，以报孟明之耻[38]。是故战夫引领，[39]竦望旌旆，怪遂含光匿影，寂尔无闻，卒臻屠灭，相为惜之。夫有平天下之怒，希长世之功，权御师徒，带养戎马，叛者无讨，服者不收，威怀并丧，何以立名？今旧京克复，天罔云补，罪人斯亡，忠干翼化[40]，华夏俨然，望於穆之作[41]，将戢干戈，放散牛马，足下独何守区区之土，保军内之广，甘恶名以速朽，亡令德之久长？壯而筹之，非良策也。宜释憾[二十一][42]除嫌，敦我旧好。若斯言之玷，皇天是闻。"瓒不答，而增修戎备。谓关靖[43]曰："当今四方虎争，无有能坐吾城[二十二]下相守经年者明矣！袁本初其若我何？"（《三国志》卷8《公孙瓒传》注引。）

【校勘记】

［一］"旅"，宋本作"流"。

［二］"同"，原作"司"。

［三］"轨"，《册府元龟》及汤本、黄本、乔本、尚明本等作"仇"。按"轨"指车辙、一定的路线，后接"足踵齐、晋"，为"轨"甚明。

［四］"事"，乔本误作"之"。

［五］"岂寤足下"，乔本脱"寤"。

［六］"辍"，宋本作"缀"，《册府元龟》及汤本、乔本、尚明本讹作"辊"，黄本脱此字。

［七］"孤子"，何焯删"子"字，是。

［八］"恳"，原文误为"垦"。

［九］"津"，汤本、乔本讹为"律"，黄本讹为"计"。

［十］"控弦"：官本考证云："控弦"，一作"横弦"。

［十一］"泜上"，诸本均作"疆土"，何焯曰：疆土，宋本作"祇上"，北雍本作疆上。按，"疆土"于义不合，"祇上"应为"泜上"，祇、泜形似音同讹。《三国志·公孙瓒传》载公孙瓒从弟公孙越死，瓒怒曰："余弟死，祸起于绍。遂出兵屯盘河，"攻冀州。泜水在今河北省临城、赞皇二县，时属冀州。《史记·淮阴侯列传》载刘邦命韩信东下井陉击赵，韩信孤军背泜水列阵败赵，斩陈徐于泜上。明《经济类编》《东汉文纪》《文章辨体汇选》，清《御选古文渊鉴》亦作"泜上"。

［十二］"合"，黄本阙。

［十三］"强弱殊科"，于义不通，"科"当为"料"，形近讹。

［十四］"小战"，局本讹为"小獘"。

[十五]"蜂赋",黄本作"蜂贼"。

[十六]"爇",黄本阙。

[十七]"勃海",《三国志·公孙瓒传》同。黄本、汤本、余本改为"渤海"。

[十八]"是用",黄本倒为"用是"。

[十九]"幽土",宋本为"士"。汤本、乔本、尚明本改为"幽士"。

[二十]"皆足下同州",宋本"皆"下无"与"。汤本、黄本、乔本、尚明本增"与"。

[二十一]"释憾",黄本作"释然"。

[二十二]"吾城",黄本作"我城"。

【注释】

1 瓒:公孙瓒(?—199),字伯圭,辽西令支(今河北迁安西)人。初为郡吏,汉末任辽东属国长史,参与镇压黄巾起义,拜奋武将军,封蓟侯。初平四年(193),攻杀幽州牧刘虞,割据幽州。建安四年(199)被袁绍围困于易京(今河北省雄县西北),于走投无路之时引火自焚,其势力被袁绍吞并。

2 孤:古代诸侯有凶事时称孤,《左传·庄十一年》:"列国有凶,称孤。"后为王侯自称,《国语·吴》:"孤将有大志于齐。"

3 前盟旧要:前盟,袁绍与公孙瓒曾结盟共同参与山东各路兵马讨伐董卓。要,要约、立约、约定。旧要,何焯曰:"此指赵岐和解时言"。按:《后汉书·赵岐传》:"(初平四年)袁绍、曹操与公孙瓒争冀州,绍及操闻岐至,皆自将兵数百里奉迎。岐深陈天子恩德,宜罢兵安人之道,又移书公孙瓒为言利害。绍等各引兵去,皆与岐期会洛阳,奉迎车驾。"

4 申:陈述,重复地说。

5 誓:盟约,诺言。

6 夷、叔:伯夷、叔齐,商末孤竹(今河北卢龙东南)君之长子与次子,二人相互推让嗣君之位而相持不下,闻西伯文王善养老,乃同弃嗣位投奔周。文王死后,叩马谏阻周武王伐纣以救商。周灭商后,拒绝仕周而避入首阳山(在今山西永济西南。一说在今河南偃师西北,一说在今甘肃陇西西南），不食周粟，采蕨菜以充饥而饿死山中，成为贤人节士之典范，兄弟情谊之楷模。

7　足踵齐、晋：像春秋时期齐国和晋国那样翼护周室。踵，脚后跟，作动词意为追逐、跟随。齐，齐国。晋，晋国。袁绍为得到韩馥的冀州，曾邀请公孙瓒引兵南向冀州，韩馥惧而将冀州让给袁绍。

8　解印释绶：指解下印绶罢官。解印，解下官印。释绶，释，《说文》："解也。"绶，系官印的丝带。卢弼《三国志集解》："谓以渤海印绶授瓒弟范也。"按，此指初平二年（191），公孙瓒以从弟公孙越被袁绍军流矢所杀而起兵攻袁绍，袁绍使出的缓兵计。《三国志·公孙瓒传》："（瓒）遂出军屯盘河（在今山东临邑北），将以报绍。绍惧，以所佩渤海太守印绶授瓒从弟范，遣之郡，欲以结援。范遂以渤海兵助瓒，破青、徐黄巾，兵益盛，进军界桥。"

9　带：含着，附着。

10　以奉执事：恭奉尊驾。奉，尊奉。执事，书信中对对方的敬称。

11　寤：通"悟"，明白、觉悟。

12　辍：停止，舍弃。

13　豫州：古九州和汉武帝置十三部州刺史之一，辖域相当于淮河以北、黄河以南、伏牛山以东之豫东皖北之地，东汉后期变为行政区划，治谯（今安徽亳县）。

14　咎衅：罪过，罪孽。亦作"咎釁"。

15　荐书恳恻：荐，进、进献。恳恻，诚恳痛切。恻，悲伤、痛切。

16　贵弟殒于锋刃之端：指公孙瓒从弟公孙越，在与孙坚攻阳城袁绍将周昂时，被流矢击毙事。见《三国志》卷8《公孙瓒传》。

17　界桥之役：初平二年（191），袁绍与公孙瓒为争夺冀州在界桥发生的一次大战，公孙瓒败北。界桥，又称袁公桥，在今河北威县。

18　馆谷：驻军其馆，就食其谷。《太平御览》卷308《兵部·战》："晋师伐楚，苗贲皇言于晋侯曰：'楚之良在其中军王族而已，请分良以击其左右，三军萃于王卒，必大败之。'及战，晋将吕锜射楚恭王，中目，楚师宵遁。晋师入楚，三日馆谷。"

19　棐谌：辅助诚信的人。谌，通"忱"，"棐谌"同"棐忱"。

《诗·大雅·荡篇》："天生烝民,其命匪谌"。毛诗云:"谌,诚也。"《汉书·叙传》"实棐谌而相顺"。应劭曰:"棐,辅也。谌,诚也。"

20　福丰符表:福,赐福、福佑。丰,丰盛、丰厚。符表,显露的征兆。符,祥瑞的征兆。表,标记。

21　蟊贼:蟊同"蝥",食苗根的害虫。蟊贼即蝥贼,比喻危害大众的坏人。

22　爇:烧,焚掠。勃,海旁出为勃。勃海:郡名,因临渤海而得名,属冀州,袁绍最初所领属郡,在今天津市南、渤海西、河北沧州至固城一带,治南皮北。

23　龙河之师:龙河即龙凑,在今山东平原东南。《后汉书·袁绍传》:"(建安)三年,瓒又遣兵至龙凑挑战,绍复击破之。瓒遂还幽州,不敢复出。"赵一清曰:"龙河即龙凑,地名,盖河津。详味绍书,龙凑宜在渤海界。又袁谭军龙凑,曹操攻之,拔平原,走保南皮,盖在平原界也。谢钟英曰:'当在今平原县南。《一统志》谓在德州北,非也'。"

24　京:人力所作之绝高大土丘,非人力所作之高大土丘称丘。《尔雅》:"绝高谓之京。"郭璞注:"人力所作。"

25　头颅满野,愍彼无辜:指自初平四年(193)袁绍与公孙瓒所置青州刺史田楷连战二年,导致士卒疲困,粮食并尽,互掠百姓,野无青草。

26　引师南驾,以顺简书:事载《英雄记》:"初平四年,天子使太傅马日䃅、太仆赵岐和解关东。岐别诣河北,绍出迎于百里上,拜奉帝命。岐住绍营,移书告瓒,瓒遣使具与绍书曰:'赵太仆以周召之德,衔命来征(中省)自省边鄙,得与将军共同此福,此诚将军之眷而瓒之幸也。'"简书指赵岐写给公孙瓒的信函。

27　羽檄:军事文书,插鸟羽以示紧急,必须像飞鸟般迅速传递。羽,鸟翼上的长毛。檄,征召或声讨的官府文书。

28　臧否:褒贬,评论。臧,褒扬、赞许。否,贬损、非议。

29　质要:古代买卖货物的券契。亦泛指券契、凭证。引申为准则。

30　幽土:指幽州,古九州和汉武帝置十三部州刺史之一。东汉治蓟县(今北京城西南),辖域相当今北京、河北北部及辽宁南部、山西东部、天津海河以北地区。

31　乌丸：又称"乌桓"，东胡的一支，春秋战国时期活动于今辽河上游。元狩四年（前119），汉军大破匈奴，将匈奴逐出漠南，迁乌桓至上谷、渔阳、右北平、辽西、辽东五郡塞外（今河北北部及辽宁南部）游牧，设护乌桓校尉管辖。建武二十五年（49），乌桓又从五郡塞外南迁至塞内之辽东、渔阳及朔方沿边十郡（今辽河下游、山西、河北北部及内蒙古河套一带）驻牧。建安十二年（207），曹操为了彻底消灭袁氏残余势力和解除乌桓内迁的威胁，率军远征乌桓，打败了辽西、辽东、右北平三郡乌桓，乌桓从此势衰。

32　濊貊：汉魏时期居于今朝鲜北部的少数民族，北与高句丽、沃沮相邻，南同辰韩、马韩接壤。社会生产以农耕为主，兼事狩猎，民风淳朴。

33　鲜卑：东胡的一支，盛时其领地东达辽水，西至西域。东汉末，中、东部鲜卑分裂为三：一为步度根，占据太原、雁门等地。二为轲比能，占据代郡、上谷等地。三为东部鲜卑素利、弥加、阙机，部众分布在幽州的辽西、右北平、渔阳塞外。袁绍所言东西鲜卑为东部鲜卑。据《三国志·公孙瓒传》载，刘虞在幽州，能以恩信结交乌桓、鲜卑，公孙瓒攻杀刘虞，并幽州。兴平二年（195），刘虞旧部渔阳鲜于辅等起兵报仇，迎刘虞子刘和与袁绍将麹义联军攻公孙瓒，破之鲍丘，公孙瓒徙居易京。

34　萧墙：宫城里面对着宫门的小墙。一名"罘罳（曲折的廊阁）"，又称"屏"，大臣们至此屏，便会肃然起敬。萧通"肃"，萧墙，比喻内部。

35　陆梁：形容跳跃奔走的样子。此引申为横行无阻之意。

36　麹义：凉州军骁将，善于以步兵与少数民族骑兵作战，投奔袁绍后任先锋将，在界桥之战中，率弱势步兵战胜公孙瓒的强大骑兵军团。后恃功骄恣，为袁绍所杀。

37　镌金纡紫：佩带金印紫绶，指身居高位。镌，雕刻。镌金，刻金章。纡，系、结。纡紫，佩紫绶。

38　孟明：春秋秦国百里奚之子，名视，字孟明。鲁僖公三十三年

（前627），秦穆公派他领兵偷袭郑国，途经晋境之崤山（今河南三门峡东、洛宁北）时，被晋国伏军打败，孟明视认为这是奇耻大辱。文公二年（前625），率军伐晋，又被打败。三年，秦穆公再派他伐晋，败晋军。

39　引领：伸直脖子。表示殷切期盼。

40　忠干翼化：由忠贞干练之士引领和教化。忠干，忠诚干练的人。忠，忠臣。干，干练。翼，鸟的翅膀，引申为翼护。化，教化。

41　於穆：美好的赞叹词，《诗·周颂·维天之命》："维天之命，於穆不已。"《史记·太史公自序》："受命於穆清，泽流罔极，海外殊俗，重译款塞，请来献见者，不可胜道。"宋裴骃《集解》："如淳曰：'受天命清和之气。'《正义》："於，音乌。颜（师古）云：'於，叹辞也。穆，美也。言天子有美德而教化清也。'"

42　释憾：消除心中的嫌隙、怨恨。释，消除、消散、放下。憾，嫌隙，怨恨。

43　关靖：公孙瓒长史。《英雄记》："关靖字士起，太原人。本酷吏也，谄而无大谋，特为瓒所信幸。"公孙瓒曾打算亲自领兵突破袁绍的包围圈，穿插至敌后攻击袁绍的大后方，被关靖劝止。公孙瓒战败自焚后，关靖以此愧疚自责，孤身冲入袁绍军殉主。

关靖为公孙瓒殉节

〔建安四年，绍攻瓒于易京[1]，瓒自杀。〕关靖曰："吾闻君子陷人于危[2]，必同其难，岂可独生乎！"乃策马赴绍军而死。绍悉送其首于许。（《三国志》卷8《公孙瓒传》注。）

【注释】

1　易京：易，地名，在今河北雄县西北，因南临易水而得名。此役，公孙瓒临易水挖十道壕堑环绕，于其中堆积山丘，高各五六丈，上筑营驻兵，中心山丘高达十丈，其上建楼，公孙瓒安居其中。故称易京。

2　陷人于危：让人陷入危险境地。此指关靖因劝阻公孙瓒突破袁绍包围，打击袁绍后方的计划而让公孙瓒处于危险之中。《三国志·公孙瓒传》载其事:"建安四年,绍悉军围之,瓒遣子求救于黑山贼。复欲自将突骑直出,傍西南山,拥黑山之众,陆梁冀州,横断绍后。长史关靖说瓒曰:'今将军将士皆已土崩瓦解,其所以能相守持者,顾恋其居处老小,以将军为主耳。将军坚守旷日,袁绍要当自退,自退之后,四方之众必复可合也。若将军今舍之而去,军无镇重,易京之危可立待也。将军失本,孤在草野,何所成邪?'瓒遂止不出。"

许攸说袁绍迎天子遭拒

〔建安五年,绍攻操于官渡[1]。〕许攸[2]说绍曰:"公无与操相攻也,急分诸军持之,而径从他道迎天子,则事立济矣。"绍不从,曰:"吾要当先[一]围取之。"攸怒。(《三国志》卷1《武帝纪》注。)

【校勘记】

[一]"吾要当先",汤本、乔本脱"要"。

【注释】

1 官渡:地名,在今河南中牟东北,因临官渡水而得名。建安五年(200),于此曹操以劣势兵力迎战袁绍并消灭袁绍一线主力,为统一北方打下了基础。

2 许攸(?—204):字子远,南阳(今河南南阳)人。本为袁绍谋士,官渡之战时献计袁绍不获重视,又因其家人犯法被审配收捕,遂背袁投曹,为曹操献上偷袭袁绍屯积粮草地乌巢的计策,导致袁绍兵败官渡。随后助曹操打败袁绍和袁尚,平定冀州。因自恃功高,轻慢曹操,最终被杀。

张郃献计袁绍钞绝曹操之后

郃[一][1]说绍曰:"公虽连胜,然勿与曹公战也,密遣轻骑钞[2]绝其南,则兵自败矣。"绍不从之。(《三国志》卷17《张郃传》注[二])

【校勘记】

［一］汤本、乔本于"郃"前加"张"。

［二］乔本误谓此条引自《三国志》卷1《武帝纪》注。

【注释】

1 郃：张郃（？—231），字儁义，河间鄚人（今河北任丘）。东汉末年，先为冀州牧韩馥军司马，后投袁绍，为中郎将。官渡之战中降曹操，为曹军大将，封鄚侯。太和五年，诸葛亮第四次北伐时领兵追击蜀军至祁山北的木门谷，中埋伏被射杀。

2 钞：同"抄"，走简捷的路或从侧面绕过去。

审配献袁谭书

〔建安七年，袁绍死，次子袁尚继位。袁谭、袁尚各拥兵自立，相互攻杀。建安八年，袁尚谋士审配致书袁谭，谭虽得书怅然，但事已至此，遂战不解。〕审配[1]献书于谭[2]曰："《春秋》[3]之义，国君死社稷[4]，忠臣死王命。苟有图危宗庙，败乱国家，王纲典律，亲疏一也。是以周公[5]垂泣而蔽管、蔡[6]之狱，季友歔欷而行鍼叔之鸩[7]。何则？义重人轻，事不得已也。昔卫灵公废蒯聩而立辄，蒯聩为不道，入戚以篡，卫师伐之。《春秋传》曰：'以石曼姑之义[一]，为可以拒之。'是以蒯聩终获叛逆之罪，而曼姑永享忠臣之名[8]。父子犹然，岂况兄弟乎！昔先公废绌将军以续贤兄[9]，立我将军以为适[二]嗣[10]，上告祖灵[三]，下书谱牒。先公谓将军为兄子，将军谓先公为叔父，海内远近，谁不备闻？且先公即世之日，我将军斩衰居庐[11]，而将军斋于垩室[四][12]，出入之分，于斯益明。是时凶臣逢纪[13]，妄画蛇足，曲辞谄媚，交乱懿亲[14]，将军奋赫然之怒，诛不旋时，（我）将军亦奉命承旨，加以淫刑。自是之后，痈疽[15]破溃，骨肉无丝发之嫌，自疑之臣，皆保生全之福。故悉遣强胡[16]，简命名将，料整器械，选择战士，殚府库之财，竭食土之实，其所以供奉将军，何求而不备？君臣相率，共卫旌麾，战为雁行，赋为币主，虽倾仓覆库，翦剥民物，上下欣戴，莫敢告劳。何则？推恋恋忠赤之情，尽家家肝脑之计，唇齿辅车[17]，不相为赐。谓为将军心合意同，混齐一体，必当并威偶势，御寇宁家。何图凶险谗慝[18]之人，造饰无端，诱导奸利，至令将军翻然改图，忘孝友之仁，听豺狼之谋，诬先公废立之言，违近者在丧之位，悖纪纲[五]之理，不顾逆顺[六]之节，横易冀州之主，欲当先公之继。遂放兵钞[19]拨，屠城杀吏，交尸盈原，裸民满野。或有髠鬋发肤[20]，割截支体，冤魂痛于幽冥[21]，创痍号于草棘[22]。又乃图获邺城[23]，许赐秦、胡[24]，财物妇女，豫有分界[25]。或闻告令吏士云：'孤虽有老母，辄使身体完具而已'。闻此言者，莫不惊愕失气，悼心挥涕。使太夫人[26]忧哀愤懑于堂室，我州君臣士友假寐[27]悲叹，无所措[七]其手足；念欲静师拱默，以听执事之图，则惧违《春秋》死命之节，贻[28]太夫人不测之患，陨先公高世之业。且[八]三军愤慨，人怀私怒，我将军辞不获已，以及馆陶之役[29]。是时外为御难[九]，内实乞罪，既不见赦，而屠各[30][十]二三[十一]其心，临陈叛戾[十二][31]。我将军进退无功，首尾受敌，引军[十三]奔避，不敢告辞。亦谓将军当少垂亲亲之仁，赈[十四][32]以缓追之惠。而乃寻踪蹑轨，无所逃命。困兽必斗，以干严行，而将军师旅土崩瓦解，此非人力，乃天意也。是后又望将军改往修来，克己复礼，追还孔怀[33]如初之爱；而纵情肆怒，趣破家门，企踵鹤立，连接外雠，散锋放火，播增毒螫[34]，烽烟相望，涉血千里，遗城厄民，引领悲怨，虽欲勿救，恶得已哉！故遂引军东辕[35]，保正疆场[十五]。虽近郊垒，未侵境域[十六]；然望旌麾，能不永叹？

配等备先公家臣，奉废立之命。而图[36]等干国乱家，礼有常刑。固奋敝州之赋，以除将军之疾。若乃天启于心，早行其诛，则我将军匍匐悲号于将军股掌之上，配等亦袒躬布体以待斧钺之刑。若必不悛，有以国毙，图头不悬，军不旋踵[37]。愿将军详度事宜，锡以环玦[38]。"（《三国志》卷6《袁绍传》注）

【校勘记】

[一]"以石曼姑之义"，黄本脱"以"。

[二]"适"，黄本作"嫡"，适通嫡。

[三]"祖灵"，黄本作"祖宗"。

[四]"垩室"，汤本、乔本讹为"恶室"。

[五]"纪纲",汤本、黄本、乔本、尚明本倒为"纲纪"。

[六]"逆顺",黄本讹为"顺遂"。

[七]汤本讹"措"为"惜"。

[八]汤本脱"且"。

[九]"御难",汤本、乔本讹作"御寇"。

[十]"屠各",中华书局校勘记:"屠辱各"为"屠各"。汤本作"屠辱各"。

[十一]"二三",黄本讹为"三三"。

[十二]"叛戾",汤本讹为"败戾"。

[十三]"引军",汤本、乔本作"司军"。

[十四]"赆",汤本、黄本、余本、尚明本作"贻"。

[十五]"疆场",黄本讹为"强场",繁体"强""疆"形近讹。

[十六]"境域",黄本讹为"境城"。

【注释】

1　审配(？—204):字正南,魏郡阴安(今河南清丰西北)人。审配为袁绍腹心谋士,以治中总绍幕府。袁绍死后,在嗣位之争中辅助袁尚成为嗣主,曹操围邺,审配死守数月,城破被俘,不屈而死。

2　袁谭(？—205):字显思(一说显忠),袁绍长子,文中所称之将军,青州刺史。建安元年(197),击败田楷、孔融,占据青州。袁绍去世后,审配、逢纪等伪立遗令,拥立袁尚为继承人,兄弟间遂兵戎相见。袁谭联合曹操打败袁尚,然后叛曹。建安十年,曹操兴兵进攻南皮,袁谭战败,为曹军所杀。

3　《春秋》:书名,鲁国编年史书,也是现存遗世最早的一部编年史书,记述公元前722年至公元前481年的史事。据说为孔子所修订,记事语言极为简练,寓褒贬于其中,被后人称为"春秋笔法",为儒家经典,汉以后被奉为判断是非的依据和准则。秦以后失传,现在流行的版本是从《左氏传》《公羊传》《谷梁传》中辑录编辑而成。

4　社稷:土神和谷神的总称。古时君主都要祭祀社稷,社稷成为国家政权的象征。《左传·襄公二十五年》晏婴曰:"故君为社稷死则死之,为社稷亡则亡之。"

5 周公：周武王弟。武王去世，继位的成王年幼，周公旦摄政，成王成人后归政于成王。

6 管、蔡：管，管叔，名鲜，周文王子，武王、周公弟，封于管（今河南郑州）。蔡，蔡叔，名度，周文王子，武王、周公弟，封于蔡（今河南郑州北）。周公摄政，管、蔡认为周公篡政，联合武庚发动叛乱，周公东征，杀管叔，流放蔡叔。

7 季友（前？—前644）：鲁桓公子，庄公弟，名友，号成季，故称季友，又称公子友。庄公有庆父、叔牙、季友三个弟弟。庄公病，欲让其子斑（一作般）继位，但叔牙欲立庆父，季友奉庄公之命，派鍼季毒死叔牙。庄公卒，季友奉公子般为君。庆父让圉人荦杀般，立庄公之子启为闵公。季友奔陈，不久归国。庆父再杀闵公，季友奉闵公兄申出奔，后归国立申为僖公，逼庆父自尽。鲁僖公元年（前659），季友以功受封邑，为上卿，专国政，僖公十六年去世。其后代为季氏，是鲁国三桓之一。歔欷：哀叹，亦作嘘唏。抽泣声。

8 卫灵公（前540—前493）：姬姓，名元，卫国第二十八代君主。卫灵公一直联齐反晋，其世子蒯聩欲杀灵公夫人，为灵公所废，被驱逐至宋国，又从宋国转至晋国。灵公死后，蒯聩之子辄在齐国支持下被立为嗣君，是为出公。晋国将出公之父蒯聩护送至卫国的戚邑（在今河南濮阳北）与出公对峙。出公派将领石曼姑率兵围戚，不意蒯聩潜入国内夺得君位，是为庄公。出公逃至鲁国，庄公后来被国人赶走，中间换了几任国君，最终石嫚姑迎回出公，才结束这部父子王位之争的丑剧。

9 先公废绌将军適嗣：袁谭为袁绍长子，袁绍为立少子尚为嗣，将其过继于兄，废除了其嗣君地位。废绌，废除、取消。適嗣，即嫡嗣。

10 我将军：指袁尚，袁绍少子，受绍宠爱，为了让他继位，将长子谭过继给其兄袁基，立尚为嫡子，继袁绍为冀州牧。长子袁谭不服，发动夺位之战，曹操乘机进攻，袁谭被杀，袁尚败逃辽东，被辽东军阀公孙康所杀。

11 斩衰居庐：斩衰，亦作"斩缞"。丧服中最重的一种，用粗麻布制成，左右和下边不缝。子及未嫁女为父母，媳为公婆，重孙为祖父母，妻妾为夫，均服斩衰三年。先秦时诸侯为天子、臣为君亦服斩衰。居庐，古丧礼，父母死后，另居别室守丧。

12 垩室：古时守丧者之居处。垩为白土，在墙壁上涂饰白土，故称垩室。

13 逢纪：字符图，袁绍谋士。为袁绍定计逼韩馥让出冀州，官渡之战后谮杀田丰。袁绍病死，与审配矫诏立袁尚为嗣。袁谭出军黎阳，袁尚少与之兵而使逢纪随之，谭向尚求益兵不得，遂怒杀逢纪。

14 懿亲：至亲，特指皇室或外戚宗亲，《左传·僖公二十四年》："如是则兄弟虽有小忿，不废懿亲。"这里指袁氏兄弟。

15 痈疽：一种生于体表、四肢、内脏的急性化脓毒疮。

16 强胡：袁绍军中的胡族悍兵。

17 辅车：辅，颊辅、面颊。车，牙床。二者相互依存。

18 谗慝：邪恶奸佞。亦指邪恶奸佞之人。

19 钞：同"抄"，掠取、抢掠。

20 髡鬀（kūn tì）：髡，古代剃去男子头发的一种刑罚。鬀，古同"剃"，髡鬀，意为剃去头发。

21 幽冥：地府、阴间。

22 草棘：丛生的草木，比喻荒僻之地。

23 邺城：袁绍冀州治所，在今河北临漳。

24 秦、胡：秦，中国人，秦统一中国后，由于秦的强大，边地少数民族一度称中国人为秦人，此指袁谭军中的汉军。胡，古代北边或西域民族的统称，此指袁谭军中的乌丸、鲜卑等胡族军队。

25 豫有分界："豫"通"预"。预，预先。

26 太夫人：袁绍的妻子。

27 假寐：和衣打盹。

28 贻：遗留、留下。

29 馆陶之役：馆陶，县名，今河北沧州馆陶。建安八年（203），袁谭与袁尚兄弟反目，袁谭于馆陶击败袁尚之战。《献帝春秋》曰："谭、尚遂寻干戈，以相征讨。谭军不利，保于平原，尚乃军于馆陶。谭击之败，尚走保险，谭追攻之，尚设奇伏，大破谭军，僵尸流血不可胜计。

谭走还平原。"

30　屠各：一作"屠辱各"，东汉至西晋时匈奴的一个重要部落，刘渊出生于此部落。

31　叛庆：叛，背叛、叛离。庆，暴恶。

32　贶：赐予、加惠。

33　孔怀：本是挂在心上极其思念之意，后指兄弟。《诗经·小雅·常棣》"死丧之威，兄弟孔怀。"

34　螫：毒虫刺或毒蛇咬。此指毒虫或毒蛇的毒汁、毒素。

35　辕：车前驾牲畜的长木，古代军队于驻地树车辕为门，称辕门，借指军营、衙署。

36　图：袁绍的谋士郭图，后辅佐袁谭，唆使袁谭与袁尚反目，和袁谭一起被曹操所杀。

37　旋踵：转身。此指畏避、退缩。

38　锡以环玦：锡，同"赐"。环，中央有孔的圆形佩玉。玦，有一缺口的环形佩玉。古代常以环玦赠人，赠人玦表示与之决绝、断绝、绝交，送人环则反之。

刘表不能乘机袭许

〔建安十二年，操破乌桓于柳城。〕太祖之始征柳城¹，刘备说表使袭许，表不从。及太祖还，谓备曰[一]："不用君言，故失此[二]大会²也。"备曰："今天下分裂，日寻干戈，事会[三]³之来，岂有终极乎！若能应之于后者，则此未足为恨也。"（《三国志》卷6《刘表传》注。）

【校勘记】

[一]"谓备曰"，"谓"上汤本据《先主传》增"表"。

[二]"故失此"，"故"下汤本据《先主传》增"为"。

[三]"事会"，黄本作"事变"。

【注释】

1　柳城：地名，今辽宁朝阳南。

2　大会：原意为大规模地集会、会合，此引申指刘备建议刘表趁曹操北征柳城的大好时机偷袭许都。

3　事会：机遇、时机。

诸葛亮家于南阳邓县

〔先主见诸葛亮于隆中。〕亮[1]家于南阳之邓县[2][一]，在襄阳[3]城西二十里，号曰隆中[4]。（《三国志》卷35《诸葛亮传》注。）

【校勘记】

[一]"亮家于"，黄本注："《文选》《诸葛孔明出师表》注引：'诸葛亮家于南阳之邓县。'"多"诸葛"二字。

【注释】

1　亮：诸葛亮（181—234），字孔明，徐州琅琊阳都（今山东临沂沂南）人。少孤，与弟弟诸葛均一起随新署豫章太守的叔父诸葛玄到豫章，建安二年（197）诸葛玄被杀后投依荆州牧刘表。一说诸葛玄赴任豫章太守前，将诸葛亮姊弟送至襄阳，托咐给刘表，从此躬耕于襄阳隆中。建安十二年（207）刘备"三顾茅庐"，诸葛亮向刘备提出了先三分天下，再统一全国复兴汉室的《隆中对》。随后出山辅助刘备，联吴于赤壁、乌林击退曹操，进取益州。蜀汉建立后，任丞相，封武乡侯，建兴十二年病逝于北伐途中，谥忠武侯。

2　邓县：春秋时楚灭邓设，秦汉沿置，为南阳郡所辖，治今湖北襄阳樊城北，辖今湖北襄阳之襄州、樊城、高新区及襄城西北至谷城东南沿江一带。《荆州记》："襄阳西北十许里，名为隆中，有孔明宅。"《荆州图副》曰："邓城，旧县，西南一里隔沔有诸葛亮宅，是汉昭烈三顾处。"《水经注·沔水》："（经）沔水东迳隆中。（注）历孔明旧宅北，刘季和镇襄阳，命李（安）[兴]作《宅铭》云：'天子命我，于沔之阳，听鼓鼙而永思，庶先哲之遗光。'后六十余年，永平五年习凿齿又为宅铭。"

3　襄阳：襄阳县，西汉后期始置，以位于襄水之阳而得名，辖汉水以南、中庐县以东、邔县以北之狭小区域。汉末荆州刺史刘表移州治于襄阳，建安十三年（208）曹操得荆州，赤壁之战后，曹操获荆州北部，始置襄阳郡。

4　隆中：在今湖北襄阳城西二十里，其称沿袭至今，自晋以来一直有诸葛亮的纪念性建筑存在，现为国家5A级旅游景区。

刘备改临江郡为宜都郡[一]

〔建安十三年，操征刘表，表卒，子琮[1]迎降。〕魏武平荆州[2]，分南郡[3]枝江[4]以西为临江郡[5]。建安十五年，刘备改为宜都[二][6]。（《宋书》卷37《州郡志三》引习凿齿曰。）

【校勘记】

[一] 黄本未辑此条。汤本、尚明本按建安十三年，十五年拆分为两条，中间杂述有此三年中多条他事。乔本从汤本，但文后注不宜将两条分开。按此条专述宜都郡设置沿革事，析为两条欠妥。

[二] 汤本、乔本于"改"后加"分"。

【注释】

1　琮：刘表次子。建安十三年（208）刘表卒，刘琮被蔡瑁、王粲等拥立为荆州嗣主。同年秋，曹操率大军南攻荆州，刘琮交臂以州降，被署为青州刺史，后迁谏议大夫，封列侯。

2　荆州：古九州之一。汉末荆州辖南阳、南郡、江夏、长沙、武陵、桂阳、零陵七郡，包括今之湖北、湖南大部，河南、陕西、广东、广西、云南、贵州、重庆之一部分，三国初，刘表将当时的州治从南郡治所江陵迁至南郡治下的襄阳，升祖地章陵县为郡，增为八郡。

3　南郡：秦置，辖今湖北中西部之大部，治江陵。

4　枝江：南郡辖县，在江陵西，今为枝江市。

5　临江郡：项羽改南郡为临江国，立共敖为临江王。汉初复为南郡，文帝再改为临江国，立皇子刘阏为临江王，景帝时国除，仍置南郡，曹操分其西为临江郡，治宜都（今湖北宜昌宜都）。

6　宜都：刘备改临江郡为宜都郡，意为宜作都城。

王威欲徼曹操于险[一]

〔曹公兵至襄阳，蒯越等劝刘琮降。先主走，将保江陵[1]，操追之。〕王威[2]说刘琮曰："曹操得将军既降，刘备[二]已走，必解弛[三]无备，轻行单进；若给威奇兵[四]数千，徼[3]之于险，操可获也。获操即[五]威震天下，坐而虎步，中夏[4]虽广，可传檄而定，非徒收一胜之功，保守今日而已。此难遇之机，不可失也。"琮不纳。（《三国志》卷6《刘表传》注。括号内"曹公兵至襄阳，蒯越等劝刘琮降"见《项氏家说》，"先主走，将保江陵，操追之。"为汤球所加）

【校勘记】

[一] 黄本未辑此条。
[二] "刘备"，汤本、乔本、尚明本作"刘豫州"。
[三] "解弛"，汤本、乔本作"懈弛"，是。
[四] "给威奇兵"，尚明本脱"威"。
[五] "即"汤本、乔本、余本、尚明本作"则"。

【注释】

1　江陵：县名，治今湖北省荆州市荆州区。春秋战国时为楚船官和楚王行宫——渚宫所在地。秦灭楚后，于此设南郡，两汉相沿不变，秦末汉初曾两度于此短暂设立过临江国。六朝时为荆州州治。

2　王威：刘表荆州将领，他事不详。

3　徼：遮拦、截击。

4　中夏：中国、华夏，指中原地区。

先主败于当阳而信义愈明[一]

〔先主败当阳[1]，因人多归之，拥众不进也。〕习凿齿曰："先主[二]虽颠沛险难而信义愈明，势逼事危而言不失道。追景升之顾，则情感三军；恋赴义之士，则甘与同败。观其所以结物情者，岂徒投醪抚寒[2]、含蓼问疾[3]而已哉！其终济大业，不亦宜乎！"（《三国志》卷32《先主传》注，《资治通鉴纲目》卷13、《资治通鉴》卷65引文互有详略）

【校勘记】

［一］黄本未辑此条。

［二］"先主"，《资治通鉴》《通鉴纪事本末》卷9下《刘备据蜀》、汤本、乔本、尚明本等作"刘玄德"。

【注释】

1　当阳：汉置县，属南郡。后汉、晋、宋、齐皆因之，地在今荆门南、当阳东。

2　投醪抚寒：越王勾践故事。《吕氏春秋·顺民》："越王苦会稽之耻，欲深得民心，以致必死于吴，（前省）耳不听钟鼓三年。苦身劳力，焦唇干肺，内亲群臣，下养百姓，以来其心。有甘脆不足分，弗敢食；有酒流之江，与民同之。"醪，酿酒，引申为酒。抚，安抚，抚慰。抚寒，即嘘寒问暖、安慰鼓励。

3　含蓼问疾：越王勾践故事。传越王勾践谋报吴仇，苦身劳心，夜以继日，目倦则含辛辣之蓼，问伤养死，抚慰百姓。《吴越春秋·勾践归国外传·勾践七年》："越王念复吴仇，非一旦也。苦身劳心，夜以接日。目卧则攻之以蓼，足寒则渍之以水。"蓼，植物名，亦称"水蓼"，生长在水边或水中，茎叶味辛辣。

曹操不存录张松致天下三分

〔时操已定荆州。〕张松[1]见曹公，曹公方自矜伐，不存录松。松归，乃劝璋自绝[2]。

习凿齿曰[一]："昔齐桓[3][二]一矜其功而叛者九国[4]，曹操暂自骄伐而天下三分。皆勤之于数十年内而弃之于俯仰之顷，岂不惜乎！是以君子劳谦日昃[5]，虑以下人，功高而居之以让，势尊而守之以卑。情近于物，故虽贵而人不厌其重；德洽群生，故业广而天下愈欣其庆。夫然，故能有其富贵，保其功业，隆显当时，传福百世，何骄矜之有哉！君子是以知曹操之不能遂兼天下者也。"(《三国志》卷31《刘璋传》注。《华阳国志》卷3《刘二牧志》谓："观刘璋、曹公之侮慢法正、张松,二憾既征,同怨相济,或家国覆亡,或天下三分。")

【校勘记】

[二] 黄本未收录习凿曰。

[一] "齐桓",汤本、乔本、尚明本于"桓"下衍"公"。

【注释】

1 张松(？—212):字子乔,蜀郡成都(今四川成都)人。张松为刘璋益州别驾,貌矮小,有才干。赤壁之战前夕,奉刘璋命出使曹操,时曹操刚得荆州,志骄意满,未加礼遇,因此怀恨在心,适逢曹操兵败赤壁,遂劝刘璋与曹操断绝关系,引刘备入蜀抗曹,又密与法正谋将益州献给刘备,事泄,为刘璋所杀。

2 璋:刘璋(？—220),字季玉,江夏竟陵(今湖北天门)人,益州牧刘焉之子。刘焉死后继位为益州牧,刘备夺益州,被迁往公安(今湖北公安)。

3 齐桓:即齐桓公(前716—前643),姜姓,吕氏,名小白,太公吕尚第十二代孙,公元前685—公元前643年在位,其间攘夷尊王,存邢救卫,九合诸侯,为春秋五霸之首。

4 九国:《公羊传》:"(僖公九年九月)葵丘之会,桓公震而矜之,叛者九国。""(僖公十五)秋七月,齐师、曹师伐厉。"何休注:"厉,葵丘之会叛天子之命也。""(僖公)十有九年春,王三月,宋人执滕子婴齐。"何休注:"注名者,著葵丘之会叛天子命者也。"知九国中除陈、蔡、邾外还有滕、厉等国,余不详。

5 昃:太阳偏西。

权借荆州于备以多操之敌

〔建安十四年,权表备荆州牧。〕吕范[1]劝留备,肃[2]曰:"不可。将军虽神武命世[3],然曹公[一]威力实重,初临[二]荆州,恩信未洽[三],宜以借备,使抚安[四]之。多操之敌,而自为树党[五],计之上也。"权即从之。(《三国志》卷54《鲁肃传》注。《渚宫旧事》卷四《汉代魏代》:"刘备诣权求借荆州,权欲不与。鲁肃曰:'不可,将军虽神武命世,然曹操威力实重,初并荆州,恩信未洽,宜以借备,使抚安之,多操之敌,而自为树党。'权从之,备遂领荆州牧,治公安。曹操闻之,方作书,落笔于地。")

【校勘记】

[一] "曹公",汤本注"二字一作操"。

[二] "临",汤本注"一作并"。

[三] "洽",汤本、余本注"一作著"。

[四] "抚安",黄本、余本倒为"安抚"。

[五] "自为树党",黄本脱"自"。

【注释】

1　吕范(?—228):字子衡,汝南细阳(今安徽太和)人。汉末三国时期吴重臣,官至前将军、假节、扬州牧,封南昌侯。

2　肃:鲁肃(172—217),字子敬,临淮东城(今属安徽定远)人。三国时期著名政治家、外交家和战略家。东吴谋臣、历赞军校尉、奋武校尉,官至横江将军。

3　命世:顺应天命而降世。多用于称誉有治国之才而为世人所重之人。

刘备袭夺璋土德义俱愆[一]

〔昭烈向成都,所过辄克。于涪[1]大会作乐,庞统[2]以为非仁者之兵。〕习凿齿曰:夫霸王者,必体仁义以为本,仗信顺以为宗,一物不具,则其道乖矣。今刘备袭夺璋土,权以济业,负信违情,德义俱愆[3]。虽功由是隆,宜大伤其败,譬断手全躯,何乐之有?庞统惧斯言之泄宣,知其君[二]之必悟,故众中匡其失而不修常谦之道,矫然太当,尽其謇谔[4]之风。夫上失而能正,是有臣也;纳胜而无执[5],是从理也;有臣则陛[6]隆堂高，从理则群策毕举。一言而三善[7]兼明，暂谏而义彰百代，可谓达乎大体矣。若惜其小失而废其大益[三]，矜此过言，自绝远说[8]，能成业济务[四]者，未之有也。(《三国志》卷37《庞统传》注。)

【校勘记】

[一] 黄本、余本未辑此条。
[二] "其君"，乔本、尚明本作"其主"。
[三] "废其大益"，汤本、乔本脱"其"。
[四] "济务"，乔本、尚明本讹为"济物"。

【注释】

1　涪：汉置县，因治所邻涪水（今涪江）得名，属广汉郡，在今四川绵阳。先主定蜀，改属新立的梓潼郡，晋孝武帝徙梓潼郡治于此，后魏改为巴中县，隋初避庙讳改为巴西县。

2　庞统（179—214）：字士元，汉末三国初襄阳（今湖北襄阳）人。刘备帐下谋士，历任耒阳令、治中从事，军师中郎将。建安十六年（211）随刘备入川，为夺占益州，献上中下三计，刘备用其中计。在率众围攻雒城时，中流矢而死，追赠关内侯，谥靖侯。

3　愆：过失、过错。

4　謇谔：忠直敢言。謇，通"謇"，忠直。谔，直言。

5　纳胜而无执：广纳胜才，不以势压人。纳，接纳、容纳。胜，胜过、超过。执，执拗、拘执、偏执。

6　陛：宫殿的台阶。代指国王或皇帝，此指刘备。

7　三善：三样好处。此处指臣事君、子事父、幼事长的三种道德规范。《礼记·文王世子》："行一物而三善皆得者，唯世子而已，其齿于学之谓也。故世子齿于学，国人观之曰：将君我，而与我齿让何也？曰：有父在，则礼然，然而众知父子之道矣。其二曰：将君我，而与我齿让何也？曰：有君在，则礼然，然而众著于君臣之义也。其三曰，将君我，而与我齿让何也？曰：长长也，然而众知长幼之节矣。故父在斯为子，君在斯谓之臣，居子与臣之节，所以尊君、亲亲也。故学之为父子焉，学之为君臣焉，学之为长幼焉。父子、君臣、长幼之道得而国治。"

8　谠：正直的（言论）。

诸葛亮使张飞、赵云勒兵断江留太子[一]

先主入益州¹，吴遣迎孙夫人²。[二]夫人欲将太子³归吴，诸葛亮使赵云[三]⁴勒兵断江留太子，乃得止。（《三国志》卷34注）

【校勘记】

[一] 黄本未辑此条。

[二] 汤本、乔本、尚明本均将吴迎孙夫人事系于建安十九年（214）。按，建安十六年先主入益州，次年诸葛亮率张飞、赵云溯流分定郡县，唯留关羽镇荆州，张飞、赵云截江留太子事当发生在建安十六至建安十七之间。《资治通鉴》卷66《汉纪五十八·孝献皇帝辛》系之于建安十六年，是。

[三] 据《三国志·赵云传》注引《云别传》谓："权闻备西征，大遣舟船迎妹，而夫人内欲将后主还吴，云与张飞勒兵截江，乃得后主还。"是截留太子为赵云、张飞二人。

【注释】

1　益州：汉武帝在全国设13刺史部之一，辖今四川、贵州、云南及陕西汉中盆地。刘备于益州建立季汉，世称蜀汉，故亦以之指代蜀汉。

2　孙夫人：孙权之妹，吴郡富春（今浙江杭州富阳）人。赤壁之战后为加强孙刘联盟，孙权将其妹嫁给刘备以笼络之，史称孙夫人。孙氏性格刚强，具有其兄长风格，身边侍婢亦个个执刀，以致刘备每次进入内房时，都感到诚惶诚恐。建安十六年（211），刘备入蜀，次年，孙权派人接回孙氏，孙氏悄悄将刘禅一并带走，被赵云和张飞截江领回。此后孙氏声息全无，刘备、刘禅亦未给予孙氏任何名号。《三国志》无其传。

3　太子：刘禅（207—271），字公嗣，小名阿斗，刘备之子，蜀汉第二位皇帝。蜀汉建立后，刘禅被立为太子，章武二年（223）继位为帝,在位期间拜诸葛亮为相父,支持姜维北伐,后期宠信黄皓,政治腐败。景耀六年(263),邓艾从阴平道攻入成都,刘禅出降,蜀汉亡。刘禅被送往洛阳,封为安乐公,泰始七年病逝于洛阳。

4　赵云(194—229):字子龙,常山真定(今河北正定)人。原为公孙瓒属下,后投靠刘备,随其转战各地,成为蜀汉大将。入川后任翊军将军。建兴元年(252),为征南将军,封永昌亭侯,迁镇东将军。死于建兴七年,追谥顺平侯。

先主纳刘瑁妻吴氏有违礼教[一]

〔法正劝先主纳刘焉子瑁[1]妻吴氏[2]。〕习凿齿曰:"夫婚姻,人伦之始,王化之本,匹夫犹不可以无礼[二],而况人君乎?晋文废礼[3]行权,以济其业,故子犯[4]曰:'有求于人,必先从之;将夺其国,何有于妻。'非无故而违礼教也。今先主无权事之逼,而引前失以为譬,非导其君以尧、舜之道者。先主从之,过矣。"(《三国志》卷34《二主妃子传》注。)

【校勘记】

[一]黄本未辑此条。
[二]乔本、尚明本讹"礼"为"理"。

【注释】

1　瑁:刘焉第三子。据《三国志》卷34《二主妃子传》载,刘瑁死后,其妻吴氏寡居。刘备攻取益州,因孙夫人返回吴,部下劝他娶刘瑁之寡妻,刘备顾虑自己与刘瑁同族,法正开导说:"论其亲疏,何与晋文之于子圉乎?(见本条注3)"于是,刘备娶刘瑁之妻为夫人。

2　吴氏:车骑将军吴懿之妹,陈留(今河南开封东南陈留城)人,其父与刘焉有旧,举家随刘焉西迁益州,善相者以吴氏当大贵,焉遂为子瑁娶为妻室,瑁死后吴氏寡居,刘备入益州后娶吴氏为妻,是为昭烈穆皇后。

3　晋文废礼行权:公元前637年,晋公子重耳流亡至楚国,重耳之侄子圉在秦国当人质时娶秦穆公之女为妻,值晋惠公病重,子圉孤身逃回晋国，被立为晋怀公，留在秦国的妻子遂改称怀嬴。可怀公根本不打算迎回怀嬴，秦穆公极为生气，将正流亡于楚的怀公叔父重耳接到秦国，嫁五女给重耳，其陪嫁女之一便是怀嬴。为了取得秦穆公的支持，重耳接受了怀嬴，改称辰嬴。这是严重违反礼制的行为。权，权宜、变通。

4　子犯：狐偃字，晋文公重耳的舅父，一直随重耳辗转逃难，是其重要辅臣！助其归国即位，成就霸业。

太祖追封阎圃为列侯是知赏罚之本[一]

〔建安二十年，张鲁[1]降操。〕习凿齿曰："鲁欲称王，而阎圃[2]谏止之，今封圃为列侯[3]。夫赏罚者，所以惩恶劝善也，苟其[二]可以明轨训[4]于物，无远近幽深矣。今阎圃谏鲁勿王，而太祖[5]追封之，将来之人孰不思顺？塞其本源而末流自止，其此之谓与[三]！若乃不明于此而重燋烂[6]之功，丰爵厚赏，止于死战之士，则民利于有乱，俗竟于杀伐，阻兵仗力，干戈不戢矣。太祖之此封[四]，可谓知赏罚之本，虽汤武[7]居之，无以加也。"（《三国志》卷8《张鲁传》注。）

【校勘记】

[一] 黄本未辑此条。

[二] "苟其"，乔本、尚明本脱"其"。

[三] "与"，《三国志·张鲁传》注、汤本作"与"，乔本、尚明本作"欤"。

[四] "太祖之此封"，尚明本脱"之"。

【注释】

1　张鲁（？—216）：字公祺（《后汉书》作公旗），沛国丰县（今江苏徐州丰县）。东汉末年割据汉中之军阀、天师道教祖张陵的孙子，五斗米道第三代天师。张鲁在祖父和父亲去世后继续在汉中一带传播五斗米道，自称为"师君"。汉末为镇民中郎将、汉宁太守，割据汉中近三十年。曹操封魏王，张鲁想自立为汉宁王，为阎圃谏止，后降曹操，拜镇南将军，封阆中侯，建安二十一年卒，谥原侯。

2　阎圃：益州巴西（辖汉中以南至阆中、南充、达川等地，治阆中）人，张鲁汉宁郡功曹，以劝阻张鲁称王功，被曹操封为列侯。

3　列侯：爵位名。秦制二十级爵位，彻侯位最高。汉承秦制，为避汉武帝刘彻讳，改彻侯为通侯，或称"列侯"。汉初列侯封邑，一般大者为县，小者为乡、亭，大者万户，小者五六百户。列侯多居京师，与所封之地关系淡薄，奉命"就国"者，反似贬逐。

4　轨训：轨，法则、法度。训，规范、准则。

5　太祖：魏武帝曹操的庙号，曹丕代汉后追尊曹操为武皇帝，庙号太祖。按：习凿齿视曹魏为篡逆，不序于帝王之列，此称曹操为太祖，疑非习氏原文。

6　燋烂：燋，引火用的柴、火炬。烂，灼伤。燋烂，烧焦糜烂。

7　汤武：商汤与周武王的连称。商汤即成汤（前？—约前1588），子姓，名履，又名天乙，商朝开国君主，商部族首领主癸之子。甲骨卜辞称成、唐、大乙。汤定都于亳，以贤相伊尹、仲虺辅佐国事，陆续灭掉邻近的葛国（今河南宁陵）、韦（在今河南滑县）、顾（在今河南范县）、昆吾（在今河南许昌）等夏的盟国，十一征而无敌于天下，灭夏，建立了中国第二个奴隶制王朝。周武王（约前1087—1043），姬姓，名发，青铜器铭文常尊称其为斌，周文王次子，于公元前11世纪灭商，建立周王朝，在位13年。

汉晋春秋　卷二

先　主

费诗谏先主称帝是其暗惑[一]

〔章武元年[1]，群臣欲推先主即皇帝位，费诗[2]上疏忤旨，左迁[3]。〕习凿齿曰："夫创本之君，须大定而后[二]正己；纂统[4]之主，俟[三]速建以系众心。是故惠公[5]朝虏[四]而子圉[6]夕立[五]；更始[7]尚存[六]而光武举号[8]，夫岂忘主徼利，社稷之故也。今先主纠合义兵，将以讨贼。贼强祸大，主没国丧，二祖[9]之庙，绝而不祀，苟非亲贤，孰能绍此？嗣祖配天，非咸阳之譬[七][10]；杖正讨逆，何推让之有？于此时也，不知[八]速尊有德[11]以奉大统，使民欣反正，世睹旧物，杖顺[九]者齐心，附[十]逆者同惧，可谓[十一]暗惑[12]矣。其黜降也，宜哉！"（《三国志》卷41注。）

【校勘记】

[一] 黄本未辑此条。

[二] 乔本、尚明本脱"后"。

[三] "俟"，汤本、乔本、尚明本讹作"必"。

[四] "朝虏"，汤本、乔本、余本讹作"朝秦"。

[五] "夕立"，汤本、乔本讹作"以立"。

[六] "尚存"，汤本、乔本讹作"犹存"。

[七] "譬"，汤本、乔本作"比"。

〔八〕"不知",汤本、乔本作"不如"。

〔九〕"杖顺",乔本脱"杖",余本讹"杖"为"仗"。

〔十〕"附逆",乔本脱"附"。

〔十一〕"可谓",汤本、乔本于"可"上增"诗"。

【注释】

1　章武元年(220)：章武为刘备即皇帝位于成都的年号，计有3年。

2　费诗：字公举，生卒年不详，犍为南安(今四川乐山)人。刘璋时为绵竹令，刘备攻绵竹，费诗举城降，刘备以其为督军从事，出为牂牁太守、州前部司马。曹丕称帝后，蜀中群臣议推先主称尊号，诗上疏劝阻，被贬为永昌从事。蒋琬秉政，以费诗为谏议大夫，卒于家。

3　左迁：降官、贬职。

4　纂统：谓帝王继承统绪。"纂"通"缵"，继承。统，血统、统绪。

5　惠公朝虏：周襄王三年(前651)，秦穆公发兵护送夷吾回国，立为国君，是为晋惠公。惠公即位以后，背弃割地给秦国的许诺，逼迫里克自杀。惠公四年(前647)，晋国发生饥荒，秦穆公运粮救济。第二年，秦国发生灾荒，晋国没有救济秦国。第三年，秦国度过灾荒，秦穆公率兵大举伐晋。两军战于韩原(今陕西韩城西南)，晋军大败，惠公被俘。朝虏，指惠公早上被秦军俘虏。

6　子圉：晋怀公，晋惠公与梁国女所生，重耳之侄。鲁僖公十七年(前643)夏天，秦向晋国开战，击败言而无信的晋惠公，晋惠公之子子圉被送到秦国为人质，秦穆公曾将自己的一个女儿嫁给他。鲁僖公十九年，秦国灭掉梁国，子圉丢下穆公女逃回晋国，鲁僖公二十三年(前637)九月，惠公病死，子圉继位为怀公，怀公的叔父重耳同年流亡至秦国，为秦穆公收留。次年正月，秦穆公派大军护送重耳归国即位为晋文公。怀公逃往高梁，不久被杀。参见"先主纳刘瑁妻吴氏有违礼教"条注3。

7　更始：前汉末更始帝刘玄(前？—25)，字圣公，南阳春陵(今湖北枣阳东南)人。刘玄为西汉皇族，祖父为苍梧太守刘利，长沙王发之五世孙,光武帝刘秀族兄。地皇四年(23)二月,绿林军拥立刘玄在南阳清水(今白河)之滨登坛称帝,年号更始。建武元年(25)九月,刘玄于长安投降赤眉军,十二月,被赤眉军杀害。

8 光武举号:更始三年(25)六月,光武帝刘秀于鄗南千秋亭五成陌(今河北石家庄高邑)筑坛登基,建元建武,正式宣布不承认更始帝刘玄的帝位。刘玄投降赤眉军后,光武封刘玄为淮阳王。刘秀,字叔度(前5—57),南阳舂陵(今湖北枣阳东南)人。高祖九世孙,东汉开国皇帝,庙号世祖,谥光武皇帝,在位33年。

9 二祖:西汉与东汉王朝的建立者刘邦和刘秀,庙号分别为太祖、世祖。

10 咸阳之譬:《三国志·费诗传》谓:"后群臣议欲推汉中王称尊号,诗上疏曰:'殿下以曹操父子逼主篡位(后省)。昔高祖与楚约,先破秦者王。及屠咸阳,获子婴,犹怀推让。况今殿下未出门庭,便欲自立邪!愚臣诚不为殿下取也'。"咸阳(今陕西咸阳),战国晚期秦国和秦朝的都城。譬,打比方、比喻。指刘邦进入咸阳灭秦后并没有如与怀王约于关中称王。

11 有德:有德行或有德行之人。

12 暗惑:暗,昏昧。惑,迷惑。

后 主

刘禅即位未逾年而改元违礼[一]

〔先主卒,刘禅即位。未葬,亦未逾月,而改元为建兴。此言之不从也。〕习凿齿曰:"礼,国君即位逾年而后改元者[1],缘臣子之心,不忍一年而有二君也。今可谓亟而不知礼矣,君子是以知蜀之不能东迁[2]也。"(《宋书》卷31《五行志》,汤本、乔本作卷"11",误。)

【校勘记】

[一]黄本未辑此条。

【注释】

1 逾年而后改元：汉文帝始建"后元"年号，从此，年号作为国家制度被确立下来，每一位新皇帝登基都要重建"年号"，成为正统帝王与朝代的标志，称为"改元"。改元通常于下诏的第二年算起，此制一直延续至清"宣统"为止。孙中山所用的"民国"和袁世凯的"洪宪"仍留有年号的印迹。按，《三国志·后主传》载"（章武）三年夏四月，先主殂于永安宫。五月，后主袭位于成都，时年十七，尊皇后曰皇太后。大赦，改元。"被指有违礼制。

2 东迁：周平王将国都由镐京东迁洛邑。以此借喻蜀未能统一中国，迁都中夏，败亡于晋。

七纵七禽孟获

〔建兴三年¹。〕亮至[一]南中²，所在战捷。闻孟获³者，为夷⁴、汉并所服[二]，募生致之。既得，使观于营陈之间，问曰："此军何如？"获对曰："向者不知虚实，故败。今蒙赐观看营陈，若秖[三]如此，即定易胜耳。"亮笑，纵使更战，七纵七禽，而亮犹遣获。获止不去，曰："公，天威也，南人不复反矣！"遂至滇池⁵。

南中平，皆即其渠率⁶而用之。或以谏[四]亮，亮曰："若留外人，则当留兵，兵留则无所[五]食，一不易也；加夷新伤破[六]，父兄死丧，留外人而无兵者，必成祸患，二不易也；又夷[七]累有废杀之罪，自嫌衅重，若留外人，终不相信，三不易也；今吾欲使不留兵，不运粮，而纲纪粗定，夷、汉粗安故耳。"（《三国志》卷35《诸葛亮传》注。）

【校勘记】

[一] "亮至南中"，汤本、黄本、乔本作"亮在南中"。

[二] "夷汉并所服"，乔本、尚明本脱"并"。武英殿本《三国志》、卢弼《集解》有"并"字，而百衲本、中华书局标点本无、今从殿本。

[三] "秖"，中华书局点校本、黄本作"秖"，其余均作"秖"，是。

[四] "谏"，乔本讹作"谰"。

［五］"无所食"，黄本作"无可食"。

［六］"新伤破"，黄本作"新丧破"。

［七］"又夷累有"，汤本、黄本、乔本、余本讹"夷"为"吏"。

【注释】

1　建兴三年：建兴，三国蜀汉后主刘禅年号（223—237）。建兴三年即 225 年。

2　南中：位于蜀汉之南而得名。包括今云南、贵州、四川西南等地。

3　孟获：蜀汉建宁郡（辖云南中部，郡治今晋宁东、滇池南，后迁曲靖）大姓，夷族首领，南中平定后随诸葛亮至成都，任御史中丞。

4　夷：川西南部叟、獠、旄牛等秦汉三国时少数民族之统称。

5　滇池：汉置县，地在今昆明市滇池以南。

6　渠率：即渠帅、魁首、首领。渠，大。

习凿齿曰[一]："诸葛亮之不能兼上国¹也，岂不宜哉！夫晋人规林父之后济²，故废法而收功；楚成³阇得臣⁴之益己，故杀之以重败。今蜀僻陋一方，才少上国，而杀其俊杰，退收驽下之用，明法胜才，不师三败⁵之道，将以成业，不亦难乎！且先主诫谡之不可大用[二]⁶，岂不谓其非才也？亮受诫而不获奉承，明谡之难废也。为天下宰匠，欲大收物之力，而不量才节任，随器付业，知之大过，则违明主之诫；裁之失中，即杀有益之人，难乎其可与言智者也。"（《三国志》卷 39 注。）

【校勘记】

［一］汤本、黄本、乔本、余本、尚明本均误将此条辑入《汉晋春秋》。

［二］"谡之不可大用"，汤本、乔本、尚明本"之"下衍"才"。

【注释】

1　上国：指中国，中原之国。

2　规林父之后济：规，揣摩。林父，即荀林父，晋景公时晋中军主将。《左传》载宣公十二年（前 597）春天，楚庄王率军攻打郑国。六月，晋国救郑，荀林父任中军主将，率军进至黄河，闻知郑国已与楚国订立了城下之盟。荀林父主张等楚退兵后再去攻打郑国，先縠却已率部分军队抢先渡过黄河，无奈之下荀林父只得跟着渡河，在邲被楚军打得大败。荀林父回国以后请求晋君赐死，士贞子极力进谏，让晋公吸取楚成王的教训，晋景公于是免去了对荀林父的处罚，恢复他的职位。

3　楚成：楚成王熊恽，楚文王少子。公元前671—公元前626年在位。熊恽依靠随国（中心在今湖北随州）的支持，杀其兄（楚王）堵敖，夺得君位。鲁僖公二十八年（前632），城濮之战中楚军为晋所败，鲁文公元年（前626），成王被太子商臣逼杀。

4　得臣：成氏，名得臣，字子玉。楚成王时令尹。鲁僖公二十八年（前632），晋、楚发生城濮之战。楚国攻宋，晋国伐曹、卫以救宋，楚成王想撤军避免与晋国开战，可令尹子玉坚决请战，楚成王仅给予他少量军队。晋文公退避三舍以兑现其报答楚国恩惠的诺言，并以此激励将士诱敌深入。子玉却刚愎自用，主动挑战，被晋军打得大败，最后，楚成王逼子玉自杀。子玉治军严明，是一位让诸侯国畏惧的楚国名将，其被杀是楚军的重大损失。晋文公得知子玉的死讯后喜不自胜，说再没有人能威胁我们了，晋人称楚成王杀子玉相当于被第二次晋国打败。

5　三败：秦军主帅孟明视三次被晋军打败，却仍得到秦穆公重用的故事。秦穆公三十三年（前627），遣大将孟明视等三将率军偷袭郑国失败，在回师途中顺手灭了晋国的边邑滑（今河南偃师西南），却被晋军于崤山设伏打败，秦三主将成了晋军俘虏，随后晋国将三人遣返秦国，本欲让他们归国受戮，不料秦穆公非但没有怪罪孟明视等，反而独自承担全部责任。第二年，秦穆公再令孟明视等攻晋，又被晋军败于彭衙。同年，孟明视再次被晋、宋、郑联军击败，秦穆公却更加重用信任这几位败将。两年后，秦穆公令孟明视等率军渡河伐晋，终于大败晋军，尽雪前耻，使秦国强大。参见"袁绍与公孙瓒书"注39。

6　先主诫谡之不可大用：《蜀志》卷9《马良附弟谡传》载："先主临薨，谓亮曰：'马谡言过其实，不可大用，君其察之。'"

后出师表

或劝亮更发兵[一]者,亮曰:"大军在祁山[1]、箕谷[2]皆多于贼,而不能破贼为贼所破者,则此病不在兵[二]少也,在一人耳。今欲减兵省[三]将,明罚思过,校变通之道于将来。若不能然者,虽兵多何益?自今已后[四],诸有忠虑[五]于国,但勤攻吾之阙,则事可定,贼可死,功可跷[六]足[3]而待矣。"于是考微劳[七],甄烈壮,引咎责躬[八],布所失于天下,厉兵讲武,以为后图,戎士[九]简练,民忘其败矣。

亮闻孙权破曹休[4],魏兵东下[5],关中虚弱。十一月,上言曰:"先帝虑汉、贼不两立[6],王业不偏安,故托臣以讨贼也。以先帝之明,量臣之才,故知臣伐贼才弱敌强也;然不伐贼,王业亦亡,惟坐待亡,孰与伐之?是故托臣而弗疑也。臣受命之日,寝不安席[十],食不甘味,思惟北征[十一],宜先入南[7],故五月渡泸[8],深入不毛[9],并日而食[10]。臣非不自惜也,顾王业不得[十二]偏全于蜀都,故冒危难以奉先帝之遗意也,而议者[11]谓为非计。今贼适疲于西[12],又务于东[13],兵法乘劳,此进趋之时也[十三]。谨陈其事如左:

高帝[14]明并[15]日月,谋臣渊深,然涉险被创[16],危然后[十四]安。今陛下未及高帝,谋臣不如良、平[17],而欲以长计取胜,坐定天下,此臣之未解[十五][18]一也。

刘繇[19]、王朗各据州郡,论安言计,动引圣人,群疑满腹[20],众难塞胸[21],今岁不战,明年不征,使孙策坐大[22],遂并江东,此臣之[十六]未解二也。

曹操智计殊绝于人,其用兵也,仿佛孙、吴[23],然困于南阳[24],险于乌巢[25],危于祁连[26],逼于黎阳[27],几败北山[十七][28],殆死潼关[29],然后伪定[十八][30]一时耳[十九],况臣才弱,而欲以不危而定之,此臣之未解三也。

曹操五攻昌霸[31]不下,四越巢湖[32]不成,任用李服而李服图之[33],委夏侯而夏侯败亡[34],先帝每称操为能,犹有此失,况臣驽下[35],何能必胜?此臣之未解四也。

自臣到汉中[36],中间期年耳,然丧赵云、阳群、马玉、阎芝、丁立、白寿、刘郃、邓铜等[37]及曲长[二十]屯将[38]七十余人,突将无前[39]、賨(cóng)、叟、青羌散骑、武骑[40]一千余人,此皆数十年之内所纠合四方之精锐，非一州之所有，若复数年，则损三分之二也，当何以图敌？此臣之未[二十一]解五也。

今民穷兵疲，而事不可息。事不可息，则住与行劳费正等，而不及今[二十二]图之⁴¹，欲以一州之地与贼持久，此臣之未解六也。

夫难平者，事也。昔先帝败军[二十三]于楚⁴²，当此时，曹操拊手⁴³谓天下已定[二十四]。然后先帝东连吴、越⁴⁴，西取巴、蜀⁴⁵，举兵北征，夏侯授首⁴⁶，此操之失计而汉事将成也。然后吴更违盟[二十五]⁴⁷，关羽毁败⁴⁸，秭归蹉跌⁴⁹，曹丕称帝⁵⁰。凡事如是，难可逆见。臣鞠躬尽力，死而后已，至于成败利钝，非臣之明[二十六]所能逆睹也。于是有散关之役⁵¹。（《三国志》卷35注，《北堂书钞》卷113陈补引"街亭之败，或劝亮更发兵者，至可跷足而待矣"。按，此表《三国志》本传与《诸葛亮集》均不载，裴松之注称此《表》《亮集》所无，出自张俨《默记》，对其真伪一直存在争议，从文风与叙事体例看，此表与前表风格相同。《三国志·吴志·诸葛恪传》载诸葛恪语："近见家叔父表陈与贼争竞之计，未尝不喟然叹息也。"似指此表。）

【校勘记】

[一]"发兵"，汤本、乔本作"增兵"。

[二]黄本脱"兵"。

[三]"省"，黄本讹作"损"。

[四]"已后"，汤本、乔本、余本作"以后"。

[五]"虑"，余本讹作"利"。

[六]"跷足"，汤本、黄本作"跻足"，乔本误作"跻足"。跷是跻的假借字，一说跻是跷的异体字，作"跻"误。

[七]考微劳，汤本脱"微"。

[八]"于是考微劳，甄烈壮，引咎责躬；布所失于天下"，乔本作"于是考劳忠烈，壮引咎责，躬布所失于天下"。

[九]"戎士"，汤本作"戎兵"，乔本误为"戒兵"。

[十]"安席"，黄本讹作"安息"。

[十一]"北征"，汤本、乔本作"北伐"。

[十二]"不得",汤本、乔本于"不"下衍"可"。

[十三]"之时也",黄本"时"下脱"也"。

[十四]"然后",乔本作"而后"。

[十五]"臣之未解",乔本、尚明本"臣"下脱"之"。

[十六]"臣之未解",乔本、尚明本"臣"下脱"之"。

[十七]北山,蓝本《三国志》《册府元龟》《资治通鉴》等并作"伯山"。

[十八]"伪定",汤本、乔本作"能定"。

[十九]"一时耳",黄本"时"下脱"耳"。

[二十]"曲长",汤本、乔本讹为"部曲"。

[二十一]"臣之未解",尚明本"臣"下脱"之"。

[二十二]"及今",汤本、黄本、乔本讹为"及虚"。

[二十三]"败军",乔本作"败阵"。

[二十四]"已定",尚明本讹作"以定"。

[二十五]"违盟",黄本作"败盟",乔本作"毁盟"。

[二十六]"臣之明",黄本"之"下脱"明"。

【注释】

1 祁山:在今甘肃礼县东北与西和县接界处。

2 箕谷:一说在汉中褒城(今褒城镇)北十五里的箕山,一说在陕西宝鸡东南65里。按赵云、邓芝为疑兵佯攻魏,地当在汉中褒城镇北至宝鸡、陈仓南的褒水河谷北部。

3 跷足:举足,喻轻易。跷,脚向上抬。

4 孙权破曹休:吴黄武七年(228)五月,孙吴设计让鄱阳太守周鲂到曹营诈降,魏大司马曹休(字文烈,曹操族子,魏国著名将领)中计。八月,曹休以十万步骑从皖城(今安徽潜山)南下接应周鲂降魏,孙权密令陆逊迎击,陆逊自为中部,令朱桓、全琮各督三万人为两翼迎击,曹休发觉上当,但羞怒于被骗,又自恃兵马精多,于中伏中逆战吴军,不利后退宿至夹石(今安徽桐城北之石亭),军夜惊,再为吴军所败,损失军士万余人、车乘万余辆,军资器械略尽,撤回合肥后背疽发,卒，谥壮侯。

5　魏兵东下：即上条曹休中计东下攻吴事。

6　汉贼：汉，指蜀汉。贼，指曹魏。

7　入南：进入南中。

8　泸：泸水，今之金沙江，在今四川越西境内。

9　不毛：不生长草木五谷，指荒凉或未开辟的地方。

10　并日而食：两天仅用一天的食物。

11　议者：朝中持异议的人，对诸葛亮决意北伐发表不同意见的官吏。

12　贼疲于西：建兴六年（228），诸葛亮初出祁山时，曹魏西部的南安、天水、安定三郡叛魏附蜀，关中危急，魏明帝亲自坐镇长安，派张郃抗击诸葛亮所率主力，曹真迎击箕谷的赵云偏师。

13　务于东：指上述石亭之战。太和二年（吴黄武七年，228），魏帝使贾逵督前将军满宠、东莞（今山东沂水、蒙阴、沂源一带，治沂水东北）太守胡质等四军从西阳（今河南光山）攻吴东关（今安徽含山西南七十里濡须山），曹休从皖城（今安徽潜山）南下接应伪降的周鲂，司马懿率襄阳之军南趋江陵会攻吴，主力曹休军先败于石亭，幸得贾逵进军救援，才免于全军覆没。

14　高帝：刘邦谥号。

15　并：平列、平排着。

16　涉险被创：涉险，在楚汉战争中，刘邦屡败于项羽的楚军，汉初，又多次在出征镇压各地的叛乱中受伤。高祖四年（前203），刘邦与项羽对阵于广武（今河南荥阳），刘邦列举项羽十大罪状，"项羽大怒，伏弩射中汉王，汉王伤胸，乃扪足曰：'虏中吾指'"。高祖七年（前200），在白登山被匈奴围困受创。高祖十一、十二年（前196—前195）击英布时又曾为流矢所中。

17　良、平：张良、陈平。张良（约前250—前186），字子房，颍川父城人（今河南宝丰），汉高祖著名谋士，与萧何、韩信并称为"汉初三杰"，封留侯，惠帝六年病卒，谥文成侯。陈平（前？—前178），阳武（今河南原阳）户牖乡人，汉高祖著名谋士。先后受封为户牖侯和曲逆侯，位至丞相，孝文帝二年卒，谥献侯。

18 未解：不能理解。《资治通鉴》卷71《魏纪三》引文下胡三省训"解"为"懈"，释"未解"为未敢懈怠，误甚。

19 刘繇（yáo，一读yóu，156—197）：字正礼。东莱牟平（今山东烟台牟平）人，汉宗室。初举孝廉，任郎中，授下邑长，因拒郡守请托弃官。后辟司空掾，除侍御史，因战乱不到任。避居淮浦，诏任扬州刺史，为袁术所逼，南渡长江，朝廷加授扬州牧、振武将军，不久被孙策攻破，退保豫章（今江西南昌），击败笮融叛乱后病逝。

20 群疑满腹：满脑子的疑惑。群，多。疑，疑问、困惑、顾虑。

21 众难：众多的疑难。

22 坐大：坐致强大。

23 孙、吴：孙武和吴起。孙武（约前545—前470），春秋时齐国乐安（今山东惠民）人，曾为吴国将领，善用兵，著兵法十三篇，被尊为"兵圣"。吴起（前440—前381），卫国左氏（今山东菏泽定陶，一说山东曹县东北）人。吴起师事曾子，历仕鲁魏楚三国，通晓兵家、法家、儒家学说，其在楚国的改革触犯了贵族利益，被杀。

24 困于南阳：建安二年（197），曹操在宛城（秦汉南阳郡治所，今河南南阳）为张绣所败，身中流矢，长子昂、侄子安民死于此役。

25 险于乌巢：建安五年（200），曹操以劣势兵力与袁绍在官渡相持，后期粮草难以为继，在荀攸等人的劝说下，坚守不退，后冒险偷袭袁绍屯粮的乌巢，侥幸击败袁绍护粮的淳于琼军，焚烧袁绍所屯粮草，才取得官渡之战的胜利。

26 危于祁连：《资治通鉴》文下胡三省注称，此处所指的"祁连"，是指邺城（今河北磁县东南）南面的祁山。公元204年，曹操围邺，袁绍少子袁尚败守祁山，被曹操击败，曹操在还围邺城途中险些被袁将审配的伏兵射杀。

27 逼于黎阳：建安七年（202）五月，袁绍死，袁谭、袁尚固守黎阳（今河南浚县东），曹操屡攻不克。

28 几败北山：北山，《三国志》蓝本、《册府元龟》《资治通鉴》《通鉴纪事本末》均作"伯山"，事不详。《资治通鉴》胡三省注："谓与乌桓战于白狼山时也"之白狼山，或是。按，建安十二年（207），曹操出塞追击袁尚、袁熙,"涉鲜卑庭,东指柳城,未至二百里,虏乃知之。尚、熙与蹋顿、辽西单于楼班、右北平单于能臣抵之等将数万骑逆军。八月,登白狼山,卒与虏遇,众甚盛,公车重在后,被甲者少,左右皆惧"。

29　殆死潼关:建安十六年(211),曹操与马超、韩遂战于潼关,在黄河边被马超袭击,许褚将曹操扶至船上,凉州兵沿河追射,全赖许褚拼命撑船挡箭,才得以成功渡河脱险。殆,几乎。

30　伪定:曹操统一北方,公元220年正月,曹丕废汉献帝称帝,改元黄初(220—226),建立魏朝,刘备拒不承认。第二年,刘备在成都称帝以接续汉统相号召,故诸葛亮斥曹魏为伪政权。

31　五攻昌霸:昌霸,又称昌豨。本为泰山群寇之一,汉末征为徐州东海太守,投降曹操后又屡叛屡降。建安四年(199),刘备袭取徐州,昌霸又叛曹归刘。

32　四越巢湖:曹魏东以合肥为军事重镇。孙吴藉地利在其南面的巢湖南侧、长江边上的濡须口(今安徽无为北)设防,双方屡屡争夺这一地区。建安十七年至建安二十二年(212—217),曹军曾四攻濡须口未下。

33　李服:应为王服,《资治通鉴》胡三省注:"李服,盖王服也。"是。按,建安四年(199),车骑将军董承受汉献帝密诏,暗与将军吴子兰、王服和刘备等密谋诛杀曹操,事泄,董承、吴子兰、王服被杀。

34　夏侯:指夏侯渊。曹操打败马超、韩遂后夺得汉中,命夏侯渊督张郃、徐晃留守。建安二十四年(219),刘备出兵汉中,蜀将黄忠于阳平关定军山(今陕西勉县东南)击杀夏侯渊。

35　驽下:自谦之词,以劣马喻人之资质驽钝,平庸无能。驽,劣马、愚钝。

36　自臣到汉中:建兴五年(227),诸葛亮北驻汉中。汉中,郡名,以汉水(古称沔水)上游流经郡境而得名,治南郑(今陕西汉中南郑)。

37　阳群、马玉、阎芝、丁立、白寿、刘郃、邓铜:阎芝,生卒年不详。阎芝曾为巴西太守,刘备东征,败绩猇亭,阎芝发巴西诸县兵五千人以补遗阙。阳群、马玉、丁立、白寿、刘郃、邓铜皆蜀汉名将,生平无考。

38　曲长:汉大将军的直属部队分五部,部下有曲,曲下有屯。曲的长官为曲长。屯将,曲长下典屯军以备非常之军将。

39　突将：阵前冲锋破阵的勇将。

40　賨、叟、散骑、武骑：益州北部少数民族，骁勇能斗。青羌，羌人的一种，分布于川西、川南至贵州、云南等地区，"以青布为囊，笼发其中若角状，习战斗，尚信义"。《华阳国志·南中志》："又分建宁、牂柯置兴古郡，以马忠为牂柯太守，移南中劲卒青羌万余家于蜀，为五部，所当无前，号为'飞军'。"散骑，当时骑兵分部名。武骑，勇武的骑卒。按：《文献通考》："昭烈初置五军，其将校略如东汉，而兵有突将无前、賨叟、青羌、散骑、武骑之别。"宋陈傅良《历代兵制》卷3《三国》谓："吴蜀兵不详。见蜀置五军，其左右将军、督护一人，其中师监、护典参军各一人，其前师将军、监护督军各一人，其后督将军兼一人，其将校略如汉而兵有突将无前、賨叟、青羌、散骑、武骑之别，盖不全用蜀人也。"

41　不及今图之：如果不趁魏与吴连兵未解之机，乘虚伐魏，想凭益州一州之地实现兴复汉室的目标是困难的。图，对付、图谋。

42　昔先帝败军于楚：建安十三年（208），曹操大军南下荆州，刘琮举州降，刘备南逃江陵，行至当阳长阪被追上的曹军击溃。当阳为春秋战国时楚地，故有此说。

43　拊手：拍手。拊，拍。

44　东联吴、越：吴、越指当时控有江东吴郡、会稽、丹阳、豫章、庐陵、庐江六郡的孙权势力。六郡为故吴、越之地，故有此称。刘备军在当阳长阪被曹军击溃后，遣诸葛亮随鲁肃去江东成功说服孙权与刘备共同抗曹，孙刘联军在赤壁击退曹军。其言指此。

45　西取巴、蜀：建安十六年（211），刘璋请刘备率军入益州帮助抵御曹操，刘备乘机攻灭刘璋，占据益州。

46　授首：交出脑袋。授，给予、交给。

47　吴更违盟：建安二十四年（219），孙权背盟，趁关羽围攻曹操控制的襄、樊二城时袭取荆州，杀害关羽。

48　关羽毁败：关羽，字云长，蜀汉大将，刘备入川时镇守荆州。建安二十四年，关羽出击曹魏，围攻襄、樊二城，借天降暴雨之助，擒于禁，斩庞德，威震华夏。孙权趁机用吕蒙计谋袭夺荆州，擒杀关羽父子。

49　秭归蹉跌：关羽被杀，荆州丢失后，刘备于章武元年（221）亲自率兵伐吴，在夷陵（今湖北宜昌秭归至宜都西一带）被吴将陆逊击败。蹉跌：失足跌倒，喻失误。

50　曹丕称帝：曹丕，字子桓，曹操子。建安二十五年（220），曹丕废汉献帝为山阳公，建立魏国，改元黄初，是为魏文帝。

51　散关之役：《三国志·蜀志·诸葛亮传》载："（建兴六年，228）冬，亮复出散关，围陈仓，曹真拒之。亮粮尽而还，魏将王双率骑追亮，亮与战，破之，斩双。"《三国志·蜀志·后主传》称："冬复出散关，围陈仓，粮尽退。魏将王双率军追亮，亮与战，破之，斩双。还汉中。"按，赵云卒于建兴七年（229），而散关之役在六年冬，故有人据此疑此表为伪作。散关，宝鸡西南之秦岭西侧。

贾逵不记宿憾救曹休使其登君子之途[一]

〔曹休与吴战¹，败，贾逵救之²，乃振。初，逵与休不善，休犹欲以后期³罪之。〕习凿齿曰：夫贤人者，外身虚己⁴，内以下物⁵，嫌忌之名，何由而生乎！有嫌忌之名者，必与物为对，存胜负于己身者也。若以其私憾败国殄民⁶，彼虽倾覆，于我何利？我苟无利，乘之曷为？以是称说[二]，臧获⁷之心耳。今忍其私忿而急彼之忧，冒难[三]犯危而免之于害，使功显于明君，惠施于百姓，身登于君子之途，义愧于敌人之心，虽豺虎犹将不觉所复⁸，而况于曹休乎？然则济彼之危，所以成我之胜；不计宿憾，所以服彼之心。公义既成，私利亦弘，可谓善争矣！在于未能忘胜之流，不由于此而能济胜者，未之有也。（《三国志》卷15《贾逵传》注。）

【校勘记】

[一] 黄本未辑此条

[二] "称说"，汤本、乔本作"为说"。

[三] "冒难"，尚明本讹作"冒南"。

【注释】

1　曹休与吴战：即石亭之战，见《后出师表》注。

2　贾逵救之：太和二年（228），吴周鲂诈降曹休，贾逵协同曹休出兵，建议曹休慎重进兵。曹休孤军深入，被吴大都督陆逊打败，贾逵领兵接应，曹休才得以生还。贾逵（180—234），字梁道，河东襄陵（今山西临汾东南）人。历仕曹操、曹丕二世，官至建威将军。是曹魏政权中具有政治、军事才干的人物。封阳里亭侯，太和二年卒，谥肃侯。

3　后期：没有按期到达或办成，迟误了期限。

4　外身虚己：外身，言置身于世外。虚己，无我、谦虚、虚心。

5　内：内心，本心。物，别人、众人、外界环境、自己以外的人或跟自己相对的环境。

6　以其私憾败国殄民：因为个人恩怨而使国家和人民遭受巨大灾难，语出《左传·宣公二年》。憾，恨。殄，消灭、灭绝。

7　臧获：奴婢的贱称，意为贱人。《史记》卷83《鲁仲连邹阳列传》裴骃《集解》：案，《方言》曰"荆淮海岱燕齐之间，骂'奴'曰'臧'，骂'婢'曰'获'。"《汉书》卷62《司马迁传》称："且夫臧获婢妾，犹能引决"。应劭曰杨雄《方言》云："海岱之间骂'奴'曰'臧'，骂'婢'曰'获'。燕之北郊民而'聟婢'谓之'臧女'，而'妇奴'谓之'获'。晋灼曰'臧获'败敌所被虏获为奴隶者。师古曰'应说是也'。"

8　复：回报、回答。

诸葛亮议绝吴盟好

〔建兴七年。〕是岁，孙权[1]称尊号，其群臣以并尊二帝[2]来告。议者咸以为交之无益，而名体弗顺[3]，宜显明正义，绝其盟好。亮曰："权有僭逆之心久矣，国家所以略其衅情者，求掎角[4]之援也。今若加显绝，雠[5]我必深，便当移兵东伐[一]，与之角力[6]，须并其土，乃议中原。彼贤才尚多，将相缉穆，未可一朝[二]定也。顿兵相持，坐而须老，使北贼得计，非算之上者。昔孝文卑辞匈奴[7]，先帝优与吴盟[8]，皆应权通变，弘思[三]远益，非匹夫之为忿者也[四]。今议者咸以权利在鼎足，不能并力，且志望以满，无上岸[五]之情[9]，推此，皆似是而非也。何者？其智力不侔[10]，故限江自保；权之不能越江，犹魏贼之不能渡汉，非力有余而利不取也。

若大军致讨，彼高当[六]分裂其地，以为后规[11]；下当略民广境，示武于内，非端坐者也。若就其不动而睦于我，我之北伐，无东顾之忧，河南之众[12]不得尽西，此之为利[七]，亦已深矣。权僭之罪，未宜明也。"乃遣卫尉陈震[13]庆权正号。(《三国志》卷35《诸葛亮传》注)

【校勘记】

[一]"移兵东伐"，《资治通鉴》卷71、《册府元龟》卷215、汤本、黄本、乔本作"移兵东戍"。按，吴与蜀汉间原本就一直有兵戍，何须再"移兵东戍"，依下文"与之角力""顿兵相持"，其意为东伐甚明。

[二]"一朝"，乔本作"一期"。

[三]"弘思"，汤本、乔本误"弘"为"宏"。

[四]"为忿"，汤本、乔本讹为"为分"，"也"讹作"比"。

[五]"上岸"，汤本、乔本、余本讹作"上进"，黄本作"上垢"。

[六]"高当"，汤本、乔本、黄本作"上当"。

[七]"此之为利"，《册府元龟》卷215、黄本、余本讹"此"为"北"。

【注释】

1　孙权（182—252）：字仲谋。吴郡富春（今浙江杭州富阳）人，长沙太守孙坚次子，孙策之弟。黄武元年（222），孙权被魏文帝封为吴王，建立吴国，黄龙元年（229）称帝，神凤元年（252）病逝，谥大皇帝，庙号太祖。

2　并尊：同尊、共尊。二帝，吴国与蜀汉均为帝，故称二帝。

3　名体弗顺：名，名义。体，体制、体统。弗顺，古时认为天无二日，地无二王，蜀汉以汉的继承者自居，吴的行为属于僭越，故曰"弗顺"。

4　掎角：兵分两面，牵制或夹击敌人。

5　雠（chóu）：同"仇"。

6　角力：较量武力。

7　孝文卑辞匈奴：西汉孝文帝刘恒（前203—前157），刘邦第四子。卑辞，言辞谦卑。匈奴，一个祖居阿尔泰山脉以东、大兴安岭以西、蒙古大漠以南、青藏高原东北、华北平原西北地区披发左衽的北方民族,是古北亚人种和原始印欧人种混合的游牧民族。汉时,他们在蒙古高原中心建立了强大的国家,常侵扰劫掠汉边境地区。汉初国力不济,被迫与之和亲、纳贡。《史记·匈奴列传》载:"孝文皇帝前六年,汉遗匈奴书曰:'皇帝敬问匈奴大单于无恙(中略)汉与匈奴约为兄弟,所以遗单于甚厚(中略)服绣袷绮衣、绣袷长锦、袷袍各一,比余一,黄金饰具带一,黄金胥纰一,绣十四,锦三十四,赤绨、绿缯各四十四,使中大夫意、谒者令肩遗单于。'"

8 先帝优与吴盟:章武元年,汉昭烈皇帝伐吴,大败于夷陵,逃回白帝城,孙权见好即收,遣使求和,刘备许之,遣太中大夫宗玮回访吴。

9 志望以满,无上岸之情:意为孙权满足于划江而治,与魏、蜀汉三足鼎立,无意越过长江伐魏以兴复汉室。

10 智力不侔:智力,才智与勇力。侔,等同、相等。言江东孙权的实力与渡江伐魏的战略不相称,故只能限江自保。

11 若大军致讨,彼高当分裂其地以为后规:指蜀汉若以大军讨伐曹魏,吴国的上策不过是想分得一部分魏国领土,并使之成为以后的一种模式(根本不在乎汉室复不复兴)。规,模式、模范。

12 河南之众:黄河以南与吴对峙的魏国军队。谓连和吴国,即使以倾国之兵北伐也无须顾虑东面的吴国,而魏国因需要防备吴国而不能将其河南之兵调往西部对抗汉军。

13 陈震(?—235):字孝起。南阳(今河南南阳)人。随刘备入蜀,为蜀郡北部都尉,汶山、犍为太守。建兴三年(225),拜尚书,迁尚书令。建兴七年,孙权称帝,蜀汉以陈震为卫尉,前往祝贺,与孙权升坛歃盟,交分天下。还蜀,封城阳亭侯。建兴十三年卒。

诸葛亮围祁山败司马宣王

〔建兴九年二月,伐魏。〕亮围祁山,招鲜卑轲比能[一]1,比能等至故北地2石城3以应亮。于是,魏大司马4曹真5有疾,司马宣王自荆州入朝,魏明帝6曰:"西方事重,非君莫可付[二]者。"乃使西屯长安,督[三]张郃、费曜[四]7、戴陵8、郭淮9等。宣王使曜、陵留精兵四千守上邽[五]10,余众悉出[六]，西[七]救祁山。郃欲分兵驻雍11、郿[八]12，宣王曰："料前军能独当之者，将军言是也；若不能当[九]而分为前后，此楚之三军所以为黥布禽13也。"遂进。亮分兵留攻，自逆宣王于上邽。郭淮、费曜等徼[十]亮，亮破之，因大芟刈14其麦[十一]，与宣王遇[十二]于上邽之东，敛兵依险，军不得交，亮引而还[十三]。宣王寻亮至于卤城15。张郃曰："彼远来逆我[十四]，请战[十五]不得，谓我利在不战，欲以长计制之也。且祁山知大军以在近[十六]，人情自固，可止屯[十七]于此，分为奇兵，示出其后[十八]，不宜进前而不敢逼，坐失民望也。今亮县军[十九]16食少，亦行去矣。"宣王不从，故寻亮。既至，又登山掘营，不肯战。贾栩[二十]17、魏平18数请战，因曰[二十一]："公畏蜀如虎[二十二]，奈天下笑何！"宣王病之。诸将咸请战。五月辛巳，乃使张郃攻无当监19何平20[二十三]于南围[二十四]，自案中道向亮。亮使魏延21、高翔22、吴班23赴拒，大破之，获甲首24三千级，玄铠25五千领[二十五]，角弩26三千一百张[二十六]，宣王还保营。（《三国志》卷35《诸葛亮传》注）

【校勘记】

［一］"轲比能"，黄本讹"轲"为"柯"，误《太平御览》卷291为卷337。

［二］"莫可付"，汤本讹作"若可付"。

［三］"督"，《太平御览》卷291《兵部·料敌下》（下同）、汤本、乔本"督"上加"都"。

［四］"费曜"，汤本、黄本讹"曜"作"耀"。

［五］"宣王使曜、陵留精兵四千"，黄本"使"下脱"曜"，陵上加"戴"，"兵"下衍"共"。

［六］"余众悉出"，《太平御览》倒为"余悉众出"。

［七］"西"，黄本讹作"而"。

［八］"驻雍、郿"，《太平御览》脱"郿"。

［九］"若不能当"，《太平御览》脱"若"。

［十］"郭淮、费曜等徼"，《太平御览》作"淮与曜邀亮"，"徼"作"邀"。

[十一]"因大芟（shān）刈（yì）其麦"，《太平御览》作"因芟其麦"。

[十二]"与宣王遇"，《太平御览》"宣王"上脱"与"。

[十三]"引而还"，《太平御览》、黄本、汤本、乔本"引"下多"兵"。

[十四]"远来逆我"，黄本脱"来"。

[十五]"请战"，汤本、乔本"请"上衍"我"。

[十六]"且祁山知大军以在近"，《太平御览》"且"作"其"，脱"知"、脱"在"。

[十七]"止屯"，《太平御览》作"上屯"。

[十八]"示出其后"，《太平御览》讹"示"为"亦"。

[十九]县军，《太平御览》作"悬军"，"县"通"悬"。

[二十]"贾栩"，《太平御览》、汤本、黄本俱与魏著名谋臣贾诩相混，讹"栩"为"诩"。

[二十一]"因曰"，《太平御览》作"且曰"。

[二十二]"如虎"，《太平御览》、汤本、乔本"如"下多"畏"字。

[二十三]"何平"，黄本讹"平"为"千"。

[二十四]"南围"，《太平御览》、黄本讹作"南国"，《三国志·王平传》作"南围"，是。

[二十五]"玄铠五千领"，《太平御览》脱"玄"。汤本讹"玄"为"衣"，不知"玄"乃指铠甲色，"玄铠"，铁铠也。五千后脱"领"。

[二十六]"角弩三千一百张"，《太平御览》无此七字。

【注释】

1　轲比能：汉末三国时期漠南鲜卑族首领，屡扰魏边。延康元年（220）初，魏文帝封轲比能为附义王。青龙三年（235），幽州刺史王雄奉魏明帝密诏，派刺客韩龙刺杀轲比能，鲜卑部落联盟从此瓦解，"种落离散，互相侵伐，强者远遁，弱者请服"。

2　北地：北地郡，秦置，辖宁夏、甘肃东北至陕西西北地区，治义渠县（今甘肃庆阳西南）。西汉时徙治马岭县（今甘肃庆阳环县东南），后汉治富平县（今宁夏灵武、忠县附近，辖银川、灵武、环县、庆阳、吴旗等地）。永初五年（111）徙池阳县（在今陕西泾阳、三原附近）。永和六年（141）春，迁冯翊郡（今陕西西安高陵西南）。汉末迁怀德（今陕西富平西南）。

3　石城：汉圁（音 yín，水名，上游即今中国内蒙古自治区的乌兰木伦河，下游即今中国陕西的窟野河）阴县地，后魏时析置石城县，唐宋为银城县（今甘肃皋兰西北）。

4　大司马：官名。《周礼》以大司马为夏官之长。汉元狩四年（前119）始置，加于大将军、骠骑将军号前。地节三年（前67），始单置。绥和元年（前8）与丞相、大司空为三公。建武二十七年（51），改名太尉。灵帝时又于太尉外另置大司马。魏、晋为上公之一，位在三公之上。南北朝置废不常。

5　曹真（？—231）：字子丹，曹操族子。曹真为三国时期曹魏名将，官至大将军、大司马。太和五年病逝，谥元侯。

6　魏明帝：曹叡（206—239），字符仲，曹丕与文昭甄皇后之子，曹魏第二位皇帝，公元226—239年在位。曹叡在位期间多有建树，防御吴、蜀的多次攻扰，平定鲜卑，攻灭公孙渊，临终托孤不当，导致后来朝政动荡。曹叡擅诗文，与曹操、曹丕并称魏之"三祖"，文学成就不及后者，原有《集》，已散佚，后人辑有其散文二卷、乐府诗十余首。

7　费曜：三国时期魏国将领、将军，生平不详。

8　戴陵：三国时期魏国将领、将军，生平不详。

9　郭淮（？—255）：字伯济，太原阳曲人（今山西太原）人。三国时期魏国名将，官至车骑将军，封阳曲侯。正元二年（255）薨，追赠大将军，谥贞侯。

10　上邽：古县名。春秋时邽戎地，公元前688年秦武公取邽戎，置邽县，后改为上邽县，秦属陇西郡，汉属天水郡，地在今甘肃天水。

11　雍：春秋战国时期为雍邑，秦置县，汉魏沿袭，地在今陕西凤翔一带。

12　郿：周时的郿邑，战国设郿县，汉因，今陕西眉县。

13　楚之三军所以为黥布禽：《史记·黥布列传》："布之初反，（前省）楚发兵与战徐、僮间，为三军，欲以相救为奇。或说楚将曰：'布善用兵，民素畏之。且兵法，诸侯战其地为散地。今别为三，彼败吾一军，余皆走，安能相救！'不听。布果破其一军，其二军散走。"黥布，本名英布（前？—前196），九江六县（今安徽六安）人。早年获罪受黥刑，俗称黥布。黥布初随项梁起义，拥立楚怀王，封为当阳君。项梁阵亡后，成为项羽帐下大将，封九江王。黥布曾受项羽之命，派将领于郴县（今湖南郴县）途中追杀怀王。楚汉相争时叛归刘邦，佐刘邦打败项羽，封淮南王。韩信、彭越被杀后，黥布极其恐惧，高帝十一年（前196），起兵反叛，兵败被杀。与韩信、彭越并称汉初三大名将。

14　芟刈（shānyì）：割。

15　卤城：何焯曰："西县，属汉阳。西古作卤。"胡三省曰："卤城当在西县、冀县之间。"西县，今甘肃天水西南。冀县，今甘肃甘谷。

16　县军：深入敌方孤立无援之孤军。"县"通"悬"，《太平御览》作"悬"。

17　贾栩：三国时期魏国将领，生平不详。

18　魏平：三国时期魏国将领、将军，长期镇守西北，他事不详。

19　无当监：青羌五部劲旅之一。《华阳国志·南中志》载："诸葛亮移南中劲卒、青羌万余家于蜀，为五部，所当无前，号为飞军。"

20　何平：即王平，王平本养于外家何氏，称何平，后恢复王姓。王平是无当飞军的统帅。《三国志》卷43《王平传》载："丞相亮既诛马谡及将军张休、李盛，夺将军黄袭等兵，平特见崇显，加拜参军，统五部兼当营事，晋位讨寇将军，封亭侯。九年，亮围祁山，平别守南围。魏大将军司马宣王攻亮，张郃攻平，平坚守不动，郃不能克。"《资治通鉴》卷72，胡三省注："无当盖蜀军部之号，言其军精勇，敌人无能当者。使平监护之，故名官曰'无当监'。南围，蜀兵围祁山之南屯。"

21　魏延（？—234）：字文长，义阳（义阳郡治义阳县，今河南泌阳）人。魏延为三国时期蜀汉名将，镇远将军、汉中太守，诸葛亮死后，为杨仪所杀，夷三族。

22　高翔：生卒年不详，南郡人，蜀汉名将，官至督前部右将军、大将军，封玄乡侯。

23　吴班：字符雄，生卒年不详，兖州陈留郡（治今河南开封）人。

三国时期蜀汉将领,随刘备参加夷陵之战,后随诸葛亮北伐,建兴九年(231)大破司马懿军,官至骠骑将军,封绵竹侯。吴班以豪爽侠义著称,又因族妹吴氏为昭烈帝穆皇后,在蜀汉将领中地位较高。

24 甲首:甲士的首级。

25 玄铠:铁制铠甲,色黑,故称。

26 角弩:用角为饰的强弩。崔豹《古今注·舆服》曰:"魏晋设角弩而不用。"

江南飞江北堕水死之鸟以千数[一]

〔建兴九年〕冬十月,江阳[1]至江州[2]有鸟从江南飞渡江北,不能达,堕水死者以千数。(《三国志》卷33《后主传》注)

【校勘记】

[一] 黄本、余本未辑此条。

【注释】

1 江阳:郡名,章武元年(221)刘备分犍为郡立,治江阳县(今四川泸州江阳),东晋安帝时废。

2 江州:汉江州县,治今垫江,属巴郡(治今重庆城区)。

魏有景福听政诸殿[一]

(魏)有景福[1]、听政[2]诸殿。(《初学记》卷24《居处部》引)

【校勘记】

[一] 汤本、黄本、乔本、余本、尚明本均未辑此条。

【注释】

1 景福:景福殿,魏明帝太和年(227—232)间建于许都西南隅。其殿复道重阁,岧峣岑立,崔嵬峦居,金楹齐列,殿上有凌云盘,殿前开凿灵沼,赀费八百余万,既成,命朝士为赋,以何晏的《景福殿赋》为最。

2　听政：听政殿，魏武帝建于邺都宫城内，有鸣鹤堂、椒梓坊、木兰坊、文石室、东西堂等建筑，左思《魏都赋》有出色描写。

张昭悖逆不臣[一]

〔建兴十一年，吴拜公孙渊¹为燕王，张昭谏，不从，因不朝。后屡谢，昭不起，乃烧门以恐之，昭更闭户。〕习凿齿曰："张昭于是乎不臣矣！夫臣人者，三谏不从，则奉身而退²，身苟不绝，何忿怼³之有？且秦穆⁴违谏⁵，卒霸西戎⁶；晋文暂怒⁷，终成大业。遗誓以悔过见录⁸，狐偃无怨绝之辞，君臣道泰，上下俱荣。今权悔往之非而求昭，后益回虑⁹降心，不远而复¹⁰，是其善也。昭为人臣，不度权得道，匡¹¹其后失，夙夜匪懈¹²，以延来誉¹³，乃追忿不用，归罪于君，闭户拒命，坐待[二]焚灭，岂不悖哉！"（《三国志》卷52《张昭传》注）

【校勘记】

[一] 黄本未辑此条。

[二] "坐待"，乔本、尚明本讹"待"为"得"。

【注释】

1　公孙渊（？—238）：字文懿，辽东襄平（今辽宁辽阳）人。三国时期割据辽东公孙度之孙、公孙康之子，魏明帝拜为扬烈将军、辽东太守。公孙渊后遣使南通孙权，孙权封为燕王，并遣甲士万人携珍宝前往辽东。公孙渊又害怕此举招致魏国讨伐，遂斩送吴使首至洛阳，明帝拜为大司马，封乐浪公。景初元年（237），公孙渊击败前来讨伐的毌（Guàn）丘俭等后叛魏，自立为燕王，建号绍汉。景初二年（238），明帝遣太尉司马懿率四万大军进讨，同其子并为魏军所杀。

2　三谏不从，则奉身而退：古礼认为君为人之父母，臣对君要像子对父一样。人臣应当劝谏君王的过失，即使君王无道，犹要以臣礼待君，如果三谏不从，可以离开国君，可以逃往别国，亦可待之于城郊等候国君的处置意见，如果国君赐给玉玦就离去，赐给玉环则还朝。《礼记·曲礼》谓："为人臣之礼，不显谏；三谏而不听，则逃之。子之事亲也，三谏而不听,则号泣而随之。"故习氏批评张昭不知臣礼,行为过分。

3　怼:怨恨。

4　秦穆:秦穆公(前?—前621),一作秦缪公,嬴姓,名任好,春秋时期秦国国君,公元前659—公元前621年在位。《史记》将其定为春秋五霸之一。公元前621年,秦穆公去世,谥穆,葬于雍(今陕西宝鸡凤翔东南),殉葬人数多达一百七十七人。

5　违谏:不听进谏。指前述秦穆公三十三年(前627),秦穆公不听谋臣蹇叔和百里傒劝谏,发大军千里偷袭郑国,结果在崤(在今河南洛宁)被晋军伏击,全军覆没。秦穆公对此深为自责,承担了全部责任,遂励精图治,使秦国迅速强大起来,于三十六年发兵伐晋,大败晋军,亲自至殽中埋葬秦军尸体,为之哭泣发丧三日,向官兵忏悔不听蹇叔、百里奚之言所造成的重大灾难,要秦国牢记这一血的教训,以为永鉴。

6　卒霸西戎:西戎,古代对西北少数民族戎狄的总称。最早分布在黄河上游甘肃、宁夏、陕西西北部,以后逐渐东迁,春秋时分属秦、晋等国。秦穆公于三十七年向西开拓疆土,征伐戎狄,"益国十二,开地千里,遂霸西戎",为秦的强大和四百年后统一中国奠定了基础。

7　暂怼:晋公子重耳流亡至齐国,齐桓公见其非池中之物,以厚礼接待,嫁给宗室之女,希望以此捆住重耳,即便重耳最终复国,也可成为齐援。坠入温柔之乡的重耳果真想长留齐国不走。公元前643年,齐桓公病逝,齐国衰落,狐偃、赵衰等人多次提醒重耳,想以齐之力复国已不实际,劝重耳离开齐国,重耳不从。齐女颇有智谋远见,与赵衰等商量,将重耳灌醉,用快马拖出齐都,等重耳一觉醒来,为时已晚。重耳操戈要杀狐偃,声称如果不能复国,要吃狐偃的肉。

8　遗誓以悔过见录:重耳于流亡时,曾饥困于途中,介子推割自己的股肉给重耳以啖之。重耳复国后封赏有功之人,随从皆获得封赐,唯独忘了介子推,介子推并不计较,携老母归隐于绵山。经人提醒,晋文公才想起介子推的功劳,想追封其为大夫,但已找不到介子推,晋文公遂将绵山封给他,号为介推田,名绵山为介山,以此记录自己的过失,尊奖善人。

9　回虑降心:回虑,亦作"廻虑",改变想法。降心,平抑心气。

10　不远而复：行不远就返回，指过错不大就纠正了。语出《周易》复卦："初九，不远复，无祗悔，元吉。象曰：'不远之复以修身也。'"宋真德秀《西山读书记》卷27："不远而复者，君子所以修其身之道也。学问之道无他，唯知其不善，则速改以从善而已。"

11　匡：纠正。

12　夙夜匪懈：语出《诗经·大雅·烝民》及《崧高》。夙夜，早晚、朝夕。匪，不。懈，懈怠。形容从早至晚毫不松懈，勤谨工作。

13　以延来誉：帮助取得好名声。延誉，传扬好名声。语出《国语·晋语七》："使张老延君誉于四方。"

司马宣王伪请战

〔建兴十二年二月，诸葛亮为丞相，率师与司马宣王对于渭南。〕亮自至，数挑战。宣王亦表固请战。使卫尉辛毗[一]持节²以制之。姜维³谓亮曰："辛佐治仗节而到[二]，贼不复出矣。"亮曰："彼本无战情，所以固请战者，以示武于其众[三]耳。将在军，君命有所不受，苟能制吾，岂千里而请战邪！"（《三国志》卷35《诸葛亮传》注）

【校勘记】

［一］"卫尉辛毗"，汤本、乔本脱"卫尉"。

［二］"到"，汤本、乔本作"至"。

［三］"其众"，乔本脱"其"。

【注释】

1　辛毗（？—235）：字佐治，颍川阳翟（今河南禹州）人。魏明帝时卫尉，封颍乡侯。建兴十二年（234），诸葛亮屯兵渭南。司马懿上表魏明帝，任辛毗为大将军军师，加"使持节"。诸葛亮病逝后，辛毗返回，仍任卫尉，不久去世，谥肃侯。

2　持节：魏晋以后军官名。使持节具有诛杀中级以下官吏之权，持节具有杀无官职者之权。节，也叫符节、旄节，以竹为竿，上缀以旄牛尾，是使者所持信物。

3　姜维（202—264）：字伯约，天水冀县（今甘肃甘谷）人。三国时期蜀汉大将、凉州刺史，景耀六年（263）钟会、邓艾进攻蜀汉，邓艾攻入成都，刘禅开城投降，姜维被迫向钟会投降，次年与钟会死于乱军之中。

亮卒于郭氏坞

〔秋八月。〕亮卒于郭氏坞[1]。（《三国志》卷35注）

【注释】

1　郭氏坞：在今陕西岐山西南。郭氏，不详。坞，土堡、坞壁。

死诸葛走生仲达

杨仪[1]等整军而出，百姓奔告宣王，宣王追焉。姜维令仪反旗鸣鼓，若将[一]向宣王者，宣王乃退，不敢逼[二]。于是仪结陈而去，入谷[2]然后发丧。宣王之退也，百姓为之谚曰："死诸葛走生仲达。"或以告宣王，宣王曰："吾能料生，不便[三]料死也。"（《三国志》卷35《诸葛亮传》注引。）

【校勘记】

[一]"若将"，汤本、乔本脱"将"。

[二]"乃退"，汤本、乔本脱此二字，断句为"宣王不敢逼。"

[三]"不便"，汤本、黄本、乔本、余本作"不能"。

【注释】

1　杨仪（？—235）：字威公，襄阳（今湖北襄阳襄城）人。杨仪初为荆州刺史傅群主簿，后投奔关羽，任为功曹。羽遣其至成都，刘备擢为尚书，因与尚书令刘巴不和，转弘农太守。建兴三年（225），任丞相参军。五年，随诸葛亮出军汉中。八年，迁长史，加绥德将军。诸葛亮卒，部署汉军安全撤回。杨仪性格狷狭，自以为功高，应继诸葛亮为相，不料诸葛亮生前定蒋琬为丞相接班人，仅拜其为中军师，致其不满，每多出怨言，建兴十三年被削职流放汉嘉郡（治今四川雅安名山），又上书诽谤朝廷，被收监，自杀于狱中。

2　谷：当指斜谷。《三国志·诸葛亮传》"十二年春，亮悉大众由斜谷出（后省）。八月卒于军"。终南山（今秦岭）北坡武功水（今斜谷水）河谷段为斜谷，终南山南坡褒水（今褒河）河谷段为褒谷，二谷相连，是从汉中进入关中的通道，长一百七十里。

董恢答孙权论杨仪魏延必为祸乱

〔魏延作乱，杨仪击斩之。〕[一]董恢字休绪，襄阳人。入蜀，以宣信中郎[1]副费祎[2]使吴。孙权尝大醉，问祎曰："杨仪、魏延，牧竖小人也。虽尝有鸣吠之益于时务，然既已任之，势不得轻，若一朝无诸葛亮，必为祸乱矣。诸君愦愦[3]，曾不知防虑于此，岂所谓贻厥孙谋乎？"祎愕然[二]四顾视，不能即答。恢目祎曰："可速言，[三]仪、延之不协，起于私忿耳，而无黥、韩[4]难御之心也。今方扫除强贼，混一区夏，功以才成，业由才广，若舍此不任，防其后患，是犹备有风波而逆废舟楫，非长计也。"权大笑乐。诸葛亮闻之，以为知言。还未满三日，辟为丞相府属，迁巴郡[5]太守。(《三国志》卷39《董允传》注引《襄阳记》。臣松之案："《汉晋春秋》亦载此语，不云董恢所教，辞亦小异。此二书俱出习氏，而不同若此，本传云'恢年少官微'，若已为丞相府属，出作巴郡，则官不微矣。以此疑习氏之言为不审也。")

【校勘记】

［一］汤本、乔本于前加"初"。

［二］"愕然"，汤本、乔本作"怃然"。

［三］汤本、乔本将"祎怃然四顾，不能即达。恢目"12字和"可速言"3字作为佚文以小括弧补入。

【注释】

1　宣信中郎：官名，郎官的一种。中郎，即省中之郎，为帝王近侍官，秦置，汉沿置，秩为比六百石，属于光禄勋。中郎之长为中郎将，习称中郎。中郎将有五官、左、右三人，故所属郎官习称三署郎。东汉除三署外，又分属虎贲、羽林中郎将。曹魏仍有中郎将。晋、南北朝又有从事中郎，为将帅之幕僚。宣，发散、显扬。信，信用、诚信。

2　副费祎：费祎之副。费祎（？—253），字文伟，江夏鄳县（今河南罗山西南）人，蜀汉名臣。为丞相诸葛亮器重，屡次出使吴，表现出卓越的才能，为孙权所欣赏。北伐时为中护军，转司马，在调和魏延与杨仪的矛盾中起了非常重要的作用。诸葛亮死后，初为后军师，再为尚书令，官至大将军，封成乡侯。主政时，实行休养生息政策。后为魏降将郭循行刺身亡。副，次于正，第二位。

3　愦愦（kuì kuì）：昏庸、糊涂。

4　黥、韩：黥布和韩信。黥布，见"诸葛亮围祁山败司马宣王注13"。韩信（约前231—前196），淮阴（今江苏淮安淮阴）人，西汉开国功臣，中国历史上杰出的军事家，与萧何、张良并列为汉初三杰。

5　巴郡：秦于周赧王元年（前314）置，治江州县（今重庆城区，一说初置阆中县，后移治江州县），辖今重庆全境、四川东部、湖北西部。汉初因袭不变，武帝元封五年（前106）置十三州刺史部，于巴郡置益州刺史部。东汉兴平元年（194），益州牧刘璋将巴郡一分为三：垫江以北为巴郡；江州至临江（今重庆忠县）为永宁郡；朐忍（治今重庆云阳）至鱼复（治今重庆奉节）为固陵郡。建安六年（201），永宁郡复称巴郡，郡治江州县。

诸葛亮能用刑[一]

〔初，廖立[1]以怨谤[2]废，及亮薨，垂泣曰："吾终为左衽[3]矣。"又李平[4]前以罪废，冀复收己，闻之亦发病卒。〕习凿齿曰："昔管仲[5]夺伯氏骈邑[6]三百[7]，没齿而无怨言，圣人以为难。诸葛亮之使廖立垂泣，李平[二]致死，岂徒无怨言而已哉！夫水至平而邪者取法，镜[三]至明而丑者无怨[四]，水、镜之所以能穷物而无怨者，以其无私也。水、镜无私，犹以免谤，况大人君子怀乐生之心，流矜恕[8]之德，法行于不可不用[五]，刑加乎自犯之罪，爵之而非私[六]，诛之而不怨，天下有不服者乎！诸葛亮于是可谓能用刑矣，自秦、汉以来未之有也。"（《三国志》卷40《李严

传》注,《资治通鉴》卷72、《资治通鉴纲目》卷15)

【校勘记】

[一] 黄本未辑此条。

[二] "李平",汤本、乔本改为"李严",建兴七年(229),李严才改名李平,诸葛亮死于建兴九年,称李平是。

[三] "镜",本条凡三见,《资治通鉴》、汤本作"鉴"。乔本、尚明本一作"鑑",二作"镜"。

[四] "无怒",汤本、乔本讹作"忘怒"。

[五] "不可不用",汤本、乔本脱"不用"之"不"。

[六] "爵之而非私",乔本脱"而"。

【注释】

1　廖立:字公渊,武陵临沅(今湖南常德武陵)人。蜀汉重臣,历任太守、侍中,因批评"国家不任贤达而任俗吏",流露出对自己的职位不满,指出由于刘备的一再失策,导致荆州覆灭、关羽身死、夷陵兵败,使蜀汉衰弱,被流放汶山郡,在得知诸葛亮死讯后,知道自己复职无望,垂泣曰:"吾终为左衽矣!"卒于徙所。

2　怨谤:怨恨、指责。

3　衽:衣襟。左衽,指中原地区以外少数民族的装束。我国古代中原地区以外的少数民族服装前襟掩向左腋系带,将左襟掩覆于内,中原地区人民的服装衣襟向右腋系带,将右襟掩覆于内,称右衽,以"右衽"谓华夏风尚。

4　李平:即李严(?—234),后改名李平,字正方,南阳(今河南南阳)人。三国时期蜀汉重臣,与诸葛亮同为刘备临终托孤大臣。建兴九年(231),蜀军北伐时,李严押运粮草,因为下雨道路泥泞而延误时日,迫使诸葛亮不得不退兵而获罪,被废为平民,流徙到梓潼(治今四川梓潼)。建兴十二年,诸葛亮病逝,李严得知消息后,知道再也不会有人重新起用自己,心生激愤而终。

5　管仲(前725—前645):姬姓,管氏,名夷吾,字仲,谥敬,被称为管子、管夷吾、管敬仲，颍上（今安徽颍上）人，周穆王后裔。管仲为齐国上卿，辅佐齐桓公成为春秋五霸之首。

6　伯氏骈邑：伯氏，齐国大夫。骈邑，齐国邑名，在今山东临朐东南。

7　三百：指伯氏受封骈邑，食禄为三百户。

8　矜恕：怜恤宽恕。

明帝逼杀郭后[一]

〔建兴十三年，魏青龙三年，郭后崩。〕初，甄后之诛[1]，由郭后之宠[2]，及殡，令被发覆面[二]，以糠塞口，遂立郭后，使养明帝[3]。帝知之，心常怀忿[三]，数泣问甄后死状。郭后曰："先帝自杀，何以责问我？且汝为人子，可追仇死父，为前母枉杀后母邪？"明帝怒，遂逼杀之，敕殡者使如甄后故事。（《三国志》卷5《文德郭皇后》注）

【校勘记】

［一］黄本未辑此条。

［二］"被发覆面"，乔本脱"发"，讹"覆"为"复"。

［三］"心常怀忿"，汤本、乔本讹"常"为"尝"。

【注释】

1　郭后：文德郭皇后（184—235），魏文帝曹丕夫人，字女王，安平广宗（今河北邢台广宗）人，母家世为长吏。曹丕即位魏王，册封郭氏为魏王夫人。黄初元年（220）曹丕建立魏朝，拜为贵嫔，三年立为皇后。黄初七年（226），太子曹叡继位，尊为皇太后，青龙三年去世，谥文德皇后。

2　甄后（183—221）：名宓，中山无极（今河北无极）人。汉太保甄邯后，上蔡令甄逸之女。建安中，袁绍纳为中子袁熙妻。曹操攻占冀州，灭袁氏，曹丕纳甄氏为正室，生明帝。黄初元年（220），曹丕践阼，郭后、李贵人、阴贵人并受爱宠。甄氏在邺城，不得御见，遂失意愠怨，文帝大怒，二年六月遣使赐死，葬于邺。明帝即位，追尊为"文昭甄皇

3　明帝：魏明帝曹叡。

大柳谷口现大讨曹石

〔青龙三年，〕氐池县¹大柳谷口²夜激波涌[一]溢，其声如雷。晓而有苍石立水中，长一丈六尺，高八尺，白石画之，为十三马、一牛、一鸟、八卦、玉玦之象，皆隆起，其文曰："大讨曹，适水中，甲寅。"帝恶其"讨"也，使凿去为"计"，以苍石室之，宿昔而白石满焉。至晋初，其文愈明，马象皆焕彻如玉焉。（《三国志》卷3《明帝纪》注。）

【校勘记】

[一] 涌，《初学记》卷8作"满"。

【注释】

1　氐池县：汉武帝置，属张掖郡，王莽改否武，后汉恢复原名，魏晋因之。地在今甘肃省张掖市民乐县。

2　大柳谷口：在民乐县南古镇柳谷村。

曹叡改崇华殿为九龙殿[一]

青龙三年七月，曹叡崇华殿¹灾。时郡国有龙九见，故改曰"九龙殿"。（《艺文类聚》卷98《祥瑞部上》）

【校勘记】

[一] 黄本未辑此条。

【注释】

1　崇华殿：曹魏都城洛阳宫殿之一。

明帝徙露盘金狄

〔建兴十五年，魏景初元年。〕帝¹徙盘[一]²，盘折，声闻数十里，金

狄[3]或泣，因留霸城[二][4]。（《三国志》卷3注）

【校勘记】

[一]"帝徙盘"，汤本、乔本于帝前增"魏"字。《三国志》卷3《明帝纪》注引《魏略》曰："是岁（景初元年）徙长安诸钟簴、骆驼、铜人、承露盘，盘折。铜人重，不可致。留于霸城。"

[二]"因留霸城"，"留"下汤本、黄本、乔本、余本、尚明本衍"于"。

【注释】

1　帝：魏明帝曹叡。见明帝逼杀郭后条注3。

2　盘：承露盘，汉武帝元鼎二年（前115）建造，在建章宫中。《史记·孝武本纪》："其后则又作柏梁、铜柱、承露、仙人掌之属矣。"《集解》苏林曰："仙人以手掌擎盘，承甘露也。"《索隐》服虔云："用梁百头，按今字皆作柏。"《三辅故事》云："台高二十丈，用香柏为殿梁，香闻十里中。建章宫承露盘高三十丈，大七围，以铜为之，有仙人掌承露和玉屑饮之，故张衡赋曰：'立修茎之仙掌，承云表之清露'是也。"

3　金狄：即金人。古人称铜为金，实以铜为之。秦王政二十一年（前226），收天下兵器，铸金人十二，汉武帝布列于甘泉宫。《水经注·河水注》："按秦始皇二十六年，长狄十二，见于临洮，长五丈余，以为善祥，铸金人十二以象之，各重二十四万斤，坐之宫门之前，谓之金狄，皆铭其胸云。"金狄以此得名。

4　霸城：又名芷阳城，在长安东四十里（今西安东北），霸水（古名滋水，秦穆公更名为霸水）下游东岸，秦穆公始筑，汉设芷阳县，晋改为霸城。汉文帝霸陵在霸城东南十里。

高堂隆为忠臣[一]

〔高堂隆卒。〕习凿齿曰："高堂隆[1]可谓忠臣矣。君侈[2]每思谏其恶，将死不忘忧社稷，正辞动于昏主[3]，明戒验于身后[4]，謇谔[5]足以励物[6]，德音没而弥彰,可不谓忠且智乎!《诗》云:'听用我谋,庶无大悔'[7],又曰:'曾是莫听,大命以倾[8]。'其高堂隆之谓也。"(《三国志》卷25《高堂隆传》注)

【校勘记】

[一] 黄本未辑此条。

【注释】

1 高堂隆:字升平,泰山平阳(今山东新泰)人。鲁大儒高堂生之后,三国曹魏名臣、天文学家。青龙年间(233—236),明帝多造宫殿,高堂隆为此上疏切谏。后迁侍中、太史令、光禄勋,对时政多有匡正。死时遗令薄葬。

2 君侈:指君主恣肆妄为。侈,放肆、放纵。

3 昏主:此指魏明帝曹叡。

4 明戒验于身后:高堂隆临终疾笃,口述疏上明帝:"宜防鹰扬之臣于萧墙之内。可选诸王使君国典兵,往往棋跱,镇抚皇畿"。后因明帝死时定错辅弼大臣,果使大权落入鹰扬之臣司马懿手中。明戒,即明诫。

5 謇谔:亦作"謇鄂"。"謇愕",不怯懦、正直敢言。謇,正直。谔,直言不讳。

6 励物:劝勉他人。

7 听用我谋,庶无大悔:语出自《诗经·大雅·荡之什》。悔,过失。

8 曾是莫听,大命以倾:语出自《诗经·大雅·荡八章》之八。曾,岂、怎。大命,天命。

公孙渊称臣于吴图自救

〔延熙元年,魏景初元年[一]。〕公孙渊自立[1],称绍汉元年。闻魏人将讨,复称臣于吴,乞兵北伐以自救。吴人欲戮其使,羊衜[2]曰:"不可,是肆匹夫之怒而捐霸王之计[二]也。不如因而厚之,遣奇兵潜往以要其成。若魏伐渊不克,而我军远赴,是恩结遐夷,义盖万里;若兵连不解,首尾离隔，则我虏其傍郡，驱略[三]而归，亦足以致天之罚，报雪曩事[3]矣。"权曰："善！"乃勒兵大出。谓渊使曰："请俟后问，当从简书[4]，必与弟同休戚，共存亡，虽陨于中原，吾所甘心也。"又曰："司马懿[5]所向无前，深为弟忧也。"（《三国志》卷8《公孙渊传》注）

【校勘记】

[一]"景初元年"，汤本、乔本、尚明本误为"二年"。

[二]"捐霸王之计"，黄本、乔本、尚明本"捐"讹作"损"。

[三]"驱略"，汤本、乔本、余本讹"略"为"民"。

【注释】

1　公孙渊自立：景初元年（237）七月，公孙渊自立为燕王，称绍汉元年，署置百司百官。

2　羊衜（201—?）：南阳人。有知人鉴，历官吴太子孙登宾客、太子中庶子、始兴太守、督军使者、桂阳太守。

3　报雪曩事：报雪，报仇雪恨。曩，以往、从前。曩事，指前述吴孙权嘉禾元年（232）公孙渊密谋自立而遣使联络吴事。

4　简书：简，战国至魏晋时代的用于书写的狭长竹片或木片。书，书信。此指公孙渊向吴称臣，乞求吴兵北伐曹魏以自救的信函。

5　司马懿（178—251）：字仲达。据《晋书》卷1《宣帝纪》记载，建安六年（201），曹操为司空，闻而辟之。但司马懿"辞以风痹，不能起居"。曹操为丞相，又强征司马懿为文学掾。曹丕称帝，司马懿任尚书，不久转为督军、御史中丞，封安国乡侯。黄初二年（221），升迁为侍中、尚书右仆射。黄初五年，转任抚军，加给事中、录尚书事。明帝即位，改封舞阳侯，先督荆豫二州诸军事，后迁大将军，都督雍梁二州诸军事。青龙三年（235），迁太尉。曹芳即位，司马懿以太傅与丞相曹爽辅政。嘉平元年（249），杀曹爽，自任丞相。西晋建立，追尊为"宣帝"。

蒋济言谓孙权不救公孙渊

〔蒋济为护军将军，明年，遣平州刺史田豫、幽州刺史王雄共攻辽东，公孙渊闻魏将来讨，复称臣于孙权，乞兵自救[一]。〕帝[1]问济[2][二]："孙权其救辽东乎？"济曰："彼知官备以固[3]，利不可得，深入则非力所能，浅入则劳而无获。权虽子弟在危，犹将不动，况异域[三]之人兼以往者之辱[4]乎！今所以外扬此声者，谲其行人[5]疑于我，我之不克，冀折[6]后事已耳。然沓渚[7]之间，去渊尚远，若大军相持，事不速决[四]，则权之浅规[8]，或能轻兵掩袭，未可测也。"（《三国志》卷14《蒋济传》注。）

【校勘记】

[一] 汤本、乔本无"公孙渊"至"乞兵自救"十八字，予黄本所加。余本漏辑此条。

[二] "帝问济"，汤本、乔本于"帝"上增"蒋"。

[三] "况异域"，汤本、乔本于"异域"上衍"以"。

[四] "事不速决"，黄本脱"事"。

【注释】

1 帝：魏明帝曹叡。

2 济：蒋济（188—249），字子通，楚国平阿（今安徽怀远）人。历仕曹操、曹丕、曹叡、曹芳四朝，官至太尉、领军将军加散骑常侍，封关内侯、昌陵亭侯。正始十年（249），助司马懿诛杀曹爽，晋封都乡侯，同年卒，谥景侯。

3 官备以固：官，国家的，魏晋时常称国家为官。备，准备、防备。以，通已。固，牢固。

4 往者之辱：指公孙康割据辽东，遣使南通孙权，孙权封其为燕王，并遣甲士万人携珍宝前往辽东。而公孙渊害怕此举招致魏国讨伐，遂斩送吴使首送至洛阳，明帝拜公孙渊为大司马，封乐浪公。见上条注3

5 谲其行人：谲，欺诈、玩弄手段。其，指公孙渊。行人，指公孙渊使者。

6　冀折：冀，希望。折，挫折。

7　沓渚：地名，亦称"沓津"。秦置沓氏县，属辽东郡，西南临海渚，故名。在今辽宁旅顺。

8　浅规：浅显的谋划。规，谋划。

明帝大修禳祷之术以厌彗星

〔秋，有彗星见张宿[1]。〕史官言于帝曰："此周之分野[2]也，洛邑恶之。"于是大修禳祷[3]之术以厌[4]焉。（《三国志》卷3《明帝纪》注）

【注释】

1　张宿：又称鹑尾。二十八宿之一，朱雀七宿的第五宿，由六颗星组成。

2　分野：在春秋战国时代，人们根据地上的区域来划分天上的星宿，使天上的星宿对应于地上的诸侯国家，即所谓的"分野"概念。张宿的分野是周。

3　禳祷：禳，祭祷以消灾求福；祷，祈神求福。

4　厌：用巫术去邪避灾或致灾祸于人，亦称厌胜。

曹爽代燕王曹宇为大将军

帝以燕王宇[1]为大将军[2][一]，使与领军将军[3]夏侯献[4]、武卫将军[5]曹爽[6]、屯骑校尉[7]曹肇[8]、骁骑将军[9]秦朗[10]等对辅政。中书监[11]刘放[12]、令[13]孙资[14]久专权宠，为朗等素所不善，惧有后害，阴图[二]间之，而宇常在帝侧，故未得有言。甲申，帝气微，宇下殿呼曹肇有所议，未还，而帝少间，惟曹爽独在。放知之，呼资与谋。资曰："不可动也。"放曰："俱入鼎镬[15]，何不可之有？"乃突前见帝，垂泣曰："陛下气微，若有不讳[16]，将以天下付谁？"帝曰："卿不闻用燕王耶？"放曰："陛下忘先帝诏敕[17]，藩王不得辅政。且陛下方病，而曹肇、秦朗等便与才人[18]侍疾者言戏。燕王拥兵南面，不听臣等入，此即竖刁[19]、赵高[20]也。今皇太子幼弱，未能统政，外有强暴之寇，内有劳怨之民，陛下不远虑存亡，而近系恩旧[三]。委祖宗之业，付二三凡士[四]，寝疾数日，外内拥隔[五]，社稷危殆而己不知，此臣等所以痛心也。"帝得放言，大怒曰："谁可任者？"放、资乃举爽代宇，又白宜诏司马宣王使相参，帝从之。放、资出，曹肇入，泣涕固谏，帝使肇敕停。肇出户，放、资趋而往，复说止帝，帝又从其言。放曰："宜为手诏。"帝曰："我困笃，不能。"放即上床，执帝手强作之，遂赍²¹出，大言曰："有诏免燕王宇等官，不得停省中²²。"于是宇、肇、献、朗相与泣而归第。(《三国志》卷3《明帝纪》注)

【校勘记】

[一]"帝以燕王宇为大将军"，汤本、乔本于句首加"十二月"。

[二]"阴图"，汤本、黄本、乔本讹为"因图"，据《资治通鉴》《册府元龟》及其注引《汉晋春秋》改。

[三]"恩旧"，黄本倒为"旧恩"。

[四]"凡士"，汤本讹为"阉寺"。

[五]"外内"，汤本倒为"内外"。"拥隔"，黄本作"壅隔"，"拥""壅"通。

【注释】

1 燕王宇：字彭祖，魏武帝子，母环夫人。建安十六年（211）封都乡侯，二十二年改封鲁阳（今河南鲁山）侯，黄初二年（221）晋爵为公，三年为下邳（治江苏睢宁古邳镇）王，太和六年（232）改封燕王（治所依旧）。曹宇和明帝一起长大，景初二年（238）夏被征入朝，冬十二月，明帝疾笃，拜为大将军，托以后事，宇刻意谦让。因受刘放、孙资蛊惑，明帝突然改变主意，在其受署第四日免去曹宇大将军官职。三年夏还邺，累增邑并前五千五百户。子陈留王曹奂，在魏帝高贵乡公曹髦被杀后立为帝，是为魏元帝。

2 大将军：官名。战国时始置，汉沿置，职掌统兵征战，多由权臣贵戚担任，位居三公之上，汉武帝时以大司马为大将军所兼官号，其后霍光、王凤等均以大司马、大将军预闻政事，为中朝官领袖。三国两晋南北朝时沿用。

3　领军将军：官名。三国时期曹操置，为相府属官，建安十二年（207）改为中领军，领禁兵，统五校、中垒、武卫三营。晋省，以中军将军任其职。

4　夏侯献：曹操族人，官至魏中领军、领军将军。魏明帝病危时，曾让其与曹宇、曹爽、曹肇、秦朗辅政，四天后明帝改变主意，托孤于曹爽、司马懿，夏侯献被免官归第。

5　武卫将军：魏文帝置，统率禁旅。

6　曹爽（？—249）：字昭伯，曹魏宗室、权臣，大司马曹真之子。明帝即位，任散骑侍郎，累迁城门校尉，加散骑常侍，转任武卫将军；明帝卧病时，拜曹爽为大将军，假节钺。齐王芳即位，加侍中，改封武安侯（今河北武安）。魏正始十年（249）正月，司马懿发动高平陵政变，被灭族。

7　屯骑校尉：官名。汉武帝置八校尉之一，掌骑士，秩二千石，领兵七百人，属官有丞及司马，东汉时属北军中候，魏、晋时属领军将军。

8　曹肇：魏大司马曹休之子，袭爵长平侯，官至散骑常侍、屯骑校尉，死后追赠卫将军。景初三年，明帝寝疾，向曹肇与燕王曹宇等人托付后事。为中书监刘放、中书令孙资阻挠，死于正始年（240—249）间，追赠"卫将军"。

9　骁骑将军：官名。始置于汉武帝时，东汉初改屯卫为骁骑，魏置为中军将领，有营兵。

10　秦朗：字符明，新兴云中（今山西原平）人。父秦宜禄，母杜氏（杜夫人）。秦宜禄为吕布遣往袁术的使者，袁术妻以汉宗室女，其前妻杜氏留居下邳。曹操攻占下邳，纳杜氏为妻室，朗随母长大于魏宫。明帝即位，授骁骑将军、给事中。

11　中书监：官名。魏新设中书省以分尚书之权。文帝任刘放为中书监、孙资为中书令，同掌机密。明帝时，中书监、令成为事实上的宰相。晋、南北朝沿置。中书监因地在中枢，常受君主信任，号为"凤凰池"。

12　刘放（？—250）：字子弃，涿郡（今河北涿县）人。汉西乡侯刘宏之后，汉末举孝廉，后归顺曹操，历任县令、参丞相军事、主簿、记室。魏国初建，命为秘书郎，旋改中书监加给事中，赐爵关内侯，掌中枢机密。明帝即位，加散骑常侍，晋爵西乡侯。明帝临终，皇储幼弱，刘放力主召曹爽、司马懿托付大政。齐王即位（240），加左光禄大夫，正始六年（245）迁骠骑将军，七年以老逊位，嘉平二年卒。谥敬侯。

13　令：中书令，官名。汉武帝用宦者掌管文书，称中书谒者，置令与仆射为长。中书令即中书谒者令之省称，成帝改为中谒者令。东汉不置。曹操为魏王，置秘书令典尚书奏事。曹丕代汉后，改秘书为中书，置中书令、中书监，同掌机密。晋沿设。南北朝时，中书令一官最为清贵华重，常用有文学才望者担任。

14　孙资（？—251）：字彦龙，太原中都（今山西平遥）人。孙资由好友贾逵荐之于曹操帐下，先为功曹，后参丞相军事。魏国建立，孙资为秘书郎，转任右丞，改为中书令、给事中，与刘放同掌机要。太和六年（232）因功晋封左乡侯，次年加侍中、光禄大夫。景初二年（238）晋爵"中都"侯。齐王芳即位后，迁右光禄大夫，六年转卫将军，七年以老逊位，曹爽被诛后，复以资为侍中，领中书令，嘉平二年（250）再次退位，拜骠骑将军，三年去世，谥贞侯。

15　鼎镬：本是古代两种烹饪器，鼎形为环耳深腹三足，镬为大鼎，鼎镬连用意为大鼎，亦指古代的一种酷刑，用其烹人。

16　不讳：去世、死亡的婉辞。

17　诏敕（zhào chì）：皇帝所下命令、诏书。

18　才人：妃嫔称号之一。晋武帝参汉魏六宫位号之制，改为贵嫔、夫人、贵人为三夫人，位视三公；淑妃、淑媛、淑仪、修华、修容、修仪、婕妤、容华、充华为九嫔，位视九卿，以下为美人、才人、中才人，爵视千石以下。

19　竖刁：也作"竖刀"，春秋时齐国宦官。齐桓公晚年宠信易牙、竖刁。桓公病危时，竖刁作乱，不让桓公诸公子进殿，将桓公饿死于宫中，六、七十天不得安葬，尸臭熏天，蛆虫遍地。公子昭逃到宋国，公元前642年宋兵护送公子昭归国即位，易牙率军拒之，竖刁被留守老臣高侯等杀死。

20　赵高（前？—前207）：秦二世时丞相。赵高早年入秦宫为中车府令，兼行符玺令事，在此期间侍奉公子胡亥，教授他刑狱之学，掌事二十余年。秦始皇崩于巡狩途中之沙丘时，赵高与公子胡亥、丞相李斯合谋发动政变，伪造诏书，逼始皇长子扶苏自杀，囚禁大将蒙恬，立始皇幼子胡亥为帝，是为秦二世，自任掌握宫禁的郎中令，独揽大权。秦二世三年（前208）又谋杀李斯，自任丞相。四年，发动望夷宫政变，迫秦二世自杀，另立扶苏之子秦王子婴为帝，被子婴谋杀，夷三族。

21　赍（jī）：怀抱着、带着、拿着。

22　省中：王宫禁地。

殷礼劝孙权乘魏乱联蜀灭魏

〔延熙四年，魏正始二年，吴赤乌四年。〕零陵[1]太守殷礼[一][2]言于权曰："今天弃曹氏，丧诛累见[3]，虎争之际而幼童莅事。陛下身自御戎，取乱侮亡[4]，宜涤荆、扬之地，举强赢之数，使强者执戟，赢者转运，西命益州军于陇右[5]，授诸葛瑾[6]、朱然[7]大众指事[8]襄阳，陆逊[9]、朱桓[10]别征寿春[11]，大驾[12]入淮阳[13]，历青[14]、徐[15]。襄阳、寿春困于受敌，长安以西务对蜀军，许、洛之众势必分离；掎角[二]瓦解，民必内应，将帅对向[16]，或失便宜[三][17]；一军败绩，则三军离心，便当秣马脂车[18]，陵蹈[19]城邑[四]，乘胜逐北，以定华夏。若不悉军动众，循前轻举，则不足大用，易于屡退。民疲威消，时往力竭，非出兵之策也。"权弗能用之。（《三国志》卷47《吴主传》注）

【校勘记】

[一]"殷礼"，《册府元龟》、汤本作"殷札"，黄本作"殷杜"。

[二]"掎角"，黄本、乔本讹"掎"为"犄"。

[三]"便宜"，汤本、黄本、乔本作"便益"。

[四]"陵蹈城邑"，汤本、黄本、乔本讹"蹈"为"陷"。

【注释】

1　零陵：郡名，武帝元鼎六年（前111）置，王莽改称"九疑"，吴时辖湖南西南和广西东北地区，属荆州。

2　殷礼：字德嗣，生卒年不详，云阳（今江苏丹阳）人。殷礼为江东名儒，十九岁任吴县（今江苏苏州姑苏）县丞。孙权称吴王时，以殷礼为郎中，曾与张温出使蜀汉，甚得蜀汉丞相诸葛亮称许，迁零陵太守，卒于任上。

3　丧诛累见：指赤乌二年（239）魏明帝死，十二年司马氏诛曹爽事。按：裴松之将此事系于吴赤乌四年，其时，曹魏并没有出现"丧诛累见"事件。魏明帝死于赤乌二年，司马懿诛曹爽事在赤乌十二年正月，孙权死于吴太元二年（251）四月，殷礼此言当在赤乌十二年至太元二年四月之间。

4　取乱侮亡：指以武力夺取或改变政治荒乱的国家政权，侵侮本该灭亡的国家政权，是一种使国家强大、正义的对外战争或颠覆行为。语出《尚书·仲虺之诰》："兼弱攻昧，取乱侮亡，推亡固存，邦乃其昌"。孔安国加以申说，谓："弱则兼之，闇则攻之，乱则取之，有亡形则侮之，言正义。"

5　陇右：陇，指陕、甘间的界山——陇山。"陇右"一词最早出现于汉末，古人以西为右，故称陇山以西为陇右，古时也称陇西，包括今甘肃、新疆大部及青海湖以东地区。

6　诸葛瑾（174—241）：字子瑜，琅琊阳都（今山东临沂沂南）人，诸葛亮之兄。汉末，诸葛瑾避乱江东，建安二十五年（220）代吕蒙领南郡太守，黄武元年（222）迁左将军、假节，督公安，封宛陵侯。孙权称帝后，官至大将军、左都护，领豫州牧，吴赤乌四年卒。

7　朱然（182—249）：字义封，丹阳故鄣（今浙江安吉北）人。三国时期吴国名将，原姓施，朱治养子。朱然少年读书时和孙权相交甚笃，孙权统事后曾任山阴令、折冲校尉、临川太守、偏将军，封西安乡侯。吕蒙死，代吕蒙镇守江陵，夷陵之战与陆逊合力大败刘备，拜征北将军，封永安侯，后改封当阳侯，终官左大司马、右军师，赤乌十二年（249）病逝，葬安徽马鞍山雨山乡。1984年，朱然墓被考古发掘，出土珍贵文物140余件。

8　指事：谓军队指向、开进、进军某地。

9　陆逊（183—245）：本名陆议，字伯言，吴郡吴县人，为孙策之婿。章武二年（222），帅军在夷陵击败刘备所率蜀汉大军而一举成名。此后，陆逊历任吴国大都督、上大将军、丞相等职，是三国时期著名的军事家、政治家。晚年因力保太子孙和而累受孙权责罚，忧愤而卒。

10　朱桓（177—238）：字休穆，吴郡吴县人。孙权统事，朱桓为余姚（今浙江余姚）长，濡须（今安徽无为城北）督。累官前将军、青州牧、假节，封为嘉兴侯。朱桓是三国时期吴国名将，赤乌元年病死。

11　寿春：今安徽寿县。公元前241年，楚考烈王自陈（河南淮阳）迁都寿春。西汉时，淮南国亦徙都于此。武帝元狩元年（前122），淮南国除，寿春为九江郡治所。东汉建武元年（25）改为寿春县，属扬州。章和元年（84）建阜陵王国。兴平元年（194），袁术在此建号，废阜陵王国为淮南郡。建安四年（199），复九江郡，仍为治所。三国时先后封曹彪、曹邕于此。嘉平元年（249），复为淮南郡。西晋为寿春县。

12　大驾：指皇帝。

13　淮阳：今河南淮阳。周初封妫满为陈国于此。春秋时楚灭陈，设陈县。战国末，楚顷襄王迁都于此。秦置陈县，初属豫州颍川郡，后属陈郡。秦二世元年（前209）陈涉率农民起义军建都于此，号"张楚"。西汉，高祖七年（前200）置淮阳郡，十一年（前196）置淮阳国。新莽时，改为新平郡，属兖州。东汉明帝改新平为陈国，章帝改为郡，隶豫州刺史。三国魏沿置，属陈郡。明帝封曹植为陈王，后复作郡。晋武帝并陈郡入梁国，封司马肜为梁王，陈县属之。南朝宋移陈郡治于项城，隶南豫州。

14　青：青州。《禹贡》九州、汉武帝所置十三刺史部之一，辖今山东北半部。东晋时，治东阳城（今山东青州）。

15　徐：徐州，今江苏徐州。古徐国，都彭城。春秋时先属宋，后归楚。秦统一后设彭城县。楚汉时，西楚霸王项羽建都彭城。西汉时属楚国，东汉属彭城国。三国时，曹操迁徐州刺史部于彭城，始称徐州。魏晋南北朝各代或设彭城国或设徐州，都城或治所多在彭城。

16　对向：应对趋走。

17　或失便宜：指在战争中失利。便宜，小利益。

18　秣马脂车：喂饱马，给车轴涂好油脂。指准备作战。

19　陵蹈：侵袭践踏。

曹爽伐蜀败于兴平

〔延熙七年，魏正始五年，大将军曹爽伐蜀，与夏侯玄入汉中。〕司马宣王谓[一]夏侯玄[1]曰："《春秋》责大德重[2]，昔武皇帝再入汉中[3]，几至大败，君所知也。今兴平路势[二]至险，蜀已先据[三]，若进不获战，退见徼绝，覆军必矣。将何以任其责！"玄惧，言于爽，引军退。费祎进兵，据三岭以截爽，爽争崄[四][4]苦战，仅乃得过。所发牛马运转者，死失略尽，羌、胡[5]怨叹，而关右[6]悉虚耗矣。（《三国志》卷9《曹爽传》注）

【校勘记】

[一]"司马宣王谓"，《资治通鉴》、汤本"谓"上多"与书"。按，此役司马宣王没有同行，加二字有助于理解。

[二]"兴平路势"，汤本原注"平路"二字疑衍。按《三国志》之《后主传》《法正传》《蒋琬传》《王平传》皆作"兴势"。兴势，地名，在陕西汉中洋县北的兴势山（今之长山），后魏曾设兴势县，治兴势山，唐改为兴道县。

[三]"先据"，黄本误作"先缴"。

[四]"崄"，汤本、余本、乔本作"险"。

【注释】

1　夏侯玄（209—254）：谯郡（今安徽亳州）人，字太初，夏侯尚之子、夏侯霸之侄。夏侯玄弱冠官拜散骑黄门侍郎，曹爽秉政，屡迁散骑常侍、中护军、征西将军、假节、都督雍、凉诸军事。曹爽被诛后，夏侯玄被征为大鸿胪，后徙太常，与李丰、张缉密谋剿除司马氏，事迹败露，为司马师所杀，夷三族。夏侯玄在文学上颇有造诣，与何晏、王弼同属当时社会所称的"士派"，是早期的玄学领袖，著《乐毅论》，有《夏侯玄集》，已佚。

2　责大德重：责任越大，恩德越要重。责，责任。德，恩德。

3　武皇帝再入汉中：指建安二十四年（219）曹操丢失汉中事。建安二十三年，刘备倾益州之力进攻汉中，击斩夏侯渊。翌年三月，曹操自长安由斜谷道进至汉中击刘备，刘备敛众拒险，终不与曹军交锋，曹操兵士多有逃亡，后勤补给困难，只好率军退出汉中。

4　崄：同"险"。

5　羌胡：指三国时期西北部的羌族和匈奴族。亦是我国古代西北少数民族的泛称。

6　关右：古人以西为右，亦称"关西"，指函谷关或潼关以西地区。

夏侯玄知人

玄名知人[一]。陈骞[二]1兄本[三]2有名于世，与夏侯玄[四]亲交，玄拜其母。骞时为中领军，闻玄会于其家，悦而归。既入户，玄曰："相与³未至于此。"骞当户立，良久曰："如君言。"乃趋而出，意气自若。玄大以此知之[五]。（《太平御览》卷498《人事部一百三十九》）

【校勘记】

[一]"玄名知人"，黄本脱此四字，题名"陈骞"。

[二]"陈骞"，原作"陈骞"。据《晋书·陈骞传》《世说》《名士传》改。

[三]"兄本"，原作"兄丕"，据《三国志·陈矫传》《世说新语》《名士传》《晋书》改。

[四]"玄"，原作"元"，避宋真宗附会赵氏始祖玄朗讳改。

[五]"玄大以此知之"，尚明本作"玄以此大知之。"

【注释】

1　陈骞（211—292）：字休渊，临淮东阳（今安徽天长）人。本广陵（今江苏扬州）人，刘姓，为东阳外祖父陈氏所养，乃改陈姓，为魏司徒陈矫次子。泰始三年（267）为魏尚书，转中山、安平太守，征为相国司马、长史、御史中丞，再迁尚书，封安国亭侯。晋咸熙（264—265）中为安东将军、车骑将军。迁太尉、大将军，大司马。陈骞为晋佐命功臣，晚年急流勇退，封高平公，朝廷以重礼相待，元康二年（292）离世，朝廷追赠太傅，谥武。

2　本：陈本，字休元。陈矫长子，袭父东乡侯爵。历仟郡守、九卿，迁镇北将军、假节、都督河北诸军事。

3　相与：结交。

司马懿谓曹爽应修守沔南

〔延熙九年，即魏正始七年，吴赤乌九年。〕是年，吴将朱然入柤中¹，斩获数千；柤中民吏万余家渡沔²。司马宣王谓曹爽曰："若便令还，必复致寇，宜权留之。"爽曰："今不修守³沔南，留民沔北，非长策也。"宣王曰："不然。凡物置之安地则安，危地则危，故兵书曰：成败，形也；安危，势也。形势，御众之要，不可不审。设令贼二万人断沔水，三万人与沔南诸军相持，万人陆钞⁴柤中，君将何以救之？"爽不听，卒令还。然后袭破[一]之⁵。袁淮⁶言于爽曰："吴楚之民脆弱寡能，英贤大才不出其土，比技量力不足与中国相抗，然自上世以来常为中国患者，盖以江汉为池⁷，舟楫为用，利则陆钞，不利则入水。攻之道远[二]，中国之长技无所用之也。孙权自十数年[三]以来，大畋⁸江北，缮治甲兵，精其守御，数出盗窃，敢远其水，陆次⁹平土，此中国所愿闻也。夫用兵者，贵以饱待饥，以逸击劳，师不欲久，行不欲远，守少则固，力专则强。当今宜捐淮、汉以南，退却避之。若贼能入居中央，来侵边境，则随其所短，中国之长技得用矣。若不敢来，则边境得安[四]，无钞盗之忧矣。使我国富兵强，政修民一，陵¹⁰其国不足为远矣。今襄阳孤在汉南，贼循汉而上[五]，则断而不通，一战而胜，则不攻而自服[六]，故置之无益于国，亡之不足为辱。自江夏¹¹已东，淮南诸郡，三后¹²已来，其所亡几何？以近贼疆界[七]，易钞掠之故哉！若徙之淮北，远绝其间，则民人安乐[八]，何鸣吠之惊乎？"遂不徙。（《三国志》卷4《齐王芳纪》注）

【校勘记】

[一]"然后袭破之"，黄本作"然后袭被之"，谓"疑句有误。"按，语句无误，见注5。

[二]"攻之道远",黄本于"攻"上增"水"。

[三]"十数年",《册府元龟》、黄本倒为"数十年"。按,其时孙权称帝不足二十年,"十数年"是。

[四]"则边境得安",乔本脱"则"。

[五]"贼循汉而上",黄本脱"贼"。

[六]"不攻而自服",乔本脱"而"。

[七]"以近贼疆界",汤本、黄本、乔本、余本于以前衍"非"。

[八]"安乐",黄本作"安业"。

【注释】

1　柤中:即沮中。柤通"沮",沮为水名,亦称夷水,避桓温父讳改称蛮水,发源于湖北省保康县柞峪,与北支王河(清凉河)在南漳县武安堰西汇合,流经南漳县东,宜城市南部,于钟祥市西北入汉江。柤中即沮水中游一带,位于今南漳至宜城西之蛮河两岸。于此可从西南向东北攻击襄阳。

2　沔:沔水,即汉水,亦称汉江,此处指沔水襄阳段。

3　修:整治。

4　陆钞:从陆路抄掠。钞,同"抄"。

5　然后袭破之:然,指吴将朱然。朱然后来于赤乌五年(242)、九年两次袭破柤中,俱以胜还。见《三国志·朱然传》

6　袁淮:魏晋之际人,履历不详。

7　江汉为池:池,护城河。指以江汉为防卫天险。

8　畋:通"佃",耕种。

9　陆次:驻扎于陆地上。

10　陵:通"凌",侵犯,欺侮。

11　江夏:汉分南郡、衡山郡置江夏郡,治西陵(今武汉新洲西举水西岸),三国时期江夏郡一分为二。魏江夏郡位于江北,治上昶(今湖北云梦北),辖河南信阳市区及其以南、湖北孝感、武汉黄陂以及随州、荆门之京山、钟祥的一部分。吴江夏郡在江南,辖汉水下游今湖北天门、武汉大部、鄂州至黄石一带,治武昌县(今湖北鄂州),建安二十五年

(220)吴分江夏郡置武昌郡，治武昌县，江夏郡治沙羡（今武汉江夏）。此江夏指江北魏荆州之江夏郡。

12　三后：古代天子诸侯皆称后，此指夏商周三代君主。

司马懿发动高平陵政变

〔延熙十二年，魏嘉平元年。〕曹芳[1]谒曹叡墓[2]于大石山[3]，曹爽兄弟皆从。于是司马懿闭四城[4]，遂与太尉蒋济俱屯洛水南浮桥，奏罢爽兄弟。不知所为[一]。芳还宿伊水[5]南，发屯田数千人，树鹿角为营。（《太平御览》卷337《兵部六十八·鹿角》）

【校勘记】

［一］不知所为：汤本于"不知"上加注"爽得奏"，有利通读理解。

【注释】

1　曹芳（232—274）：魏明帝曹叡养子，字兰卿，曹魏政权第三位皇帝。曹芳于青龙三年（235）封为齐王，景初三年（239）曹叡病笃间立为皇太子，旋继位为帝。嘉平元年（249），司马懿发动高平陵政变，擅朝政。嘉平六年，曹芳被司马师废为齐王，晋代魏后，改封为邵陵县公，泰始十年病逝，谥厉公。

2　曹叡墓：魏明帝曹叡所葬的高平陵。

3　大石山：一名万安山，在河南洛县西南45里。

4　四城：指洛阳四城门。

5　伊水：黄河南岸洛水支流之一，发源于峦川县熊耳山南麓，流经嵩县、伊川，过伏牛山北，穿伊阙入洛阳，东北至偃师汇洛水为伊洛河。

皇甫谧做曹人之梦

〔懿收爽等诛之。〕安定[1]皇甫谧[2]以九年冬梦至洛阳，自庙出，见车骑甚众，以物呈庙云："诛大将军曹爽。"寤而以告其邑人[一]，邑人曰：

"君欲作曹人之梦³乎！朝无公孙强⁴，如何？[二]且爽兄弟[三]典重兵，又权尚书⁵事，谁敢谋之？"谧曰："爽无叔振铎⁶之请，苟失天机则离矣，何恃于强？昔汉之阎显[四]⁷倚母后⁸之尊，权国威命，可谓至重矣，阉人十九人一旦尸之⁹，况爽兄弟乎？"（《三国志》卷9注）

【校勘记】

[一]"以告其邑人"，黄本脱"以"，讹"其"为"甚"。
[二]"如何"，汤本、乔本倒为"何如"。
[三]"且爽兄弟"，乔本脱"弟"。
[四]"汉之阎显"，黄本讹"之"为"人"。

【注释】

1　安定：郡名。汉武帝置，治高平（今宁夏固原），辖今甘肃东北、宁夏东南一带。三国时移治临泾（今甘肃镇原南、泾川北）。

2　皇甫谧（215—282）：幼名静，字士安，自号玄晏先生。东汉末年太尉皇甫嵩曾孙。安定朝那（今宁夏固原东南）人。皇甫谧为魏晋时期著名学者，屡屡坚辞朝廷与州郡的征辟，精研医理，以学术事业终其一生，著有《帝王世纪》《烈女传》《高士传》《玄晏春秋》等书，由他所开创的河西学术一脉，在中古思想文化学术史上，具有相当重要的地位，门人皆为两晋名臣。

3　曹人之梦：事载《左传·哀公七年》："初，曹人或梦众君子立于社宫，而谋亡曹。曹叔振铎请待公孙强，许之。旦而求之，曹无之。戒其子曰：'我死，尔闻公孙强为政，必去之。'及曹伯阳即位，好田弋。曹鄙人公孙强好弋，获白鹭，献之，且言田弋之说说之。因访政事，大说之。有宠，使为司城以听政。梦者之子乃行。强言霸说于曹伯，曹伯从之。乃背晋而奸宋，宋人伐之，晋人不救，筑五邑于其郊，曰黍丘、揖丘、大城、钟、邗。""八年春，宋公伐曹，将还，褚师子肥殿，曹人诟之，不行，师待之。公闻之怒，命反之，遂灭曹，执曹伯及司城强以归，杀之。"邑人都不相信会发生皇甫谧梦中所见的司马懿谋杀曹爽的故事，讥笑皇甫谧做了一个"曹人之梦"。

4　公孙强：春秋时期曹国鄙人，因与曹国国君曹伯阳一样爱好狩猎而获重用，担任司城执掌国政。向曹伯阳提出"背晋奸宋"的称霸策略，最终曹国被宋国攻灭，曹伯阳和公孙强被俘杀。见上注。

5　尚书：官名，为职掌宫中文书奏章的低级官员。战国时作掌书，齐、秦均置。秦及汉初与尚冠、尚衣、尚食、尚浴、尚席，称"六尚"。武帝时，因系近臣，地位渐高。成帝置尚书五人，秩六百石，分掌三公曹、常侍曹、二千石曹、户曹、主客曹，职权始重。东汉朝政悉归尚书台，尚书分掌各曹，地位更见显重，尚书令成为总揽事权的显贵。魏有五曹，晋增为六曹，每曹有尚书一人。

6　叔振铎：姬姓，周武王弟，曹国受封始祖。《史记·管蔡世家》："曹叔振铎者，周武王弟也。武王已克殷纣，封叔振铎于曹。"

7　阎显：东汉安帝阎皇后之兄，与其弟景、耀、晏并为卿校，典禁兵，执掌朝政，后被宦官孙程等十九人谋杀。

8　母后：指东汉安帝刘祜的皇后阎姬。阎姬为河南荥阳人，尚书、步兵校尉阎章的孙女，长水校尉阎畅之女。阎姬才色俱佳，深得安帝宠爱，元初二年（115），立为皇后。阎姬恃宠骄横妒忌，安帝与宫人李氏生皇子刘保，阎姬将李氏毒杀。

9　尸：陈列，此指陈尸示众。

费祎裁制姜维北伐

〔延熙十二年，姜维出西平[1]，不克。每欲大举。祎常裁制不从，与其兵不过万人。〕费祎谓维曰："吾等不如丞相亦已远矣，丞相犹不能定中夏，况吾等乎！且不如保国治民，敬守社稷，如其功业，以俟能者，无以为希冀徼幸而决成败于一举。若不如志，悔之无及。"（《三国志》卷44《姜维传》注）

【注释】

1　西平：郡名，汉献帝分金城郡置，治西都（今青海西宁），辖湟水中上游地区，今青海海东、西宁至湟源一带。

王广谏父凌慎反司马懿

〔延熙十四年，王广父凌督扬州，外甥令狐愚又为兖州刺史，时司马宣王杀曹爽。〕凌[1][一]、愚[2]谋，以帝[3]幼制于强臣[4]，不堪为主，楚王彪[5]长而才，欲迎立之，以兴曹氏。凌使人告广[二][6]，广曰："凡举大事，应本人情。今曹爽以骄奢失民，何平叔[7]虚而不治，丁、毕、桓、邓[8]虽并有宿望，皆专竞于世。加变易朝典，政令数改，所存虽高，而事不下接；民习于旧，众莫之从。故虽势[三]倾四海，声震天下，同日斩戮[9]，名士减半而百姓[四]安之，莫或之哀，失民故也。今懿情虽难量，事未有逆，而擢用贤能，广树胜己[五]，修先朝之政令，副众心之所求。爽之所以为恶者，彼莫不必改[六]，夙夜匪懈[10]，以恤民为先。父子兄弟，并握兵要[11]，未易亡也。"凌不从。（《三国志》卷28《王凌传》注。并谓臣松之以为，如此言之类，皆前史所不载，而独出习氏，且制言法体不似于昔，疑悉凿齿所自造者也。）

【校勘记】

[一]"凌、愚谋"，汤本、乔本、余本、尚明本于"凌"上增"初，"字。

[二]"凌使人告广"，汤本、乔本在"广"上加"其子"。

[三]"势"，黄本作"权"。

[四]"百姓"，乔本作"天下"。

[五]"胜己"，汤本、黄本讹为"声色"。

[六]"莫不必改"，黄本无"必"。

【注释】

1　凌：王凌（172—251），字彦云，太原晋阳祁（今山西祁县）人，汉司徒王允之侄。王凌文武俱赡，当世无双，举孝廉，被曹操辟为丞相掾属。曹丕即位，拜散骑常侍，出为兖州刺史，封宜城亭侯，加建武将军。正始初年，为征东将军，迁车骑将军、司空，仪同三司。嘉平元年（249）代蒋济为太尉，与外甥令狐愚谋废曹芳立曹彪。嘉平三年事泄，服毒自尽。

2 愚：令狐愚，王凌的外甥，兖州刺史。与王凌谋废曹芳立曹彪，事未行而病卒。

3 帝：魏帝曹芳。

4 强臣：掌握朝政、擅权的大臣。此指司马懿。

5 楚王彪：曹操之子曹彪，字朱虎。建安二十一年（216）封寿春侯，黄初二年（221）晋爵徙封汝阳公，三年封弋阳王，同年徙封吴王，五年改封寿春县，七年徙封白马，太和五年（231）冬朝京都，六年改封楚。嘉平三年，王凌、令狐愚谋立曹彪为帝事泄，被逼自杀。

6 广：王广，字公渊，王凌子。王广才武过人，娶诸葛诞女，其人风雅有才学，名重当世，与傅嘏、钟会论"才性四本"，行于世。

7 何平叔：即何晏（？—249），南阳宛（今河南南阳）人，汉末大将军何进之孙。何晏是三国时期著名玄学家，喜欢《老》《庄》，正始年间（240—249）曹爽秉政，依附曹爽，属曹爽集团的重要人物，娶魏公主，累官侍中、吏部尚书，典选举，正始十年为司马懿所杀，夷三族。

8 丁、毕、桓、邓：即丁谧、毕轨、桓范、邓飏，当世名士，均身居要职，丁谧、邓飏为尚书，毕轨为司隶校尉，桓范为大司农，同为曹爽集团的核心人物。

9 同日斩戮：正始十年正月初六（249年2月5日）司马懿发动政变，史称高平陵事件。初十，司马懿将丁谧、毕轨、桓范、邓飏4人同日斩杀。

10 夙夜匪懈：形容日夜辛劳，勤奋不懈。语出《诗·大雅·烝民》："既明且哲，以保其身，夙夜匪解，以事一人。"《礼记·祭统》："其勤公家，夙夜不解。"

11 父子兄弟，并握兵要：指司马懿父子兄弟众多，执掌着曹魏政权的兵权与关键职位。司马懿兄弟八人，因其字皆有"达"，时称"八达"。依次是司马朗，字伯达，官至汉兖州刺史；司马懿字仲达，为魏太尉；司马孚字叔达，为魏太宰；司马馗字季达，魏东武城侯；司马恂字显达，魏鸿胪丞；司马进字惠达，魏中郎；司马通字雅达，魏安城亭侯；司马敏字幼达，魏安平亭侯。嘉平（249—253）年间长兄司马朗已死，司马馗、司马恂、司马进、司马通、司马敏卒年待考，余均在位。长子司马师，字子元。魏景（237—239）初拜散骑常侍，累迁中护军，诛曹爽后封长平乡侯，加卫将军，以抚军大将军辅政。次子司马昭，字子上。魏景初二年（238）封新城乡侯，正始（240—249）初为洛阳典农中郎将，转散骑常侍，征蜀将军、安西将军、持节屯关中，为诸军节度，转安东将军，持节镇许昌。司马懿死前，司马氏家共有十九人封侯。

诸葛诞劝司马师攻东兴两城

〔延熙十五年，魏嘉平四年，吴建兴元年，晋景帝为魏相征淮南。〕初，孙权筑东兴堤[1]以遏巢湖[2]，后征淮南，坏不复修。是岁诸葛恪[3]率军更于堤左右[一]，结山[4]挟筑两城，使全端[5]、留略[6]守之，引军而还[二]。诸葛诞[7]言于司马景王[8]曰："致人而不致于人者，此之谓也。今因其内侵，使文舒[9]逼江陵，仲恭[10]向武昌[11]，以羁吴之上流，然后简精卒攻两城，比救至，可大获也。"景王从之。（《三国志》卷4《齐王芳纪》注）

【校勘记】

［一］"率军更于堤左右"，"更"前汤本衍"吏"。

［二］"引军而还"，"还"黄本作"退"。

【注释】

1 东兴堤：吴孙权黄龙二年（230）筑，以阻遏巢湖水便于吴舟师行动，位于今安徽含山西南，与巢县相接。《三国志·吴志·诸葛恪传》："权黄龙元年，迁都建业。二年，筑东兴堤遏湖水，后征淮南，败以内船，由是废不复修。恪以建兴元年十月会众于东兴，更作大堤，左右结山侠筑两城，各留千人，使全端、留略守之，引军而还。"

2 巢湖：中国第五大淡水湖泊，跨安徽省巢湖、合肥2市及肥西、肥东、庐江3县，地处长江与淮河两大河流之间，属长江下游左岸水系。春秋中期以前属巢国，故名巢湖。后属楚，西晋时属庐江郡居巢县，又名居巢湖。

3 诸葛恪（203—253）：字符逊，琅琊阳都（今山东沂南）人。吴大将军诸葛瑾长子，弱冠拜骑都尉，孙登为太子时，诸葛恪为左辅都尉，曾任丹杨太守。陆逊病故，诸葛恪领其兵，为大将军，主管上游军事，是孙权临终托孤大臣之首。孙亮继位后，诸葛恪掌握吴国军政大权，被孙峻联合孙亮设计杀害，夷三族。

4　结山：与山相连接。

5　全端：三国时期吴郡钱唐（今浙江杭州西）人，东吴名将全琮的从子，驻守东兴堤西城。太平二年（257）十二月，在北上接应诸葛诞的战役中降魏。

6　留略：生卒年不详，扬州会稽长山（今浙江金华）人。吴将留赞之子，承父业为将。五凤二年（255），出任东海太守。

7　诸葛诞（？—258）：字公休，琅琊阳都（今山东沂南）人。蜀汉丞相诸葛亮族弟，官至征东大将军。甘露二年（257），得到东吴承诺支持后起兵反抗司马氏篡权，次年被镇压，死于非命，夷三族。

8　司马景王：即司马师（208—255），字子元，河内温县（今河南温县西）人。司马懿长子，官至大将军，与其父司马懿发动高平陵之变，谋杀曹爽集团，封长平乡侯，加卫将军。司马懿死后，以抚军大将军辅政，独揽朝廷大权，废曹芳立曹髦为帝。正元二年（255），亲自率兵平定毌丘俭、文钦之乱，病逝于归途，谥忠武。晋国建立后，追尊为景王。武帝受禅，上尊号景皇帝，庙号世宗。

9　文殊：王昶（？—259）字，太原晋阳（今山西太原）人。王昶年少知名，初为曹丕文学侍从。曹丕继位，由散骑侍郎转任洛阳典农、兖州刺史。明帝时出任扬烈将军、徐州刺史，封武观亭侯。嘉平二年（250），王昶于南郡征吴获胜后升征南大将军，改封京陵侯，讨平毌丘俭之乱后升任骠骑将军，又因平定诸葛诞有功而升任司空。死谥穆侯。王昶撰有《治论》《兵书》等数十篇，有集五。

10　仲恭：毌丘俭（？—255）字，河东闻喜（今山西闻喜）人。明帝初，毌丘俭为尚书郎，迁羽林监，出为洛阳典农，迁荆州刺史。青龙中（233—236）徙幽州刺史，加度辽将军、护乌丸校尉，以功封安邑侯，寻迁左将军，领豫州刺史，转镇南将军，徙镇东将军都督扬州。正元二年，与扬州刺史文钦矫太后诏讨伐司马师，兵败被杀。

11　武昌：今湖北鄂州。汉置鄂县，属江夏郡，武帝封其姊于此，称鄂邑长公主。延康元年（220），吴大帝分江夏之下雉、寻阳、新城、柴桑、沙羡、武昌六县立武昌郡。第二年孙权自公安迁都武昌，黄龙元年（229）迁回建康，甘露元年（265）孙皓自建业再次迁都武昌，次年十二月还都建业。晋置武昌郡，属江州。

司马师引二败为己过

〔师使王昶攻南郡，毌丘俭向武昌，胡遵[1]、诸葛诞攻东兴。恪救东兴，使丁奉[2]等为前部，奉遂据徐塘[3]破遵，大获而归。〕毌丘俭、王昶闻东军败，各烧屯走。朝议欲贬黜诸将，景王曰："我不听公休[4]，以至于此。此我过也，诸将何罪？"悉原之[5]。时司马文王为监军，统诸军，唯削文王爵而已。是岁，雍州[6]刺史陈泰[7]求救并州[8]并力讨胡[一]，景王从之。未集，而雁门[9]、新兴[10]二郡以为将远役，遂惊反。景王又谢朝士[11]曰："此我过也，非玄伯[12]之责！"于是魏人愧悦，人思其报。（《三国志》卷4《齐王芳纪》注）

【校勘记】

[一]"讨胡"，汤本、黄本作"讨恪"，汤本自注："今作陈泰求救并州讨胡"，或别有所据。

【注释】

1　胡遵（？—256）：安定临泾（今甘肃镇原南）人，魏征东将军，死后追赠车骑将军，封阴密侯（今甘肃灵台西）。

2　丁奉（？—271）：字承渊，庐江安丰（今安徽霍邱）人。年少时以骁勇为小将，后屡立战功，拜冠军将军、大将军、右大司马、左军师，为四朝元老，建衡三年去世。

3　徐塘：地名。在安徽和县西，濡须口东。

4　公休：诸葛诞字。详见上条注7。

5　原：原谅、宽恕。

6　雍州：古九州之一，得名于陕西省凤翔县境内的雍山、雍水。汉武帝设十三州刺史部时，该地区以西属凉州，以东归司隶校尉。汉献帝兴平元年（194）分凉州河西的武威、张掖、酒泉、敦煌、西海设立雍州，治姑臧（今甘肃武威）。建安十八年（213）省凉州，与司隶校尉之三辅一起并入雍州。魏文帝黄初元年（220），分雍州河西八郡复置凉州，雍州辖地固定在原凉州黄河以东和长安周围地区，治长安，包括今陕西中西部、宁夏南部、甘肃东南部。

7　陈泰（？—260）：字玄伯，颍川许昌（今河南许昌东）人。魏司空陈群之子，受到司马氏信任，先任散骑侍郎，转游击将军。正始五年（244）任并州刺史、持节、振威将军、护匈奴中郎将，主管并州军政事务。正始九年回京，升尚书左仆射。高平陵事变后，出任雍州刺史加奋武将军。景元元年，司马懿弑曹髦，陈泰大为震惊，不久呕血而死，被追赠司空，谥穆侯。

8　并州：古九州之一。辖地约当今山西太原、大同至河北保定一带。魏文帝黄初元年（220）复置，领太原、上党、西河、雁门、乐平、新兴等六郡，治晋阳（今山西太原晋源）。

9　雁门：郡名，战国时赵置，秦汉因之，三国魏移治广武（今山西代县西），辖今山西北部朔、应、繁峙、宁武、代等县。

10　新兴：郡名，建安二十年（215）置，治九原县（今山西忻州）。辖境相当于山西北部定襄、五台、盂、忻等县。

11　朝士：中央官员。

12　玄伯：陈泰字，见注7。

习凿齿论司马师引二败为己过[一]

习凿齿曰："司马大将军[1]引二败[2]以为己过，过消而业隆，可谓智矣。夫民忘其败，而下思其报，虽欲不康，其可得邪？若乃讳败推过，归咎万物，常执其功而隐其丧，上下离心[二]，贤愚解体，是楚再败而晋再克[3]也，谬之甚矣！君人者，苟统斯理而以御国，则朝无秕[4]政，身靡留愆，行失而名扬，兵挫而战胜，虽百败可也，况于再乎！"（《三国志》卷4《齐王芳纪》注）

【校勘记】

［一］黄本未辑此条。此条与上条实为一条。

［二］"上下离心"，汤本、乔本、余本、尚明本于"上"前增"则"。

【注释】

1　司马大将军：指司马师，司马懿死后以抚军大将军辅政。嘉平四年（252），迁大将军，加侍中、持节都督中外诸军，录尚书事，掌控朝政。

2　二败：嘉平四年（252）十一月，魏帝诏令十五万大军分兵三路进攻吴国。十二月，王昶军进攻南郡，毌丘俭军进攻武昌，胡遵、诸葛诞率七万大军主攻东兴。胡遵、诸葛诞轻敌被诸葛恪统帅的吴军打得大败退回。次年正月，王昶、毌丘俭军闻东路主力失利，各自烧毁营垒撤退。朝议认为应将诸将罢官降职，不料司马师主动把责任全部揽到自己身上，只对监军的安东将军司马昭一人给予降职处分。同年，雍州刺史陈泰请求让并州与他合力讨伐胡人，获司马师支持，但尚未兴兵，新兴、雁门两郡的胡人听说要远出打仗，引起惊恐骚乱。司马师又独自承担了此次行动失败的责任。

3　楚再败而晋再克：鲁僖公二十八年（前632）城濮之战，楚令尹成得臣（字子玉）率领的楚军大败，晋军于楚军营大宴三日，然而，晋文公因楚国的杰出人物成得臣依然在位而忧心忡忡，认为成得臣必将向晋国复仇而成为晋国的心头大患。当晋文公听到楚成王逼死成得臣后，喜不自胜地预言，楚国的庸臣蒍吕臣必将接任令尹一职，晋国从此可以高枕无忧。习凿齿认为楚成王杀成得臣相当于晋国对楚战争的二次胜利，是楚国对晋战争的再次失败。

4　秕：坏、不良。

李衡使蜀联络姜维北伐

〔蜀延熙十六年春，诸葛恪伐魏。〕恪［一］使司马李衡¹往蜀说姜维，令同举,曰:"古人有言,圣人不能为时,时至亦不可失也。今敌政在私门[2],外内猜隔,兵挫于外[3],而民怨于内,自曹操以来,彼之亡形未有如今者也。若大举伐之,使吴攻其东,汉入其西,彼救西则东虚,重东则西轻。以练实之军,乘虚轻之敌,破之必矣。"维从之。(《三国志》卷64《诸葛恪传》注)

【校勘记】

〔一〕"恪",汤本于其前增"诸葛"。

【注释】

1　李衡:襄阳卒家(军户)子,曾任尚书郎、大将军诸葛恪左司马、丹阳太守,孙休即位后加威远将军。

2　政在私门:私门指权势之家和权贵。春秋时礼崩乐坏,诸侯僭越天子,陪臣执国命,禄去公室,政出私门,三家分晋,田氏代齐。此指魏国国柄为司马氏所掌控。

3　兵挫于外:指嘉平四年(252)冬十一月,魏三路大军征吴失利。

虞松献计退诸葛恪姜维之兵

〔魏嘉平五年,吴将诸葛恪围合肥新城。〕是时,姜维亦出围狄道[1]。司马景王问虞松[2]曰:"今东西有事,二方皆急,而诸将意沮[3],若之何?"松曰:"昔周亚夫[4]坚壁昌邑[5]而吴、楚自败[6]。事有似弱而强,或似强而弱,不可不察也。今恪悉其锐众,足以肆暴,而坐守新城[7],欲以致一战耳。若攻城不拔,请战不得,师老众疲,势将自走,诸将之不径进,乃公之利也。姜维有重兵而县军应恪,投食我麦,非深根之寇也。且谓我并力于东,西方必虚,是以径进。今若使关中诸军倍道急赴,出其不意,殆将走矣。"景王曰:"善!"乃使郭淮、陈泰悉关中之众,解狄道之围;敕毌丘俭等案兵自守,以新城委吴。姜维闻淮进兵,军食少,乃退屯陇西[8]界。(《三国志》卷4《齐王芳纪》注)

【注释】

1　狄道:古地名。今甘肃临洮。秦汉于少数民族聚居地设立县级政区道，临洮时为狄人聚居地，秦始于此设狄道，属陇西郡。

2　虞松：司马师的谋士，高贵乡公时官至魏中书令。余不详。

3　沮：懊丧、灰心。

4　周亚夫（前199—前143）：沛郡（今江苏徐州沛县）人。前汉开国功臣绛侯周勃次子，著名军事家。文帝时任河内郡守，迁中尉，景帝时为车骑将军。七国之乱时，以太尉帅汉军三个月平定叛军，官至丞相，后蒙冤入狱，绝食而死。

5　昌邑：地名。汉武帝天汉四年（前97）改山阳郡为昌邑国，地在今山东金乡西北40里。

6　吴、楚自败：七国之乱时，汉文帝让周亚夫统兵平叛，周亚夫绕道至敌后昌邑城驻军，坚守不出，不与叛军正面交战，而是截断叛军粮道，叛军因为缺粮而被迫撤退，周亚夫乘机以精兵追击，很快击败叛军，平定叛乱。

7　新城：在今安徽合肥北30里鸡鸣山下，青龙元年（233），魏扬州都督满宠所筑，与合肥城成掎角之势。

8　陇西：郡名。秦置，以地在甘肃陇山之西而得名，治今甘肃陇西。

傅嘏劝司马师抱病征毌丘俭

〔延熙十八年，魏正元二年，毌丘俭反。〕嘏[一]1固劝景王2行，景王未从。嘏重言曰："淮、楚3兵劲，而俭等负力远斗，其锋未易当也。若诸将战有利钝4，大势一失，则公事败矣。"是时景王新割目瘤，创甚，闻嘏言，蹶然5而起曰："我请舆疾6而东。"（《三国志》卷21《傅嘏传》注）

【校勘记】

[一]"嘏"，汤本、乔本于"嘏"上增"傅"。

【注释】

1　嘏（gǔ）：傅嘏（209—255），字兰石（一字昭先），北地泥阳

(今甘肃庆阳宁县)人,傅介子之后。傅嘏弱冠知名,司空陈群辟为掾属,司马懿请为从事中郎。正始初为尚书郎,迁黄门侍郎。曹爽被诛后任河南尹,迁尚书。嘉平末赐爵关内侯。高贵乡公即位,封武乡亭侯,后以功封阳乡侯。正元二年逝世,追赠太常,谥元侯。有《文集》二。

2 景王:司马师。见"诸葛诞劝司马师攻东兴两城"注8。

3 淮、楚:淮,指淮河。淮、楚,通常指战国晚期楚东迁以后的淮河流域,包括长江以北、泗水流域、大别山以东、黄海以西的广大地区。此指西汉前期受封的外姓淮南国(辖以寿春为中心的安徽中北部地区)和楚国(辖以徐州为中心的苏北、皖东北地区)所在的淮南江北地区。

4 利钝:顺利与困难。利,顺利。钝,困难、挫折。

5 蹶然:疾起、惊起貌。

6 舆疾:亦作"舆病",指抱病登车。

毌丘俭不愧为忠臣[一]

〔俭败被诛。〕习凿齿曰:毌丘俭感明帝¹之顾命,故为此役²。君子谓毌丘俭事虽不成,可谓忠臣矣。夫竭节³而赴义者,我也;成之与败者[二],时也。我苟无时,成何可必乎?忘我而不自必,乃所以为忠也。古人有言:"死者复生,生者不愧。"若毌丘俭可谓不愧也[三]。(《三国志》卷28《毌丘俭传》注)

【校勘记】

[一] 黄本、乔本、尚明本未辑此条。

[二] "成之与败者",汤本脱"者"。

[三] "可谓不愧也","谓"下汤本、余本衍"能"。

【注释】

1 明帝:魏明帝曹叡。

2 此役:指正元二年(255),毌丘俭与扬州刺史文钦矫太后诏讨伐司马师,被司马师镇压一役。

3 竭节:尽忠、坚持操守。

蒋班、焦彝知诸葛诞之必败而惧降

〔蜀延熙二十年,魏甘露二年,诸葛诞起兵。〕蒋班[1]、焦彝[2]言于诸葛诞曰:"朱异[3]等以大众来而不能进,孙綝[4]杀异而归江东,外以发兵为名,而内实坐须成败,其归可见矣。今宜及众心尚固,士卒思用,并力决死,攻其一面,虽不能[一]尽克,犹可有[二]全者。"文钦[5]曰:"江东乘战胜之威久矣,未有难北方者也。况公今举十余万之众内附,而钦与全端等皆同居死地[6],父子兄弟[三]尽在江表[7],就孙綝不欲,主上及其亲戚[8]岂肯听乎?且中国无岁无事,军民并疲,今守我一年,势力已困[四],异图[9]生心,变故将起,以往准今,可计日而望也。"班、彝固劝之,钦怒,而诞欲杀班。二人惧,且知诞之必败也,十一月,乃相携[五]而降。(《三国志》卷28《诸葛诞传》注)

【校勘记】

[一]"能",乔本作"难"。

[二]"可有",汤本、乔本倒为"有可"。

[三]"父子兄弟","就"汤本黄本、乔本、余本、尚明本俱作"父兄子弟"。

[四]"已困",黄本作"日困"。

[五]"相携",乔本作"相胁"。

【注释】

1 蒋班:诸葛诞部将、谋士,生卒年、籍贯不详。因此役中诸葛诞不接受蒋班与司马昭速战速决的建议,于是与同僚焦彝一起背叛诸葛诞,投奔了司马昭。

2 焦彝:诸葛诞部将、谋士,生卒年与籍贯不详。此役中主张与司马昭速战速决,不为诸葛诞接受,于是与同僚蒋班一起投降了司马昭。

3 朱异:孙亮时为吴镇南将军,太平二年(257)九月,在镇压鄱阳新都民叛乱时,因缺粮退还,为孙綝所杀。

4 孙綝:字子通,吴郡富春(今杭州富阳)人。安民都尉孙绰之子，孙峻从弟。孙綝始为偏将军，太平元年（256），孙峻死后升任侍中、武卫将军、领中外诸军事，代理朝政，相继诛杀异己吕据、滕胤等，迁大将军，假节，封永宁侯。太平三年，孙綝与吴主孙亮矛盾激化后废亮立琅邪王休，擢为丞相、荆州牧，食五县，权倾内外。永安元年（258）十二月为孙休所杀，除其属籍。

  5 文钦：字仲若，魏扬州刺史，愤于司马昭专横越权，与毌丘俭、诸葛诞等二度造反，最终战败身死。

  6 死地：死亡之地、绝境。

  7 江表：指长江以南地区，从中原看，地在长江之外，故称江表。

  8 主上：指吴主孙亮。

  9 异图：谋叛的意图。

蒋班、焦彝趁敌无备悉众出攻

  〔蜀景耀元年，魏甘露三年，昭拔寿春杀诞。〕文钦[一]曰："蒋班、焦彝谓我不能出而走，全端、全怿[1]又率众逆降[2]，此敌无备之时也，可以战矣。"诞[3]及唐咨[4]等[二]皆以为然，遂共悉众出攻[三]。（《三国志》卷28《诸葛诞传》注）

【校勘记】

  [一]"文钦"后，汤本注"教诞决围出"。

  [二]"诞及唐咨等"，黄本脱"等"。

  [三]"悉众出攻"，汤本于其后加注"不克而还"。

【注释】

  1 全怿：全琮、全端之弟，奉孙綝之命北上增援叛魏的诸葛诞，后来却与全祎等人一起投降了司马昭。

  2 逆降：迎降、投降。

  3 诞：诸葛诞。

  4 唐咨：魏利城（今江苏连云港赣榆西）人。魏黄初（220—226）中利城郡反，推唐咨为主，被魏军击破，逃亡至吴，获吴封侯，官至左将军、持节，后助诸葛诞拒魏，兵败被俘。魏高贵乡公曹髦擢唐咨为安远将军，以招抚吴国军民。

司马大将军能以德攻[一]

〔三叛既平，听收葬钦。〕习凿齿曰：自是天下畏威怀德矣。君子谓司马大将军于是役也，可谓能以德攻[二]矣。夫建业者异矣，各有所尚而不能兼并也。故穷武之雄毙于不仁，存义之国丧于懦退。今一征而禽三叛[1]，大虏吴众，席卷淮浦，俘馘[2]十万，可谓壮矣。而未及安坐，赏王基[3]之功[三]；种惠吴人，结异类之情；宠鸾[4]葬钦，亡畴昔之隙；不咎诞众，使扬[5]士怀愧。功高而人乐其成，业广而敌怀其德，武昭既敷，文算又洽，推此道也，天下其孰能当之哉！（《三国志》卷28《诸葛诞传》注）

【校勘记】

[一] 黄本未辑此条。

[二]"德攻"，汤本用"德怀"。

[三]"赏王基之功"，《三国志》原文、汤本、乔本、尚明本作"表五基之功"。裴注谓"丧王基，语在基《传》。"与王基在平叛中主动受赏的事实相悖。据《资治通鉴》《通鉴纪事本末》改"丧"为"赏"。参见注3。

【注释】

1 三叛：指诸葛诞、文钦和唐咨三次分别起兵讨伐司马氏。参见《三国志》卷28《诸葛诞传》。

2 俘馘：生虏为俘，截耳为馘。古者战胜者割取敌尸的左耳，论数以记功。

3 王基（190—261）：字伯舆，东莱曲城（今山东招远西北）人。王基少孤，为叔父养大，魏黄初（220—226）中举孝廉入仕。青州刺史王凌任为别驾，中朝擢为中书侍郎，迁安平太守，曹爽擢为从事中郎，出为安丰太守，加扬烈将军，出为荆州刺史，赐爵关内侯。高贵乡公即位，封常乐亭侯。正元二年（255），毌丘俭、文钦之乱，行监军、假节统许昌军。乱平后迁镇南将军、都督豫州诸军事，领豫州刺史，封安乐乡侯。甘露二年（257），领镇东将军，都督扬州、豫州军事，参与平定诸葛诞叛乱。乱平后为征东将军都督扬州诸军事，封东武侯，甘露四年（259）转征南将军、都督荆州诸军事。景元二年薨，追赠司空，谥景侯。

  4 鸯：本名文俶（238？—291），字次骞，小名阿鸯，世称文鸯，谯郡（治今安徽亳州）人。文鸯初仕魏，后随其父文钦从毌丘俭举兵反司马师，兵败随父投奔孙吴。诸葛诞在淮南举兵反司马昭，吴遣文钦父子驰援，因与诸葛诞有隙，诸葛诞杀其父，乃出城归降司马昭。司马昭表为将军，封关内侯。太康元年（265）晋代魏，官东夷校尉。八王之乱中被诸葛诞的外甥东安王司马繇所杀，夷三族。

  5 扬：指扬州。秦、汉时称"广陵""江都"，汉武帝所设十三刺史部之一，治历阳（今安徽和县），汉末迁治寿春（今安徽寿县）、合肥（今安徽合肥西北）。三国时，魏、吴各置扬州，魏扬州治寿春，吴治建邺（今江苏南京），西晋灭吴后，仍治建邺。

曹髦求礼于王祥

  〔甘露三年秋八月，魏主髦率群臣诣太学，行养老乞言之礼。〕帝乞言于祥[一]1，祥对曰："昔者明王礼乐既备，加之以忠诚，忠诚之发，形于言行。夫大人2者，行动乎天地，天且弗违，况于人乎3！"（《三国志》卷4《高贵乡公髦纪》注）

校勘记

  ［一］汤本、乔本于"祥"前加"王"字。

【注释】

  1 祥：王祥（184—268），字休征，琅琊临沂（今山东临沂）人。汉末隐居20年，后出为魏县令，历仕大司农、司空、太尉等职，封睢陵侯。入晋，拜太保，封睢陵公。卒于泰始四年，谥元。

  2 大人：指德高位重之人。

3　天且弗违，况于人乎：语出《周易·文言传》，意为上天尚且不会违背德高位重者的意愿，人们更不会违背大德明君的旨意。

孙綝杀不肯署名的桓彝[一]

〔永安元年九月，吴孙綝废其主亮，桓彝弗肯署名，綝杀之。〕彝[1]，魏尚书令阶[2]之弟。（《三国志》卷64《孙綝传》注）

校勘记

[一] 黄本未辑此条。

【注释】

1　彝：桓彝（？—258），长沙临湘人。祖父桓超典州郡，父桓胜官至尚书。桓彝为孙吴中后期大臣，亦官至尚书，因正直为孙綝所杀。

2　桓阶：桓彝兄，字伯绪，孙坚时以孝廉授尚书郎。后仕魏，辟为丞相掾、主簿，迁赵郡太守。魏国初建，任虎贲中郎将、侍中。文帝践阼，迁尚书令，封高乡亭侯，加侍中，晋封安乐乡侯，死后追赠太常、关内侯。

司马文王恶曹髦《潜龙》诗[一]

（景耀二年，魏甘露四年正月，黄龙二见宁陵县界井中。）是时龙仍见，咸以为吉祥。帝[1]曰："龙者，君德也。上不在天，下不在田，而数屈于井，非嘉兆也。"仍[二]作《潜龙》之诗以自讽。司马文王见而恶之。[三]（《三国志》卷4《高贵乡公髦纪》注）

校勘记

[一] 黄本未辑此条。

[二] "仍"，汤本、乔本作"乃"，是。

[三]《唐开元占经》卷120《龙鱼虫虵占·龙》引《汉晋春秋》首句作"是非龙，人乃咸以为吉祥"，"田"作"地"，"数屈于井"作"揜而数居于井"，"见而恶之"下多"五年五月己丑，高贵乡公卒，时年二

十"十五字。

【注释】

1　帝：曹魏第四位皇帝（254—260在位）曹髦（241—260），字彦士，魏文帝曹丕之孙，东海王曹霖之子。嘉平六年（254），大将军司马师废齐王曹芳，迎立曹髦为帝，年号正元。曹髦不满司马氏专权，甘露五年，仅以宫中身边侍从亲自讨伐司马昭，为太子舍人成济所弑，司马昭用王礼葬于洛阳西北。

曹髦怒讨司马昭被杀

〔景元元年夏四月，诏有司率遵前命，复进大将军司马文王位为相国，封晋公，加九锡〕自曹芳事后，魏人省彻宿卫，无复铠甲，诸门戎兵，老弱而已。[一]

帝[二]1见威权日去，不胜其忿。乃召侍中王沈[2]、尚书王经[3]、散骑常侍[三]王业[4]，谓曰："司马昭之心，路人所知也。吾不能坐受废辱，今日当与卿〔等〕自出讨之。"王经曰[四]："昔鲁昭公不忍季氏，败走失国[5]，为天下笑。今权在其门，为日久矣[五]，朝廷四方皆为之致死，不顾逆顺[六]之理，非一日也。且宿卫空阙，兵甲寡弱，陛下何所资用？而一旦如此，无乃欲除疾[七]而更深之邪！祸殆不测[八]，宜见重详[6]。"帝乃出怀中版令[九][7]投地，曰："行之决矣。正使死，何所惧[十]？况不必死邪！"于是入白太后[8]，沈、业奔走告文王[9]，文王为之备。帝[十一]遂帅僮仆数百，鼓噪[10]而出。文王弟[十二]屯骑校尉伷[11]入，遇帝于东止车门[12]，左右[13]呵之[十三]，伷众奔走。中护军[14]贾充[15]又逆帝，战于南阙下，帝自用剑。众欲退[十四]，太子舍人[16]成济[17]问充曰："事急矣[十五]。当云何？"充曰："畜养汝等[十六]，正谓[十七]今日[十八]。今日之事，无所问也。"济即前刺帝[十九]，刃出于背[二十]。文王闻[二十一]，大惊，自投于地曰："天下其谓我何！"太傅孚[18]奔往，枕帝股而哭，哀甚，曰："杀陛下者[二十二]，臣之罪也。"（《三国志》卷4《高贵乡公髦纪》注）

【校勘记】

[一]"自曹芳"至"而已"二十三字据《世说新语·方正篇》补。

〔二〕"帝",汤本、黄本、乔本作"曹髦"。按《汉晋春秋》黜魏、帝蜀、尊晋,习氏当称"帝"为"曹髦",下文之"昭"当为"文王",原文如此者,一律不改。

〔三〕"散骑常侍",汤本、乔本脱"散骑"。

〔四〕"王经曰",《世说新语》、汤本、黄本、乔本于"王经"下增"谏"。

〔五〕"为日久矣",黄本脱"为日"。

〔六〕"逆顺",汤本、乔本倒为"顺逆"。

〔七〕"除疾",《太平御览》倒为"疾除"。

〔八〕"祸殆不测",《太平御览》作"祸殊不测"。

〔九〕"帝乃出怀中版令投地",汤本、乔本"帝"下增"不听"二字,断为"帝不听,乃出怀中版令投地"。"版",汤本、黄本、乔本作"板"。

〔十〕"何所惧",《世说新语》《太平御览》、汤本、黄本、乔本作"何所恨"。

〔十一〕"帝",汤本、黄本、乔本、尚明本作"髦",余下"帝"汤本、黄本、乔本均作"髦",尚明本作"帝"。

〔十二〕"文王弟",汤本、黄本、乔本、余本作"昭弟"。

〔十三〕"呵之",《唐开元占经》、汤本、乔本、尚明本作"诃之"。

〔十四〕"众欲退",汤本、黄本、乔本于"众"上增"挥"。

〔十五〕"事急矣",《太平御览》作"事危矣"。

〔十六〕"畜养汝等",《世说新语》、汤本、乔本、余本"蓄"上加"公"。

〔十七〕"正谓",《世说新语》、汤本、乔本、余本、尚明本作"正为"。

〔十八〕"畜养汝等,正谓今日",《太平御览》无此八字。

〔十九〕"济即前刺帝",汤本、乔本据《史通·直书》"即"下增"抽戈犯跸"。

〔二十〕"背",《太平御览》作"胸"。

〔二十一〕"文王闻",汤本、黄本、乔本、余本于"闻"下增

"之"。

［二十二］"杀陛下者"，《太平御览》无"者"。

【注释】

1　帝：高贵乡公曹髦。

2　王沈（？—266）：字处道，太原晋阳（在今山西太原西南）人。王沈祖父柔为汉匈奴中郎将，父机为魏东郡太守，大将军曹爽聘为属官，累迁至中书门下侍郎。王沈因告密司曹髦讨伐司马昭封安平侯，加散骑常侍，后任尚书，出监豫州诸军事、奋武将军、豫州刺史，转镇南将军。司马炎即王位后拜为御史大夫、守尚书令，加给事中。晋篡魏后转骠骑将军、录尚书事、加散骑常侍，晋爵县公。泰始二年去世，谥元，追赠司空、郡公。王沈与荀顗、阮籍同撰《魏书》。所著《王处道集》已佚。《全晋文》辑其文十四篇。

3　王经（？—260）：字彦纬，冀州清河郡（治今山东临清东）人。出身布衣，被同乡崔林提拔出仕，历任江夏太守、雍州刺史，迁司隶校尉、尚书。高贵乡公曹髦讨司马昭时因为没有站到司马昭一边，和其母一同被司马昭处死。

4　王业：生卒年不详，武陵（治今湖南常德）人，曹魏和西晋大臣。王业任高贵乡公曹髦之散骑常侍，因与王沈一道向司马昭告密而得到司马氏重用，晋初官至中护军、尚书左仆射。

5　败走失国：鲁昭公姬裯于其二十五年（前517）讨伐季孙氏失败，逃往齐国，二十八年流亡至晋国，三十二年客死于晋国的乾侯（今河北成安）。

6　重详：再三慎重考虑。重，再。详，审、分析、推究。

7　版令：写在木板上的皇帝诏令。《资治通鉴》作"黄素诏"，《通志·七》作"版诏"。诏令为皇帝下的文书，用以发布重要政令，有的书写于长一尺（汉尺，长约23厘米）的木片上，有的写在丝绸上，黄素诏是写在黄色丝绸上的诏书。

8　太后：明元郭皇后。西平人（今青海西宁），河右大族郭满之女。

9　文王：即司马昭。

10　鼓噪：擂鼓呐喊。

11　伷：司马伷（227—283），字子将。河内温（今河南温县）人。晋宣帝司马懿第五子，司马师、司马昭同父异母弟，东晋元帝司马睿之祖父，魏征虏将军。晋代魏后，被封为东莞郡王，任尚书右仆射、抚军将军，出为镇东大将军，改封琅琊王。西晋伐吴时，率军出涂中，孙皓向他投降并奉上玉玺。因功拜大将军。太康四年去世，谥武。

12　止车门：皇宫门，大臣车舆至此须下车步行，车止此门外。《三国志·高贵乡公髦纪》载："（曹髦）至止车门下舆，左右曰：'旧乘舆入。'公曰：'吾被皇太后征，未知所为，遂步至太极东堂，见于太后。'"

13　左右：指跟随曹髦的人。

14　中护军：官名。曹操置。以护军将军掌武官选拔，并与领军将军或中领军同掌禁兵。护，督统之意。秦有护军都尉。刘邦任陈平为护军中尉，掌派遣安排诸将等事务，后改护军都尉，属大司马，哀帝时改属司寇，平帝时仍名护军。另有护军将军，始设于汉武帝元光二年（前133）马邑之谋时。六朝时以资高者为护军将军，次之者为中护军。

15　贾充（217—282）：字公闾，平阳襄陵（今山西襄汾东南）人，魏豫州刺史贾逵之子。贾充少孤，袭父爵为侯，拜尚书郎，累迁黄门侍郎、汲郡典农中郎将，参大将军军事。曹髦被杀后，统城外诸军加散骑常侍，参与镇压淮南三叛，迁廷尉，转中护军，升卫将军。晋篡魏，转车骑将军、散骑常侍、尚书仆射，更封鲁郡公，寻转太尉，行太子太保录尚书事。伐吴之役，任使持节、假黄钺、大都督、统督六师。灭吴后，加尚书令，迁司空、侍中、尚书令。女儿贾褒及贾南风分别嫁司马炎弟司马攸及子惠帝司马衷。死于太康三年，追赠太宰，谥武。有《集》五卷。

16　太子舍人：官名。汉设，秩二百石，选良家子弟任职，轮番宿卫。晋时设员十六人，职务如散骑、中书等侍郎。

17　成济：扬州丹杨（治今安徽宣城）人，魏帝曹髦宫廷属官，暗中投靠司马氏，曹髦讨伐司马昭时被其刺杀，司马昭将杀死曹髦的责任归罪于他，对其灭族以塞天下口。习氏和《晋书》等载其职务为太子舍人，但曹髦未做过太子，不应置东宫官属，其说误。

18　孚：司马孚（180—272），字叔达，河内温（今河南温县）人，晋宣帝司马懿之三弟。司马孚初任曹操文学掾，历仕魏国五代皇帝，官居要职，从尚书令、司空、太尉累迁至太傅。司马孚在高平陵事变中助司马懿控制京师，诛杀曹爽一党，后又督军成功防御吴、蜀的进攻，对司马氏政权的稳固多有贡献，后逐渐引退，未参与司马氏几次废立魏帝之事。晋代魏后，进位太宰，封安平王，武帝对他十分尊宠，但他并不以此为荣，至死仍以魏臣自居。

陈泰让司马昭斩贾充以自明[一]

（蜀景耀三年，魏景元元年，昭弑其主髦及王经。）曹髦之薨，司马昭闻之，自投于地曰："天下谓我何？"于是召百官议其事。昭垂涕问陈泰曰："何以居我？"泰曰："公光辅数世，功盖天下，谓当并迹古人，垂美于后，一旦有杀君之事，不亦惜乎！速斩贾充，犹可以自明也。"昭曰："公闾不可得杀也，卿更思余计。"泰厉声曰："意唯有进于此耳，余无足委[1]者也！"归而自杀。（《世说新语》卷3《方正》注）

【校勘记】

[一]《太平御览》、汤本、黄本将此条和上条合为一条。

【注释】

1　委：推托、推卸。

百姓悲高贵乡公之丧

丁卯[1]，葬高贵乡公[2]于洛阳西北三十里瀍[3]涧[4]之滨。下车数乘，不设旌旗[一][5]，百姓相聚而观之，曰："是前日所杀天子也。"或掩面而泣，悲不自胜。[二]（《三国志》卷4《高贵乡公髦纪》注，《太平御览》卷95与上条合为一条，是。）

【校勘记】

[一]"旍"，汤本、乔本作"旌"。

［二］黄本本条合上二条校勘记：《魏志·高贵乡公纪》注引无"自曹芳"至"老弱而已"二十三字，"曹髦"作"帝"，已下凡"髦"字俱作"帝"，"久矣"上有"为日"二字，"奔走告昭，昭为之备"二"昭"字俱作"文王"，"昭弟"作"文王弟"。《御览》卷94引同《魏志》注，"久矣"上无"为日"二字，无"畜养汝等"八字，无"丁卯"二字，"瀍涧"作"屈涧"，又五百五十四引"司马师葬曹髦于洛阳，至或掩面而泣。""瀍"亦作"屈"。案"师"字误，当作"昭"。

【注释】

1　丁卯：景元元年（260）夏五月。

2　高贵乡公：即曹髦。

3　瀍：瀍水，出河南孟津西，南流至洛阳西注入谷（涧）水。

4　涧：涧水，谷水支流，源出新安县南，北流汇入谷水，此段以下亦称涧水，东南流至洛阳西汇入瀍水，东南流至偃师注于洛水。

5　旌旐：指铭旌，即丧礼中在前导引灵柩的魂幡。

王经母子慷慨赴死

经被收，辞母。母颜色不变，笑而应曰："人谁不死？往所以不止汝[一]者，恐不得其所也。以此并命[1]，何恨之有哉？"晋武帝太始元年诏曰："故尚书王经，虽身陷法辟[2]，然守志可嘉。门户堙没，意常愍之，其赐经孙郎中。"（《三国志》卷9注）

【校勘记】

［一］不止汝，汤本、黄本、乔本省"不"字，是。

【注释】

1　并命：共命运、同生死。

2　法辟：法律，此特指刑法。

司马昭杀王经母子[一]

〔初，曹髦将自讨司马昭〕，经[二]谏曰："昔鲁昭不忍季氏，败走失国，为天下笑。今权在其门久矣，朝廷四方，皆为之致死，不顾顺逆[1]之理，非一日也。且宿卫空阙，寸刃无有，陛下何所资用？而一旦如此，无乃欲除疾而更深之邪！"髦不听，后杀经，并及其母。将死，垂泣谢母。母颜色不变，笑而谓曰："人谁不死？往所以止汝者，恐不得其所也。以此并命，何恨之有？"（《世说新语》卷19《贤媛》篇刘孝标注）

【校勘记】

[一] 汤本、乔本将此条与上条合并为一条。

[二] 汤本于"经"前增"王"。

【注释】

1 顺逆：顺正与邪逆。

孙休问蜀政得失

孙休[1]时，珝[一][2]为五官中郎将[3]，遣至蜀求马。及还，休问蜀政得失，对曰："主暗而不知其过，臣下容身以求免罪，入其朝不闻正言，经其野民皆菜色。臣闻燕雀处堂，子母相乐，自以为安也，突决[4]栋焚[5]，而燕雀怡然不知祸之将及，其是之谓乎！"（《三国志》卷53《薛综传》注）

【校勘记】

[一] "珝"，《册府元龟》、汤本、乔本于其上增"薛"。

【注释】

1 孙休（235—264）：字子烈，孙权第六子，吴国第三位皇帝，公元258—264年在位。孙休十八岁时，受封为琅琊王。太平三年（258）九月二十六日，孙綝发动政变，罢黜孙亮为会稽王，迎立孙休为帝，孙休三次辞让而受，改元永安。

2　珝：薛珝（207—270），沛郡竹邑县（今安徽濉溪）人，吴名将薛综之子，曾任吴将作大匠，受命建造寝堂，官至威南将军、大都督。景元三年（261），薛珝受吴主之托赴蜀。建衡元年（269）为大都督，同虞汜、陶璜一起率军攻入交趾，于归途中病逝。

3　五官中郎将：官名。秦置五官、左、右三中郎将，分统郎官，号为三署，所统郎官为三署郎。西汉袭其制。东汉规定，郎官五十岁以上者属五官中郎将，余分属左右中郎将，掌宿卫殿门、出乘车骑。东汉初参与征战，协助光禄勋典掌郎官选举，有大臣丧事，则奉命持节策赠印绶或东园秘器。汉末废，曹丕于建安十六年（211）设五官中郎将，以此官名为丞相之副，此后不置。

4　突决：突，烟囱。决，开裂、破裂。

5　栋焚：栋，房屋的正梁。焚，焚烧。

廖化斥姜维用兵无厌

景耀五年，姜维率众出狄道，廖化[1]曰："'兵不戢，必自焚[2]'，伯约之谓也。智不出敌，而力少于寇，用之无厌，何以能立？《诗》云'不自我先，不自我后[3]'，今日之事也。"（《三国志》卷45《廖化传》注）

【注释】

1　廖化（？—264）：本名淳，字符俭，襄阳中卢（今湖北襄阳襄城南）人。廖化初为关羽主簿，樊城之战兵败被吴国俘虏，用诈死之计逃归刘备，刘备授以宜都（今湖北宜都）太守。刘备去世后，廖化为诸葛丞相参军，转广武（今四川平武）都督，迁阴平（今甘肃文县西北）太守。廖化多次参与蜀汉北伐，官至右车骑将军、假节，领并州刺史，封中乡侯。蜀汉灭亡后，廖化于徙往洛阳途中病逝。廖化以果敢刚直著称，是蜀汉后期的重要将领。

2　兵不戢，必自焚：戢，止、停止。语出《左传·襄公二十四年》，谓"兵不戢，必取其族"。

3　不自我先，不自我后：语出《诗经·小雅·正月》。周幽王无道，人们怨恨道：（为何如此恶政）不在我之前，也不在我之后，（偏偏让我遇上了呢？）

阳安关口傅佥死节

〔蜀炎兴元年，魏景元四年，吴永安六年秋，蜀傅佥与武兴督蒋舒守关口，魏遣邓艾、钟会将兵入寇关口[1]。〕蒋舒[2]将出降，乃诡谓傅佥[3]曰："今贼至不击而闭城自守，非良图也。"佥曰："受命保城，惟全为功，今违命出战，若丧师负国，死无益矣。"舒曰："子以保城获全为功，我以出战克敌为功，请各行其志[一]。"遂率众出。佥谓其战也，至阴平[4]以降胡烈[5]，烈乘虚袭城，佥格斗而死，魏人义之。（《三国志》卷44，《姜维传》注）

【校勘记】

［一］"请各行其志"，黄本脱"请"。

【注释】

1 关口：即阳安关口，在今陕西勉县西，北宋以后称阳平关，亦名关头、关城。

2 蒋舒：蜀汉将领，生卒年不详。蒋舒初为武兴（在今陕西略阳）都督，因政绩平庸，被降职为汉中都督傅佥的副手，留守汉中，以此怀恨。景耀六年（263），魏伐蜀，蒋舒开城出降。

3 傅佥（？—263）：义阳（今河南泌阳）人，傅肜之子，初授左中郎，后官至汉中都督，于此役中败死。

4 阴平：郡名。汉武帝开通西南夷，置阴平道，属广汉属国都尉。刘禅建兴二年（224）改为阴平郡，治阴平（今甘肃文县西北）。邓艾从阴平道进军灭蜀，其道从今甘肃文县南下，穿越险峻的岷山山脉，经由四川平武、江油抵达成都。东晋末废。

5 胡烈（220—270）：别名武玄，安定临泾（今甘肃镇原东南）人。魏卫将军胡遵之子，晋车骑将军胡奋之弟，先后任魏太山太守，钟会伐蜀汉之护军将军。入晋后，先后出任荆州、秦州刺史。泰始六年，凉州秃发树机能率鲜卑部族叛晋，将胡烈率领的孤军包围在万斛堆（今宁夏中卫与甘肃靖远交界地区,黄河北岸腾格里沙漠南缘),胡烈兵败殉国。

北地王刘谌自杀殉国

后主将从谯周[1]之策,北地王谌[2]怒曰:"若理穷力屈[一],祸败必及,便当父子君臣背城一战,同死社稷,以见先帝可也。"后主不纳,遂送玺绶[3]。是日,谌哭于昭烈[4]之庙,先杀妻子,而后自杀,左右无不为[二]涕泣者。(《三国志》卷33《后主传》注)

【校勘记】

[一]黄本校勘记:《御览》卷四百三十八引至"然后自杀","理穷"作"数穷"。

[二]"无不为",乔本脱"为"。

【注释】

1 谯周(201?—270):字允南,巴西西充国(今四川西充)人。《三国志》作者陈寿出其门下。汉末,谯周任州从事,诸葛亮辟为劝学从事,蒋琬徙为典学从事,后主以为太子家令,迁中散、光禄大夫。钟会、邓艾破蜀,谯周力劝后主降魏,一邦蒙赖以全,司马昭因其有全蜀之功,拜魏骑都尉,封阳城亭侯。晋篡魏,经屡诏至洛阳,官至散骑常侍,泰始六年卒。谯周为儒学大师和史学家,被尊为"蜀中孔子"。

2 谌:刘谌(242—263),后主刘禅之子,被封为北地王。

3 玺绶:古代印玺上所系的彩色丝带。借指印玺。

4 昭烈:蜀汉开国皇帝刘备(161—223),字玄德,"昭烈"为其谥号,史家称为先主。

夏侯霸知钟会为吴蜀之忧[一]

初,夏侯霸[1]降蜀,姜维问之曰:"司马懿既得彼政,当复有征伐之志[二]不?"霸曰:"彼方营立家门,未遑外事。有钟士季[2]者,其人虽少,终为吴、蜀之忧,然非非常之人[三]亦不能用也。"后十五年而会果灭蜀。(《三国志》卷28《钟会传》注)

【校勘记】

［一］余本未辑此条。

［二］"志"，汤本、乔本、尚明本作"意"。

［三］"非非常之人"，黄本脱"非"字。

【注释】

1　夏侯霸（？—259？）：字仲权，沛国谯人。夏侯渊次子，甚得曹爽厚待，官至魏右将军、讨蜀护军，封博昌亭侯，长期驻屯陇西。正始元年（240），司马懿杀曹爽，调夏侯霸堂侄、曹爽表弟征西将军夏侯玄入朝，由雍州刺史郭淮接任征西将军之职，夏侯霸与郭淮不和，遂投奔蜀汉，被封为车骑将军，屡随姜维伐魏，为蜀汉后期北伐的重要将领。

2　士季（225—264）：钟会字，颍川长社（今河南长葛东）人，太傅钟繇幼子，仲毓之弟。钟会才华横溢，深受朝野赏识，在征讨毌丘俭、诸葛诞期间屡出奇谋，被人比作汉之张良，深得司马氏信赖。景元四年（263），钟会与邓艾分兵攻灭蜀汉，咸熙元年欲割据蜀中自立，因部下的反叛而死于乱军之中。

钟会阴怀异图与姜维结交

〔甲申，魏咸熙元年，以槛车征邓艾¹，钟会谋反伏诛。〕会[一]阴怀异图，维[二]见而知其心，谓可构成扰乱以图克服²也，乃诡说会曰："闻君自淮南以来³，算无遗策，晋道克昌[三]⁴，皆君之力。今复定蜀，威德振[四]世，民高其功，主畏其谋[五]，欲以此安归乎！夫韩信不背汉于[六]扰攘，以[七]见疑于既平，大夫种⁵不从范蠡⁶于五湖⁷，卒伏剑而妄死，彼岂暗主愚臣哉？利害使之然也。今君大功既立，大德已著，何不法陶朱公[八]泛舟绝迹，全功保身，登峨眉⁸之岭而从赤松⁹游乎？"会曰："君言远矣，我不能行，且为今[九]之道，或未尽于此也。"维曰："其他则君智力之所能[十]，无烦于老夫矣。"由是情好欢甚。[十一]（《三国志》卷44《姜维传》注）

【校勘记】

［一］"会"，《艺文类聚》、汤本、乔本于"会"上增"钟"。尚明本"会"下衍"乃"。

［二］"维"，《艺文类聚》、汤本、乔本"维"上增"姜"。

［三］"克昌"，黄本讹作"光昌"。

［四］"振"，汤本自注：一作"震"。

［五］"主畏其谋"，《艺文类聚》、汤本、乔本、余本"主"上多"而"。

［六］"背汉"，汤本自注："一于在汉上"。

［七］"以"，汤本自注：一作"而"。

［八］"陶朱公"，《艺文类聚》、汤本无"公"。

［九］"为今"，汤本自注：一作"全"。按，《艺文类聚》作"全"，或为汤注所本。

［十］"所能"，汤本于"能"下增"尽"。

［十一］黄本校勘记：《艺文》卷二十五引"而知其心"下即接"乃说之曰"，"算无遗策"下即接"今复定蜀"云云。"利害使之然也"下即云"何不法陶朱公"至"老夫矣"，无末六字。

【注释】

1　邓艾（197—264）：字士载，本名邓范，义阳棘阳（今河南新野）人，因与乡人同名而改名邓艾。邓艾出身贫苦，中年以前为魏屯田民，后获司马懿赏识提携，得以崭露头角，在陇西防备蜀汉姜维军。景元四年（263），邓艾与钟会分别率军攻打蜀汉并率先进入成都，实为亡蜀汉首功，却遭钟会构陷，被司马昭猜忌、收押，接着，邓艾与其子邓忠一同被卫瓘派遣的武将田续杀害于成都。

2　克服：收复、夺回失去的领土或阵地，引申为夺回失去的东西。

3　自淮南以来：淮南，指淮河以南、长江以北的地区。"自淮南以来"指钟会自参加司马氏镇压淮南毌丘俭、诸葛诞、文钦三次叛乱以来，屡出奇谋，被时人喻为汉之谋士张良。

4　晋道克昌：指魏帝曹髦封赐司马昭为晋王，晋国的事业开始昌大。克昌，子孙或事业昌大。

5　大夫种：文种（前？—前472），越国大夫，亦作文仲、字会、少禽，一作子禽，春秋末期楚郢（今湖北宜城郢都，一说江陵郢都）人。文种先为楚宛令，后徙居越国，成为越王勾践谋臣，和范蠡一起助勾践灭亡吴国，自视功高，被勾践赐剑自刎而死。

6　范蠡：字少伯，楚国宛地三户（今河南南阳淅川）人。范蠡博学多才，与楚宛令文种一起投奔越国，任越国大夫。在越期间，苦身戮力，助勾践灭吴后功成身退，遁隐于齐，居家治产业，一辞齐相，三致千金，世称陶朱公，晚年走了一条和文种完全不同的生活道路，被后世奉为财神。

7　五湖：专指太湖，或太湖及其附近的湖泊。韦昭认为此五湖系"胥湖、蠡湖、洮湖、滆湖，就太湖而五"。

8　峨眉：即峨眉山，位于四川乐山峨眉山市，为著名的历史文化和自然风景区。

9　赤松：指赤松子，又名赤诵子，号左圣。道家传说中的仙人。

钟毓密启司马昭钟会不可专任

〔初，钟毓密启会不可专任。〕文王嘉其忠亮，笑答毓[1]曰："若如卿言，必不以及宗[2]矣[一]。"（《三国志》卷28《钟会传》注）

【校勘记】

[一]"必不以及宗矣"，汤本、乔本作"必不及宗矣"。

【注释】

1　钟毓（？—263）：钟会之兄，字稚叔，颍川长社（今河南许昌）人。钟毓为人机敏，有其父钟繇遗风，十四岁为散骑侍郎，太和（227—232）初迁黄门侍郎。后因军功加青州刺史，都督徐州、荆州诸军事，去世后追赠车骑将军，谥惠侯。有《文集》五卷传世。

2　宗：宗族、家族。此指颍川钟氏家族不会受到钟会牵连。

杜预言卫瓘将不免

〔卫瓘[1]遣田续[2]袭邓艾,杀之。〕初,艾之下江由[3]也,以续不进,欲斩,既而舍之。及瓘遣续,谓曰:"可以报江由之辱矣。"杜预[4]言于众曰:"伯玉其不免[5]乎!身为名士,位望已高,既无德音,又不御下以正,是小人而乘君子之器,将何以堪其责乎!"瓘闻之,不俟驾[6]而谢[一][7]矣。(《三国志》卷28《邓艾传》注)

【校勘记】

[一]"不俟驾而谢",黄本脱"不",汤本讹、黄本"俟"为"候"。

【注释】

1 卫瓘(220—291):字伯玉,河东安邑(今山西夏县北)人。出身儒学官宦世家,擅长隶书、章草,侍中卫觊之子。二十岁为尚书郎,累迁至散骑常侍等职。陈留王曹奂即位后,拜侍中,转廷尉卿,镇西将军。咸熙元年(264),参加灭蜀汉战事,受钟会之命逮捕邓艾父子。钟会叛变后,率兵杀死钟会、姜维,又谋杀邓艾父子。蜀汉亡后,转任都督徐州诸军事、镇东将军,增封菑阳侯,后又转任征东将军、青幽二州刺史、司空、太保等职,惠帝时被贾后所杀。

2 田续:生卒年不详。右北平无终(今河北唐山玉田)人。魏议郎田畴侄孙。曹丕称帝,为弥补田畴父子之死,以田续为田畴后嗣,赐爵关内侯。景元四年(263),任镇西护军,随镇西将军邓艾征蜀。刘禅投降后,为卫瓘追杀邓艾父子。此后行迹不详。

3 江由:地名。今四川江油北、平武东南。

4 杜预(222—285):字元凯,京兆杜陵(今陕西西安)人。出身于世家大族,历官魏尚书郎、晋河南尹、度支尚书、镇南大将军、司隶校尉,是灭吴统一战争的主要策划者和统帅之一,以平吴功封当阳县侯。太康五年闰十二月卒,赠征南大将军、开府仪同三司,谥"成"。杜预博学多通,明于治乱,耽思经籍,多有建树,被誉为"杜武库",著有《春秋左氏经传集解》及《春秋释例》等,是西晋时期著名的政治家、军事家和学者。

5　不免：免不了、难免，表示由于做了丑恶事，终难善终。

6　俟驾：俟，等待。驾，古代车乘的总称

7　谢：认错、道歉。

向雄

雄字茂伯[1]，河内[2]人。(《世说新语》卷3《方正》"向雄"条注)

【注释】

1　雄：向雄，字茂伯，河内山阳（今河南焦作山阳）人，彭城太守向韶之子。初为郡太守王经主簿，及王经获罪处死，他哭丧收葬而哀感市人，后以此过失入狱，司隶校尉钟会从狱中辟为都官从事，及钟会以叛逆罪被杀，无人殡殓，他又料理钟会丧葬事宜，获得司马炎的谅解。泰始（265—274）中，累迁至秦州刺史。咸宁（275—279）初，入朝为御史中丞，迁侍中，出为征虏将军。太康（280—289）初，任河南尹，赐爵关内侯。后为齐王司马攸归藩事，固谏忤旨而径自出宫，不久愤恚而死。

2　河内：古郡名。战国魏始有河内、河东之名，秦汉因以置郡，汉时郡治怀县（今河南武陟西南），晋徙治野王（今河南沁阳），辖今河南焦作。

向雄收葬钟会

[一]文王闻钟会功曹[1]向雄[二]之收葬会也，召而责之曰："往者王经之死，卿哭于东市而我不问，今钟会躬为叛逆而又辄收葬，若复相容[三]，其如王法何！"雄曰："昔先王掩骼埋胔[2]，仁流朽骨，当时岂先卜其功罪而后收葬哉？今王诛既加，于法已备，雄感义收葬，教亦无阙。法立于上，教弘于下，以此训物，雄曰可矣！何必使雄背死违生，以立于时。殿下仇对枯骨，捐之中野，百岁之后，为臧获所笑，岂仁贤所掩哉[四]？"王[3]悦，与宴谈而遣之。(《三国志》卷28《钟会传》注，《太平御览》卷420)

【校勘记】

[一] 文首汤本、乔本、尚明本多"向雄字茂伯，河内人，为镇西将军功曹，钟会既诛，收而葬之"二十四字。

[二] 黄本无"向雄"。

[三] "相容"，尚明本讹作"兼容"。

[四] "为臧获所笑，岂仁贤所掩哉?"汤本原注："二句，一作'为仁贤之资，不亦惜乎。'"《晋书》卷48《向雄传》："为将来仁贤之资，不亦惜乎！"黄本校勘记：《魏志·钟会传》注、《群书治要》二十六《魏志·钟会传》注引功曹下有"向雄"二字。《御览》四百二十引"文王诛钟会为功曹向雄收葬，王召而责之。雄曰：'昔先王掩骨埋胔'"至末。"教"，亦作"于教"，"仇对"作"仇怨"，"岂仁"下衍"人"字。

【注释】

1 功曹：曹，汉以后政府机关分曹办事的官署。功曹，官名，亦称功曹史。西汉始置，为郡守、县令的主要佐吏，主管选署功劳。东汉各州亦有功曹，而名称略有变更，属司隶校尉者称功曹从事，下设功曹书佐等协助处理诠选人才等事。其他功曹从事改称治中从事，属员仍称功曹书佐，历代沿置。

2 胔（zì）：带有腐肉的尸骨，也指整个尸体。

3 王：指晋王司马昭。

伯茂勇于蹈义[一]

习凿齿曰："向伯茂可谓勇于蹈义也，哭王经而哀感市人，葬钟会而义动明主，彼皆忠烈奋劲，知死而往，非存生也。况使经、会处世，或身在急难，而有不赴者乎？故寻其奉死¹之心，可以见事生²之情，览其忠贞之节，足以愧背义之士矣。王加礼[二]而遣，可谓明达[三]。"（《三国志》卷28《钟会传》注）

【校勘记】

［一］此条与上条实为一条。黄本未辑此条。

［二］"加礼"，汤本、尚明本讹为"知礼"。

［三］汤本、乔本、余本于"明达"后加"也"。

【注释】

1　奉死：伺候、对待死者。

2　事生：服侍生者。

王祥独不拜晋王

〔晋王祥在魏为太尉。咸熙元年，进晋公司马昭爵为王，增封十郡。〕晋公[1]既晋爵为王，太尉[2]王祥、司徒[3]何曾[4]、司空[5]荀𫖮[6]并诣王。𫖮曰："相王尊重，何侯[7]与一朝之臣皆已尽敬，今日便当相率而拜，无所疑也。"祥曰："相国位势诚为尊贵，然要是魏之宰相，吾等魏之三公，公、王相去一阶而已，班列大同，安有天子三公可辄拜人者！损魏朝之望，亏晋王之德，君子爱人以礼，吾不为也。"及入，𫖮遂拜，而祥独长揖。王谓祥曰："今日然后知君见顾[8]之重！"（《三国志》卷4《陈留王奂纪》注）

【校勘记】

黄本校勘记：《魏志·陈留王记》注：《御览》五百四十二引"并诣王"作"并请诣谒"、"𫖮曰"作"𫖮谓祥曰"，何侯下无"与一朝之臣"五字，"皆已"作"既已"，"王谓祥曰"作"帝曰"，帝字误，"然后"作方字，"重"下有"矣"字，《世说·简傲篇》注引"文王进爵为王，司徒何曾与朝臣皆尽礼，唯王祥独长揖不拜。"

【注释】

1　晋公：司马昭，甘露三年（258）五月，高贵乡公曹髦以并州之太原、上党、西河、乐平、新兴、雁门，司州之河东、平阳八郡，地方七百里封司马昭为晋公，加九锡，晋位相国。

2　太尉：官名。秦置，掌全国军政，与丞相、御史大夫并列。汉武帝建元二年（前139）省。元狩四年（前119）以大司马名重置。东汉建武二十七年（51），改大司马为太尉，为三公之一。

3　司徒：官名。西周置。西周前期金文都作"司土"，后期"司土"与"司徒"并用，与司马、司工（即司空）合称"三有司"。司徒主管征发徒役，兼管田地耕作与其他劳役。"三有司"在两周时期为朝廷大臣，诸侯国与卿大夫也普遍设置。战国时魏国仍然沿置。西汉哀帝时称丞相为大司徒。东汉称司徒。

4　何曾（199—278）：原名瑞谏，又名谏，字颖考，陈国阳夏人（今河南太康），魏太仆阳武亭侯何夔之子。何曾年少袭父爵，明帝即位，历官散骑侍郎、汲郡典农中郎将、给事黄门侍郎，与司马懿私交深厚而与曹爽有隙。司马炎袭父爵为晋王时，何曾为丞相，在废魏建晋过程中起了重要作用。咸熙（264—265）初，拜司徒，封朗陵公。晋朝建立，拜太尉，进位太保、侍中，兼领司徒。咸宁四年卒，谥元。

5　司空：官名，西周置时职守不详。春秋战国各国多置，职司掌管工程。汉成帝绥和元年（前8）由御史大夫改置，为三公之一，性质与此前司空不同。哀帝恢复御史大夫之名，不久又改回大司空。东汉光武帝置司空。献帝建安十三年（208）罢司空，改设御史大夫。晋司空为"八公"之一，地位甚高，但多为权臣加官，南北朝相袭。

6　荀顗（？—274）：字景倩，颍川颍阴人（今河南许昌），魏太尉荀彧第六子。荀顗博学多闻，始为魏中郎，拜散骑侍郎，迁侍中。齐王芳时拜骑都尉，赐爵关内侯。高贵乡公时拜仆射，领吏部。陈留王曹奂时迁司空，封临淮侯。晋受禅，晋爵为公，拜司徒，寻加侍中，迁太尉，行太子太傅。泰始十年卒，谥康。

7　何侯：司徒何曾。

8　见顾：受厚待、赏识。

霍弋得后主东迁之问后降魏

〔禅举家迁洛阳，霍弋降。〕[一]霍弋[1]闻魏军来，弋欲赴成都，后主以备敌既定，不听。及成都不守，弋[二]素服[2]号哭，大临[3]三日。诸将咸劝宜速降，弋曰："今道路隔塞，未详主之安危，大故[4]去就，不可苟也。若主上与魏和，见遇以礼，则保境而降，不晚也。若万一危辱，吾将以死拒之，何论迟速邪！"得后主[三]东迁之问，始率六郡[5]将守上表曰："臣闻，人生于三，事之如一[6]，惟难所在[四]，则致其命。今臣国败主附，守死无所，是以委质，不敢有贰。"晋文王善之，又[五]拜南中都督，委以本任。后遣将兵救援吕兴[7]，平交阯[8]、日南[9]、九真[10]三郡，功封列侯，进号崇赏焉。弋孙标，晋越巂[11]太守。[六]（《三国志》卷41《霍峻传》注）

【校勘记】

[一] 汤本、乔本、余本、尚明本于句首增"初"。

[二] 汤本、乔本脱"弋"。

[三] 黄本脱"主"。

[四] "所在"，黄本作"所至"。

[五] 汤本、乔本脱"又"。

[六] 黄本、汤本阙"后遣"至"太守"三十四字。

【注释】

1　霍弋（？—271）：字绍先，南郡枝江（今湖北枝江）人，霍峻之子。刘备时，为太子舍人，后主登基，为谒者。诸葛亮北驻汉中，为丞相府记室。诸葛亮死后为黄门侍郎，刘禅立太子后为中庶子。永昌郡蛮夷作乱，刘禅以霍弋领永昌太守，斩其豪帅，郡界宁静，后迁监军翊军将军，领建宁太守，统南中诸郡。景耀六年（263），进号安南将军，邓艾偷袭阴平，霍弋想率军救援成都，但刘禅以成都已有准备，不许。刘禅降魏，霍弋在得知司马氏善待刘禅后，方才率领南中六郡降晋，仍为南中都督，平定交阯、日南、九真三郡，功封列侯。

2　素服：本色衣服，多指丧服。

3　大临：聚哭告哀。

4　大故：重大事故。此指事关后主要危的重大事故。

5　六郡：《晋书·地理上》载武帝开通西南夷地区，更置犍为、牂柯、越巂、益州四郡，后汉明帝再以新附地置永昌郡，是为五郡。刘禅建兴三年（225），改益州郡为建宁郡，分建宁、永昌立云南郡，分建宁、牂柯立兴古郡，南中计有牂柯、越巂、朱提、建宁、永昌、云南、兴古七郡。其中越巂、朱提二郡或有一郡不在霍弋所统六郡内，或习凿齿误七郡为六郡。

6　人生于三，事之如一：典出《国语·晋语一》："（共叔）成闻之，民生于三，事之如一。父生之，师教之，君食之。非父不生，非食不长，非教不知生之族也，故一事之。唯其所在，则致死焉。"韦昭注："三，君、父、师也。如一，服勤至死也。"

7　吕兴（？—264）：三国吴孙皓时交趾郡吏。交趾太守孙谞贪暴，为百姓所患，永安六年（263），吕兴纠合豪杰，杀孙谞等，遣使至魏国，以郡归附。次年，魏授吕兴以南中大将军、都督交州诸军事，封定安县侯。令未至，被其功曹李统诛杀。

8　交址：即交趾。

9　日南：郡名。位于今越南中部地区，治西卷（今越南广治省东河市）。秦属象郡，汉武帝元鼎六年（前111）平定南越后设日南郡，以在日之南命名，领北景、卢容、西卷、朱吾、象林五县。东汉后期，日南郡南部新建林邑国，不断向北蚕食郡境，吴分日南置九德郡，晋与宋齐因之。

10　九真：郡名。位于今越南北部地区，秦时属象郡，赵佗称王后，分其地为交趾、九真二郡，为南越四郡之一。汉武帝元鼎六年（前111），灭南越国后沿用，治胥浦县（今越南清化），属交州，下辖七县。东汉时，复名九真郡。吴改为移风，隋改为九真，治所自汉至南齐在九真（今越南清化），梁置爱州，隋唐为九真郡，后越南独立，九真尽为其所有，中国史书无复记载。

11　越巂：郡名，又作越嶲郡。汉武帝元鼎六年（前111）开邛都国置，治邛都县（今四川西昌东南），辖境相当今天的滇西北和川西地区，西汉后期隶属于益州刺史部。王莽时改越巂为集巂。后周置严州，开皇六年（586）改曰西宁州，十八年又改曰巂州。

刘禅乐不思蜀

〔封禅为安乐公。〕司马文王与禅宴，为之作故蜀技，旁人皆为之感怆[1]，而禅喜笑自若。王谓贾充曰："人之无情，乃可至于是乎！虽使诸葛亮在，不能辅之久全，而况姜维邪？"充曰："不如是，殿下何由并之？"他日，王问禅曰："颇思蜀否？"禅曰："此间乐，不思蜀。"郤正[2]闻之，求见禅曰："若王后问，宜泣而答曰：'先人坟墓远在陇、蜀[一]，乃心西悲[二]，无日不思，'"因闭其目。会王复问，对如前。王曰："何乃[三]似郤正语邪？"禅惊视曰："诚如尊命。"左右皆笑。[四]（《三国志》卷33《后主传》注）

【校勘记】

[一]"陇、蜀"，汤本、乔本作"陇西"。

[二]"乃心西悲"，黄本讹作"乃心心悲"。

[三]"何乃"，黄本何下脱"乃"。

[四]黄奭辑本校勘记：《御览》卷五百六十八引"晋文王与刘禅宴，为之作蜀妓乐"至"何由并之"下有"哉"字，微节数字。又四百九十九引"司马文王问刘禅曰：'颇思蜀不？'禅曰：'此间乐，不思蜀也。'郤正闻之，求见禅曰：'若王后问，宜泣而后答。'会王复问，禅曰：'先人坟墓远在陇、蜀，乃心西望，无日不思。'因闭其眼。王曰：'何以似郤正语耶？'禅惊视曰：'如遵命。'左右皆大笑。"

【注释】

1 感怆：感慨悲伤。

2 郤（xī）正：本名郤篡（？—278年），字令先，司州河南郡偃师县（今河南偃师）人。少好学，广读古籍。先为蜀汉秘书令。景耀六年（263），曹魏伐蜀，后主降，郤正为之撰写降书。蜀亡后，随刘禅前往洛阳，受封关内侯。后获晋武帝司马炎赏识，任巴西太守，咸宁四年去世。著有诗歌、论著、辞赋等近百篇，多散佚。

李昭仪殉节自杀

魏以蜀宫人赐诸将之无妻者，李昭仪[1]曰："我不能二三[一]屈辱[2]。"乃自杀。（《三国志》卷34《后主张皇后传》注）

【校勘记】

［一］"二三"，乔本讹作"在三"。

【注释】

1　李昭仪：后主妃嫔，生年行事不详。昭仪为妃嫔称号。汉元帝始置，为妃嫔之首。

2　二三屈辱：再次受辱。李昭仪认为蜀亡成为降虏为其一辱，如果被赏赐给魏国将士为妻，将是再次受辱。二三，再三、多次。屈辱，委屈、耻辱。

司马昭与孙皓书

〔孙皓元兴元年，晋司马昭为魏相国，遣昔吴寿春城降将相国参军徐绍、散骑常侍水曹属孙彧赍书喻皓以平蜀之事，致马锦等物以示威怀。〕晋文王与皓[1]书曰："圣人称，有君臣然后有上下礼义，是故大必字[2]小，小必事大，然后上下安服，群生获所。逮至末途，纯德既毁，剿民之命，以争强于天下，违礼顺[一]之至理，则仁者弗由也。方今主上圣明，覆帱[3]无外，仆备位宰辅[4]，属当国重。惟华夏乖殊[5]，方隅圮裂[6]，六十余载，金革[7]亟动，无年不战，暴骸丧元[8]，困悴罔定，每用悼心，坐以待旦。将欲止戈兴仁，为百姓请命，故分命[二]偏师，平定蜀汉，役未经年，全军独克。于时猛将谋夫，朝臣庶士，咸以奉天时之宜，就既征之军，藉吞敌之势，宜遂[三]回旗东指，以临吴境。舟师泛江，顺流而下，陆军南辕，取径四郡[9]，兼成都之械[10]，漕巴汉[11]之粟，然后以中军整旅，三方[四][12]云会，未及浃辰[五][13]，可使江表底[六]平[14]，南夏顺轨。然国朝深惟伐蜀之举，虽有静难之功，亦悼蜀民独罹其害，战于绵竹[15]者，自元帅以下并受斩戮，伏尸蔽地，血流丹野。一之于前，犹追恨不忍，况重之于后乎？

是故旋师按甲，思与南邦共全百姓之命。夫料力忖势，度资量险，远考古昔废兴之理，近鉴西蜀安危之效，隆德保祚，去危即顺，屈己以宁四海者，仁哲之高致也；履危偷安，陨德覆祚，而不称于后世者，非智者之所居也。今朝廷遣徐绍[16]、孙彧[17]献书喻怀，若书御于前，必少留意，回虑革算[18]，结欢弭兵[19]，共为一家，惠矜吴、会[七][20]，施及中土，岂不泰哉！此昭心之大愿也，敢不承受。若不获命，则普天率土，期于大同，虽重干戈，固不获已也。"（《三国志》卷48《孙皓传》注）

【校勘记】

[一]"礼顺"，黄本作"逆顺"。

[二]"分命"，汤本、乔本、余本作"今命。"

[三]"宜遂"，乔本脱"遂"。

[四]"三方"，汤本、黄本、乔本作"二方"。按文中有而下。"陆军南辕"，"中军整旅"，"兼成都之械，漕巴江之粟语""三方云会"是。

[五]"浃辰"，尚明本脱"辰"。

[六]"厎"，通"砥"。汤本、乔本讹作"底"。

[七]乔本脱"若书御于前"至"惠矜吴会"二十五字。

【注释】

1　孙皓（242—284）：字符宗，一名彭祖，字皓宗，孙权之孙，孙和之子，吴末代皇帝。孙休即位，封孙皓为乌程侯，永安七年（264）孙休薨，被拥立为帝，改元元兴。孙皓在位期间昏庸暴虐，太康元年（280）晋灭吴，封为归命侯，4年后病逝于洛阳。

2　字：爱。

3　覆帱：亦作"覆焘"。帱，帐子、帐幕、车帷，引申为施恩，加惠。

4　宰辅：辅政的大臣，通常指宰相。

5　乖殊：乖，背离、不一致。乖殊，不同、怪异、变化。

6　方隅圮（pǐ）裂：方隅，四方和四隅，借指边疆。圮裂，破裂、分裂。

7 金革：金，金属，此指戈矛之类兵器。革，皮革，此指甲胄之类护身装备。金革一词借指战争。

8 元：头颅、脑袋。

9 四郡：不详，当指魏淮南临近建业之四郡。

10 械：军械、兵器。

11 巴汉：巴，指古巴郡（此指蜀巴西郡，治阆中）。汉，指汉中郡（治今陕西汉中南郑）。巴汉合称指今渝北、陕南、鄂西北一带。

12 三方云会：三方，指从成都沿长江东下，巴郡、汉中沿汉水东南下，淮河流域往淮南南下。云会，云集、聚集。

13 浃辰：古代以干支纪日，称自子至亥一周十二日为"浃辰"。浃，周匝、环绕一圈。

14 厎平：平定。厎，平。

15 绵竹：县名，在今四川绵竹，地处四川盆地西北部，汉置，属广汉郡，晋太始二年（266）改属新都郡。

16 徐绍：原为吴寿春守将、南陵督。降魏后授司马昭相国参军、奉车都尉兼散骑常侍，封都亭侯。咸熙元年（264）十一月，司马昭以徐绍为使，孙彧为副使，持司马昭信函出使吴，告喻孙皓归附。泰始元年（265）三月，徐绍从吴归魏，行至濡须，因其称颂魏国，被吴主孙皓遣人追还杀死。

17 孙彧：吴孙权支属，原为吴寿春守将，降魏后被任命为给事黄门侍郎、相国司马昭之水曹掾。

18 回虑革算：回虑，改变想法。革算，改变计划。

19 弭兵：平息战事，停止战争，缔结和约。

20 惠矜吴会：惠，好处，给予好处。矜，矜恤、怜惜。秦汉会稽郡治在吴县，郡县连称为吴会。东汉分会稽郡为吴、会稽二郡，仍并称吴会。后亦泛称此两郡故地为吴会，此泛指吴国。

汉晋春秋　卷三

武　帝

三年之丧虽贵遂服

〔泰始二年八月，谒崇阳陵¹，诏以衰绖²行，不果。〕初，文帝之崩也，羊祜³谓傅玄⁴曰："三年之丧⁵，虽贵遂服⁶，自天子达⁷。而汉文除之，毁礼伤义，常以为叹。今上天纵至孝，有曾⁸、闵⁹之性，虽夺其服而实行丧礼。丧礼行[一]，除服何为耶！若因此革魏之薄而兴先王之法，以敦厚风俗，垂之百代，不亦美乎！"玄曰："汉文以来，世乃浅薄[二]，不能行国君之丧[三]，因而除之[四]¹⁰数百年，一旦复古，恐难行也。"祜曰："就不能使天下如礼，且使主上遂服，不犹善乎[五]！"玄曰："若主上不除[六]而下除[七]，此为[八]但有父子无君臣[九]，三纲¹¹之道亏矣。"

君子曰：傅玄知无君臣之伤教，而不知兼无父子[十]之为重，岂不蔽惑¹²哉！汉废君臣之丧[十一]，不降父子之服，故四海黎庶莫不尽情于其亲[十二]，三纲之道、二服¹³恒用于私室，而王者独尽废之，岂所以孝治天下乎！《诗》云："犹之未远¹⁴"，其傅玄之谓也。[十三]（《太平御览》卷547）

【校勘记】

[一]"丧礼行"，黄本未辑此条，汤本、乔本、余本、尚明本于"行"上加"实"字。

［二］"世乃浅薄"，尚明本作"汉文以末世浅薄"。

［三］"不能行国君之丧"，汤本、乔本、余本、尚明本于"行"上加"复"。

［四］"故因而除之"，黄本脱"故"。

［五］"不犹善乎！"，汤本于"犹"下增"为"。

［六］"若主上不除"，尚明本作"君上不除"。

［七］"下除"，汤本、乔本、余本、尚明本作"臣下除"。

［八］"此为"，尚明本作"是为"。

［九］"无君臣"，汤本、乔本、余本于"君"上加"复"。

［十］"不知兼无父子"，黄本讹"兼"为廉。

［十一］"汉废君臣之丧"，汤本、乔本废上脱"汉"。

［十二］"尽情于其亲"，黄本讹作"莫不尽于其心"。

［十三］黄本校勘记：《书钞》九十三陈补引至"亏矣"。

【注释】

1　崇阳陵：文皇帝司马昭的陵墓，位于今河南洛阳邙山。

2　衰绖（dié）：衰，古代丧服，用麻布制成，披之胸前。绖，旧时用麻做的丧带，系在腰上或头上。

3　羊祜（221—278）：字叔子，泰山平阳（今山东新泰）人。羊祜出身于官宦世家，祖父羊续曾任南阳太守，父亲羊衜曾任上党太守，姊为景帝司马师的皇后。羊祜为夏侯霸之婿，曾屡拒曹爽和司马昭的征辟，后为司马昭公车征拜为中书侍郎，不久迁给事中、黄门郎。晋受魏禅，羊祜有佐立之功，进号中军将军，诏拜尚书右仆射、卫将军。封钜平子。后出为都督荆州、车骑将军。咸宁四年（277），晋武帝下诏封羊祜为南城侯，羊祜坚辞不受。次年，羊祜抱病回洛阳，十一月病故，临终前举荐杜预自代。

4　傅玄（217—278）：字休奕，北地泥阳（今陕西铜川耀州东南）人。傅玄为东汉汉阳太守傅燮之孙，魏扶风太守傅干之子，幼年随父逃难洛阳，后州里举为秀才，除郎中，转温县令，再迁弘农太守，领典农校尉。司马炎为晋王，以傅玄为散骑常侍。西晋建立，与散骑常侍皇甫陶共掌"谏职"，后拜侍中，御史中丞，升太仆，转司隶校尉，因当众责骂谒者及尚书被劾免，不久去世，谥刚，追封清泉侯。傅玄是西晋时期著名的文学家、思想家。

5　三年之丧：古代服丧礼仪中最重的一种。臣为君、子为父、妻为夫等要服丧三年。

6　虽贵遂服：遂服，谓按礼制服丧至期满。《左传·昭公十五年》："三年之丧，虽贵遂服，礼也。"杨伯峻注："遂，终也，竟也。遂服，谓如礼，服丧三年。"虽贵，指高贵和贫贱者在服丧上没有什么不同。

7　达：常、遍、通行不变。《礼记·三年问》："夫三年之丧，天下之达丧也。"郑玄注："达，谓自天子至于庶人。"

8　曾：曾参（前505—435），字子舆，春秋末年鲁国南武城人（今山东平邑）人，孔子弟子，以孝行著称。其修齐治平的政治观，省身、慎独的修养观，以孝为本的孝道观影响中国两千多年，著有《大学》《孝经》等，被后世儒家尊为"宗圣"。

9　闵：闵损（前536—前487），字子骞。春秋时期鲁国人，孔子弟子，上事父母，下顺兄弟，以德行与颜渊并称，为古代"二十四孝"之一。

10　除之：除服脱去丧服。谓不再守孝。除，去掉。

11　三纲：君为臣纲、父为子纲、夫为妻纲，合称三纲。

12　蔽惑：蒙蔽迷惑。

13　二服：指三纲之父为子纲、夫为妻纲二纲之服丧。

14　犹之未远：语出《诗经·大雅·民劳五章》："犹之未远，是用大谏。"意为缺乏远见。犹，尚且。

孙皓迷信荆州有王气

〔十二月，吴讨山贼施但，¹还都建业。〕初，望气者云，荆州²有王气破扬州[一]，而建业³宫不利，故皓徙武昌，遣使者发民[二]，掘荆州界大臣名家冢与山冈相连者以厌⁴之。既闻但反，自以为徙土得计也。使数百人鼓噪[三]入建业，杀但妻子，云天子使荆州兵来破扬州贼，以厌前气。（《三国志》卷48《孙皓传》注）

【校勘记】

[一]"破扬州",黄本讹"破"为"被"。

[二]"遣使者发民",乔本脱"者"。

[三]"鼓噪",汤本作"鼓操",黄本作"鼓谍"。

【注释】

1　施但:吴国山民起义领袖。宝鼎元年(266),因民劳怨,在吴兴永安(今浙江德清)聚众数千人,劫吴主孙皓庶弟、永安侯孙谦作乱,北上进攻建业,发展到万余人,后失败。

2　荆州:此指吴之荆州,辖今湖北、湖南大部,治所时在南郡江陵,时在江南公安。此指荆州治所江陵。

3　建业:吴国首都,今江苏南京。

4　厌:通"压",镇压、镇服。

杨稷、毛炅粮尽降吴

〔泰始七年,吴复取交趾。〕初,霍弋遣杨稷[一]1、毛炅2等戍[二],与之誓曰:"若贼围城,未百日而降者,家属诛;若过百日而城没者,刺史受其罪。"[三]稷等日未满而粮尽,乞降于璜3。璜不许,而给粮使守。吴人并谏,璜曰:"霍弋已死,无能来者,可须其粮尽,然后乃受,使彼来无罪,而我取有义,内训吾民,外怀邻国,不亦可乎!"稷、炅粮尽,救[四]不至,乃纳之[五]。(《三国志》卷48《孙皓传》注)

【校勘记】

[一]"遣杨稷",汤本遣作"使",并自注:一作"遣"。

[二]"戍",汤本、乔本戍下自注:"戍"一作"屯",于"屯"下加"交趾"。

[三]乔本于稷前据《白贴》加"及吴陶璜围之。"

[四]"稷、炅粮尽,救",汤本自注:五字《白贴》卷一作八阙字。一作"稷等期讫粮尽,救兵"八字

〔五〕汤本自注：《白贴》作"乃受降"，下有"与荀吴事正类也"七字。黄本校勘记：《白贴·降》引"霍弋"讹作"霍光等"，"戍"作"屯交趾"，无"与之誓"三字，"受其罪"下作"及吴陶璜围之"，无"稷等"二字，"而给粮"下无"使守"至"稷炅"四十九字，"乃纳之"作"乃受降"，末有"与荀吴事正类也"七字。

【注释】

1　杨稷（？—271）：字文曹，犍为郡（治今四川眉山彭山东）人。西晋初年出为交趾太守，加绥远将军，平交趾、九真、郁林（今广西桂平西，辖今广西大部）、日南四郡，斩吴交州刺史刘俊、大将修则。晋武帝任杨稷为交州刺史，印绶未到，会吴孙皓遣大将薛珝、陶璜率十万大军攻交趾。杨稷被围攻八个月，众寡不敌，救援不至，遂降薛珝、陶璜，被囚送建邺，于途中呕血而死。晋武帝嘉其忠烈，追赠交州刺史。

2　毛炅（243—271）：建宁（治今云南曲靖）人。西晋初年，毛炅与董元等会攻吴交州之合浦，大破吴军，杀吴交州刺史刘俊、前部督修则，被任为郁林太守。建衡元年（269）十一月，孙皓复遣监军虞氾、威南将军薛珝、苍梧太守陶璜由荆州，监军李勖、督军徐存从海道至合浦击交趾。三年，虞氾、陶璜攻破交趾，俘毛炅及晋所置守将，九真、日南郡复归属吴，毛炅被随军的修则之子允所杀。

3　璜：陶璜，字世英，丹阳秣陵（今江苏南京）人。陶璜出身吴世家，历任显位，官至苍梧太守。晋初，晋将杨稷、毛炅等攻占交州，孙皓派陶璜等率兵击败晋军，任交州刺史、使持节，都督交州诸军事。太康元年（280）晋灭吴，陶璜降晋，晋武帝续任为交州刺史，封宛陵侯，改为冠军将军。在交州任职30年，深得当地民众爱戴，越南史书誉其"威惠素著"。

羊祜增修德信以怀吴人

〔泰始八年，吴陆抗拔西陵[1]，羊祜救不及。〕羊祜既归，增修德信，以怀吴人。陆抗[2]每告其边戍曰："彼专为德，我专为暴，是不战而自服也。各保分界，无求细益而已。"[一]于是吴、晋之间，余粮栖亩而不犯，牛马逸而入境，可宣告而取也。沔上³猎，吴获晋人先伤者，皆送而相还。抗尝疾，求药于祜，祜以成合与之，曰："此上药也，近始自作，未及服，以君疾急，故相致。"抗得而服之，诸将或谏，抗不答。孙皓闻二境交和⁴，以诘于抗，抗曰："夫一邑一乡，不可以无信义之人[二]，而况大国乎？臣不如是，正足以彰其德耳，于祜无伤也。"或以祜、抗为失臣节，两讥之。

习凿齿曰："夫理胜者，天下之所保；信顺者，万人之所宗。虽大兽⁵既丧，义声久沦[三]；狙诈⁶驰于当途，权略⁷周乎急务。负力⁸纵横之人[四]，臧获牧竖⁹之智，未有不凭此以创功，舍兹而独立者也。是故晋文退舍¹⁰，而原城请命¹¹；穆子围鼓¹²，训之以力；冶夫献策，而费人斯归¹³；乐毅缓攻¹⁴，而风烈长流。观其所以服物制胜者，岂徒威力相诈而已哉！"

自今三家鼎足四十有余年矣，吴人不能越淮、沔¹⁵而进取中国，中国不能陵长江以争利者，力均而智侔¹⁶，道不足以相倾也。夫残彼而利我，未若利我而无残。振武以惧物，未若德广而民怀。匹夫犹不可以力服，而况一国乎？力服犹不如以德来，而况不制乎？是以羊祜恢大同之略，思王道[五]¹⁷之则，齐其民人，均其施泽¹⁸，振义网以罗强吴，明兼爱以革暴俗。易生民之视听，驰不战乎江表。故能德音悦畅，而襁负¹⁹云集，殊邻²⁰异域，义让交弘，自吴之遇敌，未有若此者也。抗见国小主暴，而晋德弥昌，人积兼己之善，而己无固本之规，百姓怀严敌之德，阃境有弃主之虑，思所以镇定民心，缉宁²¹外内，奋其危弱，抗权上国者，莫若亲行斯道，以俟其胜。使彼德靡加吾，而此善流闻，归重邦国，弘明远风。折冲²²于枕席之上，校胜于帷幄之内，倾敌而不以甲兵之力，保国而不浚沟池²³之固，信义感于寇仇，丹怀²⁴体于先日。岂设狙诈以危贤，徇²⁵己身之私名，贪外物之重我，暗服之而不备者哉！由是论之，苟守局而保疆，一卒之所能；协数²⁶以相危，小人之近事；积诈以防物，臧获之余虑²⁷；威胜²⁸以求安，明哲之所贱。贤人君子所以拯世垂范，舍此而取彼者，其道良弘故也。[六]（《三国志》卷58《陆逊传附抗传》注）

【校勘记】

[一] 黄本校勘记：《白贴·务德胜》引"羊祜还镇，专修德信"至

"无求细益而已"。"每告其边戍"无"每""其"二字,"细益"作"小益","而已"作"也"。

［二］"无信义之人",乔本作"无信义于人"。

［三］"久沦",汤本、乔本以繁体形近讹为"久渝"。

［四］"纵横",余本讹作"从横"。

［五］"王道",原作"五兵",据《水东日记》《谭苑醍醐》改。

［六］黄本未辑"习凿齿曰"部分文字。

【注释】

1　西陵:郡名。汉为夷陵县,属南郡。建安十三年(208),改夷陵为临江郡,建安十五年(210)改临江郡为宜都郡,领宜都(今湖北宜昌)、秭归、枝江、夷道(今湖北宜都)四县。吴黄武元年(222),改夷陵(临江)为西陵郡,也称宜都郡。西晋太康(280—289)年间,晋灭吴,改置夷陵县。

2　陆抗(226—274):字幼节,吴郡吴县人。陆逊次子,孙策外孙,著名军事家。陆抗年二十袭父爵为江陵侯,建武校尉,领其父众五千人。后迁立节中郎将、镇军将军等。孙皓为帝,任镇军大将军,都督西陵、信陵、夷道、乐乡、公安诸军事,驻乐乡(今湖北公安西北)。凤凰元年(272),攻杀叛将西陵督步阐,同时击退晋将羊祜援军。后拜大司马、荆州牧,卒于官。

3　沔上:沔,沔水,汉水的别称,此指晋吴分疆对峙的汉水中下游地区。

4　交和:讲和。

5　大猷:治国之大道。猷,道、谋略。

6　狙诈:狡猾奸诈。狙,一种猴子。

7　权略:权谋、谋略。

8　负力:自恃其勇力。

9　牧竖:牧奴、牧童。

10　退舍:指退避三舍。晋公子重耳流亡至楚国,获楚成王礼遇。重耳离开时楚成王问他一旦归国,将如何报答楚国。重耳说一旦晋楚双方在中原大地上对阵,他会让晋军退避三舍之地,以此报答楚成王的恩德。公元前632年,晋楚发生城濮之战,晋文公果真让晋军退避三舍,兑现了诺言。此后,"退舍"表示退让、礼让。舍,古代行军一宿或三十里或五十里为一舍。《汉书·陈汤传》:"且兵轻行五十里,重行三十里。"《贾捐之传》:"吉(急)行日五十里,师行三十里。"《王吉传》:"臣闻古者师日行三十里,吉行五十里。"

11 原城请命:载《国语·晋语》:"(文)公伐原,令以三日之粮。三日而原不降,公令疏军而去之。谍出曰:'原不过一二日矣!'军吏以告,公曰:'得原而失信,何以使人?夫信,民之所庇也,不可失也矣。'乃去之,及孟门,而原请降。""伐原取信"典出于此。

12 穆子围鼓:晋昭公五年(前527),中行穆子围攻鼓城,鼓城中人准备献城投降,中行穆子不许,认为如此胜之不武,不能鼓励战场上轻率弃城的投降所为。事载《国语·晋语》:"晋中行穆子围鼓,鼓人或请以城叛,穆子弗许,曰:'或以吾城叛,吾所甚恶也。人以城来,我独何好焉?吾不可以欲城而迩奸,所丧滋多,乃杀叛人。是不以已私欲而成人之叛也。"后在鼓人粮尽力竭时,才让晋军攻下鼓城,然后回师。整个战役不曾杀戮一人。鼓,国名,姬姓,位于今晋州境内。

13 冶夫献策,而费人斯归:昭公十二年(前530)鲁国季孙氏的家臣,负责管理费城的南蒯企图驱逐时为鲁国执政的季平子,于是在费城发动叛乱。第二年,季平子派叔弓包围费城,没能攻克。季平子大怒,令凡是见着费人就抓起来做囚犯。冶区夫劝阻说:"非也。若见费人,寒者衣之,饥者食之,为之令主,而共其乏困,费来如归,南氏亡矣。民将叛之,谁与居邑?若惮之以威,惧之以怒,民疾而叛,为之聚也。若诸侯皆然,费人无归,不亲南氏,将焉入矣?"季平子听从了冶区夫的建议,费人果然背叛了南氏,归附于季平子,南蒯落得个众叛亲离的下场。费,邑名,地在今山东费县。

14 乐毅缓攻:周赧王三十一年(前284),燕昭王任命乐毅为上将军,统率燕、秦、楚、韩、赵、魏六国联军攻齐,陷齐七十余城,仅存莒和即墨未下。乐毅集中军力围攻两城,即墨军民众志成城,共推田单为将,乐毅围攻经年未克,便解除围攻,退至城外九里处修筑营垒,采用长期围困的逼降战略。双方相持3年之后，田单运用反间计让燕王改派骑劫代替乐毅为将，骑劫改围困为强攻。齐军在田单的率领下，用火牛阵大败燕军，乘胜追击，很快将燕军逐出国境，收复了全部失地。

15　淮：淮河。沔：汉水，古时亦称沔水。

16　侔：相等、齐等。

17　王道之则：即王道法则，由儒家提出，主张以仁义感召统治天下。与霸道相对。

18　施泽：给予恩惠。

19　襁负：以带系财货负之于背。襁，本义为婴儿的被子或布幅，泛指绳索。

20　殊邻：远方异域的邦国或民族。

21　缉宁：安和。

22　折冲：克敌制胜。折，阻遏、挫败。冲，冲击。

23　沟池：护城河。

24　丹怀：赤诚的情怀、抱负。

25　徇：谋求、顺从。

26　协数：协，通挟。数，谋略、策略。

27　余虑：多余的担忧。

28　威胜：以威势取胜。

晋武帝问诸葛亮治国

〔泰始九年，理邓艾，以其孙朗[1]为郎中。〕时樊建[2]为给事中[3]，晋武帝问诸葛亮之治国，建对曰："闻恶必改，而不矜过；赏罚之信，足感神明。"帝曰："善哉！使我得此人以自辅，岂有今日之劳乎？"建稽首[4]曰："臣窃闻天下之论，皆谓邓艾见枉，陛下知而不理，此岂冯唐[5]之所谓'虽得颇[6]、牧[7]而不能用'者乎！"帝笑曰："吾方欲明之，卿言起我意[一]。"于是发诏治艾焉。（《三国志》卷35注）

【校勘记】

［一］"卿言起我意"，黄本脱"言"。

【注释】

1　朗：即邓朗，邓艾之孙。邓朗在邓艾被诬告谋反时，与家庭成员一起流放至西域。西晋泰始九年（273）邓艾平反，邓朗被任为郎。

2　樊建：字长元，义阳（今河南泌阳、唐河一带）人，生卒年不详。樊建为蜀汉大臣，官至尚书令，蜀汉灭亡后和董厥一同降魏，官至侍中、相国参军、散骑常侍。

3　给事中：官名。以在殿中给事（执事）得名。秦置，西汉为大夫、博士、议郎的加官，掌顾问应对，位在中常侍之下。东汉省，魏重置，或为加官或为正员，晋全为正员，位在散骑常侍下、给事黄门侍郎上。

4　稽首：古时的一种跪拜礼，叩头至地多时，是九拜中最恭敬的。

5　冯唐：赵国中丘（今河北内丘）人，其父徙居西汉代郡（今张家口蔚县东北），汉初徙居安陵（今陕西咸阳东北）。文帝时，以孝为中郎署长，曾在文帝前申说文帝不能用廉颇、李牧这样的将领以安边，为云中守魏尚辩解，指出有"赏轻罚重"之失。文帝乃复以魏尚为云中守，并任他为车骑都尉。景帝立，任为楚国相，旋免。武帝立，求贤良，举冯唐，唐时年九十余，不能复为官，乃以其子冯遂为郎。

6　颇：廉颇，生卒年不详，嬴姓，山西太原人（一说山西平遥）。战国末期赵国军事家，与白起、王翦、李牧并称"战国四大名将"。赵惠文王十六年（前283），廉颇为赵将，伐齐，取得大胜，夺取了齐国的阳晋城（今山东郓城西），封为上卿。其后屡破齐魏之城，长平之战前期，他以固守的方式成功抵御了秦军的进攻，赵王中秦离间计，以赵括代替廉颇为将，招致长平之战大败。长平之战后，燕国侵赵，赵王再次起用廉颇，廉颇斩杀燕将栗腹，迫使燕国割五城求和，赵以尉文（今河北宣化蔚县）封廉颇为信平君，假相国。廉颇晚年不得志，他先后投奔魏国和楚国，逝于楚，葬寿春（今安徽寿县）。

7　牧：李牧（前？—前229），嬴姓，李氏，名牧，柏仁（今河北隆尧）人，战国晚期赵国军事家，与白起、王翦、廉颇并称"战国四大名将"。李牧早年在赵国北部代郡、雁门郡防御匈奴，曾大败匈奴，杀十余万骑，灭襜褴，破东胡，降林胡；攻燕，拔武遂、方城。后期西御秦国的侵犯，于宜安重创秦军，封为武安君，南距韩、魏。赵王迁七年（前229），秦将王翦率大军攻赵，赵王中秦离间计，临阵夺去李牧兵权，将其拘捕杀害。三个月后，王翦灭赵。

王裒终身不臣于晋

〔泰始十年，以嵇绍¹为秘书丞²。〕裒[一]³与济南刘兆⁴字延世[二]，俱以不仕显名。裒以父仪⁵为文王所滥杀，终身不应征聘，未尝西向坐，以示不臣于晋也[三]。（《三国志》卷11《王修传》注）

【校勘记】

[一]"裒"，汤本、乔本于其上加"王"。乔本误"裒"为哀。

[二]黄本脱"字延世"。

[三]黄奭辑本校勘记：《御览》卷三百九十三引"王裒父仪为文帝所杀，未尝西向坐，示不臣也。"

【注释】

1　嵇绍（253—304）：字延祖，谯国铚（今安徽淮北）人。西晋文学家，嵇康之子，十岁时嵇康被司马氏杀害，嵇绍被迫退居乡里。山涛掌选举，荐嵇绍为秘书丞，再迁汝阴太守，拜徐州刺史，因长子去世一度离职。后历给事黄门侍郎、散骑常侍、侍中、左司马、平西将军等职，在八王之乱中拼死保卫惠帝，被司马颖军所杀。有文集二。

2　秘书丞：官名。汉末曹操为魏王时置，属秘书令佐官，助其典尚书奏事。

3　裒：王裒（？—311），字伟元，北海营陵（今山东潍坊）人。魏晋名士，因父仇而坚决不肯为晋室效命，终生未面向西坐，以示不臣于司马氏。坚决拒绝朝廷的多番征召，立庐于父亲墓旁，隐居教学，是

《二十四孝》中闻雷泣墓的主人公。永嘉之乱时，为盗贼所杀。

4　刘兆：字延世，东平（今山东东平）人，汉广川惠王之后。武帝时五辟公府，三征博士，皆不就。刘兆潜心著述，鉴于《春秋》一经而三家殊途，乃合而通之。《周礼》有调人之官，著《春秋调人》七卷论其首尾，使大义无乖，时有不合者，举其长短以通之。又为《春秋左氏解》，名曰《全综》，另撰《公羊谷梁解诂》，皆纳经传中，朱书以别之。又著《周易训注》。凡所赞述百余万言。年六十六卒。

5　仪：王仪，字朱表，为司马昭安东将军司马，嘉平四年（252）征吴东关之战为吴所败，司马昭问他谁该为此承担责任，王仪直言责在司马昭本人，为司马昭所杀。其子王裒因此坚决不肯出仕晋朝，以隐居授徒为生。

二王不重羊祜

〔咸宁四年，羊祜卒。〕初，羊祜[一]以军法欲斩王戎[1]，夷甫[2]又忿祜言其必败，不相贵重。天下为之语曰："二王当朝，世人莫敢称羊公之有德。"（《世说新语》卷3《识鉴》注）

【校勘记】

〔一〕汤本、乔本于羊祜下加"攻江陵"。

【注释】

1　王戎（234—305）：字浚冲，出身琅琊王氏，魏幽州刺史王雄之孙，晋凉州刺史王浑之子，官至司徒、封安丰县侯，是"竹林七贤"中年龄最小的一位。

2　夷甫：王衍（256—311）字，出身琅琊王氏。王衍才貌出众，为当世名士，清谈领袖，但无实绩，却官居三公之位，先后任尚书令、司空、司徒。西晋末年爆发了八王之乱，王衍周旋于诸王之间，唯求自保。永嘉四年（310），王衍以太尉身份担任东海王越的军师，出征石勒。次年，司马越去世，众推王衍为统帅，兵败被杀。

3　王衍曾到羊祜府上江板工作，口若悬河，夸夸其谈，没得到羊祜的赞许，王衍十分生产，拂衣而去。羊祜对在座的宾客说："王夷甫以盛名处大位，然败俗伤化必此人。"

谶言亡吴者公孙

〔咸宁五年，吴天纪三年夏，郭马[1]反。〕先是，吴有说谶[2]者曰："吴之败，兵起南裔，亡吴者，公孙也。"皓闻之，文武职位至于卒伍有姓公孙者，皆徙于广州，不令停江边。及闻马反，大惧曰："此天亡也。"（《三国志》卷48《孙皓传》注）

【注释】

1 郭马（？—279）：本为吴合浦太守修允的部曲督，天纪三年（279），修允从合浦转任桂林太守时因病滞留广州，先遣郭马将五百兵至桂林郡安抚诸夷。不久，修允病死，郭马认为自己应当统领修允的部伍，恰逢此时孙皓开始检核广州户口，郭马遂与部将何典、王族、吴述、殷兴等合聚人众，发动叛乱，攻杀广州督虞授，自称安南将军，都督交、广二州诸军事。孙皓集中重兵进讨，方将叛乱镇压，杀郭马。

2 谶：指将要应验的预言、预兆及以谶预示凶吉的活动。

陈群制九格登用

〔太康六年，刘毅[1]卒。毅尝上疏论宜罢中正[2]，除九品[3]，未能改。〕初，陈群[4]为吏部尚书[5]，制九格登用[6]，皆由于中正，考之簿世[7]，然后授任。（《初学记》卷11）

【注释】

1 刘毅（216—285）：字仲雄，东莱掖国（今山东掖县）人，西汉城阳王刘章的后裔。刘毅清正刚直，寓居平阳时，太守杜恕聘为郡功曹，不久，以"孝廉"入朝任司隶都官从事，太常郑袤荐为博士，晋王司马昭强辟为相国掾。晋朝建立后，刘毅先后担任尚书郎、驸马都尉、散骑常侍、国子祭酒、司隶校尉等职。

2　中正：汉献帝延康元年（220），尚书陈群立九品官人之法，用有声望善识别人才者为州郡"中正"，使区别当地人士，分为九等（九品），政府择优任用。曹芳时，司马懿当国，于各州加置大中正，遂有大小中正之别。然任中正者多趋势而不暇举贤，畏祸而不敢疾恶，循至只问门第高下，不究贤愚善恶。刘毅称其流弊"下品无高门，上品无寒士"。隋废。

3　九品：魏晋南北朝时期的官吏选拔制度。州郡各置中正，负责识别荐选人才，综合德才、门第，将士人分为上上、上中、上下、中上、中中、中下、下上、下中、下下九品，类别只有上品、中品和下品三类。作为政府选拔任用官吏的依据。

4　陈群（？—237）：字长文，颍川许昌（今河南许昌东）人。三国时期著名政治家、曹魏重臣，魏晋南北朝选官制度"九品中正制"和曹魏律法《魏律》的主要制订者。陈群早年为刘备的豫州别驾，曹操入主徐州，辟为司空西曹掾转参丞相军事。建安十八年（213），曹操封魏公，陈群为魏国御史中丞，后任吏部尚书。曹丕代汉，陈群为尚书令。黄初七年（227），陈群为镇军大将军领中护军，录尚书事。曹丕驾崩，陈群受诏辅政。曹叡即位，封颍阴侯。青龙四年病逝，谥靖侯。

5　吏部尚书：官名。汉成帝置列曹尚书四人，其一曰常侍曹，主丞相御史公卿事。后汉初，光武改常侍曹为吏部曹，主选举、祠祀事，汉末改为选部曹，魏为吏部曹，位在诸曹尚书之上。

6　九格登用：九格，指人才等级，分为九品。登用，选拔任用。

7　薄世：家世的文书记录档案。

晋武帝改建太庙

〔太康八年，太庙殿陷，改营之。〕武帝改营太庙[1]，南致荆山之木，西采华山之石，铸铜柱十二，涂以黄金，镂以百物，填以丹青，缀以珠玉，以丽之也。（《太平御览》卷531《礼仪部十·宗庙》）

【注释】

1　太庙：封建皇帝为祭祀祖先而营建的庙宇。

惠 帝

天下之言风流称王夷甫乐广

〔元康七年，以王戎为司徒。是时王夷甫为尚书令，乐广[1]为河南尹[2]。〕王夷甫、乐广俱以宅心[3]事外，名重于时，故天下之言风流者称王、乐焉。（《昭明文选》卷46《序下·王文宪集序》注）

【注释】

1　乐广（？—304）：字彦辅。南阳淯阳（今河南南阳宛城南）人。早负盛名，为卫瓘、王衍、王戎、裴楷等所倾美，历任元城县令、中书侍郎、太子中庶子、侍中、河南尹、尚书左、右仆射、尚书令等职，为"中朝名士"，后人雅称"乐令"。成都王司马颖与长沙王司马乂互攻时，乐广因是司马颖的岳父而被司马乂猜疑，不久忧郁亡故。

2　河南尹：官名，东汉置，为京都洛阳所在河南郡的长官，秩二千石，掌京都，典兵禁，特奉朝请。其后三国曹魏、西晋、北魏等都洛阳政权都沿置河南尹。

3　宅心：居心、存心、用意。

妇人求寄产大司马门（一）

〔永宁元年，齐王冏辅政。〕齐王冏[1]之方盛也[一]，有妇人诣大司马门，求寄产。吏诘之[二]，妇人曰："我截齐罢便去耳。"有识者闻而恶其言。（《太平御览》卷371《脐》引《汉晋阳秋》）

妇人求寄产大司马门（二）

齐王冏辅政，太安元年，有一妇诣大司马门求寄产，吏乃诸之，妇曰："待我截脐便去，言讫不见，有位者闻而恶焉，至二年而冏被诛。"（《开元占经》卷113《人及神鬼古》）

【校勘记】

〔一〕汤本原注：《占经》引作齐王冏辅政，太安元年与下至二年文不顺。

〔二〕"诘之"，乔本讹作"活之"。

〔三〕汤本原注：即太安元年。

【注释】

1　齐王冏：司马冏（？—302），字景治，河内温县人。司马冏为司马昭之孙，齐王攸子，袭封齐王。司马冏初拜散骑常侍、领左将军、翊军校尉。"八王之乱"中与赵王伦密结，废杀贾后，以功转游击将军，出为平东将军，镇许昌。及赵王伦篡位，又联络河间王颙、成都王颖、常山王乂等共讨赵王伦，迎惠帝复位，拜大司马。永宁二年为河间王司马颙与长沙王司马乂里应外合所攻杀。

怀　帝

刘琨知华轶必败

〔永嘉五年，琅琊王睿[1]击华轶，斩之。初，〕刘琨[2]知轶[3]必败，谓其自取之也。（《世说新语》卷3《识鉴》注）

【注释】

1　琅邪王睿：晋元帝司马睿（276—323），字景文，东晋开国皇帝，公元318—323年在位。司马睿为司马懿曾孙，琅琊武王司马伷之孙，琅琊恭王司马觐之子。司马睿于太熙元年（290）袭封琅琊王，怀帝即位，被封为安东将军、都督扬州诸军事，在王导的建议下移驻建康。永嘉五年（311），愍帝封司马睿为丞相、大都督中外军事。西晋亡，建武元年（317）年，司马睿在南下过江贵族与江东大族的支持下，在建康称晋王，翌年即帝位，太宁三年去世，谥元皇帝，庙号中宗。

2　刘琨（271—318）：字越石，中山魏昌（今河北无极）人。青年时为金谷二十四友之一，后累迁至并州刺史。永嘉之乱后孤悬西北，抵御前赵，据守晋阳近十年。建兴三年（315），为司空，都督并、冀、幽三州诸军事，不久为石勒所败，投奔辽东依附段部鲜卑。建武二年（318），被鲜卑首领段匹磾杀害。刘琨善文学，通音律，有《集》九卷，又有《别集》十二卷，是西晋政治家、文学家、音乐家、军事家。

3　轶：华轶（？—311），字彦夏，平原高唐人（今山东高唐）。魏司徒华歆曾孙，初任博士，后迁任散骑常侍，东海王司马越任为留府长史。永嘉年间（307—312）改任振威将军、江州刺史，因不服司马睿控御而遭东晋讨伐，兵败被杀。

愍　帝

王处仲蜂目已露

〔建兴三年，丞相睿加王敦都督江、扬等州军，而敦潜畜异志矣。〕初，王夷甫言东海王越[1]，转王敦[2]为扬州[一]。潘滔[3]初为太傅长史[4]，言于太傅曰："王处仲蜂目[5]已露，豺声[二][6]未发，今树之江外，肆其豪强之心，是贼[7]之也。"[三]（《世说新语》卷3《识鉴》注）

【校勘记】

[一]"扬州"，黄本作"荆州"。

[二]"豺声"上黄本加"但"。

[三]黄奭辑本校勘记：《御览》卷388引"王敦为荆州刺史，潘滔曰：'处仲蜂目已露。'"至末，"滔"讹作"涛"，"仲"讹作"冲"，"贼之"作"见贼"。

【注释】

1　东海王越：司马越（？—311），字符超，河内温县人。司马越为高密王司马泰次子，少著声名，以世子的身份为骑都尉、左卫将军加侍中等职。因讨杨骏有功，迁散骑常侍、辅国将军、尚书右仆射，领游击将军，复为侍中，加奉车都尉，别封东海王，食六县。永康初，为中书令，徙侍中，迁司空，领中书监。八王之乱后期，河间王颙挟晋惠帝迁长安，司马越起兵奉迎惠帝回洛阳，以太傅录尚书事。怀帝即位，司马越重用王衍等控制朝政。永嘉五年病逝于项城（今河南项城）。

2　王敦（266—324）：字处仲，出身琅琊（今山东临沂北）王氏，丞相王导堂兄。建武元年（317），与王导辅助司马睿建立东晋，成为当时权倾一时的朝臣，时人称："王与马，共天下。"掌控着上游重镇荆州。永昌元年（322）正月，从荆州起兵，攻入建康，自任丞相、江州牧。不久退回武昌（今湖北省鄂州市），遥控朝政。太宁二年再次发兵进军建康，其间病死，叛军旋被瓦解镇压，史称"王敦之乱"。

3　潘滔：字阳仲，荥阳中牟（今河南中牟）人。潘滔初为愍怀太子洗马，东海王越引为心腹，先后任为长史、司马，为"越府三才"之"大才"，历迁黄门侍郎、散骑常侍。永嘉四年（310）为河南尹，时怀帝厌恶司马越专权，利用苟晞讨伐司马越。五年，苟晞宣布司马越罪状，上表请求诛杀潘滔，派骑兵收系潘滔，潘滔连夜逃掉。

4　长史：官名。战国末年秦置。汉之相国、丞相、太尉及其后之三公、军府、王府皆置，为诸掾属之长，政事多由其代行，职权尤重。

5　蜂目：亦作"蠭目"。面容凶恶，眼珠像胡蜂凸出。

6　豺声：比喻凶恶残忍者的声音，像豺声一样。

7　贼：使动用法，意为"使之为贼"。即让王敦任职扬州，使其失去控制，助长其做乱臣贼子的野心。

愍帝粮尽降刘粲

〔建兴三年。〕愍帝[1]在长安，为刘粲[2]所攻，粮尽，太仓[3]有曲数十饼，屑之为粥[一]以供奉[二]帝，曲[4]屑尽，遂降。（《太平御览》卷853《饮食部十一》）

【校勘记】

［一］黄奭辑本校勘记：《书钞》卷一百四十七又二十一引"曲屑"

为"粥"。

[二] 尚明本脱"奉"。

【注释】

1　愍帝：即司马邺（300—318），一作司马业，字彦旗，晋武帝司马炎之孙，吴孝王司马晏之子，西晋最后一位皇帝。永嘉七年（313），晋怀帝于平阳遇害，秦王司马邺于长安即帝位，改元建兴。建兴四年（316）八月，刘曜发兵攻打长安，十一月，愍帝粮食断绝降汉赵，次年被刘聪杀害。

2　刘粲（？—318）：字士光，匈奴族，新兴（今山西忻州）人，前赵昭武帝刘聪之子，初封为河内王，建武元年（317）被立为皇太子。太兴元年（318），刘聪去世，刘粲即皇帝位，大肆诛杀辅政大臣，将军国大权全交由靳准决断。不久，靳准发动叛乱，将其杀害，谥隐皇帝。

3　太仓：古代京师储粮谷的大仓。

4　曲：酒母，酿酒或制浆的发酵物。

罗　宪[一]

初，魏军始入蜀，刘禅分二千人付罗宪[1]留守。吴闻蜀败，遂起兵，遣盛宪[二]、谢询[2]等水陆并到，说宪以合从[三][3]之计。宪谓诸将曰："今处[四]孤城，百姓无主，吴人因衅，公敢西过，宜一决战，以示众心。"遂衔枚夜出，击破宪。（《太平御览》卷357《兵部八十八》，此条由黄奭辑本补入。）

【校勘记】

[一] 汤本未辑此条。罗宪《太平御览》卷357作"罗献"，据《三国志霍峻传》《孙休传》《晋书·罗宪传》改。

[二] 盛宪：据《会稽典录》，字孝章，举孝廉，补尚书郎，迁吴郡太守。宪素有高名，为孙策所深忌，孔融为救盛宪，向曹操力荐，曹操表征为骑都尉，制命未至，被孙权杀害。按，孙策平定江东在建安元年（196），时孙权方15岁，并未莅事，孔融死于建安十三年（208），孙权

死于吴神凤元年（252），魏军入蜀发生在魏景元四年（263），谢询主要生活在晋代。一条记载纰漏如此，当源自《御览》误引。《三国志》卷48《孙休传》作盛曼，生平不详。《通志》卷9《孙休传》采是说，或是。

［三］四库本作"纵"，是。

［四］四库本作"据"，是。

【注释】

1 罗宪（218—270）：字令则，襄阳（今湖北襄阳襄城）人。三国后期蜀汉将领，巴东太守（治永安白帝城）。蜀汉亡时，成功抵御了孙吴的入侵，守住了入蜀要冲永安。在确定刘禅降魏并受到礼遇后才降魏，仕晋官至冠军将军、假节，封西鄂县侯。泰始六年去世，谥烈侯。

2 谢询：河东（辖今山西沁水以西、霍山以南地区、治今山西夏县西北禹王城）人，晋元康（291—299）中为吴令，上表请求为孙坚、孙策置守冢人户，诏从之。

3 合从：即合纵。战国后期，东方六国面对秦国威胁而组织的一项外交和军事政策。苏秦游说东方六国联合起来西向抗秦，称为合纵。

误辑入《汉晋春秋》文

章 帝

〔元和二年，幸鲁，祀孔子于阙里。〕阙里[1]者，仲尼之故宅也。在鲁城中。帝升庙西面，群臣中庭北面，皆再拜。帝晋爵而后坐。祠礼毕，命儒者论难。(《续汉志》第八刘昭注补)

【校勘记】

此条为孔衍《汉春秋》文，事在明帝永平十五年。《后汉书·明帝纪》："（永平十五年三月）还幸孔子宅，祠仲尼及七十二弟子，亲御讲堂，命皇太子诸王说经。"刘昭注引《汉春秋》曰："帝时升庙立，群臣中庭北面，皆再拜。帝晋爵而后坐。"黄本、汤本等误将刘昭注载明引自孔衍《汉春秋》的此条当作习凿齿《汉晋春秋》文字，将明帝永平十五年当成章帝元和二年。因元和二年章帝亦曾祠过孔庙。《章帝纪》载："（元和二年三月庚寅）祠孔子于阙里，及七十二弟子，赐襃成侯及诸孔男女帛。"《孔僖传》载："元和二年春，幸阙里，以太牢祠孔子及七十二人，作六代之乐，大会孔氏男子二十以上者六十三人，命儒者讲论。"孔衍《晋书》有传，字舒元，孔子二十二世孙，凡所撰述百余万言。《旧唐书》卷46《经籍志》谓："《汉春秋》十卷，孔衍撰。"《新唐书》卷57《艺文志》载："（孔衍）《汉春秋》十卷。"

【注释】

1 阙里：孔子故宅里名。有二，一在今山东泗水南五十里，为孔子出生地。一在山东曲阜城内归德门中阙里街,孔子成年后徙居并讲学于此。《史记正义》:"按夫子生在邹,长徙曲阜,仍号阙里。"《括地志》:"兖州曲阜鲁城西南三里有阙里,中有孔子宅,宅中有庙,又故阙里在泗水县南五十里。"

晋怀帝

怀帝[1]陷于平阳[2],刘聪[3]加帝开府仪同三司[4]、会稽[5]郡公。引帝入宴,谓帝曰:"卿为豫章[6]王时,朕与王武子[7]俱造卿。武子称朕于卿,卿言闻名久矣。卿以所作乐府文示朕,曰:'刘君,闻君善辞赋,试为看也。'朕与武子俱为《盛德颂》,卿称善者久之。又引朕射[8]于皇堂,朕得十二筹[9],卿与武子俱得九筹。卿又赠朕柘弓[10]、银砚,卿颇忆否?"帝曰:"安敢忘之,恨尔日不得早识龙颜。"聪曰:"卿家骨肉何相残之甚?"帝曰:"此殆非人事,皇天意也。大汉将兴,应乾受历[11],故为陛下自相驱耳。臣家若能奉武皇帝之业,九族敦睦,陛下何由得之?"聪甚有喜色。(《太平御览》卷588引《晋春秋》。本条由黄奭辑本补入[一]。尚明本亦收入此条)

【校勘记】

[一] 黄奭辑本校勘记:《御览》五百八十八引《晋春秋》。按,诸书引孙盛《晋阳秋》亦有作《晋春秋》者,故两存之。今按,《晋春秋》史载为孙盛所著。《晋书》载孙盛"自少至老",予不释卷。著《魏氏春秋》《晋阳秋》,因避晋简文帝郑后阿春讳而改为《晋阳秋》(习凿齿《汉晋春秋》也因此改为《汉晋阳秋》),此条应为孙盛《晋阳秋》文。

【注释】

1 怀帝:司马炽(284—313),字丰度,司马炎第二十五子,西晋第三位皇帝。太熙元年(290)司马炽封豫章王。永康二年(301)被赵王司马伦罢黜,同年四月惠帝复位,任射声校尉。永宁三年(304)迁镇北大将军,被立为皇太弟。光熙元年(306),东海王司马越毒死惠帝,立司马炽为帝,改元永嘉,政局被司马越把持。永嘉五年(311)正月,怀帝密诏苟晞讨伐司马越,三月,司马越病死。四月,王衍用大军护送司马越灵柩回东海国,途中被汉国镇东大将军石勒全歼于宁平城(今河南郸城东宁平乡),西晋最后一支主力被歼。六月,刘聪攻入洛阳,怀帝在逃往长安途中被俘,建兴元年(313)一月被刘聪毒死于平阳。

2 平阳:郡名。魏正始八年(247)分河东郡设,治平阳县(秦置,故址在今山西临汾尧都),包括今山西省西南部黄河以东汾河流域之12县,大致与今临汾市辖区相当。

3 刘聪(?—318):一名载,字玄明,新兴(今山西忻州)人,后赵光文帝刘渊第四子,十六国时期汉赵皇帝。刘聪为匈奴族,二十岁后游历洛阳,为新兴太守郭颐主簿,迁右部都尉,后转投司马颖,为右积弩将军。永安元年(304),刘渊建汉赵,刘聪为抚军将军。永嘉二年(308)刘渊称帝,刘聪任车骑大将军,升大司徒,封楚王。四年(310)为大司马、大单于,刘渊逝世,杀继位的刘和篡位,遣刘曜等人攻陷洛阳,虏晋怀帝和羊皇后至平阳,进围长安。建兴四年(316),迫继位的晋愍帝出降,西晋灭亡。麟嘉三年刘聪病逝,谥昭武皇帝,庙号烈宗。

4 开府仪同三司:官名。开府意为建公府,自选僚属。三司亦称三公,为汉朝官制,指太尉、司空、司徒,时唯王国、三公、大将军可以开府。汉末局势混乱,将军李催、郭汜等违制擅自开府,始有开府之名。魏晋以后,开府者益多,因而别置开府仪同三司。

5 会稽郡:秦置,因会稽山得名,治吴县。西汉初,先后为楚王韩信、荆王刘贾、吴王刘濞的封地。七国之乱后复置,辖境大致相当于今江苏南部、上海西部、浙江以及福建大部,是当时辖境最大郡,隶扬州刺史部。东汉中期,析浙江以北诸县置吴郡,会稽郡治南移至山阴(今浙江绍兴市区),领十五县。孙吴析会稽郡置临海郡(今浙江东南部)、建安郡(今福建建瓯一带)、东阳郡(今浙江衢州、金华一带)。晋至南朝,仅辖今绍兴、宁波一带。

6 豫章:郡名。汉置,治南昌县(今江西南昌市区)。西汉后期隶扬州刺史部。三国时,孙权析豫章郡置庐陵、彭泽、鄱阳三郡。入晋后,辖境逐渐缩小至今江西南昌辖地范围。

7　王武子：王济（246？—291），字武子，太原晋阳（今山西太原）人，武帝司马炎之婿。王济才兼文武，为西晋名士，擅长《易经》《老子》《庄子》等。

8　射：放箭、射箭。

9　筹：计数的算具，多用竹片制成。

10　柘弓：柘木做的弓。柘树枝长坚硬，宜作弓。

11　应乾受历：乾，代表天。应乾，顺应天意。历，历法，指国运、王朝的统治、上天所赋予的统治期限等。

胡威不如父清[一]

晋武帝谓胡威[1]曰："卿清[2]孰与父清？"对曰："臣不如父。"帝曰："以何为不如？"对曰："臣父清恐人知，臣清惟恐人不知，是不如父也。"（《北堂书钞》卷38，此条由黄奭辑本补入。）

【校勘记】

[一]　汤本、乔本未辑此条。按《北堂书钞》卷三十八、《太平御览》卷四百二十五、《艺文类聚》卷五十均载此条出自《晋阳秋》，显系黄本误辑。

【注释】

1　胡威（？—280）：字伯武，又作伯虎，一名貔。淮南寿春（今安徽寿县）人，胡质之子。胡威为魏末西晋间名宦，以廉洁持重闻名于世。被任命为侍御史，迁安丰太守，封南乡侯。再迁徐州刺史，勤于习政。拔监豫州诸军事、右将军、豫州刺史。入朝为尚书，加奉车都尉，拜前将军、监青州诸军事、青州刺史，因功晋封平春侯。太康元年（280）卒，赠使持节、都督青州诸军事、镇东将军，谥烈。

2　清：清廉。

刘毅比晋武帝为汉之桓灵

〔晋武帝[1]太康三年，问毅曰："卿以吾可方[2]汉何帝？"对曰："可方桓、灵[3]。"世祖曰问："吾虽德不及古人，犹克己[4]为治，又平吴会，混一[5]天下。方之桓、灵，其已甚乎？"对曰："桓、灵卖官[6]，钱入官库，陛下卖官，钱入私门，以此言之，殆不如桓、灵也。"〕毅答已，帝大笑曰："桓、灵之朝，不闻此言。今有直臣，故不同乎？"散骑常侍邹湛[7]进曰："世说以陛下比汉文帝，人心犹多不同。昔冯唐答文帝曰：'不能用颇、牧'而文帝怒，今刘毅言犯顺而陛下乐，以此相校，圣德乃过之也。"帝曰："我平天下而不封禅[8]，焚雉头裘[9]，行布衣礼。今于小事，何见褒之甚耶？"湛曰："圣诏所及，皆可预先算计[10]，以长短[11]相推。慕名者能力行为之。至如向诏，非明恕[12]内充，苞[13]之德度，不可为也。臣闻猛兽在田，荷戈而出，凡人能之。蜂虿[14]起于怀袖，勇夫为之惊骇。非虎弱〔而〕蜂虿强也，仓卒[15]出于意外故也。夫君臣有自然之尊卑，辞语有自然之逆顺[16]。向刘毅始言，臣等莫不变色易容而仰视陛下者，陛下发不世[17]之诏，出思虑之外，臣之喜庆，不亦宜乎！"（此条由黄奭辑本补入。）

【校勘记】

黄本校勘记：《群书治要》第三十引习凿齿《阳秋》。自"毅答曰"起，其上"世祖问毅曰"至"不如桓、灵也"，为《通典》所载正文。案：其文义当亦《汉晋春秋》所有，故备录之，以足语意。按黄本辑入此条证据明显不足，《阳秋》应为孙盛所著《晋阳秋》《资治通鉴》卷81胡注即认为此条出自《晋阳秋》。汤本亦不辑此条。

【注释】

1 晋武帝：司马炎（236—290），字安世，河内温县人，司马懿之孙，司马昭嫡长子，晋朝开国皇帝。司马炎于魏咸熙二年（265）袭父爵为晋王，数月后逼魏元帝曹奂禅位，国号晋，建都洛阳。咸宁五年（279），司马炎命杜预、王濬等分兵伐吴，次年灭吴，统一全国，太熙元年病逝，庙号世祖。

2 方：相当。

3 桓、灵：汉桓帝刘志和灵帝刘宏。

4 克己：自觉克制约束自己。

5 混一：统一，常指统一天下。

6 桓、灵卖官：汉延熹四年（161）桓帝首开公开卖官鬻爵之先例。卖关内侯、虎贲、羽林、缇骑营士、五大夫钱各有差。灵帝于光和元年（178）开西邸卖官，公开开卖自关内侯、虎贲、羽林等中下级官吏，令左右私下或半公开卖公卿等高级官吏；以德才当选者，减半或减三分之二取费；郡县官吏则直接以地方大小、肥瘦论价；有钱的商贾，先交钱，后到任；贫穷的赊账缓交，上任后再加倍交钱。中平四年（187）又卖关内侯。

7 邹湛：字润甫，南阳新野人。生年不详，约卒于晋武帝元康（291—299）末年。邹湛少以才学知名，仕魏历通事郎、太学博士。泰始（265—274）初，转史书郎，为羊祜所器重。太康（280—289）中，出补渤海太守，转太傅。元康末，至少府。湛所著诗及论事议二十五首，为时所重。《唐书·经籍志》录湛文集四卷。

8 封禅：古代帝王祭天地的大典。在泰山上筑土为坛，报天之功，称封。在泰山下的梁父山上辟场祭地，报地之德，称禅。

9 焚雉头裘：《晋书·武帝纪》："（咸宁四年）十一月辛巳太医司马程据献雉头裘，帝以奇技异服典礼所禁，焚之于殿前。"雉头裘：以雉头羽毛织成的皮衣。

10 算计：计算。

11 长短：长与短，是非得失。

12 明恕：明察宽仁。恕，原谅，宽容。

13 苞：茂盛。

14 蜂虿 chài：亦作"蠭虿"。蜂和虿。虿为蝎子一类毒虫，都是有毒刺的螫虫。

15 仓卒：非常事变。

16 逆顺：逆与顺，事理的反动与正确。

17 不世：非常，世所罕有。

康　帝

庾翼有经纬大略期桓温以宁济宇宙之事

翼[1]风仪美劭，才能丰赡，少有经纬大略。及继兄亮[2]居方州[3]之任，有匡维内外、扫荡群凶之志。是时杜乂[4]、殷浩[5]诸人盛名冠世，翼未之贵也。常曰："此辈应束之高阁，俟天下清定，然后议其所仕耳！"其意气如此。唯与桓温[6]友善，相期以宁济[7]宇宙之事。初，翼辄发所部奴及车马万数，率大军入沔，将谋伐狄[8]，遂次于襄阳。[一]（《世说新语》卷4《豪爽》注）

【校勘记】

[一] 此条为汤本、黄本辑入。然《汉晋春秋》"起汉光武，终于晋愍帝。"此条所载乃康帝建元元年（343）事，应是刘孝标将后人续写的《襄阳耆旧传》之文字内容误注为《汉晋春秋》文，其文字源自《中兴书》。

【注释】

1　翼：庾翼（305—345），字稚恭，颍川鄢陵（今河南鄢陵）人，权臣庾亮之弟。庾翼有经世大略，咸和中，辟太尉陶侃府参军，迁从事中郎、振威将军、鄱阳太守，后转建威将军、西阳太守。咸康五年（339），庾亮打算北伐，转庾翼为南蛮校尉，领南郡太守，加辅国将军、假节，镇江陵。庾亮逝世，庾翼获授都督江荆司雍梁益六州诸军事、安西将军、荆州刺史、假节，接替庾亮镇武昌。康帝初，庾翼徙镇襄阳，加都督、征讨军事，迁征西将军，领南蛮校尉，以灭成汉和后赵为己任，立志北伐，更派使者联结前燕和前凉，相约一同出兵。穆帝初，还督江州，疽发背，卒。赠车骑将军，谥肃，有集二十二卷。

2　亮：庾亮（289—340），字符规。庾亮初为元帝司马睿镇东大将军西曹掾。庾亮先后任丞相参军、中书郎等职，封都亭侯，后任黄门侍郎、散骑常侍、中书监等职。太宁三年（325），明帝驾崩，庾太后临朝，庾亮与王导等辅政。因执意征流民帅苏峻入京，酿成苏峻之乱。事后，外任平西将军、豫州刺史。陶侃逝世，代其为征西将军，兼领江、荆、豫三州刺史、都督七州诸军事。咸康六年去世，追赠太尉，谥文康。

3　方州：指州郡长官。

4　杜乂：字弘理，京兆杜陵人（今陕西西安长安），西晋名士。杜乂是名宦杜预之孙，尚书左丞杜锡之子，成恭皇后杜陵阳之父。杜乂性情温和纯良，是著名的美男子，袭祖父当阳侯爵，辟公府掾，为丹阳丞，早卒。咸康初，追赠金紫光禄大夫，谥穆。

5　殷浩（303—356）：字渊源，陈郡长平（今河南西华）人，豫章太守、光禄勋殷羡之子。殷浩少负美名，精通玄理，屡辞征召，隐居近十年。建元（343—344）初年，被司马昱强征为建武将军、扬州刺史。于永和九年，为抗衡桓温，以殷浩为中军将军、假节、都督扬豫徐兖青五州诸军事，率七万大军北伐，结果大败而归。永和十年，迫于桓温压力，殷浩被废为庶人，流放到东阳郡信安县，永和十二年去世。

6　桓温（312—373）：字符子，谯国龙亢（今安徽怀远）人，晋明帝婿。桓温因攻灭盘踞在蜀地的成汉政权而声名大振，曾三次出兵北伐，战功显赫。公元361—373年独揽朝政，欲行篡位之事，因第三次北伐失败而声名顿挫，逼朝廷给其加九锡，于等待中去世，谥宣武。子桓玄建立桓楚后，追尊为宣武皇帝。

7　宁济：安定匡济。

8　狄：中国古代少数族名。春秋前，长期活动于齐、鲁、晋、卫、宋、郑等国之间，与诸国有频繁的接触。因为他们主要居住于北方，故又通称"北狄（翟）"。秦汉以后，狄成为中国对北方少数民族的统称。庾翼意图北伐的对象是羯人石氏建立的后赵政权、故蔑称狄。

习凿齿集辑注

卷一　疏论

一　皇晋宜越魏继汉不应以魏后为三恪[一]

臣每谓皇晋宜越魏继汉，不应以魏后为三恪¹。而身微官卑，无由上达，怀抱愚情，三十余年。今沉沦重疾，性命难保，遂尝怀此，当与之朽烂，区区之情，切所悼惜，谨力疾²著论一篇，写上如左。愿陛下考寻古义，求经常之表³，超然远览，不以臣微贱废其所言。论曰：

或问："魏武帝功盖中夏，文帝受禅于汉，而吾子谓汉终有晋⁴，岂实理乎？且魏之见废，晋道亦病，晋之臣子宁可以同此言哉！"

答曰："此乃所以尊晋也。但绝节赴曲⁵，非常耳所悲⁶，见殊心异⁷，虽奇莫察，请为子言焉。

【校勘记】

[一] 乔本、尚明本将此疏之序文和正文分作两文。名序文为《临终上前论疏》，语颇不通。

【注释】

1　三恪：恪，恭敬，谨慎，通"客"，此指晋给予曹魏后裔客礼的政治待遇。"三恪"指周王朝对三个前代异姓王朝的后裔分封一块土地，维持对先祖的祭祀，待以公爵的虚号，在形式上对他们不以臣礼对待，以彰显周对前代帝王的特别尊敬。当时共尊封了三位先王之后，故称之为三恪。后世对周封三恪的说法不一。一说封虞、夏、商之后于陈、杞、宋。一说封黄帝、尧、舜之后于蓟、祝、陈。不少后世新建王朝将其遵为成制，循例封其前代三个王朝的后代为王侯，以缓和矛盾，巩固统治，均以三恪相称，如建武二年（26），封周后姬常为承休公，五年封殷后孔安为殷绍嘉公，十三年改姬常为卫公，孔安为宋公，以为汉宾，政治地位在三公之上。唐天宝九年（750），以商、周、汉为三恪。后晋天福二年（937），封唐宗室子为公，及隋酅公为二王后，以周介公备三恪。

2 力疾：勉力强撑病体。

3 经常之表：通常的法则。经常，常道。表，标准、法则。

4 汉终有晋：汉政权完结以后，由晋政权接续，否定三国的存在。

5 绝节赴曲：绝节，犹绝唱，誉称无与伦比的诗文歌曲创作。赴曲，与曲调和谐合拍的节奏旋律。

6 常耳所悲：常人的耳朵所能体会出的感伤，常耳，平常的耳朵。所悲，所能（体会、感悟出的）感叹。

7 见殊心异：见解不同，思想有差异。殊，不同。异，差异。

昔汉氏失御，九州残隔，三国乘间，鼎跱[1]数世，干戈日寻，流血百载，虽各有偏平[2]，而其实乱也。宣皇帝势逼当年，力制魏氏，蠼屈[3]从时，遂羁[4]戎役，晦明掩耀，龙潜下位，俛首重足[5]，鞠躬屏息，道有不容之难，躬蹈履霜之险，可谓危矣！魏武既亡，大难获免，始南擒孟达[6]，东荡海隅[7]，西抑劲蜀[8]，旋抚诸夏，摧吴人入侵[9]之锋，扫曹爽见忌之党[10]，植灵根[11]以跨中岳，树群才以翼子弟，命世之志既恢，非常之业亦固。景、文继之，灵武[12]冠世[13]，克伐贰违[14]，以定厥庸[15]，席卷[16]梁、益[17]，奄征西极[18]，功格[19]皇天，勋侔古烈，丰规[20]显祚[21]，故以灼如也。至于武皇，遂并强吴，混一宇宙，乂清[22]四海，同轨[23]二汉。除三国之大害，静汉末之交争，开九域之蒙晦，定千载之盛功者，皆司马氏也。而推魏继汉，以晋承魏，比义唐虞[24]，自诡[25]纯臣，岂不惜哉！

【注释】

1 跱：同"峙"。

2 偏平：指魏、蜀、吴大小强弱辖地举事各不相同。偏，偏安。

3　蠖（huò）屈：指遭遇不利形势时像尺蠖一样卷成屈曲状，隐喻暂时的屈身是为了求得日后的伸展。蠖，尺蠖蛾的幼虫，生长在树上，为害虫，行动时身体一屈一伸地行走。

4　羁：马笼头，引申为被套上笼头。

5　俛首重足：形容非常恐惧，不敢移步。俛，同"俯"。重足，叠足、足挨足站立。

6　南擒孟达：建安二十四年（219），刘备占据益州，孟达受命从秭归北上攻取房陵，后因受刘封欺凌和没有出兵救援关羽而有被蜀中清算的恐惧，率部曲四千余家降魏，受到曹丕重用，任其为散骑常侍、新城太守、建武将军，封平阳亭侯，委以西南之任。孟达与桓阶和夏侯尚相友善，曹丕等去世后，孟达心不自安，在诸葛亮引诱下，暗通蜀汉。司马懿知道后，写信表面安抚孟达，暗中迅速进军征剿，八日内急行军千余里突袭上庸，完全打乱了孟达的部署，围攻十六天后，孟达的外甥邓贤、部将李辅开城投降，司马懿枭达首，传之京师。

7　东荡海隅：指平定辽东公孙渊。景初元年（237），辽东公孙渊自立为燕王，设府署置百官，改元绍汉，公然叛魏。翌年正月，魏明帝以司马懿为主将、毌丘俭为副将领军4万，陆路由幽州出发，水路由登州渡海进剿，仅用半年时间，即平定公孙渊反叛割据势力。

8　西抑劲蜀：太和五年（231），诸葛亮攻天水、祁山。魏明帝令司马懿都督关中诸将拒战。诸葛亮割上邽（今甘肃天水）麦。司马懿解祁山之围，追击诸葛亮至卤城（今甘肃天水与甘谷之间），攻拔亮围，俘斩万计，诸葛亮败退汉中。青龙二年（234）二月，诸葛亮率大军出斜谷道，据武功五丈原（今陕西岐山南），屯田渭滨作久驻计，司马懿坚守不出。八月，诸葛亮病逝于五丈原，杨仪等率军退还。

9　吴人入侵：黄初七年（226）五月，魏文帝曹丕驾崩，孙权于八月出兵攻魏，左将军诸葛瑾兵分两路攻襄阳，被司马懿击败，斩首千余级，杀吴将张霸。正始二年（241）四月，孙权分兵四路攻魏，前将军朱然一路攻樊城，大将军诸葛瑾、步骘一路攻祖中。司马懿出兵前讨，吴军连夜溃退，在樊城三州口被追歼万余人，吴军败还。

10　曹爽见忌之党：正始八年（247）开始，曹爽兄弟典掌禁兵，其心腹何晏、邓扬、丁谧、张当等人专朝政。期间，司马懿装病蒙骗曹爽集团，于暗中布置对决力量。嘉平元年（249）春正月，魏帝曹芳离开洛阳去祭扫明帝高平陵，大将军曹爽、中领军曹羲、武卫将军曹训随行。司马懿乘机发动政变，公布曹爽罪状，免去了曹爽等人职务。接着，以谋反的罪名，诛杀曹爽及其党羽何晏、丁谧、邓扬、毕轨、李胜、桓范等，俱夷三族。

11　灵根：才德修养，智慧性灵。

12　灵武：威灵神武。

13　冠世：超群出众，天下一流。

14　贰违：曹芳、曹髦。违，违法、违抗，此指违抗者。

15　庸：功劳。

16　席卷：形容像卷席子一样全部获取、占有。

17　梁、益：梁州、益州，代指蜀汉疆土。元封五年（前106），汉武帝将四川及云、贵、渝、陕南地区设为益州刺史部，治雒县（今四川广汉）。东汉末年，刘焉为益州牧，移治成都，是三国时期最大的三个州之一。刘备夺取益州，建立季（蜀）汉政权。三国末年，曹魏灭蜀，景元四年（263），析益州另置梁州，治沔阳县（今陕西汉中勉县东），辖境相当于今陕西汉中、四川东部、重庆全境、贵州北部地区。故文中以梁、益称之。

18　奄征西极：奄，覆盖、包括。征，讨伐。西极，西端、长安以西地区。

19　格：感通。

20　丰规：美好的法则。丰，美好。规，法度、准则。

21　显祚：显，光耀。祚，皇位、帝位。

22　义清：安定平靖。义，治理、安定。清，太平。

23　同轨：二汉车辙宽窄相同。引申为同一、一统。

24　比义唐虞：效法唐虞间的禅让。比，比拟。义，意义、意思。唐虞，唐尧与虞舜的合称，亦指尧舜时代。

25　讬：同"托"。寄托、依靠。

今若以魏有代[1]王之德，则其道不足；有静乱之功，则孙刘鼎立。道不足则不可谓制[2]当年，当年不制于魏，则魏未曾为天下之主；王道[3]不足于曹，则曹未始为一日之王矣。昔共工[4]伯[5]有九州[6]，秦政[7]奄平区夏，鞭挞华戎，专总六合[8]，犹不见序[9]于帝王，沦没[10]于战国，何况暂制数州之人，威行境内而已，便可推为一代者乎！

【注释】

1 代：禅代。

2 制：控制、制服，此谓统治天下。

3 王道：儒家提出的一种以仁义治天下的政治主张。与霸道相对。

4 共工：上古的传说人物。为尧臣，和驩兜、三苗、鲧并称为"四凶"，被尧流放于幽州。《书·舜典》："流共工于幽州。"银雀山汉简《孙膑兵法·见威王》载："昔者，神戎战斧遂，黄帝战蜀禄，尧伐共工。"

5 伯：古同"霸"，伯即霸主，古代诸侯联盟的首领。

6 九州：古代分中国为九州，其说法不一。《书·禹贡》作冀、兖、青、徐、扬、荆、豫、梁、雍。《尔雅·释地》有幽、营而无青、梁。《周礼·夏官·职方》有幽、并而无徐、梁。后以"九州"泛指天下，泛指全中国。

7 秦政：秦始皇帝嬴政（前259—前210），嬴姓，赵氏，名政，秦庄襄王之子，战国末期秦国君主、首次统一中国的秦朝开国皇帝，是中国历史上第一个使用"皇帝"称号的君主，出生于赵国首都邯郸（今河北邯郸）。公元前247年即王位，九年（前238）除掉吕不韦、嫪毐等人，开始亲理朝政，重用李斯、尉缭，自公元前230年至公元前221年，先后灭韩、赵、魏、楚、燕、齐六国，39岁时完成统一中国大业，建立起一个以华夏族为主体、强大统一的中央集权国家，定都咸阳。公元前210年，秦始皇东巡途中驾崩于沙丘（今河北邢台）。秦始皇对中国和世界历史均有重大而深远的影响。

8 六合：指上下四方，泛指天地或宇宙。

9 序：排列次第、系列。

10　沦没：沉没、湮没。

若以晋尝事魏，惧伤皇德，拘[1]惜禅名，谓不可割，则惑之甚者也。何者？隗嚣[2]据陇[3]，公孙[4]帝蜀，蜀、陇之人虽服其役，取之大义[5]，于彼何有！且吴[6]、楚[7]僭号[8]，周室未亡，子文[9]、延陵[10]不见贬绝[11]。宣皇帝官魏，逼于性命，举非择木，何亏德美，禅代之义，不同尧[12]、舜[13]，校实定名，必彰于后，人各有心，事胡可掩！定空虚之魏以屈于己，孰若仗义而以贬魏哉！夫命世之人正情遇物[14]，假[15]之际会[16]，必兼义勇。宣皇祖考立功于汉[17]，世笃尔劳[18]，思报亦深。魏武超越，志在倾主，德不素积，义险冰薄，宣帝与之，情将何重！虽形屈当年，意申百世[19]，降心[20]全己，愤慨于下，非道服北面[21]，有纯臣之节，毕命[22]曹氏，忘济世之功者也。

【注释】

　　1　拘：固执、不变通。

　　2　隗嚣（？—33）：字季孟，天水成纪（今甘肃秦安）人。出身陇右大族，青年出仕州郡，以通书明经而闻名陇上，刘歆举为国士。更始元年（23），隗嚣季父隗崔素与兄隗义及上邽人杨广、冀人周宗起兵占领平襄，共推隗嚣为上将军，割据陇西。第二年，隗嚣主动归顺更始，封为右将军、御史大夫。刘秀即位后，隗嚣自称西州大将军，与光武政权虚与委蛇。建武九年，病故，幼子隗纯被立为王，第二年被光武帝所灭。

　　3　陇：古地名。得名于甘、陕两省间的陇山。秦于陇山西渭水上游、洮水中下游设陇西郡，简称"陇"，包括今甘肃的东南部。

　　4　公孙：即公孙述，字子阳，扶风茂陵（今陕西兴平）人。王莽天凤年（14—19）间，公孙述任导江卒正（蜀郡太守）。更始元年（23），公孙述自称辅汉将军、蜀郡太守兼益州牧。更始二年，自立为蜀王，都成都。建武元年（25）四月，自立为天子，号成家，色尚白，建元龙兴。建武十二年（36），汉大司马吴汉、辅威将军臧宫攻破成都，公孙述死，成家亡。

　　5　大义：代表正义的大道理、大原则。

6　吴：吴国，立国于长江下游地区的周代姬姓诸侯国（前12世纪—前473），也称勾吴、工吴、攻吾。辖境包括今苏皖两省长江以南及环太湖之浙北地区，前期都于梅里（今无锡梅村），后迁都于吴。阖闾、夫差即位后僭号称王，吞并淮夷、徐夷等小国而扩张到今苏皖两省全境、浙江中北部及江西东北地区，国势达到鼎盛。是春秋后期最强大的诸侯国之一。

7　楚：即楚国。是周时南方的一个诸侯国，芈姓，熊氏，华夏族一支。楚人南迁江、汉、沮、漳地区以后迅速发展强大，全盛时，辖今湖北、湖南两省及重庆大部，广东、贵州、河南、安徽、江苏、山东、江西、浙江、陕西等省的部分地区，公元前223年被秦国所灭。

8　僭（jian）号：超越本分、冒用帝王的称号。

9　子文：斗谷於菟字，芈姓。斗谷於菟出自楚大族若敖族之斗氏，楚庄王时令尹，是楚国的著名贤相，在位时治国有方，为官廉洁，处事公平，毁家纾难，对楚国的强大作出了杰出贡献。

10　延陵：名季札，春秋时吴王寿梦第四子，封于延陵（今江苏常州），故号"延陵季子"，后改封州来。其间，屡避王位，对吴国政局的稳定和国家强大作出过重要贡献。吴王余祭四年（前544），季札出使鲁、齐、郑、卫、晋五国，同齐国的晏婴，郑国的子产及鲁、卫、晋等国的重要政治家会晤，高谈政事，评论时势，对华夏礼乐有深刻的领悟和精到的评价，受到上述五国的欢迎和礼遇，提高了吴国在诸侯国中的地位。

11　贬绝：贬抑至极点。

12　尧：尧帝，姓伊祁，名放勋。起初，尧受封于陶，后迁徙到唐（今山西临汾和襄县），习称"唐尧"。尧为上古传说中的人物，以火德为帝，称"赤帝"。他制定法度，发明历法，授民农时，是五帝之一，后禅位于舜。

13　舜：传说中的上古帝王，尧帝的女婿。因建国于虞，故称虞舜或有虞氏。舜性至孝，尧用之，使摄位三十年，后受禅为天子，都于蒲阪（今山西永济）。舜每五年巡狩天下一次，其余时间让各地君长到京城朝见。舜将天下分为十二州，以河道确定各州的边界。舜在南巡中崩于苍梧（今湖南郴州）之野，在位四十八年，传位于禹。

14 正情遇物：正，端正。情，感情、情绪。遇，相待、接待。

15 假：借用、利用。

16 际会：机遇、时机。

17 宣皇祖考立功于汉：考，去世的父亲。祖考，已逝去的祖父，亦泛指故去的祖先。宣皇帝司马懿之父司马防，字建公，为汉京兆尹。祖司马儁，字符异，为汉颍川太守。曾祖司马量，字公度，为汉豫章太守。高祖司马钧，字叔平，为汉征西将军。均为汉重臣，故有此说。

18 世笃尔劳：世代忠实勤勉。

19 百世：百代，形容时间长久。

20 降心：平抑心气。

21 北面：面向北面。旧时皇帝见大臣，或尊长见卑幼，面向南站、坐，大臣见皇帝或卑幼见尊长要面向北站、坐。因此面向北又有臣服或投降之意。

22 毕命：毕生尽忠效命。

夫成业者系[1]于所为，不系所藉[2]；立功者言其所济[3]，不言所起[4]。是故汉高[5]禀命于怀王[6]，刘氏乘毙[7]于亡秦，超二伪[8]以远嗣[9]，不论近而计功，考五德[10]于帝典[11]，不疑道[12]于力政[13]，季[14]无承楚[15]之号，汉有继周之业，取之既美，而己德亦重故也。凡天下事有可借喻于古以晓于今，定之往昔而足为来证者。当阳秋[16]之时，吴、楚二国皆僭号之王也，若使楚庄[17]推鄢[18]、郢[19]以尊有德[20]，阖闾[21]举三江[22]以奉命世，命世之君、有德之主或藉之以应天[23]，或抚之[24]而光宅[25]，彼心自系于周室[26]，不推吴、楚以为代[27]明矣。况积勋累功，静乱宁众，数之所录[28]，众之所与[29]，不资于燕哙[30]之授，不赖于因藉[31]之力，长辔[32]庙堂[33]，吴、蜀两毙，运奇[34]二纪[35]而平定天下，服魏武之所不能臣，荡累叶[36]之所不能除者哉！

【注释】

1 系：联结、关联。

2 藉：凭借。

3 济：成就、补益。

4　起：开始。

5　汉高：汉高祖刘邦（前247—前195），字季，徐州沛县丰邑人，汉代开国之君，庙号高祖。

6　怀王：楚义帝，战国楚怀王熊槐之孙熊心。楚亡后，隐匿民间为人牧羊。项梁起义，采纳范增的建议，立熊心为楚怀王相号召，自称武信君。项梁在定陶败死，怀王以宋义为上将军，项羽为次将，率兵救赵，令刘邦西向入关。与诸将约，先入关中者为王。项羽杀宋义，在巨鹿大败章邯，怀王以项羽为上将军。刘邦从南阳经武关先入关中，项羽使人还报怀王，怀王答复照原约办，项羽遂怨恨怀王，于是佯尊怀王为义帝，将其徙往长沙郴县，暗中令英布等人弑于江中。

7　刘氏乘毙：刘氏，刘邦。乘，利用、趁机会。毙，死，亦作弊，意为败，疲困。

8　二伪：指"亡秦"和"项羽继"张楚"的"西楚"，习凿齿认为他们都不能列入帝王之列。

9　远嗣：指刘邦让汉朝舍弃"张楚""亡秦"去继承遥远的周朝统绪。嗣，接续、继承。

10　五德：即"五德终始说"。战国阴阳家邹衍首以金、木、水、火、土五行为五德，认为每个王朝各代表一德，按照五行相生相克的顺序，交互更替，周而复始，皆有命数。

11　帝典：帝王法则。

12　道：路、大道。

13　力政：以武力、强力为政。

14　季：刘邦字。一说刘邦本名季，即位后改为邦。

15　承楚：继承楚国国统。

16　阳秋：即春秋，我国古代朝代名，指公元前770—前475年中国各诸侯国争霸的时代。晋时因避简文帝郑后阿春讳，改"春"为"阳"。

17　楚庄：楚庄王（前？—前591），楚穆王之子，出土竹简写作臧王，芈姓，熊氏，名侣（一作吕、旅），谥庄。楚庄王在位期间，克定内乱，启用贤良，消灭庸国，打败晋国，饮马黄河，问周鼎之轻重大小，是楚国最有成就和影响的君主，为楚国成为春秋战国时期地域最大、人口最多的大国打下了基础,成为春秋五霸之一。

18 鄢:春秋楚别都,汉惠帝时改为宜城(今湖北宜城东南)。近年出土竹简资料表明,鄢亦是时间较长的主要楚都。

19 郢:春秋战国时期楚国的都城,在湖北西部,传统的说法位于今湖北荆州市荆州区北面3公里的纪南城。从公元前689年楚文王(一说楚武王)始都郢至公元前278年(楚顷襄王二十一年)秦将白起攻破郢都、楚国迁都于陈,不算上楚昭王在位时的短期迁都,郢做了四百余年楚都城。近年出土文献资料表明,楚都迁徙无常,郢都远不止纪南城一处,均称郢,迁都纪南城时间较晚。

20 尊有德:尊奉有德行的人(为帝)。

21 阖闾:即阖庐,春秋末年吴国国君,名光。阖闾用武士专诸刺杀吴王僚而自立,公元前514—公元前496年在位。阖闾曾伐楚入郢,后在槜李(今浙江嘉兴西南)为越王勾践所败,伤重而亡。

22 三江:此三江出自《禹贡》"三江既入,震泽底定"。一说为太湖下游的娄江、吴淞江、东江。一说为吴江、钱塘江、浦阳江。还有说松江、钱塘江、浦阳江。《史记·夏本纪》司马贞《索隐》认为,北江从会稽毗陵县北,东入海,中江从丹阳芜湖县东北至会稽阳羡县东入海,南江从会稽吴县南东入海。

23 应天:顺应天命。

24 抚之:安抚、安慰、占有。抚,轻轻地抚摸。

25 光宅:光大所居,指建都。左思《魏都赋》:"暨圣武之龙飞,肇受命而光宅。"

26 周室:周王朝。

27 代:历史上划分的时期、朝代。

28 录:次第、次序。

29 所与:友好、结交。

30 燕哙之授:指战国时燕王哙让国于国相子之,导致燕国大乱。

31 因藉:因,依靠、根据。藉,凭借。

32 辔:驾驭牲口的嚼子和缰绳。引申为驾驭。

33 庙堂:朝廷。

34 运奇：运用奇谋。

35 纪：十二年为一纪。

36 累叶：累世。

　　自汉末鼎沸五六十年，吴、魏犯顺¹而强，蜀人杖正²而弱，三家不能相一，万姓旷³而无主。夫有定天下之大功，为天下之所推，孰如见推于闇人⁴，受尊于微弱？配天⁵而为帝，方驾⁶于三代⁷，岂比俛⁸首于曹氏，侧足⁹于不正？即情而恒实[一]¹⁰，取之而无惭，何与诡事¹¹而讬伪¹²，开乱于将来者乎？是故故旧¹³之恩可封魏后¹⁴，三恪之数不宜见列。以晋承汉，功实显然，正名当事，情体亦厌¹⁵，又何为虚尊不正之魏而亏我道于大通¹⁶哉！

【校勘记】

　　[一]"恒实"，中华书局点校书校勘记谓"恒"疑"衡"字之误。

【注释】

1 犯顺：违反正道、造反作乱、以逆犯顺。

2 杖正：依仗正确的规则。杖，同"仗"，依靠、凭倚。正，正确、合于法则道理。

3 旷：空着、空缺、长时间无。

4 闇人：愚昧、糊涂的人。闇同"暗"。

5 配天：与天相匹配、比并。

6 方驾：比肩、媲美、匹敌，比喻彼此不相上下。

7 三代：夏、商、周三个朝代。

8 俛首：低头，表示服从。俛同"俯"。

9 侧足：置足、插足。侧，倾斜。

10 恒实：基本事实。恒，平常的、普通的。

11 诡事：欺诈之事。诡，欺诈。

12 讬伪：依托非正统的统治者。

13 故旧：旧交、老友。

14 魏后：魏皇室的后代。

15 厌：美盛貌。

16 大通：通于大道。

昔周人咏祖宗之德，追述翦商[1]之功；仲尼[2]明大孝[3]之道，高称[4]配天之义。然后稷[5]勤于所职，聿[6]来未以翦商，异于司马氏仕乎曹族，三祖之寓于魏世矣。且夫魏自君之道不正，则三祖臣魏之义未尽。义未尽，故假涂[7]以运高略[8]；道不正，故君臣之节有殊[9]。然则弘道[10]不以辅魏而无逆取[11]之嫌，高拱[12]不劳汗马而有静乱之功者，盖勋足以王[13]四海，义可以登天位，虽我德惭于有周，而彼道异于殷商故也。

今子不疑共工之不得列于帝王，不嫌汉之系周而不系秦，何至于一魏犹疑滞[14]而不化哉！夫欲尊其君而不知推之于尧舜之道，欲重其国而反厌[15]之于不胜之地，岂君子之高义[16]！若犹未悟，请于是止矣。"

（《晋书·习凿齿传》）

【注释】

1 翦商：剪灭商纣王。借指剿灭无道，建立王业。翦同"剪"，消灭、除掉。

2 仲尼：孔子字，名丘。中国儒家学派的创始人，中国古代著名思想家、教育家及上古文化之集大成者，汉武帝"独尊儒术"后被推上至尊至圣之地位。

3 大孝：坚持原则、坚持真理、坚守道德的孝为大孝。《荀子·宥坐篇》："能致恭敬、忠信、端悫，以慎行之，则可谓大孝矣。"司马光《家范·子下》："天子以德教加于百姓，刑于四海为孝，诸侯以保社稷为孝，卿大夫以守其宗庙为孝，士以保其禄位为孝，皆谓能成其先人之志，不坠其业者也。"

4 称：赞扬。

5 后稷：传说姬周族的始祖，名弃，出生于稷山（今山西运城稷山）。母为帝喾高辛氏元妃有邰女姜嫄，外出时踩上了巨人的脚印而怀孕，孩子出生后一度被其母先后弃之于隘巷、林野、水中，因而取名

"弃"。弃成人后能根据气候季节种植各种粮食作物，被尧举为"农师"，舜任命为"后稷"，是我国历史上开始种植稷和麦的人，舜封之于邰（今陕西武功西北），号为"后稷"，别姓姬氏。其后子孙繁衍，逐渐强大，太王时居住于周原（邠），故号"周"。

6 聿：文言助词，无义，用于句首或句中。

7 假涂：亦作"假途"，义为借路、借助。

8 高略：高超的谋略。

9 殊：不同。

10 弘道：弘扬大道、正道。

11 逆取：逆向夺取，指以下犯上篡夺政权。

12 高拱：两手相抱，高抬于胸前安坐时的姿势。

13 王：统治、主宰。作动词，为……之王。

14 疑滞：指疑难之处。

15 反厝：反，本义相背。厝，放置。

16 高义：行为高尚、正义。

二　侧[一]1周鲁通2诸葛论

客问曰："周瑜、鲁肃何人也？"主人曰："小人[3]也。"客曰："周瑜奇孙策于总角[4]，定大好于一面，摧魏武百胜之锋，开孙氏偏王[5]之业，威震天下，名驰四海。鲁肃一见孙权，建东帝之略[6]。子谓之小人何也？"主人曰："此乃真所以为小人也。夫君子之道，故将竭其忠直，佐扶帝室[7]，尊主宁时，远崇名教[8]。若乃力不能合，事与志违，躬耕南亩，遁迹当年，何由尽臣礼于孙氏于汉室未亡之日邪？"客曰："诸葛武侯翼戴玄德，与瑜、肃何异？而子重诸葛，毁瑜、肃，何其偏[9]也？"主人曰："夫论古今者，故宜先定其所为之本，迹其致用之源。诸葛武侯龙蟠江南，托好管、乐，有匡[10]汉之望，是有宗本[11]之心也。今玄德，汉高之正胄[12]也，信义著于当年，将使汉室亡而更立，宗庙绝而复继，谁云不可哉！"

（《太平御览》卷447）

【校勘记】

［一］汤本、乔本、尚明本、余本并将"侧"作"别"。中华书局版影印版、河北教育出版校点版《太平御览》均无"侧"字。

【注释】

1　侧：不正、邪辟。

2　通：显达。

3　小人：人格卑下的人。

4　总角：古代男女未成年以前将头发于鬓两侧扎成结，形状如两角，称为总角。意指周瑜与孙策自幼交好。

5　偏王：割据一方之地称王。

6　东帝之略：指吴立足江东，等待有利时机，消灭刘表，占领整个长江流域，然后夺取天下建国称帝的战略。《三国志·鲁肃传》孙权对鲁肃说："今汉室倾危，四方云扰，孤承父兄余业，思有桓文之功。君既惠顾，何以佐之？"鲁肃答："昔高帝区区欲尊事义帝而不获者，以项羽为害也。今之曹操，犹昔项羽，将军何由得为桓文乎？肃窃料之，汉室不可复兴，曹操不可卒除。为将军计，惟有鼎足江东，以观天下之衅。规模如此，亦自无嫌。何者？北方诚多务也。因其多务，剿除黄祖，进伐刘表，竟长江所极，据而有之，然后建号帝王以图天下，此高帝之业也。"

7　佐扶帝室：辅佐汉献帝。佐扶，辅佐。帝室，东汉皇室，指当时的汉献帝政权。

8　名教：指以正名定分为主的封建人伦礼教，其核心是儒家的君臣父子夫妻关系。

9　偏：偏爱、偏见。指不全面、不正确。

10　匡：辅助、帮助、救助。

11　宗本：宗，遵守、尊崇。本，根本、本旨，此指儒家纲常之忠君护国。

12　正胄：胄意为帝王或贵族的子孙，刘备为汉景帝刘启的庶子中山靖王刘胜的后裔,是汉之正胄。

三　与伏滔共论青楚人物

伏滔[1],青州人,为荆州参军[2]。习凿齿,州人[3],为治中。于桓温座共论青、楚[4]人物。

滔以春秋[5]鲍叔[6]、管仲、隰朋[7]、召忽[8]、轮扁[9]、宁戚[10]、麦丘[一]人[11]、逢丑父[12]、晏婴[13]、涓子[14],战国[15]时公羊高[16]、孟轲[17]、邹衍[18]、田单[19]、荀卿[20]、邹奭[二][21],莒[三]大夫[22]、田子方[23]、檀子[24]、鲁连[25]、淳于髡[26]、田光[27]、颜歜[28]、黔[四]子[29]、于陵仲子[30]、王斗[五][31]、即墨大夫[32],前汉[33]时伏征君[34]、终军[35]、东郭先生[36]、叔孙通[37]、东方朔[38]、安期先生[39],后汉[40]时大司徒[41]、伏三老[42]、江革[43]、逢萌[44]、郑康成[45]、祢正平[46],魏时管幼安[47]、华子鱼[48]、徐伟长[49]、伏高阳[50],此皆青土之有才德者也。凿齿以为,神农[51]生于治中[52],《召南》[53]咏其美化,《春秋》称其多才[六],《汉广》[七][54]之风不同《鸡鸣》[八][55]之篇,子父[九][56]、叔敖[57]羞与管、晏比德,接舆[58]之歌《凤兮》[59],渔父[60]之咏《沧浪》[61];汉阴丈人[62]之见[十]与子贡[63],市南宜僚[64]、屠羊说[65]之不为利回[66],鲁连不及老莱夫妇[67],田光不及屈原[68],邓禹[69]、卓茂[70]无敌于天下,管幼安不胜司马德操[71],庞士元不推[72]华子鱼,何、邓[73]二尚书独步于魏朝,乐令[74]无对于晋世;昔伏羲[75]葬于南郡,少昊[76]葬于长沙[77],虞舜[78]葬于[十一]零陵。比其人即标的[79]如此,论其土则群圣之所葬,考其风则诗人之所歌,寻其事则未有黄巾[80]、赤眉[81]之贼,此何如青州耶?(文渊阁《四库》本《渚宫旧事》卷5《晋代》)

【校勘记】

[一]"麦丘",底本注"阙",据平津本,吉石本、《晏子春秋·谏上》《韩诗外传》卷10、《世说新语·言语》刘孝标注引《伏滔集》补。

[二]"邹奭",底本注"阙",据吉石本、《世说新语·言语》刘孝标注补。

[三]"莒",底本注"阙",据吉石本、《世说新语·言语》刘孝标

注补。

〔四〕"黔"，底本注"阙"，据吉石本，《世说新语·言语》刘孝标注补。

〔五〕"王斗"，齐国与颜歜同时人。库本作王升，《世说新语·言语》作王叔。据《战国策》《高士传》等改，古斗、升字形相似易混，作斗是。

〔六〕"才"，底本注明"阙"，据平津本、墨海本、吉石本、《世说新语》刘孝标注补。

〔七〕"汉广"，底本无，据平津本、墨海本、吉石本、《世说新语》刘孝标注补。

〔八〕"鸡"，底本作"鹤"，据平津本、墨海本、吉石本、《世说新语》刘孝标注改。

〔九〕"子父"，《世说新语》作"子文"，误，其下之叔敖即为子文。

〔十〕"见"，底本原注"阙"，据平津本、墨海本补。《世说新语》作"汉阴丈人之折子贡"，是。

〔十一〕"葬于"，底本无，据平津本、墨海本、吉石本补。

【注释】

1　伏滔：生卒年不详。字玄度，平昌安丘（今山东安丘）人。少以才学知名，大司马桓温授以参军，引为知己，宴集时必与同席，以功封闻喜县侯，除永世令。桓温薨，征西将军桓豁引为参军，领华容令。太元（376—396）中拜著作郎，专掌国史，领本州大中正，迁游击将军，卒于官。

2　参军：官名，即参军事。东汉灵帝时置。晋时军府、王府官员，南北朝随其职司，称咨议参军、中兵参军等，亦单称参军、参军事，为诸曹之长。

3　州人：本州人，此指荆州。伏滔为外地人，故称习凿齿为州人。

4　青、楚：青州、楚国。这里的青州从文字看，包括春秋战国时期的齐、鲁、燕、赵、韩、魏等国所辖的广大地区。楚，这里仅指古楚国所辖的两湖一带。

5　春秋：我国历史时期名。春秋名来自经孔子整理编辑的，从鲁隐公元年至鲁哀公十四年，记录了列国大事的鲁史——《春秋》，大体上与东周的前半段时期相当，所以历代史学家便把《春秋》这个书名作为这个历史时期的名称。为了叙事方便，人们将春秋时期定于周平王东迁元年（前770），止于敬王四十四年（前476）。

6　鲍叔：名叔牙，亦称"鲍子"，姒姓之后，鲍敬叔之子。鲍敬叔仕齐，食采于鲍（今山东济南历城），因以为氏。鲍叔牙以知人著称，青年时与管仲合伙在齐南阳（在今山东泰山南东平至泰安汶水中游一带）经商。齐襄公无道，叔牙辅佐襄公弟公子小白，管仲辅佐公子纠，分别逃往莒国和鲁国避难。襄公被杀，公子纠和公子小白均抢着回国抢夺君位，小白获胜即位，为桓公。桓公任命叔牙为相，叔牙推荐管仲，管仲为相后使齐国日渐富强，称霸诸侯。鲍叔牙遂以知人荐贤而名垂青史。

7　隰（xí）朋：亦作隰崩（前？—前644），齐国公族，姜姓。春秋时期齐国贤大夫，与管仲、鲍叔牙等辅佐齐桓公，曾率军为晋讨平戎翟的侵犯，配合秦军拥立晋惠公。管仲病重时荐隰朋自代，与管仲同年死于齐。

8　召忽：齐大夫。召忽与管仲共保公子纠至鲁，纠回齐夺王位失败后再次逃往鲁国，齐国逼鲁国迫使公子纠和召忽自杀。

9　轮扁：齐桓公时的一位造车巧匠。轮扁年七十仍在造车，曾以其造车的心得讽谏桓公治国不能拘泥于书本，要靠深入了解齐国的国情，有针对性地科学治国。

10　宁戚：姬姓，宁氏，名戚，生卒年不详，春秋时期卫国人。宁戚早年怀才不遇，为卫国车夫，曾在饲养牛时敲击牛角高歌，齐桓公见其歌词话中有话，经过一番交谈，发现其人有治国才能，拜为大夫，使齐国大治。

11　麦丘人：齐国麦丘乡民，传说齐桓公（一说齐景公）打猎时，在麦丘遇到这位八十三岁的寿星，希望也能获得如此高寿。老人三次为他祝福，强调君主要贱金玉、财宝、爱民、重贤、自慎。齐桓公十分欣赏，将其扶上车，亲自御驾载归，参与朝政。《韩诗外传》卷十："齐桓公逐白鹿至麦丘之邦遇人，曰：'何谓者也？'。对曰：'臣麦丘之邦人。'

桓公曰：'叟年几何？'对曰：'臣年八十有三矣。'桓公曰：'美哉！'与之饮，曰：'叟盍为寡人寿也。'对曰：'野人不知为君王之寿。'桓公曰：'盍以叟之寿祝寡人矣。'邦人奉觞再拜曰：'使吾君固寿，金玉之贱，人民是宝。'桓公曰：'善哉！祝乎寡人闻之矣。至德不孤，善言必再，叟盍优之邦人。'奉觞再拜曰：'使吾君好学士而不恶问。贤者在侧。谏者得入。'桓公曰：'善哉！祝乎寡人闻之至，德不孤，善言必，三叟盍优之邦人。'奉觞再拜曰：'无使群臣百姓得罪于吾君。无使吾君得罪于群臣百姓。'桓公不说，曰：'此言者非夫前二言之祝，叟其革之矣。'邦人潸然而涕下，曰：'愿君熟思之，此一言者夫前二言之上也。臣闻，子得罪于父，可因姑姊妹谢也，父乃赦之。臣得罪于君，可使左右谢也，君乃赦之。昔者，桀得罪于臣也，至今未有为谢也。'桓公曰：善哉！寡人赖宗庙之福，社稷之灵，使寡人遇叟于此。'扶而载之，自御以归，荐之于庙而断政焉。桓公之所以九合诸侯，一匡天下，不以兵车者，非独管仲也，亦遇之于是，诗曰'济济多士，文王以宁。'"

12　逢丑父：齐顷公的右车夫。在齐晋鞍（今山东济南西）之战中，齐军大败，逢丑父与顷公交换车上的座位，让顷公去取水，使其得以逃脱，自己光荣地当了一回国王俘虏，晋军义之，放归。

13　晏婴（前578—前500）：字仲，又称晏子，谥平，夷维（今山东高密）人。晏婴生活节俭，谦恭下士，为齐灵公、庄公、齐景公三朝卿相，在位"君语及之，即危言；语不及之，即危行；国有道即顺命，无道即衡命"，"进思尽忠，退思补过"，屡谏齐君。晏婴身材矮小，相貌丑陋，却善于辞令，出使不辱君命，显名于诸侯，是春秋后期一位谦卑谨慎的勤俭杰出的政治家、思想家、外交家。

14　涓子：齐人，传其服食苍术之精成仙，三百年后再见于齐，垂钓于菏泽，得鲤鱼腹中符书，获伯阳九仙法，隐居于宕山，能致风雨，著有《天人经》四十八篇。

15　战国：春秋以后的历史时期名。一般以鲁史《春秋》结束后的公元前475年为开始年，以公元前221年秦始皇统一中国年为结束年。期间诸侯间纵横捭阖，争战不休，故称战国。

16　公羊高：齐国人，受《春秋》于孔子的再传弟子卜商子夏，所著《春秋公羊传》，起讫时间与《春秋》相同，起初只是口头流传，西汉景帝时，传至玄孙公羊寿，才由公羊寿与胡母生一同将《春秋公羊传》著于竹帛，成为儒家经典之一。

17　孟轲（前372?—前289?）：字子舆（一说字子车或子居），鲁国邹（今山东邹城）人，一说郏（今山东邹城）人，后徙居邹。就学于孔门弟子传人，学成后游历于齐、宋、滕、魏、鲁诸国，历时二十多年，推行自己的法先王、行仁政的政治主张，其学说与富国强兵、征战争霸的战国时代背景相悖而得不到采纳，遂退居讲学，和其弟子一起"序《诗》《书》，述仲尼之意，作《孟子》七篇"，是孔子之后的儒学大师。

18　邹衍：生卒年不详，战国末期齐人。邹衍深入观察阴阳信息而作怪迂之变，终始大圣之篇十余万言，有《邹子》《邹子终始》等著作。其论闳大不经，是阴阳学派创始人，主要学说是"五德终始说"和"大九州说"。邹衍又是稷下学宫的著名学者，因他"尽言天事"，当时人们称他"谈天衍"，又称邹子。所谓中国者于天下乃八十一分居其一分，然而其要旨仍然是"仁义节俭、君臣上下六亲之施"。王公大人对其学说都刮目相看，所到之处大受礼遇，但不能施行。其说今皆不传。

19　田单：妫姓，田氏，名单，临淄人，生卒年不详，齐国田氏宗室远亲。乐毅帅燕军攻齐时，田单坚守即墨，以火牛阵击破代乐毅为将的骑劫大军，收复七十余城，因其安国平乱之功被任为齐襄王时相国，封安平君。

20　荀卿：名况，生卒年不详，赵国人。年五十始游学于齐，三为齐襄王稷下学宫祭酒，晚年被谗。前往楚国，楚春申君任为兰陵令，遂家于兰陵。荀卿痛恨当时亡国乱君之政，主张厉行法治，用儒家与墨家的道德学说来挽救社会，李斯是其著名弟子。

21　邹奭：是齐国几位邹姓学者的代称，他们遵从邹衍之术而加以演绎著述，得到齐王的鼓励，皆命曰列大夫，合称为邹奭，以继承光大邹衍之术，有《邹奭子》十二篇，迂大而闳辨。

22　莒大夫：即齐莒城太史敫。乐毅攻齐期间，楚国让淖齿将兵救齐，出任齐相。后来，淖齿杀齐愍王，愍王子法章逃入莒城，改名换姓为敫家佣人，敫之女发现其非凡人，予以特别关照怜爱，与之私通。法章后来被拥立为齐王,以敦女为王后。太史敦以其女私许终身违背礼法,有污家声,终身不与其女见面,但其女不因其父不相见而失父女之礼。

23　田子方:战国时期魏国贤人。田子方受学于子贡,傲王侯而轻富贵,以道德学问闻名于诸侯,魏文侯引以为师,对魏文侯及其子帮助甚多,有"国宝"之誉。

24　檀子:战国时期齐国名将,齐威王时镇守齐田的南疆,楚国不敢东侵淮泗地区,泗上十二诸侯皆来朝齐,威王引以为豪。余事不详。

25　鲁连:鲁仲连的省称,以鲁为氏,齐国人。鲁仲连高洁不仕,却屡出奇策,为国排患释难而一无所取。赵孝成王时,秦围邯郸,诸侯莫敢救,鲁仲连正游历于赵,劝阻赵、魏放弃尊秦为帝的行为,主张二国联合抗秦,却退秦军。鲁仲连后来隐居海上,莫知所在。

26　淳于髡(kun):齐国人,齐威王和宣王时大夫。淳于髡博闻强记,丑陋滑稽,但能言多辩,屡次出使诸侯国而未辱君命,曾机智地讽谏威王罢饮图治,使危机四伏的齐国得以强大,侵略过齐国的诸侯十分惊恐,纷纷将侵占的土地归还齐国,让齐国的声威维持三十六年之久。惠王即位,欲任其为卿相,淳于髡辞谢而去,惠王赠送安车、驾驷、束帛加璧、黄金百镒。

27　田光:(前?—前227),燕都之东鄙人。田光为战国末期燕国处士,其人智深沉勇,能谋大事,燕太子丹央求田光去劫持秦王政,田光因年老而推荐荆轲,同时向太子丹保证,他将谨守秘密,不会外泄,并以自杀激励荆轲去完成使命。

28　颜歜(chu):齐国人。颜歜曾以打比方的方式劝诫齐宣王要贵士、务实、修德、建功,使宣王醒悟,请求做其弟子,还让其夫妇富贵,颜歜再三辞谢而去。

29　黔子:名娄,通称"黔娄先生",齐国隐士和道学大师。黔娄修身清节,逃避富贵,隐居于济南千佛山,家徒四壁,衣不蔽体,仍励志苦节,安贫乐道。鲁恭公闻其贤,遣使致礼,赐粟三千钟欲以为相,他坚辞不受。齐王又礼以黄金百斤,聘为卿,仍不就。黔娄子著有《黔娄子》四篇(已佚),言道家之务,以寿终。

30　於陵仲子:即陈仲子,齐国人,其兄戴为齐卿,食禄万钟,仲子认为不义，携妻子逃居楚国的於陵（今山东邹平），躬自织鞋，自称"於陵仲子"，宁愿忍受饥寒，也不食不义之食。楚王闻其贤，遣使持金百镒至於陵聘其为相，仲子出谢使者，再次与妻子逃走，为人灌园。

31　王斗：齐国人，与颜歜同时。王斗修道不仕，敢直言正谏，要齐宣王放弃声色犬马之嗜好，像齐桓公那样爱士，于是齐宣王举士五人任官，齐国大治。

32　即墨大夫：齐大夫，姓名不详。齐威王即位初，国家衰弱不治，晋、赵、鲁、卫等诸侯并伐齐国，侵夺其土地。其时，谗毁即墨大夫的谗言不时传到威王处，威王派人暗访，发现即墨富足安宁，原来，谗言来自威王左右，因即墨大夫不巴结他们所致。威王遂封即墨大夫万家予以奖赏，诛杀阿谀奉承之众官，发兵抗击入侵之敌，于是齐国大治，诸侯莫敢致兵于齐二十余年。

33　前汉：即西汉王朝（前206—前8）。

34　伏征君：伏胜（前260—前161），字子贱，通称"伏生"，济南郡邹平（今山东滨州邹平）人。伏胜为秦博士，始皇时焚书，他将《尚书》藏于壁中，至汉初，仅存二十九篇。秦亡，他教授于齐鲁之间。文帝时，求能治《尚书》者，得伏生，以年九十余不能行，乃使大夫晁错前往受之。两汉今文《尚书》学者，皆出其门下。征君，征士的尊称。

35　终军（前133—前112）：字子云，济南人。汉武帝时辩士、谏大夫。终军年少好学，以辩博能文闻于郡中，十八岁被选为博士弟子，上书汉武帝，被武帝拜为谒者给事中，擢为谏大夫，二十多岁时成功出使匈奴，后主动请缨出使南越，让南越举国内附，使用汉法，汉武帝让其留镇南越，元鼎五年（前110），被不愿内附的越相吕嘉攻杀，时人称为"终童"。

36　东郭先生：齐处士，姓名生平俱不详，齐郡（治所在今山东淄博）人。楚汉相争时，与另一处士梁石君一同被齐王田荣暴力劫持，东郭先生以此为耻，躲入深山隐居，后被蒯通引荐给齐相曹参，曹参待之以上宾之礼。

37　叔孙通：名何，薛（今山东曲阜）人。秦时以文学征为待诏博士，继被秦二世封为博士。秦灭亡前，叔孙通逃回薛地投奔项梁，项梁死后，跟随楚怀王。汉高祖二年（前205），叔孙通于彭城（今江苏徐州）转投汉军，拜为博士，号"稷嗣君"。汉初，叔孙通自荐为汉朝制定朝仪，征鲁诸儒生三十余人与其弟子百余人参与，兼采古礼与秦的仪法新订汉朝礼仪，拜太常，赐金五百斤，被尊为汉家儒宗。

38　东方朔（前154—前93）：本姓张，字曼倩，平原厌次（今山东惠民）人。东方朔先后任过常侍郎、太中大夫、给事中等职。东方朔通经术，善辞赋，关心政事，诙谐善辩，敢于直言切谏，但武帝始终将他当作俳优一类的弄臣对待，临终前以正言规谏汉武帝"远巧佞，退谗言"。东方朔的诗赋大多流失，保存下来的有《答客难》《非有先生论》。

39　安期先生：即安期生，琅琊阜乡（今山东黄岛）人，秦末隐士。安期生受学于河上丈人，海边卖药为生。秦始皇东游，请安期生与语三日三夜。秦亡，安期生与其友蒯通交往，项羽欲封之，被其谢绝。

40　后汉：刘秀建立东汉王朝（25—220）。

41　大司徒：指伏湛（？—37），字惠公，琅琊东武（今山东诸城）人。伏湛为西汉经学家伏胜（伏生）之后，少继父业，教授生徒数百人。汉成帝时，任博士弟子。王莽时，任绣衣执法、后队属正。更始帝即位，拜平原太守。光武帝即位，拜尚书。建武三年（27），迁大司徒，封阳都侯，六年，改封不其侯，十三年去世。

42　伏三老：指伏恭（前5—84），字叔齐，琅琊东武（今山东诸城）人。伏恭为伏湛兄子、光禄勋伏湛弟伏黯养子，传家学，初任郎，东汉建武四年（28），为剧县（今山东昌乐）令，以公正廉洁著称，在县十三年后迁常山太守。明帝永平二年（59）迁任太仆，四年任司空，十三年以疾病辞。建初二年（77）冬，肃宗行飨礼，以伏恭为三老，元和元年卒。

43　江革：字次翁，淄博（今山东淄博）人。江革少年丧父，于战乱中赤足佣工养母，以孝敬父母闻名乡里，人称"江巨孝"。母死后，江革屡拒辟请，汉章帝建初（76—83）初，太尉牟融举为贤良方正，迁司空长史。肃宗时迁五官中郎将，累官至谏议大夫，名重当时。

44　逄萌：字子庆，北海都昌（今山东昌邑）人。家贫，曾为亭长，后至长安学《春秋》，明阴阳之理，见王莽政乱将败，挂冠而去，携眷属远徙辽东避难。光武帝即位后,迁琅琊崂山隐居修道,屡拒征辟,以寿终。

45　郑康成(127—200):郑玄字,高密(今山东高密西南)人。郑玄家贫好学,习《孝经》《论语》,兼通京氏《公羊春秋》、"三正历"、《九章算术》《周官》《礼记》《左氏春秋》《韩诗》《古文尚书》,学至山东无足问,乃西入关求学于扶风马融,前后游学十余年,终成大儒,遂还归乡里,客耕东莱,聚徒讲学,弟子达数千人,并以毕生精力整理儒家经典。郑玄以古文经学为主,兼采今文经说,遍注群经,为汉代经学的集大成者,其注甫出,他注几废,世称"郑学",对后世经学产生了极其深远的影响。

46　祢正平(173—198):祢衡字,平原般县(今山东德州临邑)人。祢衡少有才辩,文才出众,为东汉末年著名辞赋家,然性格刚毅,好侮谩权贵,曾当众辱骂曹操,曹操将其送与荆州牧刘表,刘表转送给江夏太守黄祖,因冒犯黄祖被笞杀。

47　管幼安(158—241):管宁字,北海朱虚(今山东临朐与安丘之间)人,齐相管仲之后。管宁早年孤贫好学,不受馈赠。汉末乱时与邴原、王烈等人避乱辽东公孙度处,于邑北讲授《诗经》《书经》,并从事陈祭礼、饰威仪、明礼让等教化工作。随着中原趋于安定,避乱辽东的人们纷纷返乡,可管宁仍蛰居辽东,魏初才返回故郡。自魏黄初(220—226)至青龙(233—236)年间,朝廷征命凡十至,赐舆服四,管宁皆固辞不就,正始二年病故,著《氏性论》。

48　华子鱼(157—32):华歆字,平原高唐(今山东高唐东、禹城西南)人。灵帝时举孝廉,任郎中,何进征为尚书郎,劝袁术讨伐董卓不成,往至徐州,诏拜豫章太守。孙策围豫章,华歆以郡降,被奉为上宾。官渡之战时,曹操表呈天子征华歆为议郎、参军,入为尚书,转侍中,代荀彧为尚书令,后为魏国御史大夫。曹丕即王位,拜华歆为相国,代汉后改任司徒。明帝即位,华歆代钟繇为太尉,封博平侯。太和五年去世,谥敬侯,有《集》三十卷,已佚。

49　徐伟长:徐干(170—217)字,北海剧县人。徐干年少时专志于学,轻视官禄,不耽世荣,怀文抱质,恬淡寡欲,有隐逸之志,为

"建安七子"之一。曹操任徐干为司空军谋祭酒、五官将文学，他以病辞官，过着贫寒清苦的生活，曹操又任他为上艾长，仍称疾不就。建安二十二年（217）染疾而终。

50　伏高阳：人名，不详。或为高阳许允，字士宗，出身冠族，明帝时为尚书选曹郎，出为郡守，迁魏侍中、尚书中领军。许允为魏晋时名士，为司马师所杀，其子孙得到司马氏追封，恩荣数世。

51　神农：传说中的上古帝王，以火德王，故称炎帝，是"三皇"之一。传说其教民做耒耜，务农业，故称"神农氏"。又传他曾尝百草，教人治病。死后葬于长沙茶乡（今株洲炎陵）之尾。

52　治中：指所管治地域，此指荆州辖域，意为神农出生在本辖域内。

53　《召（shào）南》：《诗经·国风》中的《江有汜》《汉广》等篇当采自江汉流域。习氏认为《召南》是歌颂神农教化的诗篇。

54　《汉广》：《诗经·国风》中采自江汉流域的一篇诗歌。

55　《鸡鸣》：诗篇名，指《诗经·郑风》中的《女曰鸡鸣》。《女曰鸡鸣》计三章，章六句，内容描写了一对平民夫妻，在天色将明未明之际，从睡梦中醒来的妻子，催促丈夫早起干活的一番对话情形。

56　子父：不详。

57　叔敖：孙叔敖（前630？—前593），名敖，字孙叔、子文，期思之鄙（今安徽临泉）人，本为楚国大司马蒍贾之子，蒍贾遭陷害，蒍敖与母避难于淮域，改名孙叔敖。楚庄王时，孙叔敖由前令尹虞丘推荐为令尹，开始辅佐庄王治理国家，他毁家纾难，最后官拜令尹，使楚国成为春秋五霸之一，为楚国名相。

58　接舆：陆通字，春秋时楚隐士。楚昭王时，陆通见楚政无常，乃佯狂不仕，隐居躬耕为食。楚王闻陆通贤良通达，遣使者持金百镒，车马二驷前来聘其辅佐朝政，陆通笑而不应，夫妻变易姓名，隐于蜀之峨眉山，寿数百岁。

59　"凤兮"：歌名，又称《接舆歌》。孔子周游列国至楚国时，路遇楚隐士陆通临其门，陆通佯狂唱道："凤兮凤兮！何德之衰？往者不可谏兮，来者犹可追也。已而已而！今之从政者殆而！"孔子想跟他攀谈，不料他转身而去。

60　渔父：楚国隐士。战国晚期，楚国政治昏暗，渔父匿名隐钓于江滨，碰上行吟江畔的屈原，渔父规劝他不要拘执凝滞，让他随波逐流，与世和光同尘。渔父后隐入深山，下落不明。

61　《沧浪》：见于《孟子·离娄》，为渔父规劝屈然时唱的歌："沧浪之水清兮，可以濯吾缨；沧浪之水浊兮，可以濯吾足。"告诉屈原，世道清明，可以出仕为民造福；世道昏乱，不必过于清高自守。

62　汉阴丈人：春秋时期楚国隐士，姓名不详。汉阴，汉水之南，山北水南称阴。《庄子·天地》载，子贡途经楚国汉水南，看见一老人挖地道，抱水器进井中取水灌园，遂问他为何不用省力的机械。老人说用机械的人，必有机变之心，这违背了应该尊奉的"道"，毁了做人的清白，批评子贡周游列国兜售名声，是不治身而去治天下的虚伪行为。子贡听后，顿感惭愧失色。

63　子贡（前520—前456）：孔子的弟子，姓端木，名赐，卫国人。子贡善于雄辩，办事通达，曾任鲁、卫二国之相，为孔门十哲之一。他善于经商，以诚信闻名，被后世商界供奉为财神。

64　宜僚：熊姓，春秋时楚国勇士，居于市南，因号"市南子"。楚白公胜阴谋作乱，想杀掉令尹子西，得知居于郢城南的熊宜僚是一位可敌五百人的勇士，就派亲信前去高价雇请他当杀手。熊宜僚正上下抛弄丸铃，没有屈服于来人的威胁利诱，终不从命。白公得不到熊宜僚相助，其谋杀子西事无法成功，遂使白公、子西两家之间的一场灾难得以避免。在庄子的寓言中熊宜僚还是一位高人，讥讽孔子充满夫子气，劝导过鲁侯如何从根本上逃脱世间的烦恼。

65　屠羊说（yuè）：姓氏不详，名说，是楚都市井中一位以宰羊为生的屠夫。楚昭王时，伍子胥为报楚王杀父兄之仇，率吴军攻破楚都，屠羊说跟随昭王逃难至随国途中立功。昭王复国后，屠羊说将昭王多次甚至是强行给予的爵禄等赏赐拒之门外，连楚王想见他一面的要求都被他拒绝。

66　利回：不因利益的诱惑而背叛素志。回，调转、返回。

67　老莱夫妇：老莱子夫妇。老莱子为楚国隐士，孔子同时代人。

老莱子耕隐于蒙山以避世乱，楚王登门请他出山辅政，他被迫当面答应，旋即遭到因事外出回家妻子的斥责，于是携家人一起逃亡江南，莫知其终。老莱子为道家的代表性人物，著有道家方面的著作十五篇。

68　屈原（前340？—前278）：名平，字原，常以屈原相称，又自云名正则，号灵均，秭归（今湖北秭归）人。屈原为楚武王熊通子屈瑕之后，曾任三闾大夫、左徒，兼管内政外交大事，主张内举贤能，修明法度，外联齐抗秦。屈原后遭排挤，被流放沔北、沅、湘流域。公元前278年，屈原闻楚国郢都被秦将白起攻拔后，怀石投汨罗江而死。屈原在楚国民歌基础上，创造了一种新的诗歌体裁——楚辞，留下许多不朽的爱国诗篇。

69　邓禹：字仲华，南阳新野（今河南新野）人。青年时，邓禹和光武帝刘秀一起游学京师。西汉末年，刘秀征战河北时，邓禹追至邺城，让刘秀延揽天下英雄，争取民心，恢复汉朝大业。邓禹参与扫平铜马、绿林、赤眉等农民起义军的征战活动。东汉建立后，任大司徒，封高密侯。

70　卓茂：字子康，南阳宛（今河南南阳）人，东汉云台二十八将之一。卓茂是位"通儒"，精历算，初为丞相府史，后任黄门侍郎，转任密县县令。王莽新朝时，升为京部丞，他称疾辞官回乡。东汉初征为太傅，封褒德侯，建武四年（28）去世。

71　司马德操：名徽，颍川阳翟（今河南禹州）人。东汉末年，司马徽流寓荆州（今湖北襄阳襄城），与襄阳耆德名宿庞德公及流寓荆州的徐庶、诸葛亮等青年才俊交往密切，具知人之鉴，将诸葛亮和庞统两位青年才俊推荐给刘备，使刘备的事业得以兴起，被庞德公品题为"水镜"。

72　推：推崇。

73　何、邓：何晏和邓飏，何晏字平叔，见《汉晋春秋校注》"王广谏父凌慎反司马懿"条注7。邓飏，字玄茂，南阳新野（今河南新野）人，邓禹之后。正始初，邓飏为尚书郎兼中书郎，为当世名士"四聪"之一。

74　乐令：指乐广，见《汉晋春秋校注》"天下之言风流称王夷甫乐广"条注1。

75　伏羲：风姓，又称宓羲、庖牺、包牺、伏戏，亦称牺皇、皇羲、太昊、伏牺。传说伏羲发明了八卦，创造文字，教民渔猎，是中华民族人文始祖，古代原始部落联盟之"三皇"之一。司马贞《史记索引·三皇本纪》注引皇甫谧《帝王世纪》说："伏羲葬南郡。"故习氏有此说。

76　少昊：黄帝的长子玄嚣，亦作少皞、少皓、少颢，姬姓，又称青阳氏、金天氏、穷桑氏、云阳氏，是远古时代羲和部落的后裔，华夏部落联盟首领。《史记·五帝本纪》载黄帝"披山通道，南至于江，登熊湘"，后来将这片土地封给了他儿子少昊氏。《路史·前纪三·云阳氏》引《遁甲经》载长沙茶陵之云阳山"为少昊之封"。

77　长沙：郡名，秦置，下设临湘、罗、益阳、阴山、零陵、衡山、宋、桂阳等县，治临湘（今湖南长沙），辖地北起洞庭，南逾五岭，东邻鄱阳湖西岸和罗霄山脉，西接沅水流域。西汉置长沙国，东汉初置长沙郡，至六朝相沿不变。

78　虞舜：即舜，名重华，姚姓，称有虞氏。虞舜是传说中的上古帝王，受尧"禅让"而登帝位，是"五帝"之一。《史记·五帝本纪》说："（舜）南巡狩，崩于苍梧之野，葬于江南九疑，是为零陵。"

79　标的：标志、楷模、榜样。

80　黄巾：指东汉末年的农民起义武装黄巾军，史称"黄巾之乱"。黄巾起义是我国历史上规模巨大、以宗教形式组织的农民暴动之一，始于汉灵帝光和七年（184），青州是其活动中心。中平五年（188），最后一支黄巾军被镇压而宣告失败。

81　赤眉：指西汉末年新莽政权时期的农民起义武装。天凤五年（19），赤眉军在莒（今山东莒县）起义，以泰山一带为根据地打击官军。在同官军作战中，赤眉军为便于识别自家队伍，以朱涂眉，号"赤眉军"，几年之间发展到十万余人，推樊崇为首领，势力扩及青州、徐州、兖州、豫州各地。建武元年（25），赤眉军攻入关中，拥立汉宗室刘盆子为帝，随后被刘秀的汉军打败，樊崇投降被杀。

卷二　尺牍

一　与桓祕[1]书[一]

吾以去年五月三日来达襄阳，触目悲感，略无欢情，痛恻[2]之事，故非吾书言之所能具也。

每定省家舅[3]，从北门入，西望隆中，想卧龙[4]之吟；东眺白沙[5]，思凤雏[6]之声；北临樊墟[7]，存邓老[8]之高；南眷城邑[9]，怀羊公之风[10]；纵目檀溪[11]，念崔[12]、徐[13]之友；肆睇[14]鱼梁[15]，追二德[16]之远，未尝不徘徊移日[17]，惆怅[18]极多，抚乘[19]踌躇，慨尔而泣。曰若[二]乃魏武之所置酒[20]，孙坚[21]之所陨毙[22]，裴[23]、杜[24]之故居，繁[25]、王[26]之旧宅，遗事犹存，星列满目。璨璨[27]常流，碌碌[28]凡士，焉足以感其方寸[29]哉！

夫芬芳起于椒兰[30]，清响生乎琳琅[31]。命世而作佐[32]者，必垂可大[33]之余风；高尚而迈德[34]者，必有明胜[35]之遗事。若向八君子者，千载犹使义想其为人，况相去不远乎！彼一时也，此一时也，焉知今日之才不如畴辰[36]，百年之后，吾与足下不并为景升[37]乎！

（《晋书》卷82《习凿齿传》）

【校勘记】

[一]《襄阳耆旧传》作《与谢安书》，见《襄阳耆旧传》十八"习凿齿条"与此条多有异文。

[二]"曰若"，中华书局点校本谓"曰"字衍。

【注释】

1　桓祕：字穆子，桓温弟，与习凿齿以才气相推。初拜秘书郎，后为辅国将军、宣城内史，曾任监梁益二州征讨军事、假节、散骑常侍，徙中领军，桓温对其抑而不用。因卢竦入宫袭击孝武帝事件被桓温免官，闲居宛陵，从此隐居不仕。桓温死时，祕与温子熙、济等密谋废除桓冲事泄而被废，遂放志田园。其与谢安书及诗十首，辞理可观，简文帝尤为欣赏。先桓冲卒。

2 痛恻：悲痛忧伤。

3 家舅：习凿齿母家为襄阳罗氏，其舅罗崇、罗友先后任襄阳都督。

4 卧龙：诸葛亮之号。襄阳庞德公有知人之鉴，诸葛亮躬耕于襄阳隆中时，庞德公品题为"卧龙"。

5 白沙：襄阳城东数里，汉水西岸的沙洲。《水经注·沔水》："襄阳城东有东白沙。"

6 凤雏：庞统之号，为庞德公品题。

7 樊墟：樊，襄阳汉水北岸之樊城。墟，废墟、废弃的建筑，此指荒凉残败的樊城。

8 邓老：古邓国的故老。邓，位于樊城西北十公里，为西周到春秋初期曼姓邓国都邑，春秋战国时期楚国、秦汉六朝时期邓县地。今存"邓国故城"。为全国文物保护单位。

9 城邑：指襄阳城。

10 羊公：羊祜。

11 檀溪：古水名，在今湖北襄阳城西，因刘备遭蔡瑁暗算，骑的卢马跃过此水脱险而闻名。

12 崔：崔州平，生卒年不详，名号失考，州平是其字，博陵安平（今河北安平）人，汉末太尉崔烈之子。建安初，崔州平与颍川石广元、徐元直、汝南孟公威等俱游学于荆州（治今湖北襄阳），成为诸葛亮的挚友，对诸葛亮的成长有所帮助。

13 徐：徐庶，字符直，颍川长社（治今河南许昌长葛东）人。徐庶本名福，早年为人报仇被捕当斩时，被同党救出，改名庶。中州兵起，徐庶与同郡石广元避难荆州，与司马徽、诸葛亮、崔州平等相友善。刘备屯驻新野，徐庶前往投奔，并向刘备推荐诸葛亮。曹操南下时，虏徐庶母，徐庶不得已辞别刘备，归入曹营。《水经注·沔水中》载襄阳檀溪之阳有徐元直、崔州平故宅。

14　肆睇：极目眺望。

15　鱼梁：鱼梁洲的省称，襄阳城东门外数里汉江西岸之沙洲与河套地，水落时，人们常用木桩、柴枝、槎头或网罟等组成篱笆或栅栏于水中捕鱼，故称鱼梁洲，形成鱼梁，汉末襄阳大族庞氏家族居于洲上。

16　二德：指庞德公和司马德操。庞德公，生卒年不详，汉末襄阳隐士，有知人鉴、品题诸葛亮为"卧龙"，庞统为"凤雏"，司马徽为"水镜"。传其屡拒荆州刺史刘表延他入仕的邀请，携妻子托言采药隐居于鹿门山不返，故事多有杜撰之嫌。德操，司马徽字。

17　移日：日影移动。指一日中较长时光。

18　惆怅：伤感、愁闷、失意。

19　乘：春秋时晋国的史书称"乘"，后世常用作史书的通称。

20　魏武之所置酒：指曹操平荆州后于汉江边摆酒宴庆功。《三国志·王粲传》："太祖置酒汉滨，粲奉觞贺曰：'方今袁绍起河北，仗大众，志兼天下，然好贤而不能用，故奇士去之。刘表雍容荆楚，坐观时变，自以为西伯可规。士之避乱荆州者，皆海内之俊杰也，表不知所任，故国危而无辅。明公定冀州之日，下车即缮其甲卒，收其豪杰而用之，以横行天下；及平江汉，引其贤俊而置之列位，使海内回心，望风而愿治，文武并用，英雄毕力，此三王之举也。'"

21　孙坚（155—191）：字文台，吴郡富春（今浙江富阳）人，传为孙武后裔。孙坚为汉末著名将领、地方军阀，曾参与讨伐黄巾起义军及董卓的战役，在进攻荆州牧刘表时阵亡于襄阳。因生前曾官至破虏将军，又称"孙破虏"，是三国时期孙吴政权的奠基人，其子孙权建国后，追谥武烈皇帝。

22　陨毙：死亡。"陨"同"殒"。

23　裴：裴潜（？—244），字文行，河东郡闻喜县（今山西闻喜）人。汉末避难荆州，曹操平定荆州，归附曹操，出任丞相府参军，历任三县县令，后任丞相仓曹掾、代郡太守、沛国相、兖州刺史。曹丕继位之后，出任散骑侍郎、魏郡太守、颍川典农中郎将、荆州刺史。魏明帝时历任尚书、太尉军师、大司农、尚书令、光禄大夫，封清阳亭侯。死后追封太常，谥贞侯。

24　杜：杜袭，字子绪，生卒年不详，颍川定陵（今河南襄城）人。杜根之子。汉末，杜袭避乱荆州，投奔曹操之后历任魏西鄂县令、议郎、丞相府军祭酒、侍中、长史、驸马都尉。文帝时出任督军粮御史、尚书，封武平亭侯。明帝时，先后出任曹真和司马懿的军师、太中大夫，晋封平阳乡侯，卒后谥定侯。

25　繁：繁钦（？—218），字休伯，颍川（今河南许昌东）人。繁钦以文才机辩见称，长于书记，为丞相主簿，建安二十三年卒，有集十卷，今存《繁休伯集》辑本一卷。

26　王：王粲（177—217），字仲宣，山阳高平（今山东微山）人，"建安七子"之一。王粲少有才名，蔡邕极为赏识。初平二年（192），因关中骚乱，王粲往荆州投刘表，客居荆州十余年。建安十三年（208），王粲随曹操北归，深得曹氏父子信赖，赐爵关内侯。魏国建立后，王粲任侍中。建安二十二年（217），从曹操南征孙权，病逝于北还途中。王粲善属文，其诗赋为建安七子之冠。《魏志》本传记王粲著诗、赋、论、议近60篇。明人辑有《王侍中集》。

27　璅璅：亦作"琐琐"，意同。形容人品卑微、平庸、渺小。

28　碌碌：平庸无能。

29　寸：本指一寸见方的心部，又作寸心。引申指人的内心。

30　椒兰：椒与兰。皆芳香之物，常并称。

31　琳琅：美玉，此指玉石相击的美妙声音。

32　佐：位居辅助地位的人。

33　可大：值得光大。

34　迈德：超绝的品德。

35　明胜：贤明杰出。

36　畴辰：往日、昔时。

37　景升：刘表字。

二　与释道安[1]书[一]

兴宁[2]三年四月五日，凿齿稽首和南[3]！

承应真[4]履正[5]，明白内融[6]，慈训[7]兼照，道俗[8]齐荫。宗虚[9]者，悟无常[10]之旨[11]；存有[12]者，达外身[13]之权[14]。清风藻[15]于中夏，鸾响[16]厉[17]乎八冥[18]。玄味[19]远猷[20]，何荣[21]如之[22]？

弟子闻，天[二]不终朝[23]而雨六合[24]者，弥天[25]之云也；弘渊源[26]以润八极[27]者，四大之流[28]也。彼直无为[29]降，而万物赖其泽；此本无心[30]行，而高下蒙其润。况衰世[三]降步[31]，愍时而生[32]，资始[33]系于度物[34]，明道[35]存乎练俗[36]。乘不疾[37]之舆，以涉无远之道；命外身之驾[38]，以应十方之求，而可得[四]玉润[39]于一山，冰结[40]于一谷。望阆风[41]而不回仪[42]，措[五][43]此世而不诲度[44]者哉！

且夫，自大教[45]东流，四百余年矣！虽蕃王[46]居士[47]时有奉者，而真丹[48]宿训[49]先行上世[50]。道运[51]时迁[52]，俗未全悟[53]，藻悦涛波[54]，下士[55]而已。唯肃祖明皇帝[56]，实天降德[57]，始钦[58]斯道，手画如来之容[59]，口味[60]三昧[61]之旨，戒行峻于岩隐[62]，玄祖[63]畅[64]乎无生[65]。大块[66]既唱[67]，万窍俱怒呼[六][68]。贤哲君子，靡不归宗。日月虽远，光景弥晖[69]，道业之隆，莫盛于今。岂所谓月光[70]道寂[七][71]，将生真土[72]；灵钵[73]东迁，忽验[74]于兹乎？

【校勘记】

[一] 永乐、乾隆藏本作《习凿齿与释道安书》。

[二] 龙藏本无"天"，日本古写经本"天"作"夫"。

[三] "衰世"，龙藏本作"哀世"。

[四] "措"，龙藏本、永乐本作"损"。

[五] "而可得"，日本古写经本作"岂可得"，是。

[六] "万窍俱怒呼"，四库本无"俱"，龙藏本"呼"作"呺"。

[七] "道寂"，日古写经本作"首寂"。

【注释】

1　释道安（312—385）：卫姓，常山扶柳（今河北冀州）人，佛教禅数与般若派宗师。道安家世英儒，年七岁读书，于诸子百家无不通达，年十二出家，受具足戒，后到邺城中寺拜在大师佛图澄门下。佛图澄圆寂后，道安因避战乱，颠沛流离弘法于翼、晋、豫一带，备求经律。兴宁三年（365）南下襄阳，于襄阳兴建寺塔，制定佛教仪轨，研究翻译佛经，完成了对佛教戒、定、慧"三学"的系统解读，两次分遣徒众至各地弘法，是印度佛教中国化第一人。太元四年（379）前秦攻下襄阳，道安被掳往长安，继续从事弘法和译经活动，符坚尊礼为国师。

2　兴宁：东晋哀帝的年号（363—365）。

3　和南：梵语"和尚"，亦指僧佛见面双手合掌问候礼。明陈耀文《正杨》卷3引《禅林钩玄》曰："和南，六朝及唐初称和尚为和南，今法帖中有此语，观者不解也。"其《天中记》卷36《浮图名义》"和南"条据《禅苑清规》谓："僧家谓合掌作礼曰和南"。又据《翻译》称："口礼者，如合掌问讯也。"并据《观音义疏》解云："此方以拱手为恭，外国以合掌为敬。手本二边，今合为一，表不散诞，专至一心。或云：'那漠'"。

4　应真：习凿齿对释道安的尊称，意为应于真理、把握真理之人，为佛教语阿罗汉的意译。其义有三：一译杀贼，意为杀烦恼之贼；二译应供，意为应受人天之供养；三译不生，意为永入涅槃不再受生死果报。《大智度论》（第三卷）曰："阿罗名贼，汉名破，一切烦恼破，是名阿罗汉。复次，阿罗汉一切漏尽，故应得一切世间诸天人供养。复次，阿名不，罗汉名生，后世中更不生，是名阿罗汉。"又译曰应真，真人。智顗《法华文句》："《阿跋经》能所双标，应谓能应之智，真即所应之理，以知应理之人，故云'应真'"。

5　履正：躬行正道。指道安的一言一行都在践履（佛教事业的）正道。

6　内融：融会贯通。融，通、通达。

7　慈训兼照：慈训，父母的教诲。慈，父母。训，教诲。照，看顾、照应。"慈训兼照",犹如俗世的父母,慈悲与教诲兼顾。

8 道俗齐荫:佛界和世俗社会都受到其学说的庇荫滋养。道,佛教界。俗,世俗社会。

9 宗虚:主旨虚无。宗,本、主旨。虚,虚无。指魏晋玄学中宗"无"的派别,认为"无(本、母)"是宇宙万事万物存在的根源和本体,"有(末、子)"是宇宙万事万物及人体器官所能感受的各种具体存在,二者互为体用。"无"是无形的宇宙本体,而从本体产生的天地万物和人类社会的各种现象是"有","本体"是主宰,主张以道治国,崇本(无、母)息末(有、子),回到无忧无虑、无功名利禄的本原状态。

10 无常:教义名词。生灭变化不定,谓世间一切事物都处于永恒的生灭变化之中,一个是世俗真理层面的无常,如人的生老病死,植物的花开花落。另一个是根本真理层面的无常,这就是构成世间最小的物质及精神单位,都在非常快速地生灭着,根本没有恒常的东西。

11 旨:要旨、精髓。

12 存有:晋裴頠著《崇有论》,与"无""空"相对,认为道不是虚无的,而是根据万物不同的形象可以分为不同类别的物质,都是自己产生和有具体形象的;万物间变化与相互作用是错综复杂的,这才是客观规律的根源。

13 外身:置身于世外。

14 权:权衡、手段。

15 藻:华美的装饰。

16 鸾响:鸾凤的声音。鸾亦通銮,指帝王车驾的銮铃声,此指佛寺建筑及佛寺活动的铃声。

17 厉:声音洪亮、疾飞。

18 八冥:亦作八溟,二字相通,意为大海、天池。八溟即八海,泛指四面八方,普天之下。庄子《逍遥游》:"北冥有鱼,其名为鲲,鲲之大,不知其几千里也……南冥者,天池也。"

19 玄味:玄学思想的韵味。玄学,魏晋时期兴起的一种学术思潮,其思辨和理论基础是《老子》《庄子》《周易》之所谓"三玄",而《老子》《庄子》被视为"玄宗",其主要代表人物有何晏、王弼、阮籍、嵇康、向秀、郭象等。

20　远猷：长远打算，远大谋略。猷，谋划。

21　何荣：何等荣耀。何，什么。荣，荣光、荣誉。

22　如之：如此、比得上。

23　不终朝：不到一个早晨的时间。朝，早晨。终朝，整天。

24　六合：指上下和四方，泛指天地或宇宙。《山海经·海外南经》："地之所载，六合之间，四海之间。"《史记·寿始皇本纪》"兴合之间，黄帝之土。"

25　弥天：满天，极言其大。

26　渊源：水的源头。

27　八极：八方最远的地方。《淮南子·原道训》"夫道者，覆天载地，廓四方，柝八极，高不可际，深不可测。"高诱注"八极，八方之极也，言其远。"

28　四大之流：指印度四條大河。佛经中喜马拉雅佛母岭阿耨达池流出四大河，及阎浮提一切众流皆归大海。《最胜问菩萨十住除垢断结经》："阿耨达泉出四大河，四门流盈，不伤生苗，泉水清澈，亦如虚空之色。是时，四河从四门出而趣四方，皆归于海。其四河者：一名恒伽，徒象口出；二名私头，从师口出；三名私陀，从牛口出：四名婆叉，从马口出"。

29　彼直无为：彼指"弥天之云"。无为，佛教名词。亦称涅槃、法性、实相、法界，乃真理之异名。指一切超越因缘关系、永无生灭的绝对存在。为，造作。无因缘造作曰"无为"，又无生住异灭四相之造作曰"无为"。

30　"此本无心"，此指"四海之流"。无心，指心无妄念、无执着。此指上述"四海之流"无意间让世间得到润泽。

31　降步：脚步降临。降，降临。步，脚步。

32　愍时而生：愍，哀怜。生，产生。指佛教哀怜因应这个（衰落）的时代而产生。

33　资始：借以发生、开始。

34　度物：审时度势。度，计算、推测、量度。物，事物。

35 明道：阐明道理，指明治道。

36 练俗：佛教界和世俗界。练，修习佛法者、练丹修道者。

37 疾：快、迅速。

38 驾：车乘。

39 玉润：像宝玉一样温润光滑。

40 冰结：冰冻。

41 阆风：即阆风巅，山名，在昆仑之巅，传说神仙居住的地方。屈原《离骚》："登阆风而绁马。"张衡《南都赋》："昆仑无以参，阆风不能逾。"《文选》李善注："东方朔《十洲记》曰：'昆仑，其北角曰阆风之巅。'（刘）向曰：'昆仑、阆风皆山名。'"《水经注》："昆仑山有三角。其一角正北，干辰之辉，名曰阆风巅；其一角正西，名曰玄圃台；其一角正东，名曰昆仑宫。"

42 回仪：回，回转、折转、改变。仪，仪驾。

43 措：措置、安放、治理。

44 诲度：佛教、道教语。用佛学教导世人脱离苦海。诲，教导。度，度说、超度，解脱人世的生死苦难，到达仙佛境界。

45 大教：指佛教。

46 蕃王：封建王朝分封的侯王和异族邦国。蕃，通"藩"。

47 居士：此指有德才而隐居不仕或未仕之人。

48 真丹：Cīnisthāna 的译音。亦作震旦、振旦、神旦、神丹，古印度对我国的称谓。

49 宿训：宿，从前、往日、老的。训，教诲。"宿训"指旧时的、传统的教诲。《佛说分别经》："佛言，真丹之土，当有千比丘在大国。"

50 上世：先代、前辈。

51 道运：道之运行。道，法则、规律、世界。

52 时迁：随着时间的消逝而变动。

53 佥悟：皆获得觉悟。佥，都、皆。悟，觉悟。

54 藻悦波涛：藻悦，华丽欢快。此指礼佛的仕女穿着华丽，欢天喜地，像波涛一样成群结队出游、礼佛。藻，华丽的修饰，此指都市仕女穿着华丽。悦，喜悦、兴奋。《魏书·崔光传》："纤曲銮驾，降临閶里，荣光帝京，士女藻悦。"《册府元龟·谏诤部·直谏》："则死者甘伏，知泣辜之恩；生人藻悦，见祥刑之意。"

55　下士：才德较差的人。

56　肃祖明皇帝：晋明帝。东晋第二位皇帝司马绍（299—325），字道畿，晋元帝司马睿长子，公元322—325年在位，期间平定王敦叛乱，提倡、笃信佛教。永昌元年崩，谥明皇帝，庙号肃祖（一作肃宗）。

57　降德：赐予恩惠。

58　钦：恭敬、钦敬。

59　手画如来之容：事载《晋书·蔡谟传》："彭城王纮上言，乐贤堂有先帝手画佛象，经历寇难而此堂犹存，宜敕作颂"。

60　口味：饮食的味道，对味道的爱好。个人的爱好。这里指口诵并体味佛教经义。

61　三昧：佛教语，梵文 Samādhi 的音译，又译"三摩地、三摩帝"，意为"正定""正受"，谓屏除杂念，心不散乱，定于一处而不动，故曰"定"。正受所观之法，故曰"受"。调心之暴，直心之曲，定心之散，故曰"调直定"。正心之行动，使合于法之依处，故曰"正心行处"。是佛教的重要修行方法，通称为"禅定"。

62　峻于岩隐：峻，严格、苛刻。岩隐，隐居山中，此指修持于山中寺庙的僧尼。

63　玄祖：玄学之祖，犹玄圣，指道教始祖老子。

64　畅：舒畅、尽情地抒发。

65　无生：佛教语。涅槃之真谛，谓没有生灭，不生不灭，故称无生。观无生之理，破生灭之烦恼，是诸部般若说的核心学说。

66　大块：大自然、大地。

67　唱：歌唱。

68　万窍怒呼：万窍，指人的所有感觉器官。窍，人的耳目口鼻等器官之孔。怒呼，声势赫奕的纵情呼喊，此指礼佛者的诵经声，出自《庄子·齐物论》："夫大块噫气，其名为风，是唯无作，作则万窍怒呺"。

69　弥晖：更加光耀。弥，更加。晖，日光。

70　月光：月光菩萨，月光摩尼等，此指月光童子，异译月明菩萨，佛经称为月明童男。省称"月光""月光子""月光儿"。佛经中人名，二十五圣之一。其为古印度摩揭陀国王舍城长者德护之子，信外道，作火坑欲害佛，月光童子进谏不听。后佛至，现大神力变火坑为七宝紫绀池，生出大如车轮的莲花。德护躬自悔责而皈依佛法，得须陀洹果。《佛说中日经》谓："佛灭千岁以后，童子来世当生秦国（支那国），作圣君，受佛经法，兴隆道化，正法治化，养育众生，犹如赤子，令修十善，能令支那国内一切众生信于佛法种诸善根，秦土及诸边国鄯善、乌苌、归兹、疏勒、大宛、于阗及诸羌虏夷狄，皆当奉佛尊法，普作比丘。"

71　道寂：即寂静道，脱离烦恼为寂，绝去苦患为静。"一切诸法本来寂静，非有非无"。此以佛徒修习禅定时的寂静无声貌，喻指佛教。

72　真土：佛教语，真佛土的略称。谓佛真身居住处的法性土，对化身所住的化土而言，乃是无量光明土，或说诸智土。

73　灵钵东迁：灵，古时楚人称跳舞降神的巫为灵，此指传教的僧尼。钵，僧侣所用的餐具，像碗，底平，口略小。此处借指佛教。东迁，向东播迁。《法显传》："法显于此国闻天竺道人于高座上诵经云：'佛国本在毗舍离，今在揵陀卫，竟若干百年，当复至西月氏国；若干百年，当至于阗国；住若干百年，当至屈茨国；若干百年，当复至师子国；若干百年，当复来到汉地；若干百年，当还中天竺已，当上兜术天上。

74　验：应验。

又闻，三千[1]得道[2]，俱见南阳[3]；明学[4]开士[5]，陶演[6]真言[7]。上考圣达[8]之海，下测道行之验；深经[9]普往[一]，非斯而谁？怀道迈训[10]，舍兹孰降[11]？是以此方诸僧，咸有倾想[12]：目欣金色之瑞，耳迟[13]无上之箴[14]。老幼等愿[15]，道俗同怀[16]，系咏[17]之情，非常言也。若庆云[18]东徂[19]，摩尼[20]回曜[21]，一蹑[22]七宝[23]之座，暂视[24]明哲[25]之灯；雨甘露于丰草[26]，植栴檀[27]于江湄[28]；则如来之教，复崇于今日；玄波[29]逸响[30]，重荡濯[31]于一代矣。

不胜延豫[32]，裁书[33]致心。意之蕴积[34]，曷云[35]能畅[36]。

弟子襄阳习凿齿稽首和南

（《弘明集》十二，台湾华藏净宗学会2003年《乾隆大藏经》版）

【校勘记】

［一］"普往"，龙藏本作"并往"。

【注释】

1　三千：佛教名词，有三千诸法、一念三千、三千威仪等。此"三千"乃"三千大千世界"的简称。传说"三千大千世界"以须弥山为中心，四周有七山八海围绕，铁围山为其外郭，这尚只是一个小世界，合一千个小世界为小千世界，合一千个小千世界为中千世界，合一千个中千世界为大千世界，总称为三千大千世界。《法苑珠林·劫量篇·会名》引《长阿含起世经》等云："四洲地心，即是须弥山，山外别有八山，围如须弥。山下大海，深八万四千由旬（古印度计程单位。又译作俞旬、揄旬、由延、逾阇那、逾缮那。为帝王一日行军之里程。或云四十里，或云三十里。僧肇曰："由旬，天竺里数名也。上由旬六十里，中由旬五十里，下由旬四十里也"），其边八山。大海初广八千由旬，中有八功德水，如是渐小，至第七山，下广一千二百五十由旬，其外醎海广于无际。海外有山，即是大铁围山，四周围轮并一，日月昼夜回转，照四天下，名为一国土，即以此为量，渐至满千。铁围绕讫，名一小千。复至一千，铁围绕讫，名为中千世界，即数中千。复满一千，铁围绕讫，名为大千世界。此中四洲、山、王、日、月乃至顶，各有万亿，成则同成，坏则同坏，是皆一化，佛所统之处，名为三千大千世界，号为娑婆世界。"这里借指佛教界或僧人。

2　得道：指佛教修行达到非凡境界之人。

3　南阳：指南阳郡。秦置，治宛城（今河南南阳），辖今河南熊耳山以南，叶县、内乡间和湖北大洪山以北、应山以西、郧阳区以东的汉北地区。时道安僧团从河南郡之陆浑（今嵩山）南下，行至南阳地界。

4　明学：严明、高明的学问，此处指佛学。

5　开士：佛教语。梵语（Mah&amacron; sattva）为扶萨、扶薛、菩萨，汉译为开士、阐士、大士、上始士、高士等，意为开悟之士，以法开导之士，为菩萨的通称，或以名声闻达佛者。自利利他之大事者，谓之大士，乃菩萨之德名。佛经中多称菩萨为开士，前秦苻坚赐沙门有德解者，号开士。因而成为和尚的尊称。

6　陶演：对民众思维、性格、思想、学说进行浸润、培养与教育。陶，培养、造就，喻教育、培养。演，根据事理推广发挥，把技艺当众表现出来。

7　真言：佛教语。指佛教经典的要言秘语，为梵语"陀罗尼"的义译，即"咒语"，如"南无阿弥陀佛"。

8　圣达：神圣，古圣先贤，此指佛祖。

9　深经：佛教语。说诸法实相深理的诸大乘经。《维摩经·法供养品》"诸佛所说深经。"注曰："什曰：'以实相印封此经，则为深经也。'生曰：'深经者，佛说实相法。'"

10　怀道迈训：常以佛道存心，勤劳不懈地对众生施以教诲。怀道，胸怀治道。迈训，勉力从事佛教教诲。训，教导、教诲。

11　降：降生。

12　倾想：向往、思念。

13　耳迟：亲耳听到。迟，及。

14　无上之箴：至高无上的思想学术理论。箴，文体的一种，以告诫规劝为表达的主题。箴，箴言、劝告。

15　等愿：共同的愿望。等，本意为顿齐竹简，引申为等同。愿，愿望。

16　道俗同怀：僧道和庶民都有同样的期待、愿望。道，指佛教界之僧人。俗，指世俗之百姓。怀，思念，想念。

17　系咏：牵挂念叨。系，牵挂。咏，曼声长吟、歌唱。

18　庆云：五色云、祥云，古人以为祥瑞之气。

19　徂：往、到。

20　摩尼：佛教语，宝珠的总名。亦称明月珠，明月摩尼。又作末尼。意译为珠、宝、离垢、如意。此宝珠光净不为垢秽所染，投之浊水，水即变清。

21　迥曜：亮光远照。迥，远。曜，照耀、明亮。"迥曜"指放射异样光辉。

22　蹑：踏。

23　七宝之座：弘扬佛法之宝座。七宝为佛教语。诸经所说不一。《法华经》以"金、银、琉璃、砗磲、玛瑙、真珠、玫瑰"为七宝。《无量寿经》以"金、银、琉璃、玻璃、珊瑚、玛瑙、砗磲"为七宝。《智度论》以"金、银、毗琉璃、颇梨、车渠、马瑙、赤真珠"为七宝。《阿弥陀经》以"金、银、琉璃、玻璃、砗磲、赤珠、玛瑙"为七宝。《般若经》以"金、银、琉璃、砗磲、玛瑙、虎珀、珊瑚"为七宝。此指《般若经》之七宝。

24　暂视：暂，始。"暂视"指新见到。

25　明哲：洞明、通达事理。

26　丰草：繁盛茂密的草。

27　栴檀：梵文"栴檀那"（candana）的省称，即檀香。

28　江湄：江岸。湄，河岸、水与草交接的地方。

29　玄波：巨浪、波涛。

30　逸响：奔放的乐音。

31　荡濯：洗涤。

32　延豫：高兴的邀请。豫，欢喜、快乐。延，邀请。

33　裁书：裁笺作书、写信。

34　蕴积：蕴藏、积聚。蕴，积聚、蓄藏、包含。

35　曷：何、什么、多么。

36　畅：舒心。

三　与谢安论释道安书

来此见释道安，故是远胜非常[1]道士[2]，师徒数百，斋讲[3]不倦。无变化伎术，可以惑常人之耳目；无重威[4]大势，可以整群小之参差[5]。而师徒肃肃，自相尊敬，洋洋济济，乃是吾由来所未见。

其人理怀[6]简衷[7]，多所博涉；内外[8]群书，略皆遍观[一]；阴阳算数[9]，亦皆能通；佛经妙义[二]，故所游刃[三]。作义[10]乃似法兰、法祖[三][11]辈，统以大无[12]，不肯稍齐物等，[13]智在方中[14]驰骋也。恨不使足下[15]见之，其

亦每言，思得一见足下[四]。（增祐《出三藏记集》卷15《道安法师传》）

【校勘记】

[一] 观，梁惠皎《高僧传》卷5《义解二·晋长安五级寺释道安》作"睹"。

[二] 原文无"妙义"，"故所游刃"原文作"故最是所长"，据梁惠皎《高僧传》卷5《义解二·晋长安五级寺释道安》改。

[三] "法兰"，三本、金陵本梁惠皎《高僧传》作"法简"。"法祖"，《变僧传》卷5《义解二·晋长安圣级寺释道安》作"法道"。

[四] "其亦每言，思得一见足下"，梁惠皎《高僧传》作"恨足下不同日而见，其亦每言，思得一叙。"

【注释】

1　非常：非凡。

2　道士：魏晋时指和尚。

3　斋讲：宣讲佛法的集会。

4　威：威严、威势。

5　参差：不整齐貌。

6　理怀：理智豁达的胸怀。

7　简衷：内心质朴、正派、正大。

8　内外：内，指内典。外，指外典。佛家称佛经为内典，此外的典籍皆为外典。

9　阴阳算数：阴阳五行生克制化及其数理运动规律，包括天文、地理、数学、推算预知未来的各种方法和知识。阴阳，将世间万事万物概括为"阴""阳"两个对立的范畴，并以双方所谓的运行变化原理来说明世界的一切运动。算数，指算术、理数。

10　作义：秉持、宣扬的学说、思想、观点、主张、义理。此指道安的佛教思想。

11　法兰法祖：对释道安影响最大的两位高僧。竺法兰，中天竺人。自言诵经论数万章，为天竺学者之师。东汉永平十年（67），同摄摩腾一起来到中国，很快学会汉语，在京都洛阳传授佛法，先后译出《十地段结经》《佛本生经》《法海藏经》《佛本行经》四部经书，还与摄摩腾共同译出《四十二章经》一卷，是中国的第一批译经，卒于洛阳，享年六十余，被《高僧传》排为位首，成为中国佛教的鼻祖，在中国佛教史上占有重要地位。法祖，帛远字，本姓万，晋河内（今河南西部黄河以北地区）人。法祖以博学知名于世，屡辞州府征召，立志出家为僧，每天能诵经八九千言，研究大乘佛经细致入微，于长安建筑佛寺，以讲论研习佛经为业。晋惠帝末，河间王颙镇守关中，对法祖待之以师友之礼，虚心礼敬。法祖后至陇西传教，译有《菩萨逝经》等十六部，秦州刺史张辅听信谗言，将其笞杀。

12　大无：释道安修习精研的大乘佛教般若宗的核心思想是"空"，与魏晋玄学中的"无"有相似之处，故习氏称其学说是以"大无"相统摄。

13　齐物：齐同万物，是老、庄学派的一种哲学思想，集中反映在庄子的《齐物论》中。庄子认为宇宙间一切事物，如生死寿夭，是非得失，物我有无，都应当同等看待。

14　方中：佛学、佛学界。

15　足下：古时对上司或同辈的敬称。

四　与谢侍中[1]书[一]

此有红蓝[2]，足下先知之否？北方人采取其花，染绯黄[3]，挼[4]其上英[5]，鲜者作燕支[6]，妇人妆时用作颊色。作此法大如小豆许，而按[7]令遍[8]，色殊鲜明可爱。吾小时再三过见燕支，今日始睹红蓝耳。后当为足下致其种。匈奴名妻阏氏，言可爱如燕支也。阏字音燕，氏字音支，想足下先亦作此读《汉书》也。（文渊阁《四库》本《北户录》卷三）

【校勘记】

[一]"《与谢侍中书》"，《太平御览》引崔豹《古今注》作《与燕王书》，时晋宗室无燕王，误。

【注释】

1　谢侍中：谢安，时为东晋侍中。据《晋书·谢安传》，谢安于太和四年（369）桓温北伐前，因其弟病卒归家，不久出任吴兴太守，稍后征拜侍中。《桓温传》称桓温北伐失败后废废帝立简文帝，侍中谢安见而遥拜，知谢安任侍中的时间在太和六年（371）或其前后，此信当写于此时，仅百余字，似非全文。

2　红蓝：即红花，菊科草本植物，高三四尺，其叶似蓝。夏季绽开红黄色花朵，古代以之制胭脂和颜料，中医以之入药。《西河旧事歌》："失我祁连山，使我六畜不蕃息；失我阏氏山，使我妇女无颜色。"

3　绯黄：红黄色。绯，红色。

4　按：揉、搓。

5　英：花。

6　燕支：即胭脂，用燕支（红蓝）花淘沥晾晒提取出的一种化妆品。（晋）崔豹《古今注》："燕支叶似蓟，花似蒲公，出西方，土人以染，名为燕支。中国人谓之红蓝，以染粉为面色，谓为燕支粉。今人以重绛为燕支，非燕支花所染也。燕支花所染，自为红蓝尔。旧谓赤白之间为红，即今所谓红蓝也。"（宋）罗愿《尔雅翼》："（红花）大抵三月初种，花出时，日日乘凉摘取之。顷一日，须百人摘。五月种晚花，七月中摘，深色鲜明，耐久不黦，胜于春种者。花生时，但作黄色，茸茸然，故又一名黄蓝。杵碓水淘，绞去黄汗，更捣以清酸粟浆淘之，绞如初，即收取染红，然后更捣而暴之，以染红色，极鲜明。"

7　按：用手指搭、抹、揉。

8　遍：到处、普遍。

五　与褚常侍[1]书

想往日与足下及江州[2]，五月五日[3]，共澡浴戏处，追寻宿眷[4]，仿佛玉仪[5]，心实悲矣。（《太平御览》卷31）

【注释】

1　褚常侍：褚裒，常侍为散骑常侍的简称。其女为康帝康献皇后。咸康八年（342）十二月，褚裒出为江州刺史，旋升中书令，后改授都督徐、兖、青、扬州之晋陵、吴国诸军事、卫将军、徐兖二州刺史，卒于永和五年。此信当写于褚裒任散骑常侍江州刺史之时，惜仅余数语。

2　江州：今江西九江。春秋时为吴之西境，越灭吴后并入楚境，秦属庐江郡，汉属淮南国。晋太康十年（289），以荆、扬二州疆域旷远，难以统理，分豫章、鄱阳、庐江等郡之地置江州，因长江以为名，治豫章。至惠帝，分庐江之浔阳，武昌之柴桑置浔阳郡，自东晋元帝至萧齐，或理浔阳，或理半洲（在浔阳府西九十里，吴将孙虑黄武二年于此筑城），至陈武帝于浔阳置西江州，复理豫章。

3　五月五日：明陈耀文《天中记·四时·夏》载五月五日为端午节，午时为天中节，也是地腊节（五帝校定生人官爵，血肉盛衰，外滋万类，内延年寿，记录长生。此日可谢罪、求请、移易、官爵、祭祀先祖等）。《荆楚岁时记》谓之浴兰节，有悬朱索、采艾、蹋百草、泛蒲酒、龙舟竞渡、祀屈原等活动，大家在一起沐浴，是魏晋时期的一个重大节日。

4　宿眷：多年的恩顾。

5　玉仪：令人向往的美好仪容。玉，敬辞。仪，向往。

卷三　诗赋歌铭

一　灯

煌煌[1]闲夜灯，修修[2]树间亮。

灯随风炜烨[3]，风与灯升降。

（《艺文类聚》卷80《火部·灯》）

【注释】

1　煌煌：明亮辉煌、光彩夺目貌。

2　修修：修长美好貌。

3　炜烨：美盛貌。

二　南征赋[一]

停美人之名濑[1]，眺越女之奇石[2]。（《编珠》卷1《天地部》）

【校勘记】

此赋只剩两句，写作对象不详，疑是称颂西晋末年杜预从襄阳南征灭吴事。

【注释】

1　美人之名濑：美人濑，不详所在。《太平寰宇记》卷75《江南西道十·鄂州·江夏县》"南浦"条引《江夏记》载:"南浦在县南三里,《离骚》云'送美人兮南浦',其源出京首山,流入大江,春冬涸竭,秋夏泛涨,商旅往来,皆于浦停泊,以其在郭之南,故称'南浦'"。或是。濑,从沙石上流过的急水。《水经注·江水》巴丘有黄金濑。《战国策·楚策》卷五《楚王问范环章》有濑胡(湖),谓"故楚南察濑湖而野江东"。

2　越女之奇石:越女石,地名,不详。

三　胡烈[1]歌

一

譬春之阳,如冬之日。
耕者让畔,百姓丰溢[1]。
惟我胡父[2],恩惠难忘。
(引自《太平寰宇记·山南东道》)

二

美哉明后[3],隽哲惟巍[4]。
陶广乾坤[5],周孔是则[6]。
文武播畅,威振遐域。
(引自《太平御览·人事部》)

三

(缺)

【校勘记】

按,文献没有载明此歌作者是谁,郡斋本《襄阳耆旧传》胡烈传(详后)谓:"魏胡烈字武贤,咸熙元年为荆州刺史。补缺堤,民赖其利。百姓刊石铭之,为载童歌凡三首。"经检索,《太平御览》《太平寰宇记》各载一首,其写作形式、行文风格、遣词造句与《襄阳耆旧传》之《高阳池歌》《冠盖里铭》《诸葛武侯宅铭》一致。鉴于习氏于每一位当朝牧守都以典型事或歌铭加以赞颂,可知此歌大概率出自习凿齿之手。

【注释】

1　胡烈（220—270），字玄武，安定临泾（今甘肃镇原东南）人，魏车骑将军胡遵之子，晋镇军大将军将胡奋弟，先任泰山太守，景元初转襄阳太守，四年（263）随钟会伐蜀，任护军将军，次年于成都攻杀企图割据蜀中的钟会，升任荆州（治襄阳）荆史，解巴东罗宪之围。泰始四年（272）击败进攻襄阳的吴将万郁，五年转秦州刺史，时凉州鲜卑率胡族叛乱，六年（274），胡烈率军平叛，被围于万斛堆，兵败被杀。

2　丰溢：富足有余。

3　胡父：荆州百姓对胡烈的尊称。古代中国称州县的地方官为民之父母。《礼记·大学》："《诗》云：'乐只君子，民之父母。'民之所好好之，民之所恶恶之，此之谓民之父母。"

4　明后：贤明的君主。

5　隽哲惟巍：聪明睿智。惟，表示动作、行为的重复，相当于"又"。巍，高尚、杰出。

6　陶广乾坤：陶广，陶冶拓展。乾坤：指天地。

7　周孔：指周公和孔子，先秦时期儒家学派尊奉的圣人。周公是西周王朝的重要开创者和典章制度的主要创制者，是儒家学说的重要奠基人。孔子，春秋时期的思想家和教育家，儒家学派的创始人，其思想对中国和世界都有深远的影响。则，模范、榜样。

四　山公歌

山公[1]出何许，往至高阳池[2]。
日夕倒载归，酩酊无所知。
时时能骑马，倒著白接䍦[3]。
举鞭问葛强[4]，何如并州儿？

（《晋书》卷八十二《习凿齿传》）

【注释】

1　山公：山简（253—312），字季伦。河内怀县（今河南武陟西）人。西晋时期名士，司徒山涛第五子，年轻时与嵇绍、刘漠、杨淮齐名。历任太子舍人、黄门郎、青州刺史、镇西将军、尚书左仆射等职。永嘉三年（309），出任征南将军，都督荆、湘、交、广四州诸军事，镇襄阳。不久，加督宁、益二州军事。在襄阳期间终日醉酒，不理政事，致襄阳城内火灾烧毁三千家；激起流民王如起义，大肆屠掠江汉间；西晋覆亡时未予救援，弃城逃往夏口，不久病逝于此。

2　高阳池：即习家池，在湖北襄阳城南八里。传是汉光武帝时侍中习郁仿春秋时期范蠡于襄阳岘山南之汉水西侧修建养鱼池。晋山简镇襄阳，终日醉酒于池上，以刘邦谋士郦食其自称高阳酒徒相况，称习家池为高阳池。

3　白接䍦：以白鹭羽为饰的白帽子。《尔雅·释鸟》郭璞注曰：白鹭头翅背上皆有长翰毛，今江东人取以为睫摛，名之曰白鹭缞。又《广韵》云：接䍦，白帽，即睫摛也。

4　葛强：生平不详。并州人，山简的爱将。

五　诸葛武侯宅铭

达人[1]有作[2]，振此颓风[3]。
雕薄[4]蔚采[5]，鸱阑[6]惟丰。
义范[7]苍生[8]，道格[9]时雍[10]。
自昔爱止[11]，于焉龙盘[12]。
躬耕西亩[13]，永啸[14]东峦[15]。
迹逸[16]中林，神凝[17]岩端。
罔窥[18]其奥[19]，谁测[20]斯欢。
堂堂伟匠，婉翩[21]阳朝[一][22]。
倾岩搜宝，高罗[23]九霄[24]。
庆云集矣，銮驾[25]三[二]招[26]。

（《初学记》卷24《居处部·宅第八》）

【校勘记】

[一]"阳朝",《艺文类聚》作"扬朝",于义不通。

[二]"三",《艺文类聚》作"亦"。按,銮驾三招系指昭烈帝刘备"三顾茅庐"恳请诸葛亮出山事,作"三"是。

【注释】

1　达人：高贵并通达事理的人。

2　有作：奋发有作为。

3　颓风：衰败的社会风气。

4　雕薄：简单的雕刻装饰。薄,简单、简陋。雕,刻,用刀子挖。

5　蔚采：繁复华丽的彩绘。

6　鸱阑：屋脊饰物和栏杆。鸱,鹞鹰、老鹰。阑,门前的栅栏。

7　义范：正义的模范。

8　苍生：黎民百姓。

9　道格：道德品质、人格魅力之影响。道,道德品质、人格魅力。格,感通、变革、纠正。

10　时雍：太平和煦。

11　爰止：至今、到此。爰,及、到。止,此。

12　龙盘：指隆中山绵延雄壮如龙之盘卧,隐喻诸葛亮于此蛰伏待时。

13　西亩：《三国志·诸葛亮》载亮伏居隆中"躬耕陇亩"。隆中位于襄阳城西二十里。

14　永啸：魏晋人好啸,诸葛亮居隆中时"好为梁父吟",故为此言。永,永远,将诸葛亮"好为梁父吟"的形象定格于此。

15　东峦：隆中山东侧山峦。

16　迹逸：匿踪隐居。

17　神凝：全神贯注、聚精会神。凝,凝聚、聚集。

18　罔窥：无法窥测、不能窥探。

19　其奥：其中的奥秘,指诸葛亮的思想智慧。

20　测：推测、料想。

21　婉翮（hé）：翻飞回旋、振翅翱翔。

22　阳朝：也作"阳曋"，太阳朝出。《汉书·扬雄传上》："于是天子乃以阳曋始出摩玄宫，撞鸿钟，建九旒，六白虎，载灵舆，蚩尤并毂，蒙公先驱。"颜师古注："阳朝，日出之后也。"

23　高罗：高张的罗网，囊括天地。

24　九霄：天之极高处，高空。

25　銮驾：天子的车驾。天子车驾有銮铃，故称。通常借指天子，此指后来即帝位的昭烈皇帝刘备。

26　三招：三次邀请，指刘备三顾茅庐。招，邀请，招揽。

六　冠盖里铭

峨峨[1]南岳[2]，烈烈[3]离明[4]；
实敷[5]俊乂[6]，君子以生。
惟此君子，作汉之英；
德为龙光，声化鹤鸣。

（《水经注》卷二十八）

【校勘记】

　　此铭录自郦道元《水经注》，铭前有序，云："（宜城）县有太山，山下有庙，汉末名士居其中，刺史、二千石、卿长数十人，朱轩华盖同会于庙下，荆州刺史行部见之，雅叹其盛，号为冠盖里，而刻石铭之。此碑于永嘉中始为人所毁，其余文，尚有可传者。"盛弘之《荆州记》亦载："岘山南至宜城百余里，旧说其间雕墙崇峻，汉灵帝末，其中有卿士刺史二千石数十人，朱轮骈耀，华盖接阴，会于太山庙，荆州刺史行部见其，雅叹其盛，敕县号为冠盖里。"郦氏、盛氏的记载均当来自《襄阳耆旧记》"冠盖山"条，郦氏只剩"有可传"之"余文"。今按，秦汉里是县乡亭下最低一级基层单位，甚或只是一个不大的自然村落，所辖户数多不满百，一位刺史在辖地一个名叫太山庙的乡村聚落一日同时遇到几十位本该就职于全国各地的大官僚，其中刺史竟占全国的一半还多，于情理不通。盛弘之、郦道元将冠盖里解读为来自襄阳岘山南至宜城绵延百余里的地理区域，既不合史实，亦违习氏本意，揆习氏编撰"冠盖里"的本意乃谓以习家池为中心的乡里，是一个人才辈出、冠盖云集的风水宝地，意在褒美家乡，显扬襄阳习氏，故此铭也应为习凿齿所作。杜审言《冠盖里》诗谓："楚山横地出，汉水接天回。冠盖非新里，章华即旧台。"楚山，为冠盖里、习家池后之山。唐相李德裕《题冠盖里》下自注："（冠盖里）在襄州南大山下。"元明间诗人祝祺谓"襄阳冠盖里，甲第敞朱轩"，汪诗元诗谓"云停冠盖里，月上习家池。为问羊公石，徘徊马去迟"等，均将冠盖里定在襄阳城南之岘山南，汉晋时之襄阳习氏、罗氏、蔡氏、杨氏、庞氏等大族皆居于此。《舆地纪胜》"太山庙"条称："太山，在襄阳县南二十里。"《湖广通志·陵墓志》载"（明）知府何源墓在襄阳县百丈山冠盖里"。冠盖里应作如此解。

【注释】

1 峩峩：高大。
2 南岳：此指襄阳城南之山。岳，名山、大山。
3 烈烈：明亮。
4 离明：日、日光。语出《易·离》："离为火，为日。"孔颖达疏："离为火，取南方之行也；为日，取其日是火精也。"
5 实敷：实，副词，实在是、果真。敷，展开，
6 俊乂：才德杰出的人。

卷四　讥调捷对

一　习凿齿捷对孙兴公

习凿齿、孙兴公[1]未相识，同在桓公坐。桓语孙："可与习参军共语。"孙云："蠢尔[2]蛮荆[3]，敢与大邦[4]为仇？"习云："薄伐[5]猃狁[6]，至于太原[7]。"（《世说新语·排调第二十五》）

【注释】

1　孙兴公（301—371）：孙绰字，太原中都（今山西平遥）人。孙绰为冯翊太守孙楚之子，永嘉（307—312）丧乱，少年孙绰与兄统相携渡江，及长，袭父长乐侯爵，官拜太学博士、尚书郎，历任建威长史、右军长史、永嘉（今浙江温州永嘉）太守。哀帝时，迁散骑常侍、廷尉卿领著作郎。孙绰博学善属文，是当时最著名的文士，东晋玄言诗的领袖。咸安元年卒。明人辑有《孙廷尉集》。

2　蠢尔：无知蠢动貌。

3　蛮荆：商周以来楚国辖域内的土著民族，孙绰巧借《诗经·小雅·采芑》诗句，嘲讽习凿齿为尚未开化的南方蛮人。

4　大邦：大国。

5　薄伐：征伐，讨伐。

6　猃狁：我国古代北方少数民族名，也写作"玁狁"。习凿齿亦以《诗经·小雅·六月》诗句反讽孙兴公为更为落后蛮荒的北方猃狁戎狄人。

二　与孙绰相讥调

绰性通率[1]，好讥调[2]。尝与习凿齿共行，绰在前，顾谓凿齿曰："沙之[3]汰之[4]，瓦石在后"。凿齿曰："簸之扬之，糠秕[5]在前。"（《晋书》卷56《孙楚传附孙绰传》）

【注释】

1　通率：旷达坦率。

2　讥调：讥嘲戏弄。

3　沙之：沙粒通过流水的冲洗、淘汰。沙，非常细碎的石粒，在此用作动词。之，此作代词。

4　汰：淘洗掉。

5　糠秕：在脱下谷粒及其加工过程中，从谷子上分离出来的皮壳和未灌浆的空粒。

卷五 其他

一 点醒星人

时温有大志，追蜀人知天文者至，夜执手问国家祚运修短，答云："世祀方永。"（前略）温不悦，乃止，异日送绢一疋，钱五千文以与之。星人乃驰诣凿齿，曰："家在益州，被命远下，今受旨自裁，无由致其骸骨，缘君仁厚，乞为标碣棺木耳。"凿齿问其故，星人曰："赐绢一疋，令仆自裁，惠钱五千，以买棺耳。"凿齿曰：

君几误死[1]！君尝闻[一]"知星宿[二]，衣[三]不覆"[2]之义乎？此以绢戏[3]君，以钱供道中资[4]，是听君去耳。"（《晋书》卷82《习凿齿传》）

【校勘记】

[一] "尝闻"，《渚宫旧事·五》作"常闻"。

[二] "知星宿"，《晋书》校勘记：殿本作"前知星宿"。《册府元龟》卷788作"干支星宿"，《艺文类聚》卷85、《通志》卷129下作"子知星宿"，《渚宫旧事·五》作"千里星宿"。"知星宿，衣不覆"未加引号。今改，详见注2。

[三] "衣"，原作"有"，据阮侃《宅无吉凶摄生论一首》改。

【注释】

1 误死：因误解误会而枉死。

2 原文"君尝闻干知星宿有不覆之义乎？"义不可解，疑有讹错。

按，明谢肇淛《五杂组》卷1《天部一》云："大凡占星者，皆于中天野外窥之。故云不覆。"周婴《卮林》卷7"知星"据《宅无吉凶摄生论一首》引古谚谓："知星宿，衣不覆。"讥"知星宿"之术士往往穷得衣不蔽体。阮侃《宅无吉凶摄生论一首》言汉魏时"凡以忌祟治家者，求福而其极皆贫，故有'知星宿，衣不覆'之谚"。明彭大翼《山堂肆考·技艺·星士》称："古谚：'知星宿，衣不覆'，言术人之多穷也。"是其解。知《晋书》原文之"有"乃"衣"之误，"君尝闻前知星宿有不覆之义乎？"据此当改为"君尝闻'知星宿，衣不覆'之义乎？"

3　戏：戏弄。

4　资：盘缠、路费。

二　姤卦解

（姤，女壮勿用，取女。此卦巽下乾上，是纯阳用事之时，而一阴忽生于下。）习凿齿有言：一阴遇五阳[1]，有女壮之象。（《日讲易经解义》卷10"巽卦"）

【注释】

1　一阴遇五阳：为"天风姤"卦，乾上巽下☰☴，阴少阳多，故"有女壮之象"。

三　黄沙四塞

惠帝[1]永康元年[2]冬十月乙亥日，斗黄沙四塞。十一月戊午朔，大风从西北来，飞沙石六日乃止[3]。（《御定渊鉴类函》卷23《地部一·沙一》）

【注释】

1　惠帝：晋惠帝司马衷（259—307），晋武帝司马炎次子，西晋第二位皇帝，公元290—307年在位。司马衷白痴不能任事，由太傅杨骏辅政，皇后贾南风谋害杨骏，篡得实权，引发八王之乱，司马衷受到诸王辗转挟持，沦为傀儡，永嘉元年去世，传为东海王司马越毒杀，安葬于太阳陵（今河南洛阳），谥号孝惠。

2　永康元年（300）：晋惠帝司马衷的年号。

3　《晋书·五行志（下）》载：永康元年二月，大风拔木。三月，愍、怀被害。己卯，丧柩发许昌还洛。是日，又大风雷电，帏盖飞裂。四月，张华第舍飙风起，折木飞缯，折轴六七，是月华遇害。十一月戊午朔，大风从西北来，折木飞沙石，六日止。明年正月，赵王伦篡位。

四　董威辇

董威辇[1]，不知何许人，忽见于洛阳白社[2]中。（《太平御览》卷532《礼仪部十一·社稷》引习凿齿《逸民高士传》[一]）

【校勘记】

[一]"《逸民高士传》"，两《唐书·经籍志》载习凿齿著有此书，但于古籍载明者仅此一条且与其他文献记载抵牾。《艺文类聚》卷39《礼部中·社稷》引晋戴延之《西征记》、卷67《服饰部·衣裳》引王隐《晋书》、卷78《灵异部上·仙道》引晋葛洪《神仙传》，《御览》卷669《道部十一·服饵上》引汉刘向《列仙传》、卷662《道部四·天仙》引晋葛洪《神仙传》、卷689《服章部六·衣》引王隐《晋书》、卷818《布帛部五·帛》引晋孙盛《晋阳秋》皆载其事。从晋末桓玄曾以其世荆楚无"肥遁之士"为憾，出资请皇甫希之专门创作荆楚隐逸之人物故事，被时人讥为"充隐"的传说看，如习凿齿确撰有《逸人高士传》，桓玄不会有此遗憾和举措。言习凿齿撰有《逸民高士传》实不足据。

【注释】

1　董威辇：晋武帝末期人，隐逸高士，行迹无考。
2　社：古代最基层之社会组织。

五　蟾蜍辟兵

五月五日，取蟾蜍[1]辟兵[2]。（宋朱胜非《绀珠集》卷5引《习凿齿集》）

【注释】

1　蟾蜍：蟾蜍科两栖动物，俗称蛤蟆、癞蛤蟆、癞刺、癞疙宝。

2　辟兵：防避兵灾。

六　习凿齿释道安相互诋讦 [一][1]

习凿齿诣释道安，值持钵趋堂，凿齿乃翔[1]往众僧之斋也。众皆舍钵敛衽[2]，唯道安食不辍，不之礼也。习甚忿[3]之，乃厉声曰："四海[4]习凿齿，故故[5]来看尔。"道安应曰："弥天[6]释道安，无暇得相看。"习愈忿曰："头有钵上色，钵无头上毛。"道安曰："面有匙上色，匙无面上坳[7]。"习又曰："大鹏从南来，众鸟皆戢翼。何物冻老鸱，腩腩[8]低头食。"道安曰："微风入幽谷，安能动大才。猛虎当道食，不觉蚤虻[9]来。"于是习无以对。（《金楼子》卷5《捷对》）

【校勘记】

[一] 按，习凿齿盛情邀请流离失所的释道安僧团来襄阳弘法，"四海习凿齿""弥天释道安"系他们初次见面时相互客套的称呼介绍语，此文的叙事方式和语气与他俩热切期盼初次见面的语境及双方的年龄、学识、修为全然不符，显系杜撰。

【注释】

1　诋讦：诋毁攻击。

2　翔：翅膀静止的盘旋驰飞。

3　敛衽：亦作"敛袵"。整饬衣襟，表示恭敬。敛，收起、收住。

衽，衣襟、衣袖。

4　恚 huì：恨、怒。

5　四海：古人认为中国四境有大海环绕，按方位分为"东海""南海""西海"和"北海"，其内涵说法不一，因时而异，或指天下，或指全国各地，或指四邻各民族聚居的地域。此指代天下，贾谊《过秦论》"有席卷天下，包举宇内，囊括四海之意"。

6　故故：特意。

7　弥天：满天。

8　坳：指山间平地。此谓习凿齿脸部扁平。原注：习面坳也。

9　腩腩：腩，用调味品浸渍肉类以备炙食。此喻有滋有味。

10　蚤蛋：蚤，一种寄生在人和畜身体上的赤褐色昆虫，善跳跃，嗜血，通称"跳蚤""虼蚤"。蛋通"虻"，昆虫的一种。虻种类很多，身体灰黑色，长椭圆形，头阔，触角短，黑绿色复眼，翅透明，生活在野草丛里，雄姓吸植物汁液，雌性以吸血为生。

襄阳耆旧传校注

例　　言

一、校注采用上海图书馆藏宋绍熙初襄阳太守吴琚据右漕司本重刻于郡斋、明嘉靖年再刻之善本（下称郡斋本）点校注释，只对一些明显错误予以简单校勘。

二、郡斋本《襄阳耆旧传》虽是现存最早的版本，但其书已非原本。一是被好事者续写至五代后唐至后周时名将、后汉时任襄州节度使的安审琦（897—959）；二是原书并如唐宋时人所说的分为三卷，亦未按时代及人物编目；三是无山川城邑；四是人物仍以姓氏家族为单元，并非一人一目；五是按时代以先贤，州、郡守为顺序，置于最后的县宰只收录了3人，且俱系后人续写时补入。为了最大限度地保持书原貌，本次校注概不重新编辑，仅用序号以人名逐条予以简单编目，以便于查找阅读，余一仍其旧。将清末吴庆焘辑补的山川、城邑部分附录于后，给予简单的校勘和简注。聊充原书五"卷"之数。

三、现存民国吴庆焘和当代黄惠贤、舒焚在辑录整理《襄阳耆旧记》时均未接触过他们十分期盼的郡斋本，都是以心斋本为基础整理辑补的，故此次校勘时不以此三书为校勘和注释依据。

四、郡斋本中缺失而见于他书的文字，除在校勘记和注释中加以说明外，概不补入正文。

五、于最后补正王昌等3条。

六、其他体例与《汉晋春秋校注》同。

一　宋玉

　　宋玉[1]者，楚之鄢人也，故宜城[2]有宋玉冢[3]。始事屈原，原既放逐，求事楚友景差[4]。景差惧其胜己，言之于王，王以为小臣。玉让其友，友曰："夫姜桂[5]因地而生，不因地而辛；美女因媒而嫁，不因媒而亲。言子而得官者我也，官而不得意者子也。"玉曰："若东郭狡[一][6]者，天下之狡兔也，日行九百里而卒不免韩卢[7]之口，然在猎者耳。夫遥见而指纵[二][8]，虽韩卢必不及狡兔也；若蹑迹[9]而放，虽东郭狡必不免也。今子之言我于王，为遥指踪而不属[10]耶？蹑迹而纵绁[三][11]耶。"友谢之，复言于王。

　　玉识音[12]而善文，襄王[13]好乐爱赋[四]，既美其才，而憎之似屈原也。曰："子盍从俗[五]，使楚人贵子之德乎？"对曰："昔楚有善歌者，[六]始而曰《下俚[七]巴人》[14]，国中属而和之者数百人[八]；既而曰《阳春白雪》[15]《朝日鱼离》[16]，国中属而和之者不至十人[九]；含商吐角[17]，绝伦赴曲[18]，国中属而和之者不至三人矣[十]。其曲弥高[十一]，其和弥寡。"

【校勘记】

　　[一]"东郭狡"，文献多称"东郭逡"，如《战国策·齐三》："东郭逡者，海内之狡兔也。"

　　[二]"指纵"，《渚宫旧事》卷3、《太平御览》卷907引《春秋后语》《册府元龟》卷881《总录部·交友》作"指属"。

　　[三]"绁"，心斋本和吴庆焘本作"泄"。吴庆焘案语谓疑"泄"当作"绁"，是。

　　[四]"好乐爱赋"，《艺文类聚》卷43《乐部·歌》《太平御览》卷572《乐部·歌》《乐书》卷161《乐图论·俗部·歌下》作"好乐而爱赋"。

　　[五]"子盍从俗"，《艺文类聚》《太平御览》作"子盍从楚之俗"。

　　[六]"昔楚有善歌者"，《艺文类聚》《太平御览》"者"下多"王其闻欤"。

［七］"俚"，《初学记》卷15、《艺文类聚》卷43、《太平御览》卷12、卷572等皆作"里"，是。

［八］"国中属而和之者数百人"，《艺文类聚》《太平御览》"属"作"唱"，"百"作"万"。《古今事文类聚》"百"作"千"。

［九］"既而曰《阳春白雪》《朝日鱼离》，国中属而和之者不至十人"、《艺文类聚》《太平御览》作"中而曰《阳阿采菱》，国中唱而和之者数百人"。

［十］"含商吐角，绝伦赴曲，国中属而和之者不至三人矣"。《艺文类聚》《太平御览》作"既而曰《阳春白雪》《朝日鱼离》，含商吐角，绝节赴曲，国中唱而和之者不过数人"。

［十一］"其曲弥高"，《艺文类聚》《太平御览》"其"上多"盖"。

【注释】

1 宋玉：鄢（今湖北宜城东南）人，生卒年不详，主要活动于楚顷襄王之世（前298—前263）。因景差推荐，襄王委任为文学侍臣，后转议政大夫。宋玉为屈原之后最杰出的楚辞作家，其艺术成就虽然不及屈原，而细腻工致的物象描写过之，世称"屈宋"。《汉书·艺文志》称其著作有16篇，多已亡佚。现在保存下来的是否全为宋玉所作，颇多争议。1972年山东临沂银雀山汉墓出土了一篇与宋玉同时代楚辞作家唐勒的作品——《唐勒》，与传世的宋玉作品在篇章结构、用韵、内容叙述上都非常相似，证明赋体至迟在战国晚期已成熟，让之前将宋玉的一些作品当作伪作的观点不攻自破。

2 故宜城：楚故都鄢郢，在今宜城东南楚皇城。

3 宋玉冢：传今宜城城南5里腊树园土冢为宋玉冢，明嘉靖间曾建祠立碑。按，公元前279年，秦白起拔鄢，次年拔郢，宋玉应随楚王室东迁淮河中游地区，其冢在宜城之说恐难成立。

4 景差（前290？—前223？）：芈姓，景氏，名差，景为楚宗室三大族之一。景差是战国晚期与宋玉、唐勒同时的楚国文坛作家，以辞赋见称，他事多不可考，楚辞《大招》或是其作品。

5 姜桂：生姜与肉桂，性皆辛辣，常作调味品用。后喻人性格

6　东郭狻：即东郭狻兔，一种奔跑迅速的兔子。《战国策·齐策三》："韩子卢者，天下之疾犬也。东郭逡者，海内之狡兔也。韩子卢逐东郭逡，环山者三，腾山者五。兔极于前，犬废于后，犬兔俱罢，各死其处。田父见之，无劳倦之苦而擅其功。"《战国策·秦策三》："以秦卒之勇，车骑之多，以当诸侯，譬若驰韩卢而逐蹇兔也。"狻，多力、壮健。

7　韩卢：见上注，一种擅于奔跑追逐的名犬。

8　指纵：亦作"指踪"。发踪指示。比喻指挥谋划。见《史记·萧相国世家》："夫猎，追杀兽兔者，狗也；而发踪指示兽处者，人也。"

9　蹑迹：追踪、跟踪。

10　属：同"嘱"，嘱托。

11　纵绁：放开缰绳。纵，放开。绁，缰绳。

12　识音：精通音律。

13　襄王：楚顷襄王，楚怀王之子，名横，公元前298—公元前263年在位，楚国处于衰亡状态。

14　《下俚巴人》：春秋战国时期流行于楚国民间的通俗歌曲。

15　《阳春白雪》：春秋战国时期楚国的高雅歌曲，或作《阳春》《白雪》。

16　《朝日鱼离》：与《阳春白雪》同为楚国的高雅歌曲，或作《朝日》《鱼离》。

17　含商吐角：唱出的歌声极其轻松娴熟，抑扬顿挫，音律美妙。商、角，古代音阶名

18　绝伦赴曲：同类中无可比拟、独一无二的旋律曲调。绝伦，绝群。赴曲，和于曲调

二　庞德公　庞统

后汉庞德公，襄阳人。居岘山¹之南，未尝入城府[一]。躬耕田里，夫妻相待如宾，琴书自娱。睹其貌音，肃如²也。[二]

荆州牧[三]刘表数延请，不能屈。乃自往候之，谓公曰："夫保全一身，孰若保全天下乎？"公笑曰："鸿鹄³巢于高林之上，暮而得所栖；龟鼍[四]⁴穴于深泉之下，夕而得所宿。夫趋舍行止，亦人之巢宍[五]也。但各得其栖宿而已，天下非所保也。"每[六]释耕于陇上，妻子耨⁵于前[七]。表诣[八]而问曰："先生苦居畎亩⁶之间而不肯当禄，然后世将何以遗子孙乎？"公曰："时人皆遗之以危，今独遗之以安。虽所遗不同，亦不为无所遗也。"表曰："何谓？"公曰："昔尧舜举海内授其臣而无所执爱，委其子于草莽而无矜色。丹朱⁷、商均⁸至愚下，得全首领以没。禹汤⁹虽以四海为贵，遂以国私其亲，使桀¹⁰徙南巢¹¹、纣¹²悬首周旗，而族受其祸。夫岂愚于丹朱、商均哉？其势危故也。周公摄政天下而杀其兄¹³，向使周公兄弟食藜藿¹⁴之羹，居蓬蒿¹⁵之下，岂有若是之害哉！"表乃叹息而去。

诸葛孔明每至公家，独拜公于床下，公殊不令止。司马德操尝造公，值公渡沔，上[九]先人墓，操径入堂上[十]，呼德公妻子，使作黍[十一]¹⁶："徐元直¹⁷向言，有客即来就公谈论[十二]。"妻子皆奔走供设[十三][十四]。德操少德公十岁，以兄事之，呼作庞公也。人乃谓[十五]"公"是德公名，非也。后遂携其妻子登鹿门山¹⁸，托言采药，因不知所在。

《先贤传》云："乡里旧语，目诸葛孔明为卧龙，庞士元为凤雏，司马德操为水镜者[十六]，皆德公之题也。"其子先人[十七]，亦有令名，为魏武[十八]¹⁹黄门吏部郎，早卒。子焕[十九]字世文，晋太康中，为牂牁²⁰太守。去官还乡里，里人语曰[二十]："我家池里[二十一]龙种来归。"乡里仰其德让，少壮皆代老者担。德公从子²¹统。

统字士元，少未有识者[二十二]，惟德公重之。年十八，使诣司马德操。德操与语自昼达夜，乃叹息曰："德公诚知人，此实盛德也。必南州士之冠冕。"由是显名。后刘备访世事于德操，曰："后生俗士，岂识时务？识时务者在乎俊杰。此间有卧[二十三]龙、凤雏。"备问："谁？"曰："诸葛孔明、庞士元也。"

[二十四]每称咏²²，多过其才。时人怪而问之，统曰："当今天下大乱，雅道陵迟²³，善人少而恶人多。方欲兴风俗，长道业，若不美其谈，则声名不足慕。今拔十夫[二十五]五，犹得其半，而可以崇长世教，使有志者自励，不亦可乎？"

吴将周瑜卒，统送丧至吴。吴人多闻其名，陆绩[24]、顾劭[25]、全琮[26]皆往。统曰："陆子可谓驽马有逸足之力，顾子可谓驽牛能负重致远也。"

初，刘备领荆州，统以从事守耒[二十六]阳[27]令，在县不治，免官。鲁肃与备书曰："庞士元非百里才也[二十七]，使其处治中、别驾之任，始当展其骥足耳。"备大器之，以为治中事从[二十八]。劝备入益州，备向成都，所向辄[28]克。于涪大会，曰："今日之会，可为乐矣！"统曰："伐人之国而以为欢，非仁者所为！"备醉，怒曰："武王伐纣，前歌后舞，非仁者乎？"进围雒[29]县，统帅众攻城，为矢所中，卒，年三十六。

【校勘记】

[一] "未尝入城府"，《艺文类聚》卷63《居处部·城》作"庞德公在沔水上，至老不入襄阳城"。《北堂书钞》卷158《地理部·穴》作"庞公者，南郡襄阳人也。居岘山之南，未尝入城府"。《太平御览》卷822《产资部·耕》作"庞公，襄阳人。居沔水上，至老不入襄阳城"。

[二] "睹其貌音，肃如也"，《初学记》卷17《人部》作"庞公躬耕，妻子相待如宾，休息则正巾端坐"，《太平御览》卷822《产资部二·耕》作"躬自耕耔，其妻相待如宾，休息则整巾端坐，以琴书自娱，睹其貌者，肃如也"。讹"貌音"为"貌者"。

[三] "荆州牧"，《后汉书》卷113、《逸民列传第七十三·庞公传》《北堂书钞》《通志》卷177、《后汉·庞公》作"荆州刺史"，《太平御览》作"荆州"。

[四] "龟鼍"，《后汉书》《太平御览》《通志》《册府元龟》卷809《总录部·隐逸》作"鼋鼍"。

[五] "巢宄"，宄，指内部作乱，于此义理不通。心斋本改作"巢穴"，可从。

[六] "每"，《后汉书》《通志》《太平御览》作"因"。

[七] "妻子耨于前"，《后汉书》《通志》《太平御览》"妻"上多"而"。

[八] "诣"，《后汉书》《通志》《太平御览》作"指"。

[九] "上"，《三国志》卷三十七《庞统传》注、《册府元龟》作

"上祀"。可从。

[十]"操径入堂上"，《三国志》注、《后汉书》注、《册府元龟》卷881《总录部·交友》注作"德操径入其室"。《太平御览》作"径入上堂"。

[十一]"使作黍"，《三国志》注、《后汉书》注、《太平御览》《册府元龟》作"使速作黍"。

[十二]"有客即来就公谈论"，《三国志》注、《册府元龟》作"有客当来就我与庞公谭"。《后汉书》注、《古今事文类聚》卷24《人道部·故交》作"当来就我与德公谈"。

[十三]"妻子皆奔走供设"，《三国志·庞统传》注、《后汉书》注、《册府元龟》作"其妻子皆罗列，拜于堂下，奔走供设"。

[十四]此处《三国志》注、《后汉书》注、《册府元龟》多出"须臾，德公还，直入相就，不知何者是客也"十六字。

[十五]"人乃谓"，《三国志》注、《后汉书》注、《册府元龟》作"故世人遂谓"。

[十六]"为水镜者"，《三国志》注无"者"字。

[十七]"先人"，《三国志》注、《后汉书》注作"山民"。

[十八]"魏武"，《三国志》注作"魏"。

[十九]"焕"，《三国志》注、《后汉书》注作"涣"。

[二十]"去官还乡里，里人语曰"，《太平御览》《三国志》补注作"去官归乡里，居荆南白沙，里人宗敬之，相语曰"。

[二十一]"里"，《太平御览》作"中"。

[二十二]"统字士元，少未有识者"，《三国志》注、《太平御览》作"统字士元，德公从子也，少未有识者"。《册府元龟》作"蜀庞公从子统，字士元，少未有识者"。

[二十三]"卧"，《三国志》注、《世说新语》注、《太平御览》作"伏"。

[二十四]"每称咏"，《文选·为范尚书让吏部封侯第一表》注引《襄阳耆旧记》"每"上多"庞统为郡功曹，性好人伦"十字。

[二十五]"夫"，《三国志》注、《太平御览》《册府元龟》《古今事

《文类聚》作"失",是。

[二十六]"耒阳",原作"枣阳",按,枣阳始设于隋开皇初,据《三国志》改为"耒阳"。

[二十七]"非百里才也",原文脱"非百",据《三国志》注补。

[二十八]"事从",《三国志》注作"从事",是。

【注释】

1 岘山:襄阳城东南5里汉江西岸的一座小山,亦称岘首山,现常误为襄阳城南群山的总称。

2 肃如:严谨恭敬的样子。

3 鸿鹄:一种高飞的大鸟,即天鹅。因飞得高远,所以常用来比喻志向远大的人。阮籍《咏怀》"鸿鹄相随飞,飞飞适荒裔"。

4 龟鼍:爬行动物,吻短,体长二米多,背部、尾部均有鳞甲。穴居江河岸边,皮可蒙鼓。亦称"扬子鳄""鼍龙""猪婆龙"。

5 耨 nòu:锄草。

6 畎亩:田间、田地。

7 丹朱:人名,尧帝子。据《史记·五帝本纪》,尧因丹朱不肖,不能授以天下,乃禅位于舜。《皇王大纪》载,舜继位后,封丹朱于实沈之墟为唐国,以奉尧祀。

8 商均:人名,舜帝子。据《史记·五帝本纪》,舜知商均不肖,于是禅位于禹。商均后被封于虞,以奉舜祀。

9 禹汤:夏禹和商汤,夏朝和商朝的开国君主。在《史记》等文献记载里,禹有治洪水、开九州之功,四岳悦服,受舜禅让为帝,在华夏文明的形成过程中起着至关重要的作用。汤生长于夏朝的衰落时期,自亳兴起,伐夏桀而取代之,救民于水火,诸侯咸服,使华夏文明在中原大地继续兴盛发达。故禹、汤被后世视为贤君明主的典范。

10 桀:夏朝最后一位君主,名履癸,被商人宣传成中国历史上的著名暴君。桀虽有杰出的文武之才,但荒淫无度,暴虐无道,使百姓处于水深火热之中,被汤讨伐,败亡于鸣条(今山西夏县之西),夏朝灭亡。

11　南巢：夏桀败亡之地。在今安徽巢湖市，因位于古代华夏族活动地区的南方，故名。《史记·夏本纪》："桀走鸣条，遂放而死。"张守节正义引《括地志》："庐州巢县有巢湖，即《尚书》'成汤伐桀，放于南巢'者也。"《淮南子》："汤败桀于历山，与妹喜同舟浮江，奔南巢之山而死。"

12　纣：即帝辛，商代最后一位君主，为帝乙少子，名受，"天下谓之纣"，人称殷纣王，被周人宣传成中国历史上与夏桀齐名的暴君。传纣拥文武全才而荒淫暴虐，多次发动征伐夷方的战争，严刑峻法对待忠臣和百姓，动摇了商王朝的统治基础，为落后的周族提供了反叛机会，在与周武王所率诸军的牧野之战中，因自己的军队临阵倒戈落败，登鹿台自焚而死，商朝亡。

13　杀其兄：杀其兄管叔鲜。周武王灭商后不久去世，继位的成王年幼，不具理政能力，周公旦代行成王摄政。被武王封于殷商旧地，负责监管殷遗民的"三监"管叔鲜、蔡叔度和霍叔处怀疑周公旦要篡夺王位，于成王二年（前1041）联合纣王之子武庚和东夷、淮夷发动武装叛乱，史称"三监之乱"。成王四年，周公以成王的名义东征平叛，诛杀管叔鲜和武庚，流放蔡叔度，将霍叔处降为庶民，并乘机伐灭东夷、淮夷，封建诸侯，为周王朝建构了一个相对完备巩固的东土统治秩序，使周王朝的政局得以稳定。

14　藜藿：藜，一年生草本植物，茎直立，嫩叶可吃。藿，豆类植物的叶子，可食用。藜藿指代粗劣难咽的饭菜，比喻普通百姓的生活。

15　蓬蒿：蓬草和蒿草，皆野草名，生长于野外，亦泛指草丛、草莽。借指民间或隐士的隐居之地。

16　黍：一年生草本植物，叶线形，籽实呈淡黄色，去皮后称黄米，煮熟有黏性。

17　徐元直：徐庶字。见《习凿齿集·与桓秘书》注13。

18　鹿门山：原名苏岭山，位于襄阳城东南18公里，西濒汉江，与同是文化名山的岘山隔江相望。传因汉末名士庞德公、唐代著名诗人孟浩然、皮日休曾相继在此隐居而闻名。

19　魏武：即魏武帝曹操（155—220），字孟德，一名吉利，小字阿瞒，沛国谯县人，曹魏政权的奠基人。汉末，曹操挟汉天子迁都许（县），相继消灭二袁、吕布、陶谦、刘表、马超、韩遂等割据势力，降服南匈奴、乌桓、鲜卑等北方少数民族，实行一系列政策恢复经济生产和社会秩序，统一稳定了北方。曹操生前自任丞相，后为魏王，去世后谥武王。其子曹丕代汉称帝后，追尊为武皇帝，庙号太祖。

20　牂牁：郡名，亦写作"牂柯"。汉武帝平且兰、南夷后置，辖今贵州遵义至广西西北部、云南东部一带，郡治且兰（治今贵州黄平）。

21　从子：侄子。

22　称咏：称赞歌颂。

23　陵迟：日渐衰败。

24　陆绩（187—219）：字公纪，吴郡吴县（今江苏苏州姑苏）人，汉末庐江太守陆康之子。陆绩博学多识，通天文历算，孙权征为奏曹掾。陆绩常以直道见惮，出为郁林太守，加偏将军，与虞翻、庞统等关系友善，曾作《浑天图》，注《易经》，撰《太玄经注》，卒于建安二十四年。

25　顾劭（178—217）：字孝则，吴郡吴县人，出身江南大族，吴丞相顾雍长子。顾劭博览群书，少年时与舅父陆绩齐名，被庞统誉为"驽牛能负重致远"，胜过陆逊、张敦、卜静等人。后娶孙策之女为妻，二十七岁任豫章太守，有治绩，五年后逝于任上。

26　全琮（？—249）：字子璜，吴郡钱唐（今浙江杭州）人，吴桂阳太守全柔之子，孙权之婿。全琮起于奋威校尉，参与讨伐山越，后募兵守卫牛渚，参与洞口、石亭等战役，为孙吴名将，官至九江太守、东安郡守，封钱唐侯。黄龙元年（229），迁卫将军、左护军、徐州牧。赤乌四年（241），任大都督，与魏将王凌激战于芍陂。赤乌九年（246），迁右大司马、左军师，劝阻孙权围攻珠崖、夷州未果，赤乌十二年病世。

27　耒阳：县名，位于今湖南衡阳南部。秦始皇二十六年（前221）置耒县，因耒水得名，隶长沙郡。汉高祖五年（前202），以县治在耒水北，更名耒阳县，隶属桂阳郡。

28　辄：总是。

29　雒：县名，汉高祖六年（前201）置，在今四川广汉北，属广汉郡。元封五年（前106）为益州治，东汉建武元年（25）为广汉郡治，兴平元年（194）迁治成都。

三　王逸

　　后汉王逸字叔师，南郡宜城人。元初[1]中举上计吏[2]，为校书郎[3]。累至侍中。著《楚词章句》[4]行于世。其赋、诔、书、论及杂文，凡二十一篇。作《汉诗》百二十三篇。子延寿，字文考[一]。作《灵光殿赋》[5]。蔡邕[6]亦造此赋，未成，及见甚奇之，遂辍翰[7]。曾有奇梦，恶之，作《梦赋》以自厉[二][8]。后溺死。

【校勘记】

　　［一］"文考"，《后汉书》李贤注引张华《博物志》作"子山"。

　　［二］"厉"，《说郛》卷58作"励"。

【注释】

　　1　元初：东汉安帝刘祜的第二个年号，从公元114—119年，共6年。

　　2　上计吏：秦汉时期，郡国每年都要选派官吏，将本郡（国）的户口、垦田、赋税等情况赴朝廷汇报，上计者常通称为"上计吏""计吏"或"上计掾史"。一郡可能有多个计吏。

　　3　校书郎：官名。掌校雠典籍，订正讹误。东汉朝廷藏书于东观，置校书郎中，后魏始于秘书省置校书郎。

　　4　《楚词章句》：亦作《楚辞章句》东汉王逸撰著的一部《楚辞》完整注本。汉成帝河平三年（前26），刘向将屈原、宋玉以及汉代模仿屈、宋的作品汇编成集，共十六篇，名为《楚辞》。后来，王逸著《楚辞章句》，增入自己所作《九思》成十七篇，在他之前，也有不少学者注释过《楚辞》，但都只是针对个别篇目，王逸是首次将《楚辞》所有篇目一一予以详注，是一部具有开创意义的《楚辞》注本，其影响贯穿整个中国文学史。

　　5　《灵光殿赋》：东汉辞赋家王逸之子延寿创作的一篇赋。赋文追述了鲁恭王当初受封及建造灵光殿的情景，多角度地描绘了灵光殿的雄奇瑰丽，语言凝练绚美，是汉赋中的代表性作品。

6　蔡邕：字伯喈（133—192），陈留郡圉县（今河南杞县西南。一说为今河南尉氏县）人。东汉名臣，文学家、书法家。蔡邕师事著名学者胡广，除经史、辞赋外，还精通音律、擅书法。早年屡拒朝廷征召，后被征辟为司徒掾属，任河平长、郎中、议郎等职，曾参与续写《东观汉记》及刻印熹平石经。后因罪被流放朔方，又避难江南十二年。董卓入京后强召蔡邕为祭酒，三日之内历任侍御史、治书侍御史、尚书、侍中、左中郎将等职，封高阳乡侯，世称"蔡中郎"。王允诛杀董卓后，蔡邕因于座上感叹而下狱，死于狱中。

7　辍翰：停笔、搁笔。

8　自厉：勉励警诫自己。

四　蔡瑁

后汉蔡瑁[1]字德珪，襄阳人。性豪自喜，少为魏武所亲。刘琮之败，武帝造其家，入瑁私室，呼见其妻子，谓曰："德珪，故忆往昔共见梁孟星[2]，孟星不见人时否？闻今在此，那得面目见卿耶？"是时，瑁家在蔡洲[3]上，屋宇甚好，四墙皆以青石结角。婢妾数百人，别业四五十处。

汉末，诸蔡最盛。蔡讽[4]姊适太尉张温，长女为黄承彦[一][5]妻，小女为刘景升后妇，瑁之姊也。瓒[6]字茂珪，为鄢相；琰[7]字文珪，为巴郡太守，瑁同堂也。

永嘉[8]末，其子犹富，宗族甚强，共保于洲上，为草贼张如[9]所杀，一宗都尽，今无复蔡姓者。

瑁，刘表时为江夏、南郡、章陵[二][10]太守，镇南大将军军师；魏武从事中郎、司马、长水校尉[11]、汉阳亭侯。武帝虽以故旧待之，而为时人所贱，责其助刘琮、潜刘琦[12]故也。

魏文[13]作《典论》[14]，以瑁诫之，曰："刘表长子曰琦，表始爱之，称其类己。久之，为少子琮纳后妻蔡氏之姪，表遂爱琮而恶琦。瑁及外甥张允[15]并得幸于表，又睦于琮。之有善[三]，虽小必闻；有过，虽大必蔽。

蔡氏称美于内，允、瑁叹德于外。日月以之，而琦益疏，乃出为江夏太守，监兵于外。瑁、允阴伺其过阙，随而毁之，美无显而不掩，阙无微而不露。于是忿怒之色日发，诮让[16]之书日至，而琮竟为嗣矣。故曰：'容力[四]17生于身疏，积爱出于近习。'岂谓是邪！泄柳[18]、申详[19]，无人乎穆公[20]之侧，不能安其身。君臣则然，父子亦犹是乎？后表疾病，琦慈孝，瑁、允恐其见表，父子相感，更有讬后之意，谓曰：'将军令君抚临江夏，为国东藩，其任至重。今释众而来，必见谴怒，伤亲亲之叹，以增其疾，非孝敬也。'遂遏于户外，使不相见，琦流涕而去，士民闻而伤焉。表卒，琮嗣[五]立，以侯印与琦，怒而投之，伪辞赴丧，有讨瑁、允之意。会王师[21]已临其郊，琮举州请罪，琦遂奔于江南。"

【校勘记】

[一]"黄承彦"，原文倒为"黄彦承"，据《三国志》卷35《诸葛亮传》注改。

[二]陵：原作"竟陵"，《后汉书·郡国志》荆州七郡无竟陵，同书《刘表传》注引《汉官仪》荆州八郡有章陵郡。《三国志补注》引《祢衡别传》《资治通鉴·汉纪·献帝》分别载黄射、蒯越曾为章陵太守，是刘表任荆州刺史时升其祖地章阮县为章陵郡，改竟陵为章陵。

[三]"之有善"，"之"上脱"琮"。

[四]容力，中文无此词组，似系"容刃"之形讹。

[五]琮嗣，心斋本改为"琮竟嗣"，可。

【注释】

1　蔡瑁：字德珪，襄阳人，汉末荆州大族蔡讽之子。太尉张温内侄，长姊为沔南名士黄承彦妻，二姊为刘表继室。初平元年（190），刘表任荆州刺史，蔡瑁助其平定荆州，历任江夏、南郡、章陵太守。刘表病亡间，拥立刘琮。建安十三年（208）曹操南征荆州，与蒯越等人劝刘琮降附曹操，先后任从事中郎、司马、长水校尉，封汉阳亭侯。

2　梁孟星：即梁鹄，字孟皇，或作孟黄，生卒年不详，安定乌氏（今甘肃平凉）人，汉魏之际著名书法家。初举孝廉为郎。光和元年

(178),入鸿都门学,出任凉州刺史,后入朝为尚书。汉末中原大乱时投奔荆州。曹操平荆州后慕求梁鹄,授军假司马以勤书自效,其书法为曹操所钟爱。

3　蔡洲:位于襄阳岘山东南十里、汉水中的大洲,因蔡氏家族聚居洲上,故名。《荆州图经》:"襄阳县南八里,岘山东南一十里,江中有蔡洲,汉长水校尉蔡瑁所居,宗族强盛,共保蔡洲,为王如所设,一宗都尽。"

4　蔡讽:襄阳人,汉末襄阳豪族。蔡瑁之父。

5　黄承彦:生卒年不详,汉末三国时沔南名士,或为汉初邟侯黄极忠之后,襄阳豪族蔡讽之长婿、诸葛亮岳父,与襄阳名士庞德公、司马徽等人交好。

6　瓒:蔡瓒,蔡瑁堂兄弟,官至鄬(今湖北宜城东南)相,表明汉末三国时鄬县曾为封国。

7　琰:蔡琰,蔡瑁堂兄弟,官至巴郡太守。

8　永嘉(307—313):西晋怀帝司马炽的年号。

9　张如:文献无载。据《太平御览》卷69载:"(蔡瑁)宗族强盛,共保蔡洲,为王如所杀,一宗都尽。"是张如当为王如。王如,京兆新丰(今陕西渭南市)人,西晋末年流民起义领袖。早年任州武吏,后流徙至宛城(今河南南阳)。因荆州官吏奉诏粗暴强遣流民返回关中而率众起事,攻下襄城(今河南襄城县),自称大将军,兼司、雍二州牧,与晋军转战于江汉间,曾进逼襄阳,永嘉六年(312)降荆州刺史王敦,被杀。

10　竟陵:县名,秦置,属南郡,治今湖北潜江西北,西汉后期改隶江夏郡,晋惠帝时分江夏郡立为郡。

11　长水校尉:官名,汉武帝置。北军八校尉之一,秩比二千石,掌管屯驻在长水与宣曲的乌桓与胡族骑兵,戍卫京师,兼任征伐。东汉时属北军中候。此后魏、晋、南朝及北朝魏、齐均置,至隋废。

12　刘琦(?—209):山阳高平(今山东济宁)人,刘表长子。因刘表后妻蔡氏和蔡瑁在刘表跟前不断中伤失宠,向诸葛亮问安身之计,依计求出为江夏郡守以避祸。刘表死后,刘琮继位,值曹操南下荆州,刘琮以州降,刘备等人被迫会合刘琦南下江夏抗曹。赤壁之战后刘备上表朝廷，荐刘琦为荆州刺史，并以他的名义夺占江南武陵、长沙、零陵和桂阳四郡。建安十四年刘琦病逝。

13　魏文：曹丕（187—226），字子桓，沛国谯县人，魏武帝曹操长子。曹丕是三国时期政治家、文学家，曹魏开国皇帝，公元220—226年在位。建安二十二年（217），曹丕立为魏国世子。建安二十五年（220），继任丞相、魏王。同年逼汉献帝禅让帝位，结束了汉朝四百多年的统治。黄初七年，病逝于洛阳，谥文皇帝。曹丕博览经史，通晓诸子百家学说，于诗、赋、文学评论皆有成就，擅长于五言诗，与其父曹操和胞弟曹植并称"建安三曹"。

14　《典论》：中国最早的文艺理论批评专著，魏文帝曹丕所著，完成于曹丕做魏太子时，原书22篇，大都亡佚，只存《自叙》《论文》《论方术》三篇。

15　张允：南阳穰县（今河南邓州）人，太尉张温之子，蔡瑁之表兄弟。张允出仕荆州，参与离间刘表与长子刘琦间的父子情，拥立刘琮。曹操南下劝刘琮归降曹操，他事无考。

16　诮让：责问。

17　容力：心斋本改作"容刃"，是，形近讹。语出老子《道德经·贵生第五十》"兵无所容其刃"，容，容受、容纳。刃，刀剑等利器的锋口。"容刃生于身疏"意为刘琦出镇江夏，与刘表见面变得稀疏，为蔡瑁等人的离间提供了空间。

18　泄柳：战国初时贤人。据《孟子·滕文公下》记载，鲁穆公去见泄柳，因缺乏诚意，又不合"不为臣不见诸侯"之礼，遭泄柳闭门拒见。

19　申详：孔子学生子张之子，他事不详。

20　穆公：即鲁穆公，本名姬显，战国初期鲁国国君。穆公礼贤下士，礼拜子思，容许墨翟在鲁国传道授徒，使鲁国出现安定局面。《孟子·公孙丑下》谓："泄柳、申详，无人乎穆公之侧，不能安其身。"言如果没有泄柳、申详这样的贤人在穆公身旁，穆公难以长获安宁。

21　王师：天子、朝廷的军队。

五　杨虑　杨仪

　　后汉杨虑字威方，襄阳人。少有德行，为沔南[1]冠冕[2]。州郡礼重[3]、诸公辟命[4]，皆不能屈[5]。年十七而夭。门徒数百人，宗其德范[6]，号为"德行杨君"。许汜[一][7]是虑同里人，少师虑，为魏武从事中郎。事刘备，昔在刘表坐，论陈元龙[二][8]者，其人也。虑弟仪。

　　仪字威公，为蜀相诸葛亮长史，加绥军将军[9]。亮出军，仪常规画分部[10]，筹度粮谷，不稽思虑[11]，须臾[三]便了。军戎节度[12]，取辨[四]于仪。亮深惜仪之才干，凭魏延之骁勇，故尝恨二人之不平，不忍有所偏废也。十二年，亮出屯谷口[13]，卒于敌场。全军而还，又诛讨魏延，自以为功勋至大，当代亮。而方拜中军师，无所统领，从容而已。遂大怒[五]愤，谓费祎曰："往者吾若举军就魏，宁当落度[14]如此邪？令人追悔，不可更及！"祎表其言，坐徙[15]。仪复上书诽谤[六]，词旨激切。遂下郡收仪，自杀。

【校勘记】

[一]"许汜"，原作"许汎"，据《三国志》卷7《吕布传》改。

[二]"陈元龙"，原作"陈元德"，据《三国志》卷7《吕布传》改。

[三]"须臾"，《册府元龟》卷716作"斯须"。

[四]"辨"，当为办，系繁体"辦"之形讹。

[五]"怒"，《三国志》卷40《杨仪传》作"怨"。

【注释】

1　沔南：沔水南。汉水总体从西北向东南流，但在谷城茨河至襄阳段基本为东西向，故古代常用沔南代指汉水以南的襄阳地区。

2　冠冕：古代帝王、诸侯、官员的帽子，常用作达官显贵的代称。

3　州郡礼重：汉代自下而上的一种人才选拔方式，即察举制。由郡县地方长官在辖区内考察优秀人才推荐给中央，经过试用考核再授以正式官职。对于才华卓越、声望隆重者,备重礼延聘出仕,以示尊崇。

4　辟命:即征辟制,汉代自上而下的一种人才选拔方式。指朝廷或三公以下征召才华出众、名望显赫的人士,授以官职,皇帝征聘叫"征",三公以下聘用属官幕僚叫"辟"。

5　屈:屈就(州郡察举和朝廷的征辟)。

6　德范:道德风范。

7　许汜:原为吕布属下,吕布失败后归降曹操,为从事中郎。后又追随刘备,南奔刘表,一日在刘表座前与刘备一起议论陈登,许汜发牢骚说陈登这人傲漫无礼,谈及自己曾在陈登处没得到应得的礼遇,陈登不仅不怎么理会他,还自己爬到上面的大床上睡觉,让他这位客人睡下面的小床。结果招来刘备的一通揶揄,刘备、刘表反而对陈登赞许有加。《三国志·吕布传》记其事谓:"陈登者,字元龙,在广陵有威名,(前省)后许汜与刘备并在荆州牧刘表坐,表与备共论天下人,汜曰:'陈元龙湖海之士,豪气不除。'备谓表曰:'许君论是非。'表曰:'欲言非,此君为善士,不宜虚言;欲言是元龙,名重天下。'备问汜:'君言豪,宁有事邪?'汜曰:'昔遭乱过下邳,见元龙,元龙无客主之意,久不相与语,自上大床卧,使客卧下床。'备曰:'君有国士之名,今天下大乱,帝主失所,望君忧国忘家,有救世之意,而君求田问舍,言无可采,是元龙所讳也,何缘当与君语?如小人,欲卧百尺楼上,卧君于地,何但上下床之间邪?'表大笑。备因言曰:'若元龙文武胆志,当求之于古耳,造次难得比也。"

8　陈元龙:即陈登(163—201),字元龙,下邳淮浦(今江苏涟水西)人。陈登少有扶世济民之志,二十五岁时举孝廉,任东阳长,后为徐州牧陶谦的典农校尉。建安初,以向曹操献灭吕布之策,被授广陵太守,加伏波将军,驻守广陵多年,多次击败孙策的侵袭,迁东城太守,年三十九卒。

9　绥军将军:杂号将军名,三国蜀置,掌征伐、驻守或后勤工作。

10　规画分部:规画,筹划、谋划。分部,分派、部署。

11　不稽思虑:不用查证和仔细思索。言杨仪记忆力强,思维敏捷,虑事周详办事干净利落。

12　节度：管辖、管理。

13　谷口：指斜谷口，在陕西终南山中，谷有二口，南曰褒，北曰斜，故亦称褒斜谷。褒斜谷是古代关中和汉中地区之间非常重要的一条险峻的通道，称褒斜道。

14　落度：落拓、潦倒、失意。

15　坐徙：坐，因……获罪。徙，古代称流放的刑罚，即将有罪的人流放到边远地区。

六　繁仲皇

后汉繁仲皇[1]，襄阳人。为青州刺史，自尔以来，虽无名德重位，世世作书生门户。

【注释】

1　繁仲皇：生平失载。

七　习融习询习蔼习承业习珍习温

后汉习融，襄阳人。有德行，不仕[1]。子郁，字文通，为黄门侍郎[2]，封襄阳公[3]。

习询、习竺，才气锋爽[4]。

习蔼，有威仪[5]，善谈论。

习承业，博学有才鉴[6]。历江阳、汶山[7]太守，都督龙鹤[8]诸事[一]。

习珍，为零陵北部都尉[二][9]，加裨将军[10]。孙权杀关羽，诸县响应。欲保城不降，珍弟曰："驱甚崩[11]之民，当乘胜之敌，甲不坚密，士不素精，难以成功。不如暂屈节[12]于彼，然后立大效[13]以报汉室[14]也。"珍从之，乃阴约樊胄[15]等举兵，为权所破。珍举七县，自号为邵陵[16]太守[三]，屯校[17]夷界[18]以事蜀。潘濬[19]讨珍[四]，所至皆下，唯珍所师数百登山[五]。濬数书喻[20]使降，不答。濬单将左右，自到山下，求共交语。珍遂谓曰：

"我必为汉鬼，不为吴臣，不可逼也。"因引射潘，潘还。共攻月余[六]，粮箭皆尽，曰："受汉恩厚[七]，不得不报之以死。诸君何为者！"即伏剑自裁。

刘备闻珍败，为发丧，追赠邵陵太守。张邵伯²¹难习宏²²曰："若亡国之大夫不可以访事²³，败军之将不足以言勇，则商之箕子²⁴当见捐²⁵于昔日，赵之广武君²⁶无能振策²⁷于一世也。"

后贼发其汉末先人墓，掘习郁冢作炭灶，时人痛之。珍子温。

习温，识度广大。历长沙、武昌太守，选曹尚书²⁸，广州刺史。从容朝位三十年，不立名迹²⁹，不结权豪。饮酒一石³⁰乃醉。有别业在洛上³¹，每休沐常宴其中。长子宇，执法郎，曾取急趋，车乘道从甚盛[八]。温怒，杖责之曰："吾闻生于乱世，贵而能贫，始可以亡患。况复以侈靡竞乎！"[九]

【校勘记】

[一]"诸事"，吴庆焘认为当作"诸军事"，是。"都督诸军事"是魏晋时期常见地方军政长官。

[二]"习珍为零陵北部都尉"，《太平御览》卷417作"先主以习珍为零陵北部都尉"。

[三]"邵陵太守"，按邵陵郡设立于孙皓宝鼎元年（266），习凿齿谓孙权时期的习珍"自号为邵陵太守"，不知何据。

[四]"潘濬讨珍"，《太平御览》卷417作"孙权遣潘濬讨珍"。

[五]"唯珍所师数百登山"，《太平御览》卷417作"珍师数百人登山自将"。

[六]"共攻月余"，《太平御览》卷417作"围守月余"。

[七]"受汉恩厚"，《太平御览》卷417作"珍受汉中王厚恩"。

[八]"趋"，《太平御览》卷634作"归"。"曾取急趋，车乘道从甚盛"作"取急归，宾从甚盛"。

[九]《太平御览》卷444有续记，谓："潘记见温习十数岁时曰：'此儿名士，必为吾州里议主'。勒子弟与善，温后果为荆州大公平令。""潘记"为"潘浚"之讹，"温习"为"习温"之倒。"荆州大公平"，

四库本作"荆州太守"《册府元龟》卷842谓:"习温为荆州大公平,大公平今之州都。潘秘过辞于温,问曰:'先君昔许君侯当为州里议主,今果如其言,不审州里谁当复相代者?'温曰:'无过于君也。'后秘为尚书仆射,代温为公平,甚得州里之誉。"按,大公平亦称"大中正",九品中正制始创于魏文帝时,晋宣帝司马懿当国时加置大中正。吴设大公平仅见于习氏上述记载,且与《太平御览》卷265引《襄阳耆旧传》谓"晋朝以江表始通,人物未悉,使江南别立大中正"相抵牾。而《襄阳耆旧传》所记习温事正史缺记,其与杀父仇人潘濬家为通家之好等皆与情理不合,其人其事堪疑处甚多,不赘述。

【注释】

1 不仕:不做官。

2 黄门侍郎:又称黄门郎。秦置,在皇宫内供职的郎官,近侍皇帝,传达诏令,汉以后沿置。

3 襄阳公:襄阳县公。公,古代最高爵位名,东汉初年受封县侯的有"云台二十八将",均有《列传》。唯习郁之襄阳公及习郁其人不见正史记载。

4 锋爽:锋,锋芒。爽,明亮。

5 威仪:仪表威严。

6 才鉴:品评鉴别的才能。

7 汶山:郡名。汉武帝元鼎六年(前111),以冉駹部落分布地置,治汶江县(今四川茂县北),辖广柔等五县。宣帝地节三年(前67)省汶山郡为北部冉駹都尉,隶蜀郡。东汉安帝延光三年(124),复置汶山郡,蜀汉时仍治汶江。

8 都督龙鹤:都督,最初是监督军队之官,汉末大量出现,有的是偏裨将校,有的则是一军之帅或一个战区的主将。魏晋时期成为地方最高军政长官,总揽一地军民之政。龙鹤,地名无考。《华阳国志·大同志》:"初,蜀以汶山西五郡北逼阴平,故于险要置守。自汶江、龙鹤、冉駹、白马、匡用五围皆置修屯牙门。晋初以御夷徼,因仍其守。"此龙鹤地在汶山以西,阴平、武都以南之今川西北地区,或是。

9　零陵北部都尉：零陵，郡名。部都尉，汉晋时掌管一部治安之官。部为区域单位，或一郡分为几部，或将一大都城分为几部。往往于边境新附及尚未完全王化的少数民族地区，专设的类似郡一级的行政区划，有自己的治所和数县辖区，利用当地酋豪因其故俗管治，亦称部都尉，其军政首脑官职亦以都尉相称，北部都尉即其中之一。零陵北部位于湘、桂交界蛮夷杂处的五岭山地北侧，建安十四年（209）零陵郡归属刘备，刘备于此设置都尉或有可能。

10　裨将军：一种低级将军名号。初指副将，王莽时授予诸县长官。魏、晋、南北朝位居各种杂号将军之末。

11　崩：崩溃。

12　屈节：失去节操。

13　大效：原指世人大都要效仿。此指做出巨大贡献。

14　汉室：指刘备所建的季汉政权。

15　樊胄：刘备属官，赤壁之战后署为武陵从事。《三国志·潘濬传》裴注引《江表传》作樊伷，"伷"通"胄"。吕蒙袭杀关羽，荆州失守后，樊胄游说武陵诸夷共同对抗孙吴，被孙权所遣潘濬军剿平，樊胄被杀。

16　邵陵：郡名，史载吴宝鼎元年（266）分零陵郡北部置，治昭陵（今湖南邵阳）。晋为避司马昭讳改邵陵郡。

17　屯校：屯，屯兵。校，校场。屯校意为边屯兵边训练。

18　夷界：边地诸蛮夷散居之地。夷指聚居于零陵郡的蛮夷人。

19　潘濬（？—239）：字承明，武陵郡汉寿县（今湖南常德汉寿）人。潘濬为人聪察，初入荆州求学，深受王粲赏识，拜大儒宋忠为师，未满三十便被荆州牧刘表署为江夏从事。建安十六年（211），刘备擢潘濬为荆州治中从事。二十四年（219），孙权得荆州，以潘濬为辅军中郎将，迁奋威将军，封常迁亭侯。孙权称帝后，封刘阳侯，先后任少府、太常。黄龙三年（231），潘濬与吕岱率军五万平定五溪蛮夷叛乱，后与陆逊一起常驻武昌，镇守荆州，奸臣吕壹弄权时，潘濬多次陈请孙权，终将其诛杀。

20　书喻：书信告知。

21　张邵伯：不详，疑是孙吴重臣张昭。张昭以性格刚直、敢于直谏著称。舒焚、张林川《校注》本推测习凿齿为避司马昭讳而称张昭为"张邵"，如昭陵郡改邵陵郡例。"伯"字衍，可参考。

22　习宏：习珍弟，曾劝习珍伪降吴，再联合诸夷举兵抗吴归汉。起兵事败后于吴不发一言，故有张邵伯难习宏说，此事多不可察。

23　访事：探问情况。此指在吴国出任官职。

24　箕子：子姓，名胥余，商纣王帝辛叔父（或云是纣王庶兄）。官太师，封于箕。纣王暴虐无道，箕子苦劝不听，遂佯狂装疯，被纣王囚禁。武王灭商后，释箕子之囚，箕子逃至朝鲜建国。

25　见捐：被抛弃。

26　广武君：楚汉相争时的赵国谋臣李左车，赵国名将李牧之孙。秦末农民起义爆发后，诸侯并起，李左车辅佐赵王歇建立赵国，被封为广武君。韩信灭赵，虚心向这位败军之将求计，李谓"智者千虑，必有一失；愚者千虑，必有一得"，向韩信提出了攻取燕齐之计。韩信依策顺利攻占燕、齐旧地。

27　振策：本意扬鞭走马。此指广武君充分施展自己的才能，为韩信献策，立下大功。

28　选曹尚书：列曹尚书之一，典掌选拔官吏。

29　名迹：声名业绩。

30　石：容量单位，《隋书·律历志》："十絫为一铢，二十四铢为两，十六两为斤，三十斤为钧，四钧为石"。据出土文物实测计算得，汉1两为15.6克，1斤249.6克，1石120斤约合29952克，约合60斤。

31　洛上：地名，洛应为水名，不详所在。

八　黄承彦

黄承彦[一]，高爽开朗¹，为沔南名士。谓孔明曰："闻君择妇，身有丑女，黄头黑面，才堪相配。"孔明许，即载送之。时人以为笑乐，乡里为之谚曰："莫作孔明择妇，正得阿承丑女。"

【校勘记】

［一］"黄承彦"，原文倒为"黄彦承"，据《三国志》卷35《诸葛亮传》注改。

【注释】

1　高爽开朗：高尚爽朗、豁达乐观。

九　马良　马谡

蜀马良字季常，宜城人也。兄弟五人并有才名，乡里为之谚曰："马氏五常，白眉最良。"良眉中有白毛，故以称之。先主领荆州，辟为从事。先主入蜀，诸葛亮亦从，良留荆州，与亮书曰："闻雒城已拔，此天祚[1]也。尊兄应期赞世[2]，配业光国[3]，魄兆[4]见矣。夫变用雅虑[5]，审贵垂明[6]，于以简才[7]，宜适其时。若乃和光悦远[8]，迈德天壤[9]，使时闲于听[10]，世服于道[11]，齐高妙之音[12]，正郑卫之声[13]，并利于事[14]，无相夺伦[15]：此乃管弦[16]之至，牙、旷[17]之调也。虽非钟期[18]，敢不击节[一][19]！"。后遣使吴，良谓亮曰："今衔国命[20]，协穆[21]二家，幸为良介于[22]孙将军。"亮曰："君试自为文。"良即为草曰："寡君遣掾马良通聘继好[23]，以绍昆吾、豕韦[二]之勋[24]。其人[三]吉士，荆楚之令，鲜于造次之华[25]，而有克终之美[26]。愿降心存纳[27]，以慰将命。"

先主称尊号，以为侍中。及东征吴，遣良入武陵[28]，招纳五溪蛮夷[29]。蛮夷渠帅[30]皆受印号，咸如意指。会先主败绩于夷陵[31]，良亦遇害。子秉，为骑都尉。良弟谡。

【校勘记】

［一］"敢不击节"，《三国志》卷39《马良传》"节"下多"先主辟良为左将军掾"八字。

［二］"豕韦"，原文讹作"家韦"，据《三国志》卷39《马良传》改。

[三]"其人",原作"奇人",据《三国志》卷39《马良传》改。按,诸葛亮的信函系向孙权介绍蜀使马良,"其"指马良,当以"其"为是。

【注释】

1　天祚:上天赐福。
2　应期赞世:顺应天命的期运安排,赶上了时代,辅佐治理天下。
3　配业光国:指做出与身份地位相称、光大国家的功业。
4　魄兆:征兆、先兆。魄,月始生始没时的微光。
5　雅虑:高明智慧的思虑、谋略。
6　审贵垂明:审核声望隆重的珍贵人才。垂,流传。明,公开、显露在外。
7　于以简才:选择贤才,恰当任用。于以,在何处,此指根据才能任用。简才,选择贤智之才。
8　和光悦远:以柔和的光辉照耀,使远方之人悦服。
9　迈德天壤:努力树立高尚的德行于天地之间。迈德,勉力树德。天壤,天地、天地间整个世界。
10　使时闲于听:使当代人时时都能接受教化。时,当代的,当时的。闲,有空、没有事情做的时候。听,听从、接受。
11　世服于道:使世界信服大道。服,承认、信服。道,做人的行为规范、思想方法与中规中矩的习惯。
12　齐高妙之音:使精湛神妙的音乐完备。齐,齐全、完备。高妙,精湛神妙。音,即雅乐,指朝贺、祭祀天地等国家大典所用的宫廷音乐。
13　郑卫之声:春秋战国时郑、卫二国的民间风情音乐,儒家认为其音淫靡,斥之为淫声。
14　并利:并,并且。利,有利于、有助于。
15　无相夺伦:见《尚书·舜典》:"八音克谐,无相夺伦,神人以和。"即八种乐器的声音能够调和,不使其乱了次序,让人们相互间因此变得更加和谐。相,相互。夺,失去。伦,次序。
16　管弦之至:使乐器发出的音乐达到尽善尽美的境界。管弦,管乐器和弦乐器，此泛指乐器。

17　牙、旷：伯牙和师旷，二人为春秋时著名音乐家。传说伯牙为民间琴师，以善奏一曲《高山流水》而知名。师旷为晋国音乐师，以善于辨音，能据音断事之盛衰兴废而闻达天下。

18　钟期：即钟子期，春秋时期楚国音乐家，传说只有钟子期能理解和欣赏伯牙琴声所表达的意义，被伯牙视为知音。《列子·汤问》："伯牙鼓琴，志在高山，钟子期曰：'善哉，峨峨兮若泰山！'志在流水，钟子期曰：'善哉，洋洋兮若江河。'伯牙所念，钟子期必得之。子期死，伯牙谓世上再无知音，乃破琴绝弦，终身不复鼓。"

19　击节：打拍子。此指赞赏、叫好。

20　国命：朝廷命官。

21　协穆：使和睦。亦作"协睦"。

22　介于：介，此指通使孙吴的文书。于，给、呈递。

23　通聘继好：通聘，遣使交好。继好，继续和好。

24　绍昆吾、豕韦之勋：绍，继承。昆吾，古部落名。《史记·楚世家》载陆终有六子，长子为昆吾，夏朝时曾为侯伯。豕韦，又作"豕韦"，夏商时期黄河中下游诸侯国，彭姓，和己姓昆吾同为夏王朝的主要盟邦，后为商王朝的诸侯大国。《国语·郑语》："大彭、豕韦为商伯矣。"韦昭注："豕韦，彭姓之别，封于豕韦者也。夏衰，二国相继为商伯。"借喻蜀吴两家继续结盟修好，共抗曹魏，成就霸业。

25　造次之华：外交辞令，代指造次行事的后果。造次，匆忙、仓促、轻率的鲁莽行为。华，华丽、华美。

26　克终之美：克终，善终。美，美好。指孙刘两家结盟抗曹带来的美好结果。

27　降心存纳：降心，平抑心气。存纳，容纳、接纳。诸葛亮写此函给孙权，是希望孙权不要怠慢马良，悉心接待，双方一起顺利完成这次外交使命。

28　武陵：郡名，汉高祖置，治索县（在今湖南常德汉寿），下辖十三县。辖境跨今湘、鄂、黔、渝、桂等广大地区。

29　五溪蛮夷：汉代居于武陵地区雄溪、樠溪、辰溪、酉溪、武溪五条溪水流域的蛮夷，汉晋时期也泛指分布于今湘西、鄂西南等地的少数民族。

30　渠帅：部落酋长或首领。

31　夷陵：县名。见《汉晋春秋校注》"羊祜增修德信以怀吴人"条注1。

谡字幼常，以荆州从事入蜀，历绵竹¹、成都令²，越嶲太守。长八尺，才器过人，善与人交，好论军计，亮深器异。先主临薨，谓亮曰："马谡言过其实，不可大用也。"亮犹谓不然，以为参军，每引见谈论，自昼达夜。亮征南中，谡送之数十里，亮曰："虽共谋之历年，今可更惠良规³。"谡曰："南中恃其险远，不服久矣。虽今日破之，明日复反耳。今公方倾国北伐，以事强贼，彼知吾势[一]内虚，其叛亦速。若尽殄遗类⁴，以除后患，既非仁者之情，且又不可仓卒也。夫用兵之道，攻心为上，攻城为下，心战为上，兵战为下。愿公服其心而已。"亮纳其策，赦孟获以服南方。故终亮之世，南方不敢复反。

建兴六年，亮出军向祁山，使谡统大众向前。为魏将张郃所破，坐此下狱死，时年三十九。谡临终，与亮书曰："明公⁵视谡犹子，谡视明公犹父。愿深惟殛鲧兴禹⁶之义，使平生之交不亏于此。谡虽死，无恨于黄壤[二]也！"于时，十万之众[三]为之垂泣。亮自临祭，待其遗孤若[四]平生。蒋琬后诣汉中，谓亮曰："昔楚[五]杀得臣，然后文公喜可知也。天下未定而戮智计之士，岂不惜乎？"亮流涕曰："孙武所以能制胜于天下者，用法明也。是以杨干[六]乱法⁷，魏绛⁸戮其仆。今四海分裂，交[七]兵方始，若复废法，何用[八]讨贼邪！"

【校勘记】

[一]"吾势"，《三国志》卷39《马良附弟谡传》注作"吾官"。

[二]"黄壤"，原作"黄泉"，据《三国志》卷39《马良传附马谡传》注改。

[三]"十万之众"，原作"千万之众"，据《三国志》卷39《马良附弟谡传》注改。

[四]"若",原作"右",据《三国志》卷39《马良附弟谡传》注改。

　　[五]"楚",原作"延",据《三国志》卷39《马良传附马谡传》注改。

　　[六]"杨干",原作"杨于",据《三国志》卷39《马良传附弟谡传》注改。

　　[七]"兵"前一字刻印时被涂抹不清。据《三国志》卷39《马良传附弟谡传》注补"交"。

　　[八]"何用",原作"何由",据《三国志》卷39《马良附弟谡传》注改。

【注释】

　　1　绵竹:县名。汉高祖六年(前201)置,属广汉郡,治今四川绵竹,辖境约当于今四川德阳之绵竹和旌阳。

　　2　成都:秦惠文王二十七年(前311)置县,为蜀郡治所,东汉时益州治此,三国蜀汉政权建都于此。

　　3　良规:很好的谋划、方略。此指好的计策、建议。

　　4　遗类:残存、留下的同类。

　　5　明公:对有名位者的尊称。

　　6　殛鲧兴禹:据《史记·五帝本纪》记载,尧帝之时天下连年洪灾,四岳举荐鲧治水,九年而不成,被舜诛杀,鲧之子禹代替鲧治水成功而兴起。

　　7　杨干乱法:鲁襄公三年(前570),诸侯在鸡泽(今河北邯郸北)会盟,晋悼公之弟杨干在鸡泽附近之曲梁扰乱了晋军行列,中军司马魏绛杀杨干的御者以示惩戒。悼公觉得魏绛此举是小题大做,有失自己的颜面,欲杀魏绛,在羊舌赤的谏阻及魏绛投书自白后,悼公醒悟,提拔魏绛为新军佐。

　　8　魏绛:姬姓,魏氏,名绛,史称魏庄子(前?—前552),春秋时晋国卿士。魏绛有政治远见,执法严毅公正,善于领兵作战,提出并获实施的"和戎"之策,在历史上影响深远。

十　杨颙

　　蜀杨颙字子昭,襄阳人也。为丞相亮主簿。亮自校簿书[1],颙直入谏曰:"为治有区分,则上下不可相侵。请为明公以家主喻之:今有人于此,使奴执耕种,婢主炊爨[2],鸡主引晨[3],犬主吠盗[4],牛负重载,马涉远路,私业无旷,所求皆足,雍容高拱[5],饮食而已。忽一旦尽欲身亲其役,不更付任[6],劳其[一]体力,为此碎务,形疲神耗,终无一成。岂其智不如奴婢鸡犬哉?[一]失为家主之法也。故古人称,坐而论道谓之王公,作而行之谓之卿大夫。邴吉不问横尸而忧牛喘[7],陈平不肯知钱谷[8],云自有主者,彼诚达于位分[二]之体[9]也。今明公为治[三][10],亲自校簿书,流汗竟日,不亦劳乎!"亮谢之。后尝为东曹属[四][11],典选举[12]。及颙死,亮泣三日。与蒋琬书曰:"掾曹[13]非杨颙,于朝中多损益矣!"

【校勘记】

　　[一]"岂其智不如奴婢鸡犬哉?"原作"劳其如奴婢鸡犬哉?"据《三国志》卷45《邓张宗杨传》注于"劳其"下补"体力,为此碎务,形疲神耗,终无一成,岂其智不"17字。
　　[二]"位分",原作"德分",据《三国志》卷45《邓张宗杨传》注改。
　　[三]"为治",原作"为理",据《三国志》卷45《邓张宗杨传》注改。
　　[四]"东曹属",原作"东书属",《三国志卷》45《邓张宗杨传》注改。

【注释】

　　1　簿书:官署中的文书案卷。
　　2　爨 cuàn:烧火煮饭。
　　3　引晨:引来晨光。指公鸡打鸣报晓,意味着一日的开始。

4　吠盗：对着盗贼吠叫。

5　高拱：把双手高拢在衣袖中。比喻闲适安坐而无须作为。

6　不更付任：不再把事情交给别人去做。不更，不懂、不再。

7　邴吉不问横尸而忧牛喘：邴吉，《汉书》作"丙吉"。此典故形容邴吉谨守宰相本位权责，不越位造成相互干扰。《汉书·丙吉传》："吉又尝出，逢清道群斗者，死伤横道，吉过之不问，掾史独怪之。吉前行，逢人逐牛，牛喘吐舌。吉止驻，使骑吏问：'逐牛行几里矣？'掾史独谓丞相前后失问，或以讥吉，吉曰：'民斗相杀伤，长安令、京兆尹职所当禁备逐捕，岁竟丞相课其殿最，奏行赏罚而已。宰相不亲小事，非所当于道路问也。方春少阳用事，未可大热，恐牛近行，用暑故喘，此时气失节，恐有所伤害也。三公典调和阴阳，职当忧，是以问之。'掾史乃服，以吉知大体。"

8　陈平不肯知钱谷：此典故言陈平知宰相之大体和职责。《史记·陈丞相世家》："孝文皇帝既益明习国家事，朝而问右丞相勃曰：'天下一岁决狱几何？'勃谢曰：'不知。'问：'天下一岁钱谷出入几何？'勃又谢不知，汗出沾背，愧不能对。于是上亦问左丞相平。平曰：'有主者。'上曰：'主者谓谁？'平曰：'陛下即问决狱，责廷尉；问钱谷，责治粟内史。'上曰：'苟各有主者，而君所主者何事也？'平谢曰：'主臣！陛下不知其驽下，使待罪宰相。宰相者，上佐天子理阴阳，顺四时，下育万物之宜，外镇抚四夷诸侯，内亲附百姓，使卿大夫各得任其职焉。'孝文帝乃称善。"

9　位分之体：岗位和职责相符，互不越位之体制制度。

10　为治：治国理政。

11　东曹属：汉时政府机关实行分曹治事，故有此称。丞相、太尉掾吏正职称掾，副职称属，秩皆比二百石。

12　选举：选贤举能，汉晋时的一种选官用人制度。

13　掾曹：即掾史。掾史为副官佐或官署属员的通称。

十一　向朗　向宠　向充

向朗字巨达，宜城人也。朗少师事司马德操，与徐元直、韩德高[1]、庞士元皆亲善。刘表以为临沮[2]长。表卒，归先主，为巴西[3]、牂牁、房陵[4]太守。后主践阼，为步兵校尉[5]、丞相长史。

朗素与马谡善，谡逃亡，朗知情不举，亮恨之，免官。亮卒后徙左将军[6]，追论旧功，封显明亭侯。

朗少时虽涉猎文学，然不治素检[7]，以吏能见称。自去长史，优游无事垂二十年[一]，乃更潜心典籍，孜孜不倦，年逾八十，犹手自校书，刊定谬误，积聚篇卷，于时最多。开门接宾，诱纳后进，但讲论古义，不干时事，以是见称。上自执政，下及童冠，皆敬重焉。延熙十年卒。遗言戒子曰："《传》称'师克在和不在众'，此言天地和则万物生，君臣和则国家平，九族和则动得所求、静得所安[二]。吾早丧所天，为二兄所诱养，使其性行不随禄利以堕。今但贫耳，贫非人患，惟和为贵。汝其勉之！"子条。

条字文豹，亦博学多识。入晋为江阳太守、南中军司马[8]、御史中丞。朗兄子宠。

宠，先主时为牙门将[9]。秭归之败[10]，宠营特全。后为中部督[11]，典宿卫兵[12]。诸葛亮当北行，表曰："将军向宠，性行淑均[13]，晓畅军事。试用于昔，先帝称之曰能。是以众论举宠为督。愚以为，营中之事，悉以咨之，必能使行阵和睦，优劣得所。弟充。

充，魏咸熙元年六月，镇西将军卫瓘至成都[三]，得璧、玉[四]印各一枚，文似"成信"字。魏人宣示百官，藏之[五]于相府[六]。充闻之曰："吾闻谯周之言：'昔晋穆侯[14]名太子曰仇，弟曰成师[15]。始兆乱[16]矣，兄其替[17]乎？'[七]后果如言。先帝讳备，其训具也；安乐公讳禅，其训授也。如言刘已具矣，当授与人也。今中抚军名'炎'，而汉年极于炎兴，瑞[18]出成都，而藏之于相国府，此殆天意也。"[八]，明年十二月，晋武即尊位，炎兴于是应矣[九]。孙盛[19]曰："昔公孙述自以起成都，号曰'成氏'，二玉之文，殆述所作乎？"[十]

【校勘记】

[一]"二十",原文作"三十"。《三国志》卷41《向朗传》裴松之注:"朗坐马谡免长史则建兴六年中也,朗至延熙十年卒,整二十年耳。此云三十,字之误也。"据改。

[二]"所安",《三国志》卷41《向朗传》注、《册府元龟》卷816"安"下多"是以圣人守和,以存以亡也。吾楚国之小子耳,而"十九字。

[三]"成都",原作"城都",据《三国志》卷41《向朗传附兄子充传》注、《册府元龟》卷816改。

[四]"玉",原作"王",据《三国志》卷41《向朗传附兄子充传》注、《册府元龟》卷816及下文"二玉"改。

[五]"藏之",《三国志》卷41《向朗传附兄子充传》注无"之"字。

[六]"相府",《三国志》卷41《向朗传附兄子充传》注作"相国府"。

[七]《三国志》卷41《向朗传附兄子充传》注无"昔晋穆侯"至"兄其替乎?"二十一字。

[八]"此殆天意也",其后《三国志》卷41《向朗传附兄子充传》多"是岁,拜充为梓潼太守"9字。

[九]"应",《三国志》卷41《向朗传附兄子充传》注作"征"。

[十]"孙盛曰"至"殆述所作乎?"《三国志》卷41《向朗传附兄子充传》注未作《襄阳记》文。当为后来传抄过程中误补入。

【注释】

1 韩德高:即韩嵩,字德高,生卒年不详,义阳(今河南泌阳)人。少时好学,贫不改志,知乱世将至,不应三公之辟命,与好友数人隐居于郦县(今河南内乡西北)西山中。黄巾起义后,避难南方,为刘表别驾,转从事中郎。后又奉使许都以观朝中虚实。汉献帝拜嵩侍中,迁零陵太守。曹操取荆州,征用韩嵩,因其疾笃,授大鸿胪印绶于其家。

2　临沮：县名，汉武帝建元元年（前140）置，"以其临沮水"得名，属南郡，位于今湖北襄阳南漳西南至宜昌远安一带。

3　巴西：郡名。汉献帝建安六年（201），益州牧刘璋分巴郡置巴西郡和巴东郡，巴西郡治阆中（今四川阆中西），辖阆中、安汉、垫江、宕渠、宣汉、汉昌、南充国、西充国八县（国），隶属益州。

4　房陵：郡名。东汉建安末年置，治房陵县（今湖北房县）。三国魏改为新城郡。辖境相当今湖北省房县、竹山、竹溪、保康及神农架林区北部地区。

5　步兵校尉：汉武帝置，执掌位于上林苑的苑门屯兵，秩二千石。东汉时属北军中侯，领宿卫兵。魏晋南北朝沿置，与屯骑、越骑、射声、长水并为"五营校尉"，各领营兵，是地位较高的军职。

6　左将军：武将官职。战国已有，秦因之，位次上卿，汉不常置，职责或典京师兵卫、或屯戍边境。

7　素检：犹素俭，指朴素俭约。

8　南中军司马：南中，地名。军司马，官名，汉置，位在部校尉、校尉、将兵长史之下，掌领兵。大将军辖营五部，每部置部校尉一人，俸比二千石，军司马一人。校尉下只设军司马一人，俸比千石。

9　牙门将：武将官职。牙门，是军队在战地的一种防御工事，比土城小。负责统领牙门士兵的将领称为牙门将。牙门将因要直接参与战斗，只有非常勇武的人才能担任。

10　秭归之败：即夷陵之战。吕蒙袭杀关羽，攻占荆州后，刘备为夺回荆州和为关羽复仇，率军从秭归出发，沿长江东下攻吴，进至猇亭（今湖北宜都西北红花套一带），被吴陆逊所败。

11　中部督：官名。三国蜀置，掌宿卫禁军。

12　宿卫：值宿宫禁警卫。

13　淑均：善良公正。

14　晋穆侯：西周末期晋国的第九任国君，姬姓，名费王，公元前811—公元前785年在位。穆侯取齐姜为夫人，生太子仇和少子成师。晋人师服认为，嫡长子与嫡次子名字的意义正相反，晋国迟早会陷于大乱。后成师一脉果然以小宗取代大宗，成为晋君，并为后来晋献公屠杀公族，三家分晋埋下祸根。

15　成师：晋穆侯少子，被昭侯封于曲沃，称为曲沃桓叔，开始做取代晋君的努力，在其子曲沃庄伯、其孙曲沃武公三代人的经营下，最终成功取代晋君。

16　兆：征兆。

17　替：被取代。

18　瑞：祥瑞。

19　孙盛：字安国，太原中都县（今山西平遥）人，曹魏骠骑将军孙资玄孙、西晋冯翊太守孙楚孙，东晋中期史学家，著有《魏氏春秋》二十卷、《魏氏春秋异同》八卷、《晋阳秋》三十二卷，今仅存佚文。

十二　廖化

蜀廖化本名淳，中卢¹人也。世为沔南冠族，为关羽前将军主簿，败没于吴，思向刘备，乃诈死，因将老母昼夜西奔备于秭归。备大悦，以为宜都太守，为亮参军，稍迁至右车骑将军、假节，领前并州刺史[一]，封中乡侯[二]。以果烈²称，官位[三]与张翼³齐，而在宗预⁴之右。咸熙⁵元年春，内徙洛阳，道病卒。

【校勘记】

[一]"领前并州刺史"，《三国志》卷45《廖化传》无"前"，"前"字衍。

[二]"中乡侯"，原作"中乡俟"，"侯""俟"形讹，据《三国志》卷45《廖化传》改。

[三]"官位"，原作"官德"，据《三国志》卷45《廖化传》改。

【注释】

1　中卢：县名，汉置，古卢戎国地，在今襄阳襄城南、宜城北、南漳东北一带。

2　果烈：果敢、刚毅。

3　张翼：字伯恭，益州犍为郡武阳县（今四川彭山）人。三国时期蜀汉将领，历任梓潼、广汉、蜀三郡太守和庲降都督，后随诸葛亮、姜维北伐，官至左车骑将军，领冀州刺史，初封关内侯，晋封都亭侯。张翼反对姜维不顾蜀汉疲弱连年北伐，蜀亡时，钟会密谋造反失败，张翼亦为乱兵所杀。

4　宗预：字德艳，南阳安众县（今河南南阳邓州）人。宗预随张飞入蜀，被征辟为丞相诸葛亮主簿，升参军、右中郎将。诸葛亮去世后，多次受命出使孙吴，为巩固两国同盟关系多有贡献。迁后将军，都督永安，迁征西大将军，封关内侯。景耀元年（258）因病回成都，授镇军大将军。蜀亡后随后主刘禅迁往洛阳途中病故。

5　咸熙（264—265）：三国魏元帝曹奂的年号。

十三　董恢

蜀董恢[1]字休绪，襄阳人也。入蜀，以宣信中郎[2]副费祎使吴。孙权尝大醉问祎曰："杨仪、魏延，牧竖[3]小人，虽尝有鸣吠[4]之益于时务，缺[一]然[5]既已任之，势不得轻。若一朝无诸葛亮，必为祸乱矣。诸君慣慣，曾不知防虑[6]于此，岂所谓贻厥孙谋[7]乎？"祎愕然四顾，不能即答。恢目祎曰："可速言：仪、延之不协，起于私忿耳。而无黥、彭[二][8]难御之心也。方今[三]扫除强贼[9]，混一函夏[10]，功以才成，业由才广。若舍此不任，防其后患，是犹虑风波而逆废舟楫，非长计也。"权大笑乐。诸葛亮闻之，以为知言。[四]

【校勘记】

[一]《三国志·董允传》注无"缺"。

[二]"黥、彭"，《三国志·董允传》注作"黥、韩"。

[三]"方今"，《三国志·董允传》注倒作"今方"。

[四]《三国志·董允传》注末多"还，未满三日，辟为丞相府属，迁巴郡太守"十六字

【注释】

1　董恢：字休绪，南郡襄阳（今湖北襄阳襄城）人。入蜀后，以宣信中郎作费祎的副使出使孙吴，表现非常而获得诸葛亮赏识，被辟为丞相府掾属，迁巴郡太守。

2　宣信中郎：官名，郎官的一种。中郎，即省中之郎，为帝王近侍官，属光禄勋，秦置，汉沿置，秩比六百石。宣，发散、显扬。信，信用、诚信。

3　牧竖：牧奴、牧童。形容杨仪和魏延行事如孩童，缺乏将相所具备的大局观。

4　鸣吠：即鸡鸣狗吠。

5　缺然：缺失、有所不足。

6　防虑：因有所顾虑而提防。

7　贻厥孙谋：为子孙的未来做好谋划。贻，遗留。厥，文言代词，相当于"其"。孙，子孙。谋，谋划、安排。

8　黥、彭：指黥布、彭越。黥布见《汉晋春秋辑校注》"诸葛亮围祁山败司马宣王"条注13。彭越（前？—前196），字仲，砀郡昌邑（今山东巨野）人。秦末，彭越举兵魏地，成为农民起义中势力较大的一支。楚汉相争中，归附刘邦，助其打败项羽，封梁王，定都定陶（今山东菏泽定陶）。高帝十一年，被刘邦以"反形已具"的罪名，夷灭三族，废除封国。黥布、彭越与韩信是刘邦帐下三大名将，汉初所封三大异姓王，汉政权建立后先后被刘邦剪除。

9　强贼：力量强大的贼寇，指北方曹魏政权。

10　函夏：包含诸夏，代指全国。《汉书·扬雄传上》："以函夏之大汉兮，彼曾何足与比功？"颜师古注引服虔曰："函夏，函诸夏也。"函，包含、容纳。

十四　张悌

吴张悌，[一]其先襄阳人。孙皓时为丞相，封山都[1]侯。晋代吴，诸葛靓[2]大败走,使迎悌[二],悌不去,靓身[三]牵之曰:"天下存亡有大数,岂卿一人所知,何故自取死为?"悌垂泣曰:"仲思,今日是我死日也。且我作儿童时,便为卿家丞相[3]所拔,尝恐不得其死,负名贤知顾。今日以身徇[四]社稷,复何所道[五]邪?莫牵拽我。"靓收泪放之,去百步余,为晋军所杀。

【校勘记】

[一]《三国志》卷48《吴书·三嗣主传》注引《襄阳记》文更详,附后。

[二]"诸葛靓大败走,使迎悌",《三国志》卷48《吴书·三嗣主传》注为"晋来伐吴,皓使悌督沈莹、诸葛靓,率众三万渡江逆之。"

[三]"身",《三国志》卷48《吴书·三嗣主传》注作"自往"。

[四]"徇",同"殉","狥""徇""殉"通,意为殉道。

[五]"道",《三国志》卷48《吴书·三嗣主传》注作"遁"。

附,《三国志》卷48《吴书·三嗣主传》注引《襄阳记》:

悌字巨先,襄阳人。少有名理,孙休时为屯骑校尉,魏伐蜀,吴人问悌曰:"司马氏得政以来,大难屡作,智力虽丰,而百姓未服也。今又竭其资力,远征巴蜀,兵劳民疲而不知恤,败于不暇,何以能济?昔夫差伐齐,非不克胜,所以危亡,不忧其本也。况彼之争地乎?"悌曰:"不然,曹操虽功盖中夏,威震四海,崇诈杖术,征伐无已,民畏其威,而不怀其德也。丕、叡承之,系以惨虐,内兴宫室,外惧雄豪,东西驱驰,无岁获安,彼之失民,为日久矣。司马懿父子,自握其柄,累有大功,除其烦苛而布其平惠,为之谋主而救其疾,民心归之,亦已久矣。故淮南三叛而腹心不扰、曹髦之死,四方不动,摧坚敌如折枯。荡异同如反掌、任贤使能,各尽其心,非智勇兼人,孰能如之?其有威武张矣,本根固矣,群情服矣,奸计立矣。今蜀阉宫专朝,国无政令而玩戎黩武,民劳卒弊,竞于外利,不修守备。彼强弱不同,智算亦胜,因危而伐,殆其克乎!若其不克,不过无功,终无退北之忧,覆军之虑也,何为不可哉?昔楚剑利而秦昭惧,孟明用而晋人忧,彼之得志,故我之大患也。"吴人笑其言，而蜀果降于魏。晋来伐吴，晧使悌督沈莹、诸葛靓，帅众三万渡江逆之。至牛渚，沈莹曰："晋治水军于蜀久矣，今倾国大举，万里齐力，必悉益州之众浮江而下，我上流诸军，无有戒备，名将皆死，幼少当任，恐边江诸城，尽莫能御也。晋之水军，必至于此矣！宜蓄众力，待来一战。若胜之日，江西自清，上方虽坏，可还取之。今渡江逆战，胜不可保，若或摧丧，则大事去矣。"悌曰："吴之将亡，贤愚所知，非今日也。吾恐蜀兵来至此，众心必骇惧，不可复整。今宜渡江，可用决战力争。若其败丧，则同死社稷，无所复恨；若其克胜，则北敌奔走，兵势万倍，便当乘威南上，逆之中道，不忧不破也。若如子计，恐行散尽，相与坐待敌到，君臣俱降，无复一人死难者，不亦辱乎！"遂渡江战，吴军大败，诸葛靓与五六百人退走，使过迎悌，悌不肯去，靓自往牵之，谓曰："（且夫）〔巨先〕，天下存亡有大数，岂卿一人所知，如何故自取死为？"悌垂涕曰："仲思，今日是我死日也。且我作儿童时，便为卿家丞相所拔，常恐不得其死，负名贤知顾。今以身徇社稷，复何遁耶？莫牵曳之如是。"靓流涕放之，去百余步，已见为晋军所杀。

【注释】

1　山都：县名，秦置，属南阳郡。治所在今湖北襄阳樊城西北，东汉移治至今湖北谷城东南。

2　诸葛靓：字仲思，琅琊阳都（今山东沂南）人。吴国大臣，魏司空诸葛诞少子。司马懿发动高平陵政变后掌握曹魏实权，甘露二年（257），诸葛诞发动武装反对司马氏专权的叛乱，以诸葛靓入质吴以寻求吴国支持。诸葛诞兵败被杀后，诸葛靓归顺孙吴，出任右将军，迁大司马。吴末帝孙皓迁都武昌，奉命镇守建康。晋灭吴后归晋。念及父仇，归隐乡里，终身不面向朝廷坐立。

3　卿家丞相：指诸葛恪。胡三省在《资治通鉴》注中认为系指蜀汉丞相诸葛亮。按张悌出生于236年，此时诸葛亮已去世。而诸葛恪在251年受诏辅政，官职和身份与丞相相当，且此时张悌只有16岁，与其所言"我作儿童时，便为卿家丞相所拔"相合，故卿家丞相当指诸葛恪。

十五　李衡

　　吴李衡字叔平，襄阳人。习竺以女英习配之。汉末为丹杨[1]太守。孙休在丹阳，衡数以法绳之。英习每谏曰："贱而凌贵，疏而间亲，取祸之道。"衡不从。会孙亮[2]废，衡从门入，英习逆问曰："何故有惧色？琅玡王[3]立耶？"衡曰："然。不用卿语，已至如此！"遂合其家客欲奔魏。英习固谏曰："不可。君本庶民耳，先帝相拔过重，既数作无礼而不远虑，又复逆自猜嫌[4]，逃叛求活，以此北归，何面目见人？"衡曰："计何所出？"英习曰："琅玡王素好善慕名，博学深广，多见以德报怨之义。今初立，方欲自达[5]于天下，终不以私嫌杀君明矣。君意自不了者，可自囚[一]诣狱，表列前失[6]，显求其罪。如此，乃当反见优饶[7]，非直活而已也。"衡从之。果下令曰："丹阳太守李衡，以往事之嫌，自拘有司。夫射钩斩袪[8]，在君为忠，遣衡还郡，勿令自疑。"加威远将军[9]，授之棨戟[10]。

　　武陵人以衡家武陵，遂记录云是其郡人，非也。衡每欲治家事，英习不听。后密遣客十人，往武陵龙阳泛洲[二][11]上作宅，种橘千株。临死，敕儿曰："汝母每怒吾治家事，故穷如是。然吾州里有千头木奴，不责汝食，岁上千匹绢，亦当足用尔。"衡亡后二十余日，儿以白，英习曰："此当是种柑也。汝家失十客来七八年，必汝父遣为宅。汝父恒称太史公言，'江陵千树橘，当封君家'。吾答云：'人患无德义，不患不富。若贵而能贫方好尔。用此何为！'"

　　吴末，衡柑成，岁得绢数千匹，家道富足。晋咸康[12]中，其宅上枯树[三]犹在。

【校勘记】

　　[一] "囚"，原作"因"，形近讹。据《三国志》卷48《吴书·三嗣主传》注改。

　　[二] 泛洲《三国志·三嗣主传》作氾洲，按"氾""泛""汛"，亦作"龙阳洲"。

［三］"树",原作"枣",据《三国志》卷48《吴书·三嗣主传》注改。

【注释】

1 丹杨：郡名。秦置鄣郡（治今浙江湖州安吉），汉武帝建元二年（前140）改为丹阳郡，治宛陵（今安徽宣城宣州）。东汉建安二十五年（220）孙权移郡治于建业县（今江苏南京）。隋开皇九年（589）改为蒋州，大业三年（607）复名丹阳郡，唐武德三年（620）改名扬州。

2 孙亮：字子明，孙权第七子，孙吴第二位皇帝，公元252—258年在位。建兴元年（252），孙亮十岁登基。太平三年（258），试图除掉权臣孙綝失败，被废为会稽王，永安三年（260），再贬为候官侯，死于就藩途中。

3 琅玡王：指吴景帝孙休（235—264）。琅玡。

4 逆自猜嫌：指李衡猜忌嫌怨孙休。李衡结怨于孙休，孙休称帝，本该是孙休猜忌报复李衡，结果反而是李衡先猜疑孙休，故言逆自。

5 自达：主动表达自己的意愿、思想。言孙休想把其好善沽名和以德报怨的名声传达给天下人。

6 前失：以前的过失。

7 优饶：宽容、优待。

8 射钩斩袪：发生在春秋五霸中齐桓、晋文身上事，常用来形容英明君主不计前嫌的故事。据《史记·齐太公世家》载，管仲曾帮助公子纠争国君之位而于途中射中小白腰带上的带钩，小白为齐君后不记前仇，任管仲为相。据《左传·僖公五年》载，晋文公在晋内乱出逃时被寺人披追杀，其袖口被寺人披扯住削掉才侥幸逃脱，晋文公后来回国登上国君之位，不计前嫌赦免了他。

9 威远将军：杂号将军名，魏、吴皆置，掌征伐。在吴国权任很重，孙邵以丞相兼任此职。魏晋时地位稍低。

10 棨戟：有缯衣或油漆的木戟。古代官员出行时做前导仪杖，后亦架于宫殿、官署门前，以示威严。

11 龙阳泛洲：龙阳，县名，三国吴分汉寿县置县，属武陵郡，治今湖南常德汉寿。泛洲、在湖南常德汉寿西沅水中。

12　咸康（335—342）：晋成帝司马衍的年号。

十六　罗宪　罗尚

晋罗宪字令则，襄阳人也。父蒙，蜀广汉¹太守。宪年十三能属文，早知名。师事谯周，周称为子贡。性方亮严整，待士无倦，轻财好施，不营产业。仕蜀，为太子舍人。再使于吴，吴人称焉。大将军阎宇²都督巴东，拜宪领军，为宇副贰。魏之伐蜀，召宇西还，宪守永安城。及成都败，城中扰动，边江长吏皆弃城走，宪斩乱者一人，百姓乃安。知刘禅降，乃师所统，临于都亭三日。吴闻蜀败，欲袭宪，宪曰："本朝倾覆，吴为唇齿，不恤我难而邀其利，吾宁当为降虏乎！"于是缮甲完聚³，厉以节义⁴，士皆用命。吴又使步协⁵西征，又遣陆抗助协。宪距守经年，救援不至，城中疾疫太半。或劝南出牂牁，北奔上庸⁶，可以保全。宪曰："夫为人主，百姓所仰。既不能存，急而弃之，君子不为也。毕命于此矣！"会荆州刺史胡烈等救之，抗退。

泰始初入朝，诏曰："宪忠烈果毅，有才策器干，可给鼓吹⁷。"又赐以玄玉佩剑⁸。卒，追封西鄂⁹侯，谥曰烈。

初，宪侍宴华林园¹⁰，诏问蜀大臣子弟，宪荐蜀人常忌¹¹、杜轸¹²等，皆西国之良器，武帝并召而仕之。子袭，至广汉太守。兄子尚。

罗尚，太康¹³末为平西将军、益州刺史。[一]性贪少断，蜀人言曰："尚之所爱，非邪则佞¹⁴；尚之所憎，非忠则贤。富拟鲁卫¹⁵，家如市里；贪如虎狼，无复极已。蜀贼尚可，罗尚杀我。平西将军，皮使为祸。"[二]时李特¹⁶起于蜀，攻尚于城都[三]，尚破之，斩李特。特子雄¹⁷僭号于郫城[四]¹⁸。尚卒，雄遂据有蜀土。

【校勘记】

[一]"太康末为平西将军、益州刺史"。《太平御览》卷650引："罗尚为右丞，是时，左丞处事失武帝意，大怒，欲案入重罪，事连尚，于是尚为坐受杖一百，时论美之"。

［二］《太平御览》卷四百九十二作"罗尚贪而不断，付任失所，故遂至大败，蜀人不堪其征求，数万人共连名诣太傅东海王言之，曰：'尚之所爱，非邪则佞；尚之所憎，非忠则直。富拟鲁卫，家成市鄽；贪如虎狼，无复已极'"。

［三］"城都"，四库本同，中华书局点校本《晋书》卷4作"成都"。

［四］"郫城"，原作"鄄城"。按，益州无"鄄城"，"鄄""郫"形近讹。《晋书》卷4载其事于太安二年（303）发生在"郫城"。

【注释】

1　广汉：郡名，汉高帝六年（前201）置，初治乘乡（亦作绳乡，在今四川广汉），后徙治梓潼县（今四川梓潼）。广汉土地肥美，物产丰盛，与蜀、犍为并称三蜀。

2　阎宇：字文平，荆州南郡人。蜀汉将领，素有才干，处事勤勉，历任庲降（今贵州毕节）、永安（今重庆奉节）都督，官至右将军。

3　缮甲完聚：缮甲，修理整治武器装备。完聚，修葺城郭、屯足粮食。

4　节义：节操、义行。

5　步协：临淮郡淮阴县（今江苏淮安淮阴西北）人，吴丞相步骘子。赤乌十年（247），嗣统步骘所领，加抚军将军。蜀汉亡时，孙吴闻知此事，命步协率众西征，欲乘机占并蜀土，为罗宪所阻。

6　上庸：郡名，东汉建安二十年（215）分汉中郡置，属荆州。治上庸县（今湖北竹山西南）。

7　鼓吹：仪仗乐队。常用于赏赐功臣，以示恩荣。

8　玄玉：黑色玉。

9　西鄂：县名，西汉置，属南阳郡，治今南阳卧龙区。

10　华林园：著名皇家园林，魏明帝开始在洛阳宫苑中修建，是当时重要的皇家园囿，初名芳林园，后因避齐王曹芳讳改名华林园，经曹魏、西晋至北魏多个朝代的连续建设，成为一座久负盛名的皇家园林。

11　常忌：字茂通，蜀郡江原（今四川崇州）人，从祖父常员（原）

起三世显宦。常忌历任蜀长水参军，什邡、雒县令。蜀入魏后，任魏相府舍人，晋朝建立后任骑都尉、河内令，治绩优异。

12　杜轸（233—291）：字超宗，蜀郡成都人。少师谯周，博涉群经。不就州辟，后任蜀郡功曹。蜀亡，历任晋山阳、新城、池阳太守。

13　太康（280—289）：晋武帝司马炎的年号。

14　非邪则佞：指品行不正的邪佞之人。邪，不正当、不正派。佞，花言巧语、谄媚。

15　鲁卫：鲁国、卫国，周代两诸侯大国。形容罗尚搜刮财宝，富比诸侯。

16　李特：字玄休，略阳（今甘肃秦安）人，氐族，祖籍巴西宕渠（今四川渠县），成汉政权的奠基人。李特性格雄武沉毅，率流民徙居巴蜀。永宁元年（301），因受益州刺史罗尚压迫起义，败亡后其弟李流统余众继续活动，其子李雄称帝后，追谥景皇帝，庙号始祖。

17　雄：即李特之子李雄（274—334），字仲俊，成汉开国皇帝，公元304—334年在位。304年李雄自称成都王，改元建兴。建兴三年（306），李雄称帝，国号成，在位期间知人善任，爱护百姓，颇有明君之风。玉衡二十四年去世，庙号太宗，谥武皇帝。

18　郫城：今四川成都郫都区。

十七　蒯钦

蒯钦。初，晋惠帝即位，儿童谣曰："两火没地，哀哉秋兰。归刑街邮[1]，终为人叹。"又河内温县[2]有人如狂，造书曰："光光文长，以戟为墙。毒药即行，刃还自伤。"扬济问钦，钦垂泣曰："皇太后讳'季兰'。两火，武皇帝讳'炎'字也。此言武皇崩而太后失尊，罹大祸辱，终始不以道，不得附山陵[3]，乃归于非所也。"及杨太后之见灭，葬于街邮亭，皆如其言。钦从祖祺妇，即诸葛孔明之大姊也。

【注释】

1　街邮：西晋首都洛阳一街边邮亭。

2　河内温县：河内郡辖县，今河南温县。
3　山陵：帝王的陵墓。

《襄阳耆旧传》所记之襄阳耆旧止于蒯钦，此后皆为后人据正史续写，校注时于文末括号内注明文献来源，文较粗疏。

十八　习凿齿

晋习凿齿字彦威[一]，襄阳人也。宗族富盛，世为乡豪[二]。少有志气，博学洽闻，以文笔著称。荆州刺史桓温辟为从事、主簿[三]，迁别驾。所在任职，莅事有绩。善尺牍¹论议。

释道安俊辩有高才，自北至荆州，与凿齿相见。道安曰："弥天释道安。"凿齿曰："四海习凿齿。"时人以为佳对。温觊觎非望²，凿齿著《汉晋春秋》以裁正³之。起于汉光武，终于晋愍帝。于三国之时，蜀以宗室⁴为正，魏武虽受汉禅晋，尚为篡逆⁵，至文帝平蜀，乃为汉亡而晋始兴焉，明天心不可以势力强[四]也。凡五十四卷。后以脚疾，遂废于里巷⁶。登万山⁷，与谢安[五]书曰："西望隆中，想卧龙之吟；东眺白沙⁸，思凤雏之声；南眷城郭，怀羊公之旧风；北临樊墟，存邓老之高踪[六]；游[七]目檀溪，念崔、徐之交[八]；肆睇渔梁，追二公⁸之迹[九]。若乃裴、杜、和、傅⁹之故居，繁钦、王粲之旧宅，遗事满目[十]。"及襄阳陷¹⁰，苻坚素闻其名，与道安俱舆¹¹而至。既见与语，大悦之。又以其蹇疾¹²，与诸镇书曰："昔晋氏平吴，利在二陆¹³；今破汉南，获士裁一人有半¹⁴耳。"子辟疆，才学有父风，位至骠骑从事中郎将[十一]¹⁵。（摘抄自《晋书》卷82《习凿齿传》）。

习嘏为临湘¹⁶令、山简征南功曹。莅官¹⁷，举大纲而已，不拘文法，时人号为"习新妇"[十二]¹⁸。

【校勘记】

[一]"彦威"，原作"彦盛"，据《晋书·习凿齿传》《通志·习凿齿传》《建康实录·习凿齿传》等改。

[二]"乡豪",原作"帮豪",据《晋书·习凿齿传》改。

[三]"主簿",《晋书·习凿齿传》作"西曹主簿"。

[四]"不可以势力强",原文脱"以",据《晋书·习凿齿传》补。

[五]"谢安",《晋书·习凿齿传》作"桓袐"。按,习凿齿与谢安交集和书信往来较多,文献中未见习凿齿和桓袐有其他书信往来和个人交往。此函应写于习凿齿从荥阳太守任上回襄阳不久,桓袐因伙同桓熙、桓济谋害桓冲事泄被放逐多年,政治上极为敏感的习凿齿此时未必会与桓袐有书信往来,此信写给谢安的可能性更大。

[六]"南眷城郭,怀羊公之旧风;北临楚墟,存邓老之高踪"。《晋书·习凿齿传》作"北临樊墟,存邓老之高;南眷城邑,怀羊公之风",其"存邓老之高"于义难解,原是《晋书》脱漏"高踪""旧风"所致。"郭",即"廓"。

[七]"游",《晋书·习凿齿传》作"纵"。

[八]"交",《晋书·习凿齿传》作"友"。

[九]"追二公之迹",《晋书·习凿齿传》作"追二德之远"。

[十]"遗事满目",《晋书·习凿齿传》作"遗事犹存,星列满目"。

[十一]"中郎将",《晋书·习凿齿传》脱"将"。

[十二]按习郁为山简征南功曹,时间早于习凿齿半个世纪以上,此条应为《襄阳耆旧传》正文,不应附于习凿齿后,而应附于习温条中。

【注释】

1 尺牍:信函,古代信函写在长约一尺的木牍上,故称。

2 觊觎非望:非分、野心的渴求和企图。此指桓温谋求篡夺帝位。

3 裁正:裁断校正、阻止、制止。

4 宗室:指国君或皇帝的宗族。

5 篡逆:篡夺叛逆。

6 里巷:街巷。代指民间、里社。

7 万山:又称方山、蔓山、汉皋山,位于襄阳城西北10里,西接隆中,北抵汉江,是襄阳城的西部屏障。

8 二公之迹:二公,指庞德公和司马德操。据《水经注》载:"沔水中有鱼梁洲，庞德公所居，士元居汉之阴，在南白沙，世故谓其地为白沙曲矣。司马德操宅洲之阳，望衡对宇，欢情自接。"是习凿齿时鱼梁洲上仍有他们的遗迹。

9　裴、杜、和、傅：指裴潜、杜袭、和洽、傅巽四人，均于汉末北方战乱时投奔荆州，受到州牧刘表的礼遇，都在赤壁之战前后回归北方，成为曹魏政权的名臣。裴潜、杜袭见《习凿齿集·与桓秘书》注24、25。和洽，字阳士，生卒年不详，汝南西平（今河南舞阳）县人，汉末孝廉，不应大将军何进辟命，南投荆州，荆州降，随曹操北归，授丞相掾。魏国建立，任侍中、郎中令，文帝即位，授光禄勋，封安成亭侯。明帝时授太常，封西城乡侯。和洽为官清简，卒于任上，谥简。傅巽，生卒年不详，字公悌，北地泥阳（先治甘肃宁县，魏黄初迁陕西铜川耀州东南）人。傅巽汉末起家尚书郎，中原乱，南奔荆州，说刘琮归顺曹操，授丞相参军，迁散骑常侍，封关内侯。魏国建立，累迁侍中、尚书，明帝太和年间去世。傅巽博学多才，有《文集》二卷传世。

10　陷：陷落。

11　舆：车。

12　蹇疾：足疾。蹇，跛足。

13　二陆：指陆机和陆云。陆机（261—303），字士衡，吴郡吴县人，西晋文学家、书法家，死于"八王之乱"，被夷三族。陆云（262—303），字士龙，好学，有才思，与兄陆机齐名。

14　一人有半：一人指释道安，半人指罹患足疾的习凿齿。

15　骠骑从事中郎将：骠骑将军的幕僚。骠骑，古代将军的名号。从事中郎，战国始设，汉代沿置，属光禄勋（秦及汉初为郎中令），习称中郎，职司管理车、骑、门户，担任皇帝的侍卫和随从，长官则设有车、户、骑三将，其后逐渐不加区分，两晋南北朝为将帅之幕僚。

16　临湘：县名，西汉置，为长沙郡治，隋开皇九年改为长沙县。

17　莅官：居官到任。

18　新妇：指其人所说的话和要处理的事都是需要及时重视处理的重要事情，但提出的时间场合不合时宜，像新婚进门时就指手画脚的新妇。《战国策·卫策》："卫人迎新妇。妇上车问骖马，谁马也？御曰：

'借之。'新妇谓仆曰：'拊骖无笞。'服车至门扶，教送母灭灶，将失火。入室见白，曰：'徙之牖下，妨往来者。'主人笑之。此三言者，皆要言也。然而不免为笑者，蚤晚之时失也。"

十九　韩系伯

齐韩系伯[1]，襄阳人也。事父母谨孝[一]。邻居种桑树于界上为志，系伯以桑枝荫妨他地，迁数尺[二]。邻畔随复侵之，系伯辄更改种。邻人惭愧，还所侵地，躬往谢之。建元三年[2]，旌表门闾[3]。以寿终。（删节自《南齐书》卷55《孝义》《南史》卷73《孝义上·韩系伯》）

【校勘记】

[一]"谨孝"，原文脱"孝"，据《南齐书·韩系伯》补。

[二]据《南齐书·韩系伯》，"邻居种桑树"前有"襄阳土俗"一句，"迁数尺"为"迁土界上，开数尺"。

【注释】

1　韩系伯：人名，襄阳人，事迹不详，应是以孝义闻名于乡里的布衣。

2　建元（480—483）：齐高帝萧道成的年号。

3　旌表门闾：对有忠孝节义的人，朝廷赐给匾额，或悬于门楣，或树立牌坊，以示表彰。

二十　郭祖深

梁郭祖深[1]，襄阳人也。武帝溺情内教[2]，朝政纵弛[3]。祖深舆榇[一][4]诣阙上封事[5]。其略曰："大梁应运，功高百王，慈悲既启[二]，宪律如替[6]。愚辈罔识，褫慢[7]斯作。各竞奢侈，贪秽遂生。臣闻，人为国本，食为人命，故《礼》曰：'国无三年[三]之储，谓非其国也'。推此而言，农为急务。比来慕法，普天信向，家家斋戒，人人忏礼，不务农桑，空谈彼岸[8]。夫农桑者，今日济育；功德者，将来胜因。岂可堕本勤末，置迩效赊[9]也。法者，人之父母；惠者，人之仇雠[10]。法严则人思善，德多则物生恶。恶不可长，欲不可纵。伏愿去贪浊，进廉平，明法令，严刑罚，禁奢侈，薄赋敛，则天下幸甚。"

时帝大弘释典，将以易俗，故祖深尤言其事，以为都下佛寺五百余所，穷极宏丽。僧尼十余万，资产丰沃。所在郡县，不可胜言。道人又有白徒[11]，尼则皆畜养女，皆不贯籍[12]。天下户口，几亡其半。恐方来处处成寺，家家剃落[13]，尺土一人，非复国有！帝虽不能悉用，然嘉其正直。

普通七年，改南州津[14]为南津校尉，以祖深为之。公严清刻[15]，搜检[16]奸恶，不避强御，远近侧足[17]，莫敢纵恣[18]。淮南[19]太守畏之如上府[20]。令行禁止，威振远近，长江肃清。（删节自《南史》卷70《循吏·郭祖深传》）

【校勘记】

[一]襯，《南史·郭祖深传》作"櫬"。[二]"既启"，《南史·郭祖深传》作"既弘"。

[三]"三年"，《南史·郭祖深传》作"六年"。

【注释】

1 郭祖深：襄阳人。初为梁武帝幕僚，后选为长兼南梁郡丞，迁后军行参军，擢为豫章钟陵令、员外散骑常侍。对梁武帝佞佛，致朝政松弛、吏治混乱、小人当道、贪腐横行、僧尼白徒养女占人口过半、农业废弛的状况不满，抬棺上书进谏，武帝没有责怪他。普通七年（526），让他任新设的南津校尉，加云骑将军，在位公正严刻，不避强御，境内风清气正。

2 内教：指佛教。

3 纵弛：松懈、放松、怠惰。

4 舆榇：车载棺材随身，示以决死之心。

5　上封事：即臣下向君主上书言事，上书的奏章要用皂囊缄封呈进，以防泄漏，故称上封事。

6　如替：停止、消亡、按惯例替换。

7　褫慢：怠慢、轻视。此指没有严肃对待、积极响应。

8　彼岸：佛教用语。佛家指超脱生死达至涅槃境界。

9　堕本勤末，置迩效赊：堕本，丢掉放弃农事。本，指农业，中国是农耕文明国，以农为本。勤末，积极、竞相从事商业。末，指商业。置迩，放置、搁置（当前的事务）。迩，近。效赊，效，效仿、追求。赊，遥远、远方。指不管不顾眼前的政事，追求虚无漂眇的所谓佛家彼岸。

10　仇雠：仇敌。雠同"仇"。

11　白徒：不出家的俗家弟子。

12　贯籍：在户籍簿上登记入册。

13　剃落：剃发出家。

14　南州津：古地名。又作"南津"。南北朝时期，侨置南豫州于淮南郡，在南豫州长江南岸的一个重要渡口设置关卡，称南州津（在今安徽当涂），随着其军事地位上升，于此设置南州校尉。

15　清刻：清严苛刻。

16　搜检：搜查、翻检。

17　侧足：侧转其足。指因敬重或畏惧而不敢正立。

18　纵恣：肆意放纵。

19　淮南：郡名。东汉兴平元年（194），袁术改九江郡置。

20　上府：上级官署。

二十一　蔡道贵

齐蔡道贵[1]，襄阳人。拳勇秀出，当时以比关羽、张飞。（摘抄自《南史》卷44《齐武帝诸子》）

【注释】

1　蔡道贵：生卒年不详，襄阳人。齐文惠太子萧长懋府中将领，曾领兵增援被北魏尚书卢阳乌、华州刺史韦灵智围攻百余日的赭阳城（今河南方城东），击退北魏军，他事不详。

二十二　梁鱼弘

梁鱼弘[1]，襄阳人。白皙[一]，美姿容。凡五为太守，卒官。（删节自《梁书》卷28《夏侯亶传附鱼弘传》）

【校勘记】

[一]"白皙"，《梁书·夏侯亶传附鱼弘传》为"白晳"。"白皙"亦作"晳白"。

【注释】

1　鱼弘：生卒年不详，襄阳人。梁名将，屡为征讨先锋，历南谯、盱眙、竟陵、新兴、永宁太守，平西王、湘东王司马，卒官。鱼弘美姿容，生活穷奢极欲，常言所到之处"水中鱼鳖尽，山中麋鹿尽，田中米谷尽，村里民庶尽"。他事不详。

二十三　罗艺

唐罗艺字子延，襄阳人。[一]勇攻战，善用槊[1]。隋大业[2]中，以战力补虎贲郎将[3]。天下盗起，涿郡富饶，屯兵且数万，苦盗贼侵掠。留守不能支，艺数破却之，勇常冠军，为诸将忌畏。艺遂开库物赐战士，杀异己者，自称幽州总管。宇文化及遣使招艺，艺曰："我隋旧臣，今大行[4]颠覆，义不辱于贼。"斩使者，为炀帝[5]发丧。窦建德[6]、高开道[7]亦遣使于艺，艺曰："剧贼不足共功名，唐公民望所系，王业必成，吾决归之。"

武德二年，以地归，封燕王。艺负其功，且贵重不少屈，秦王左右尝至其营，艺疻辱[8]之。

太宗即位，进开府仪同三司，艺内惧。俄矫诏[9]据幽州，为杨岌[10]攻之，败奔。至宁州[11]界，左右斩之。（删节自《新唐书》卷92《列传第十七·罗艺传》）

【校勘记】

［一］按，罗氏为汉唐襄阳大族，见于《晋书》的有蜀广汉太守罗蒙，太子舍人、晋持节领武陵太守罗宪，梁州刺史、平西将军、益州刺史罗尚，襄阳太守罗崇，广益二州刺史罗友。《宝刻丛编》引《复斋碑录》载隋襄阳习家池处士罗靖墓志，其"高祖长卿，齐饶州刺史。曾祖弘智，梁殿中将军。祖养，父靖学优不仕，有名当代"。隋唐时，除罗艺及其父隋监门将军罗荣外，利州都督罗寿父子三人亦当出自襄阳罗氏，是一个延续了四个世纪以上的一方大族。

【注释】

1　槊：古代兵器，由槊杆和槊锋两部分组成，槊锋长于普通枪矛，达5、60厘米，常用于骑兵装备，破甲能力较强。

2　大业（605—617）：隋炀帝杨广的年号。

3　虎贲郎将：武官名。汉平帝置，统领值宿宫禁的虎贲禁军，隶光禄勋，秩比二千石。东汉光武、明帝时常以侍中兼领，其后多以贵戚充任或领兵出征。

4　大行：指刚去世还未定谥号的皇帝、皇后。

5　炀帝：即隋炀帝杨广（569—618），弘农华阴（今陕西华阴）人，隋文帝杨坚与文献皇后独孤伽罗次子，隋朝第二位皇帝，公元604—618年在位。开皇元年（581），杨广被册立晋王，参与灭陈之战。开皇二十年（600），立为皇太子。仁寿四年（604）即位，在位期间穷奢极欲，浚修大运河、营建东都洛阳、西征吐谷浑、三征高句丽，滥用民力引发大范围农民起义，导致隋朝覆亡。大业十四年江都兵变，被宇文化及所弑。唐高祖李渊追谥炀皇帝。

6　窦建德：贝州漳南县（今河北衡水故城）人，参加隋末农民起义，初任二百人长，助孙安祖起兵反隋，后随高士达大破涿郡隋兵。高士达死后，自称将军，拥兵十余万，逐渐占据河北，称长乐王，成隋末农民起义领袖之一。唐武德元年（618）称夏王。四年，率军救援被李世民围攻之洛阳王世充，兵败虎牢关被俘，斩于长安。窦建德割据河北期间劝课农桑，生活俭朴，受民爱戴，河北民间为其立碑建庙岁祭。

7　高开道：渤海蓨县（今河北景县）人，出身盐户，初随格谦发动河间起义。武德元年（618），攻取渔阳（今天津蓟州），建立燕国。武德三年奉表降唐，授蔚州总管，上柱国、北平郡王。四年起兵叛唐，复称燕王。六年（623），带领突厥和奚族军两攻幽州。七年，部将张金树反叛，兵败自杀。

8　疻辱：殴打侮辱。疻，殴伤而没有创痕。

9　矫诏：伪造皇帝诏书。

10　杨岌：生平不详。为罗艺部将，任统军。罗艺反时，与治中赵慈皓密谋诛杀罗艺，谋泄未成，仍率部击败罗艺。

11　宁州：州名。西魏废帝三年（554）置，在今甘肃庆阳宁县。

二十四　尹怦

唐尹怦字守忠，襄阳人。父嗣宗，居丧逾礼。贞观[一]1中，特蒙旌表[二]2；遂结庐坟侧，有终焉之志3。怦时年十三，竭力南亩4，勤苦备经，旦夕欣欣，就养弥笃。父疾，怦不解衣巾历年，形貌顿瘠5，几至倾灭。父卒，庐于墓所，负土成坟，蓬首单衣，盐酪不进，朝夕号恸6，有紫芝7产墓侧。州将杨洪武8奏乞旌表，敕曰："怦事亲尽礼，诚敬著于乡间；居丧尽哀，淳孝9通于幽显10。"龙朔11中，刺史封道洪12改其闾为南陔里13，张柬之为之《记》。子慕先字冬筠，孙仁恕字南金，皆有孝行，俱被旌表。于是一门四阙[三]。（抄袭自《宝刻丛编》卷3《京西南路·襄州》引《集古录目》和《集古后录》）

【校勘记】

［一］"贞观"，原作"正观"，避宋仁宗"赵祯"讳改，今改回。

［二］"旌表"，原作"旌辟"，据张柬之《唐尹氏孝德记》改。

［三］"一门四阙"，原脱"四阙"，据《舆地纪胜·京西南路·襄阳府》补。《六艺之一录》卷75《石刻文字·唐碑》引《集古后录》载："襄阳尹氏，世以孝闻天下。嗣宗生怦，怦生慕先，慕先生仁恕，一门四阙而此记。又张柬之作《忠臣孝子萃》，此一碑可尊也"。

【注释】

1　贞观（627—649）：唐太宗的年号。

2　旌表：君主授予以示表彰的旗子。

3　终焉之志：在某处栖身终老的想法。此指尹嗣宗有终身在其父母坟侧结庐守孝的志愿。

4　南亩：亩，农田。南亩，南边的田亩。因南坡向阳，利于植物生长，故田地多向南开垦。后泛称田亩。

5　顿瘠：一下子变得消瘦、羸弱。顿，立刻、迅速。瘠，身体瘦弱。

6　号恸：号哭哀痛。

7　紫芝：亦称木芝，一种真菌，与灵芝相似，古人视为瑞草。

8　杨洪武：生平不详。《能改斋漫录》卷14载："杨洪武为司戎少常伯，为西台侍郎。"高宗龙朔二年（662），改六部所属各司名称，以兵部为司戎，改兵部郎中为司戎大夫，三年，改侍郎为少常伯。故此杨洪武与文中杨洪武应为同一人。

9　淳孝：至孝。

10　幽显：指阴间与阳间、生前和死后。

11　龙朔（661—663）：唐高宗李治的年号。

12　封道洪：人名，生平失载。

13　南陔：《诗》篇名。《南陔》是《诗经·小雅·鹿鸣之什》最后一篇六笙诗之一，为燕飨之乐，前三篇《南陔》《白华》《华黍》有目无诗，《南陔序》称："《南陔》，孝子相戒以养也；《白华》，孝子之絜白也；《华黍》，时和岁丰，宜黍稷也。有其义而亡其辞。"后被用为孝敬双亲的典实。

二十五　张柬之

　　唐张柬之字孟将，襄州襄阳人。少涉经史，补太学生[1]，令狐德棻[2]异其才，以王佐[3]期之[4]。中进士第，补青源[一][5]丞，又以贤良召试[6]，时年七十余矣，对策者千余人，独为第一。拜监察御史，为荆州都督府[7]长史。武后[8]谓狄仁杰[9]曰："安得一奇士用之？"仁杰曰："荆州长史张柬之虽老，宰相才也。"后姚崇[10]荐为同凤阁鸾台平章事[11]。诛二张[12]也，柬之首发其谋。以功擢天官尚书[13]、汉阳郡公。不半岁，以汉阳王加特进[14]，罢政事。既失权，愿还襄州[15]养疾，乃授襄州刺史。会汉水涨，啮[16]城郭，柬之因垒[17]为堤，以遏湍怒[18]，阖境赖之。为武三思[19]所谮，贬新州[20]司马，又流陇州[21]，忧愤卒。

　　柬之刚直不傅会，然邃于学，论次书数十百篇[二]。子愿仕至襄州刺史。（删节抄袭自《新唐书》卷120《张柬之传》）

【校勘记】

　　[一]"青"，《新唐书·张柬之传》作"清"，按唐时无"青源县"，作"清"县。

　　[二]"数十百篇"，《新唐书·张柬之传》作"数十篇"。

【注释】

　　1　太学生：在太学就读的生员。
　　2　令狐德棻（583—666）：字季馨，宜州华原县（今陕西铜川）人，唐朝史学家。令狐德棻先居敦煌，以博涉文史知名，大业末年，担任药城县长，迁大丞相府记室。武德元年（618），担任起居舍人。五年，迁秘书丞，受诏配合侍中陈叔达等撰《艺文类聚》。贞观三年（629），诏修梁、陈、齐、周、隋诸史，联合岑文本修《周书》。六年，迁礼部侍郎，兼修国史。十年，撰《周书》成。十一年，撰《氏族志》成。永徽元年（650），奉命监修国史，迁太常卿兼弘文馆学士，参与撰修贞观十三年以后实录及《唐高宗实录》。

3　王佐：帝王的辅佐或辅佐君主成就王业的人。

4　期之：希望将要达到的目标。

5　青源：县名，当作"清源"。隋开皇十六年（596），析晋阳和榆次部分地区设（位于今山西太原清徐），因城西北有清源水而得名。隋大业三年（607），并清源入晋阳县。唐武德元年（618）又恢复清源县。

6　贤良召试：古代选拔官吏的一种特殊方式，由皇帝亲自面试那些德才兼备的人，酌才任用。贤良，指有才德的人。召试，皇帝诏来面试。《晋书·职官志》："博士皆取履行清淳，通明典义者，若散骑常侍、中书侍郎、太子中庶子以上，乃得召试。"

7　都督府：唐代在全国重要地区设置的兼有军事和行政功能的地方机构。都督府继承自北周和隋代之总管府，一般兼任州刺史，至唐武德七年（624），改总管府为都督府，大总管府为大都督府，而临时领军出征的行军总管及大总管不变。大都督常以宗王遥领而以长史代行其职。都督府与其属州为上下级隶属关系，有监察及军事管理职能。

8　武后：武则天（624—705），又名武曌，并州文水（今山西文水）人，唐高宗李治皇后，武周开国君主，公元690—705年在位，中国历史上唯一的女皇帝，杰出的政治家，天授元年（690）称帝，改国号为周，定都洛阳，建立武周。神龙元年（705）正月，宰相张柬之等发动"神龙政变"，拥立中宗李显复辟，迫使其退位，上尊号"则天大圣皇帝"，同年十一月于上阳宫去世。唐中宗遵其遗命，去尊号，改称"则天大圣皇后"，以皇后身份葬入李治的乾陵。

9　狄仁杰（630—700）：字怀英，并州晋阳（今山西太原）人，唐代政治家、武周时期的宰相。早年以明经及第，历任多种中央和地方官职，以不畏权贵著称。天授二年（691）任地官侍郎、同平章事，仅四个月便被酷吏来俊臣诬陷谋反，平反后贬为彭泽令。神功元年（697）复起，担任鸾台侍郎、同平章事，进拜纳言，劝武则天复立庐陵王李显为太子，为延续唐朝社稷起了关键性作用。久视元年（700）拜内史，同年九月病逝，追赠文昌右相，谥文惠。唐朝复辟后，追赠司空、梁国公。

10　姚崇（650—721）：本名元崇，字符之，陕州硖石（今河南陕州）人。著名政治家、唐朝名相，曾任武后、睿宗、玄宗三朝宰相且常兼兵部尚书。神龙元年（705），协助张柬之发动"神龙政变"，迫使武则天逊位，因功受封梁县侯。唐玄宗亲政后，拜兵部尚书、同平章事，迁中书令，封梁国公。姚崇力主实行新政，整顿吏治，淘汰冗职，抑制权贵，为"开元盛世"的出现奠定了政治和经济基础。开元九年（721）离世，追赠太保、扬州大都督，谥文贞。

11　同凤阁鸾台平章事：唐代实行三省六部制，初以中书省、门下省、尚书省综理政务。中书、门下二省尤为机要，故常联称。三省长官（中书令、侍中、尚书左右仆射）并为宰相，议事的政事堂初设于门下省，后移至中书省。唐初，能进政事堂议事者，除三省长官外，皇帝为掌控政事堂又指令其他官员参与。其本官阶品较低者，则用"同中书门下三品"或"同中书门下平章事"头衔，以宰相身份参与政事，"同中书门下三品"或"同中书门下平章事"渐成宰相的习称。武周时改中书省为凤阁，门下省为鸾台，"同中书门下平章事"改称"同凤阁鸾台平章事"。

12　二张：张昌宗、张易之兄弟，武则天在位时期的幸臣。武周万岁通天二年（69）由太平公主推荐，张昌宗兄弟二人入宫侍奉武则天，深得宠爱。武周晚年，二人把持朝政，败坏朝纲。神龙元年（705），宰相张柬之等人发动神龙政变，将张氏兄弟二人诛杀。

13　天官尚书：即吏部尚书。武周光宅元年（684）改为此称，神龙元年（705）复称吏部尚书。

14　特进：官名。始设于西汉末年，授予列侯中有特殊地位的人，位在三公下。东汉至南北朝仅为加官，无实职。北魏以后演变为散官名号，隋代位居开府仪同三司之上，唐代位于开府仪同三司之下，为文官散官第二阶，正二品。

15　襄州：州号。宋元嘉二十六年（449），划荆州襄阳郡、南阳郡、顺阳郡、新野郡、随郡五郡实土给雍州，将侨置雍州变为实土雍州。西魏改雍州为襄州，置总管府。隋大业元年（605）改称襄阳郡。唐武德四年（621），复称襄州。治襄阳县（今湖北襄阳襄城）

16　啮：咬、侵蚀。形容汉江洪水侵蚀襄州城郭的情形。

17　垒：用砖、石、土块等垒砌。

18　湍怒：形容水势疾急汹涌。湍，水急流。

19　武三思（649—707）：并州文水（今山西吕梁文水）人，荆州都督武士彟孙，武则天侄。官至兵部、礼部尚书，并监修国史。武则天称帝后为宰相，封梁王。神龙三年（707），谋废太子李重俊，被李重俊诛杀，中宗追赠为太尉，睿宗废其谥号并开棺戮尸。

20　新州：州名，位于今广东省新兴县。梁普通四年（523）置，治新兴县。隋开皇九年（589）改为信安郡，不久废信安郡，复置新州。唐代新州时废时复，常为贬谪官员或流放罪犯之所。

21　陇州：州名，北魏太延二年（436）在汧县（治今陕西宝鸡陇县东南）置东秦州。隋炀帝大业三年（607）撤陇州，将汧源、吴山、汧阳三县改属扶风郡。义宁二年（618）复设陇东郡。唐武德元年（618），改陇东郡为陇州，治汧源县（今陕西宝鸡陇县）。

二十六　柳浑　浑瑊

唐柳浑字夷旷，襄阳[一]人。天宝初，举进士，补单父¹尉。累拜监察御史。求外职，宰相惜其才，留为左补阙²。贞元[二]三年，同中书门下。

帝尝亲择吏宰³畿邑⁴，而政有状⁵，召宰相语，皆贺帝得人，浑独不贺，曰："此特[三]京兆尹职耳，陛下当择臣辈以辅圣德，臣当择[四]京兆尹⁶承大化⁷，尹当求令长亲细事。代尹择令，非陛下所宜。"帝然之。上命玉工为带，坏一銙⁸，工市⁹它玉足之。帝识不类，诏京兆¹⁰论死，浑曰："陛下遽杀之则已，若委有司，请论如律。"由是工不死。

浑瑊¹¹与吐蕃¹²会盟，浑曰："夷狄人面兽心，臣窃忧之。"吐蕃劫盟¹³。帝大惊曰："卿儒士，乃知军戎万里情乎！"

张延赏¹⁴怙权¹⁵，嫉浑守正，遣亲厚谓曰："第慎言于朝，则位可久。"浑曰："为吾谢张公，浑头可断，而舌不可禁。"卒为所挤，以右散骑常侍罢政事。封宜城郡公。（删节自《旧唐书》卷125、《新唐书》卷142《柳浑传》）

【校勘记】

[一]"襄阳"，新旧《唐书·柳浑传》作"襄州"。

[二]"贞元",原文作"正元",避宋仁宗"赵祯"讳,据《新唐书·柳浑传》改。

　　[三]"特",原文作"持",据《新唐书·柳浑传》改。

　　[四]"择",《新唐书·柳浑传》作"选"。

【注释】

　　1　单父:县名。秦置,属砀郡,位于今山东菏泽单县。

　　2　左补阙:官名。武周天授二年(691)置,属门下省,掌供奉讽谏。

　　3　宰:主管、治理。

　　4　畿邑:京城管辖的县。畿,古代称靠近国都的地方为畿辅、畿辇、京畿。

　　5　政有状:指皇帝亲自选择官吏治理京城所辖的县,其治理的政绩比之前有看得见的明显改善。政,指皇帝所选官吏对畿邑治理的政绩。状,形状、模样。

　　6　京兆尹:官名。汉代管辖京兆地区的行政长官,职权相当于郡太守,但政治地位高于太守。

　　7　大化:深入彻底的教化。

　　8　銙:附于腰带上的装饰品,用金、银、铁、犀角等制成。

　　9　市:市场。此作动词,意为在市场上买卖。

　　10　京兆:此代指京兆尹。

　　11　浑瑊(736—800):本名日进,铁勒族浑部皋兰州(今宁夏吴忠青铜峡)人,唐中期名将,朔方节度留后浑释之之子。浑瑊精骑射,先后参与平定安史、仆固怀恩、李怀光之乱和泾原兵变,抵御吐蕃入侵。于贞元三年(787),奉命主持唐蕃平凉会盟,遭吐蕃伏击,夺马逃归。先后任奉天行营兵马副元帅,检校司空,邠、宁、庆副元帅,检校司徒兼中书令,封咸宁郡王。贞元十五年去世,赠太师,谥忠武。

　　12　吐蕃:在公元633年至842年两百多年间,藏族在青藏高原建立的以农牧业为主的政权,自松赞干布至朗达玛,传位九代,青藏高原各部得以统一,制度、法律、经济、驿站等方面建设进步明显,至今尚保存有大量碑铭、木简、经卷等文书，推动了藏地语言及整个文化层面的整合和发展。

13 劫盟：劫持会盟人员。唐蕃在平凉举行盟会，吐蕃权臣尚结赞图谋劫持会盟的唐将浑瑊等人，从而取得在唐蕃战争中的优势。唐德宗主和，命令主盟的浑瑊要对会盟展示诚意，不要猜忌，使浑瑊等人准备不足，吐蕃突然劫盟，唐朝会盟官员自副使崔汉衡以下60余人被扣押，其余随从将士全部被杀，仅浑瑊一人突围逃脱。平凉劫盟事件导致唐蕃之间早已形成的会盟关系中断近四十年，唐蕃之间关系发生根本性转变，也对唐朝对外政策产生了一定影响。

14 张延赏（726—787）：字宝符，蒲州猗氏（今山西运城临猗）人。唐朝宰相，中书令张嘉贞之子。延赏以门荫入仕，历任太子左司御率府兵曹参军、监察御史、太原少尹、御史中丞、河南尹及淮南、荆南、西川三镇节度使等职。因平叛泾原兵变有功被德宗召回，加授左仆射。贞元三年（787），加授同平章事。延赏行政倡导减轻财政负担，裁减官员等政策，引起朝野不满，不久病逝，追赠太保，谥成肃。

15 怙权：专权。

二十七 席豫

唐席豫，襄阳人。举学[1]兼流略[2]，词擅[一]文场，科擢上第[3]，复举手笔俊拔科[4]，中之。太平公主[5]闻其名，将表为谏官[6]。豫耻污波谒[7]，遁去。俄举贤良方正异等[8]，迁考功员外郎[9]，黜陟[10]清明。拜吏部侍郎[11]。拔寒远士多至台阁[12]，时推知人，号席公。进尚书，封襄阳子[二]。清直亡欲，当官不为势权所撼。性谨畏，与子弟、属吏书，不作草字。或曰："此细事耳，何留虑？"答曰："细不谨，况大事邪？"卒，年六十九。

元宗尝登朝元阁赋诗，群臣属和，帝以豫诗最工，诏曰："诗人之冠冕也。"（删节自《旧唐书》卷190中《文苑中·席豫》《新唐书》卷128《席豫传》）

【校勘记】

［一］"擅"，原文讹作"檀"，据《新唐书·席豫传》改。

［二］"襄阳子"，新旧《唐书》本传作"襄阳县子"。

【注释】

1　举学：科举考试规定的学科内容。

2　流略：泛指前代书籍。流，古代对儒家、道家、阴阳家、法家、名家、墨家、纵横家、杂家、农家等九个学术流派的总称。略，指《七略》，西汉刘歆汇录的中国第一部官修目录和目录学著作，分为辑略、六艺略、诸子略、诗赋略、兵书略、数术略、方技略七部。

3　科擢上第：科擢，即登第，登科，指登上科举考试录取榜的甲乙次第。上第，指科举考试成绩中的第一等。

4　手笔俊拔科：唐代科举考试制科文辞类十八科中的一种。手笔俊拔，指书法或绘画的造诣卓异出众，此类制科的目的是选拔一些在书法绘画方面造诣杰出的人才。

5　太平公主（665？—713？）：唐高宗李治与武则天所生小女，中宗李显和睿宗李旦之妹，本名不详，八岁时，以替外祖母荣国夫人杨氏祈福为名，出家为女道士所取的道号。太平公主多权略，备受父母兄长宠爱，先后出嫁薛绍和武攸暨。神龙元年（705）因诛杀张易之、张昌宗兄弟有功，加号镇国太平公主。中宗去世后，联合李隆基发动唐隆政变，拥立睿宗复位，一时党羽遍布，权倾朝野，严重威胁到玄宗李隆基的皇位。先天二年，被李隆基发兵擒获，赐死于家中。

6　谏官：专责规劝天子改正过失的朝官。东汉侍中、隋唐纳言、武皇增置的左、右拾遗与左右补阙均为谏官。

7　诐谒 bì yè：谓险诐不正，以私事谒见请托。语出《诗·周南·卷耳序》："内有进贤之志，而无险诐私谒之心。"《晋书·后妃传序》："淫荒挺性，蔑西郊之礼容；婉娈含辞，作南国之奇态。诐谒由斯外入，秽德于是内宣。"

8　贤良方正异等：贤良方正，指唐代科举制科中的贤良方正科。异

9　考功员外郎：官名。隋开皇六年（586）置，大业三年（607）改考功承务郎。唐武德三年（620）复为员外郎，为吏部考功司副长官，位在郎中下，分掌外官考课之事，兼掌贡举。开元二十四年（736）归属礼部。

10　黜陟：罢免升迁、进退、升降。此指官员经吏部考功司考核降职罢免或升迁调离。

11　吏部侍郎：官名。吏部副长官，地位次于尚书。隋大业三年（607）置，员一人，唐增为二员，居六部侍郎之首。唐早中期，尚书常由宰相兼任或为外官兼职，部务由副官侍郎主持。

12　台阁：汉代指尚书台，后亦泛指中央政府机构。

二十八　鲍防

唐鲍防，襄阳[一]人。强志于学，善辞章。及进士第，后为太原尹、节度使。人乐其治，诏图形别殿。又历福建、江西观察使。从幸奉天[1]，除礼部侍郎[2]，封东海郡[3]公。

贞元[二]元年，策贤良方正，得穆质[4]、柳公绰[5]等，世美防知人。时比岁旱，质对："汉故事[6]，免三公[7]，卜式[8]请烹弘羊[三][9]。"指当时辅政[四]者。独孤愐[10]欲下质[11]，防曰："使上闻所未闻，不亦善乎。"卒置质高第，帝见策嘉擢。

防于诗尤有所工，感发，以讥切世蔽，当时称之。（删节自《旧唐书》卷146、《新唐书》卷150《鲍防传》）

【校勘记】

[一] "襄阳"，《旧唐书·鲍防传》作"襄州"。

[二] "贞元"，原避宋仁宗"赵祯"讳作"正元"，据《新唐书·鲍防传》改。

[三] "弘羊"，汉桑弘羊，原作"洪羊"。避宋太祖赵匡胤父追尊宣祖武昭皇帝弘殷讳改。

［四］"辅"，原文作"务"，据《新唐书·鲍防传》改。

【注释】

1　奉天：县名。唐睿宗文明元年（684），析关内道京兆郡好畤、醴泉、始平、武功及豳州之永寿等五县地置奉天县（今陕西乾县），以奉祀唐高宗乾陵。昭宗乾宁二年（895）以奉天县置乾州，治奉天。

2　礼部侍郎：官名，隋炀帝大业三年（607）置，员一人，佐礼部尚书掌部事。唐高祖武德七年（624）罢，太宗贞观二年（628）复置。

3　东海郡：郡名。秦置，治郯县（今山东郯城）。东魏武定七年（549）改海州为东海郡。隋初废，大业中复置，改治朐山县（今江苏连云港）。唐复改海州，天宝元年（742）改东海郡，乾元元年（758）又复为海州。

4　穆质：生卒年不详。唐怀州河内人，鲜卑族。德宗贞元元年（785）登贤良方正第，历迁左补阙、给事中，常直言时政得失，颇助时益。穆质反对任用宦官吐突承璀主持平定王承宗叛乱，被迁为太子左庶子。五年，穆质受杨凭贪脏案连累，出任开州刺史，卒于任上。

5　柳公绰（763—832）：字宽，小字起之，京兆华原人（今陕西铜川耀州），书法家柳公权之兄，在文学和书法上亦有很高成就。为人庄重严谨，喜交豪杰，聪敏好学，才略过人。德宗贞元元年（785），以贤良方正直言极谏科登第，授校书郎，补渭南县尉，历任开州刺史、侍御史、御史中丞等职。宪宗时为鄂岳观察史，参与讨伐吴元济有功。唐穆宗时拜京兆尹，迁尚书左丞。宝历元年（825年），又拜检校左仆射。文宗即位后，出任河东节度使，镇抚沙陀。后因年迈入朝为兵部尚书。太和六年去世，获赠太子太保，谥号"元"。

6　汉故事：汉代的典故。

7　免三公：自东汉安帝时徐防因灾异免太尉开始，凡有大的灾异出现，罢免三公成为常规。《后汉书·徐防传》："安帝即位，以定策封龙乡侯。食邑千一百户。其年以灾异寇，策免就国。凡三公以灾异策免，始自防也。"

8　卜式：洛阳人，以善于牧羊致富。武帝时，多次不求回报捐献家产，支持对匈奴战争和救灾。后接受武帝任命，先后担任上林苑牧羊郎官、缑氏县令、齐王太傅、刘王相。卜式勤政爱民，政绩显著，元鼎五年（前112）擢御史大夫，位居三公之列。卜式反对桑弘羊等人的盐铁官营和均输平准政策。元封元年（前110），卜式再度表达对现行经济政策的不满，触怒武帝，贬为太子太傅。

9　弘羊（前155？—前80）：桑弘羊，河南洛阳人。弘羊出身商人，擅长理财，十三岁时以精于心算入侍宫中。历任侍中、大农丞、治粟都尉、大司农等职。自元狩三年（前120）起，在武帝的支持下，先后推行算缗、告缗、盐铁官营、均输、平准、币制改革、酒榷等经济政策，大大增加了政府财政收入。后元二年（前87），昭帝即位，弘羊迁御史大夫，与霍光、金日䃅等同为辅政大臣。元凤元年（前80）九月，因与霍光政见发生分歧，卷入燕王刘旦和上官桀父子谋反事件被杀。

10　独孤恺：洛阳（今河南洛阳）人。玄宗天宝中，以明经及第。代宗永泰（765）中，摄永州刺史，与元结过从甚密。大历（766—778）末，官检校仓部员外郎兼侍御史。德宗建中（780—783）中，为司勋员外郎。兴元元年（784），擢右司郎。

11　下：撤下、落下。指让穆质落榜。

二十九　孟浩然

　　唐孟浩然，襄阳人。隐鹿门山。年四十，游京师。王维[1]私邀入内署[2]，俄而玄宗[一]至，浩然匿床下。维以实对，帝喜曰："朕闻其人而未见也，何惧而匿？"诏浩然出。问其诗，因放还。张九龄辟为荆州从事，寻卒。樊泽[3]镇襄阳，自为撰文并书，刊石于凤林山[4]南，封宠[5]其墓。初，王维过郢州[6]，画浩然像于刺史亭，因曰："浩然亭"。郑諴[7]谓贤者名不可斥。（删节自《新唐书》卷203《孟浩然传》）

【校勘记】

　　[一]"玄宗"，原文作"元宗"，唐朝无"元宗"，《新唐书·孟浩然传》作"玄宗"，指玄宗李隆基，系避宋真宗时附会的赵氏始祖玄朗

讳改。

【注释】

1　王维（701—761）：字摩诘，原籍祁县（今山西祁县），迁至蒲州（今山西永济），官至尚书右丞，世称"王右丞"。盛唐著名诗人，诗、画成就很高，尤以山水诗为最，与孟浩然合称"王孟"。王维晚年无心仕途，专诚奉佛，故后世称之为"诗佛"。著有《王右丞集》二十八卷，存诗400首。

2　内署：指翰林院，因设置在宫禁之内，故称。

3　樊泽（749—798）：字安时，河中（今山西运城）人，唐中期大臣。樊泽自幼孤贫，喜读兵法，有将帅之器，初为磁州司仓、尧山县令。建中元年（780），以贤良对策科及第，授右补阙，兼御史中丞，历官金部郎中、山南东道行军司马、山南东道节度使等职，参与平定李希烈叛乱。后起复右卫大将军，出为荆南节度使。贞元八年（792），再任山南东道节度使，加检校右仆射。贞元十四年（798）去世，赠司空，谥成。

4　凤林山：亦名凤山、凤凰山。在今湖北襄阳襄城东南十里之汉江西岸。

5　封宠：封赏宠赐。

6　郢州：西魏大统十七年（551），改苌寿县为长寿县（今湖北钟祥），置郢州，元改安陆府。

7　郑诚：字申虞，闽县（今福建福州东部和闽侯东南部）人。会昌（841—845）间进士，累官国子司业、户部郎中、刑部郎中，历郢、安、邓三州刺史、江西节度副使等职。与同邑兵部郎中林滋字原象、布衣詹雄字伯镇俱享才名，时称闽中三绝。

三十　朱朴

唐朱朴[一]，襄阳人。以三史举¹，繇²荆门³令进京兆府司录参军，改著作郎。乾宁⁴，以太府少卿⁵李元实⁶欲取中外九品以上官两月俸助军兴，朴上疏执不可而止。

擢国子[7]《毛诗》博士。上书言当世事，议迁都曰："古王者不常厥居，皆观天地兴衰，随时制事。关中，隋家所都，我实因之，凡三百岁，文物资货，奢侈僭伪皆极焉；广明巨盗[8]陷覆宫阙，局署帑藏，里闬井肆[9]，所存十二，比幸石门[10]、华阴[11]，十二之中又亡八九，高祖、太宗之制荡然也。夫襄、邓[12]之西，夷漫[13]数百里，其东，汉舆[14]、凤林为之阙，南，菊潭[15]环屈而流，属于汉，西有上洛[16]重山之险，北有白崖[17]联络，乃形胜之地，沃衍之墟[18]。若广浚漕渠，运天下之财，可使大集。自古中兴之君，去已衰之衰，就未王而王。今南阳，汉光武虽起而未王也。巨视山河壮丽处多，故都已盛而衰，难可兴也[二]；江南土薄水浅，人心嚣浮轻巧，不可以都；河北土厚水深，人心强愎狠戾[三][19]，不可以都。惟襄、邓实惟中原，人心质良，去[四]秦咫尺，而有上洛为之限，永无夷狄侵轶[20]之虞，此建都之极选也。"不报。（删节自《新唐书》卷183《朱朴列传》）

【校勘记】

[一]"朱朴"，原文讹作"未朴"，据新旧《唐书·朱朴传》改。

[二]"也"，《新唐书·朱朴传》作"已"。

[三]"狠戾"，原文讹作狼，据《新唐书·朱朴传》改。

[四]"去"，原讹作"法"，据《新唐书·朱朴传》改。

【注释】

1 三史举：唐代科举考试科目的一种。三史，魏晋南北朝以《史记》《汉书》《东观汉记》为三史。唐开元以后，因《东观汉记》失传，改以《史记》《汉书》《后汉书》为三史。

2 繇 yóu：同"由"，从、自。

3 荆门：西汉初设编县（在今湖北荆门东南），后梁废入长宁县，隋开皇十一年（591）废长林入长宁县，开皇十八年（598）改长宁为长林。唐德宗贞元二十一年（805），析长林县立荆门县，同时废当阳县入之。

4 乾宁（894—898）：唐昭宗李晔的年号。

5　太府少卿：官名。北魏始置太府少卿，北齐改称太府寺少卿，为太府寺副长官，隋、唐、宋沿置。

6　李元实：生平不详。

7　国子：晋武帝司马炎始设国子学，至隋炀帝时改为国子监。唐宋时国子监作为国家教育管理机构，统辖其下设的国子学、太学、四门学等，各学皆立博士，设祭酒一人负责管理。在国子监就读的学生称为监生。

8　广明巨盗：广明（880—881），唐僖宗李儇的年号。巨盗，指黄巢起义军。广明元年，黄巢率农民起义军一路北上，陷洛阳，二年攻入长安，起初起义军军纪严明，后期杀人越货，黄巢不能禁，宗室留长安者几无遗类。中和二年（882），唐军一度攻入长安，黄巢恨城民协助官军，于是纵兵屠杀，血流成河。长安遭受巨大破坏，朱朴因此上书建议迁都。

9　里闬井肆：泛指城内的居住区和商业区。里闬，里间、里巷。闬，里巷门。井肆，井市、做买卖的街市，古代因井为市，故称。肆，店铺、商铺。

10　石门：县名。唐武德元年（618）从云阳（在今陕西泾阳西北）分置，武德三年（520）于石门县置泉州，领石门、温秀二县。贞观元年（627）废泉州，改石门为云阳，属雍州，是长安的重要关隘。

11　华阴：县名。汉高帝八年（前199），以阴晋县地居华山之北，更名华阴县。隋初，并敷西县入，迁治今址。

12　襄、邓：襄州、邓州，时隶山南东道。襄州治襄阳县（今湖北襄阳襄城）。邓州治穰县（在今河南邓州）。

13　夷漫：平坦广阔。

14　汉臾：不详，疑是汉皋，又称万山、曼山、方山，在襄阳城西十里，为襄阳城西屏障。

15　菊潭：不详，襄阳南为群山，无菊潭险隘说。按，《汉书·地理志》载："析，黄水出黄谷，鞠水出析谷，俱东至郦入湍水。"唐颜师古注："鞠水即今所谓菊潭也。"析即析县，今河南西峡县，与上洛、白崖相近。疑是。

16　上洛：西晋泰始二年（266），晋武帝司马炎析弘农南部设上洛郡，治上洛县（今陕西商洛商县）。唐代改上洛为商州。上洛位于秦岭山脉东段南麓，丹江上游，崇山险峻，关隘重重，秦设武关于此。

17　白崖：不详。《明一统志·南阳府·山川》："白崖山，在淅川县东南七十里。山石莹白若缟素，旧有香严寺。宋范仲淹诗：'白崖山下古禅刹。'即此。"此白崖山西北崇山绵延与菊潭、上洛相接。疑是。

18　沃衍令墟：指土地平坦肥沃的地方。沃衍，土地平坦肥美。墟，场所地方。

19　强愎狠戾：强愎，倔强固执。狠戾，凶狠残暴。

20　侵轶：侵犯袭击。

三十一　杜易简　杜审言　杜甫

唐杜易简襄阳人。晋征南将军预远裔，九岁能属文，博学有高名。擢进士，累至考功员外郎，贬开州[1]司马，卒。集二十卷行世。从祖弟审言。

审言字必简，恃才高以傲世见疾。尝语人曰："吾文章，当得屈宋[2]作衙官；吾笔，当得王羲之[3]北面。"其矜诞[4]如此。累迁洛阳丞。贬吉州[5]司户[6]。州司马周季重[7]、郭若讷[8]致其罪。审言子并，年[一]十三，怀刃刺季重，左右杀并。季重将死曰："审言有孝子，吾不知。若讷误我！"审言因此免官[二]，还东都，为修文馆学士。卒。

苏颋[9]伤并孝烈，志其墓，刘允济[10]祭以文。审言生子闲，闲生甫。

甫字子美，徙家巩县[11]。天宝[12]末，献《三大礼赋》，帝使待制集贤院[13]，拜右卫率府[14]胄曹[15]参军[三]。数上赋颂，高自称道，且言："先臣恕、预[16]以来，承儒守官十一世，迨[17]审言以文章显。若令执先臣故事，拔泥涂之久辱，则臣之述作虽不足鼓吹《六经》，至沉郁顿挫[18]，随时敏给，扬雄[19][四]、枚皋[20]可企及也。"会禄山[21]乱，走入三川[22]，流落剑南，结庐成都西郭。严武[23]表为参谋检校工部员外郎[24]。大历[25]中，出瞿唐[26]，下江陵，泝沅、湘[27]，登衡山[28]，因客耒阳[五]。卒。甫少与李白齐名，时号"李杜"。子宗文、宗武。迁葬偃师。（删节自《新唐书》卷190上

《文苑上·杜易简》、卷190下《杜甫传》)

【校勘记】

[一] "年十三",原脱"年",据《旧唐书·杜易简传附杜审言传》补。

[二] "审言因此免官",原脱"因此",据《旧唐书·杜易简传附杜审言传》补。

[三] "右卫率府胄仓参军",《旧唐书·杜甫传》作"京兆府兵曹参军"。

[四] 扬,原作"杨",据《新唐书》改。

[五] "因客耒阳",原作"西客耒阳",据《旧唐书·杜甫传》改。按:耒阳位于河洛以南今湖南南部,《耆旧记》原稿或是"南客耒阳"。

【注释】

1　开州:地名。今重庆开州。据《方舆胜览》卷五十九《开州》,西魏恭帝于达州新宁县(今四川达州开江)置开州,因开江以为名。北周天和四年(569)移开州于新浦,后又移于永宁(今重庆开州),辖永宁、万世、新浦、西流四县。隋开皇十八年(599)改永宁为盛山县,改开州为万州。唐武德元年(618)改万州为开州。

2　屈宋:屈原和宋玉。

3　王羲之(303—361):字逸少,琅琊临沂(今山东临沂)人,东晋书法家,世称"书圣"。羲之以门荫入仕,历任秘书郎、江州刺史、会稽太守,累迁右军将军,人称"王右军"。善于书法,兼擅隶、草、楷、行各体,广采众长,自成一家,影响深远。永和九年(353),参加兰亭雅集,即兴书写的《兰亭序》成为"天下第一行书"。

4　矜诞:自大狂妄。

5　吉州:地名。隋开皇十年(590),改庐陵郡为吉州,治庐陵县(今江西吉安)。天宝元年(742),改吉州为庐陵郡。乾元元年(758),复改庐陵为吉州。

6　司户:官名。此指吉州司户参军。汉魏以后州府、军府、王府分曹办事，户曹主管民政事务，称户曹参军，是其一。唐代州府称司户参军，县称司户。

7　周季重：《大周故京兆男子杜并墓志铭并序》称周季重为唐太宗女临川公主与周道务之子，官吉州司马，因构陷杜审言，圣历二年（699），被审言之子杜并刺死于宅中。

8　郭若讷：生平失载。据《旧唐书·杜易简传》，只知其构陷杜审言时任吉州员外司户。

9　苏颋（670—727）：字廷硕，京兆武功（今陕西武功）人，许国公苏瑰子。苏颋进士及第，袭父爵，历官乌程县尉、太子左司御率府胄曹参军、监察御史、工部侍郎等职。开元四年（716），苏颋拜相，任中书侍郎、同平章事。盛唐之交著名文士，与宰相燕国公张说齐名，并称"燕许大手笔"。开元八年（720），苏颋罢相，改任检校礼部尚书、益州大都督府长史。开元十五年，苏颋病逝，追赠尚书右丞相，谥文宪。

10　刘允济：字伯华，河南巩县（今河南洛阳巩义）人。少孤，事母尤孝，工文辞书法，与王勃齐名。累迁左史兼直弘文馆、修文馆学士。

11　巩县：县名。秦置，属三川郡，治今河南洛阳巩义西南。北齐废，隋开皇十六年（596）复置，属河南郡，移治今巩义市东北老城。

12　天宝（742—756）：唐玄宗李隆基的年号。

13　集贤院：官署名。唐开元五年（717）于乾元殿修经、史、子、集四部书，置乾元院使。次年，改名丽正修书院。开元十三年（725）改名集贤殿书院，通称集贤院。置集贤学士、直学士、侍读学士、修撰官等官，以宰相一人为学士知院事，常侍一人为副知院事，掌刊缉校理经籍。

14　右卫率府：官署名。寿始置，唐右卫率，太子属官，唐高祖武德五年（622）改太子左右侍率置，设率一员、副率二员，掌宫中兵仗仪卫，从四品上，与左右司御率、左右清道率，分辖所属折冲府。设长史判诸曹府，及录事、仓、兵、胄曹参军事，又有司阶、中候、司戈、执戟等属官。

15　胄仓：此指右卫率府属官，右卫率府仓曹参军事和胄曹参军事的合称。仓曹参军事为仓曹长官，掌廪禄请给、财货市易等事宜；胄曹参军事掌兵械甲仗、公廨兴缮、罚谪诸事项。

16 恕、预：即杜恕、杜预。杜恕，字务伯（197—252），京兆杜陵（今陕西西安）人，三国时期魏国尚书仆射杜畿子。历任散骑黄门侍郎、弘农太守、赵国相、河东太守、淮北都督护军、御史中丞及使持节、建威将军、护乌丸校尉、幽州刺史等职，遭征北将军程喜构陷，贬为庶人，迁冀州章武郡（今河北大城、方安一带）守。嘉平四年（252）病逝。著有《体论》八篇、《兴性论》一篇、《笃论》四卷。杜预见《汉晋春秋》"杜预言卫瓘将不免"条注4

17 迨：等到、及至。

18 沉郁顿挫：抑扬跌宕。指诗歌旨意深沉蕴藉、语势停顿转折。

19 扬雄（前53—前18）：字子云，蜀郡郫县（今四川成都郫都）人，西汉辞赋家、思想家，任大司马王音门下史、给事黄门侍郎。成帝时，扬雄获同乡杨庄推荐，入奏《甘泉》《河东》等赋，从此入长安修书天禄阁，结交了王莽。天凤五年（18）逝世。著《法言》《太玄》等著作，将源于老子道之"玄"作为最高范畴，在构筑宇宙生成图式、探索事物发展规律方面继承和发展了道家思想，对后世影响甚大。

20 枚皋（前153—前?）：字少孺，西汉辞赋家枚乘庶子，著名辞赋家。枚皋不通经术，诙笑类俳倡，为赋颂好嫚戏，然而才思敏捷，侍从武帝左右，帝每有所感，辄使赋之。《汉书·艺文志》载枚皋撰赋百二十篇。

21 禄山：安禄山。本姓康，营州柳城（今辽宁朝阳）胡人，随母改嫁虏将安延偃而改姓安。禄山为人怵忍多智，精人情世故，通六蕃语，先为互市郎，后为幽州节度使张守珪养子，自任平卢兵马使之后一路高升。天宝三年（744）代裴宽为范阳节度使、河北采访使，仍领平卢军，兼任三镇节度使，积极为叛乱做准备。天宝十四年（755），安禄山以杀杨国忠为名发动叛乱，一路势如破竹直下洛阳，次年在洛阳称帝，建国号燕。随后破潼关，入长安。至德二年（757）被其子安庆绪和部将李猪儿合谋杀于长安宫中。

22 三川：唐中叶后以剑南西川、剑南东川及山南西道三镇合称三川，亦称剑南三川。

23　严武（726—765）：字季鹰，华州华阴（今陕西华阴）人，唐朝中期名将、诗人。初以父荫为太原府参军，官至殿中侍御史。安史之乱后，随玄宗入蜀，应肃宗之诏又从蜀中前往灵武，任给事中，后出任绵州刺史，迁东川节度使，入朝为京兆尹。上元二年（761），出任剑南节度使，抵御吐蕃。宝应元年（762）入为太子宾客兼御史大夫。不久，再镇剑南，多次击破吐蕃，拓地数百里，以功加检校吏部尚书，封郑国公。永泰元年（765），因暴病卒于成都，获赠尚书左仆射。《全唐诗》存录其诗六首。

24　检校工部员外郎：检校，即代理某职事。工部员外郎，指工部下属各司副长官，协助长官郎中处理司务。

25　大历（766—779）：唐代宗李豫的年号。

26　瞿唐：即瞿塘峡，西起重庆奉节白帝城，东至巫山大溪。瞿塘峡两岸悬崖壁立，江流湍急，山势险峻，号称西蜀门户。峡口有夔门和滟滪堆，滟滪堆亦作滟滪堆。

27　沅、湘：指位于今湖南境内的两条主要河流沅江和湘江，俱东北向流入洞庭湖，再从湖北汇入长江。

28　衡山：五岳之一，主体部分位于衡阳南岳区、衡山县和衡阳县东部。衡山是我国著名道教、佛教圣地，环山有寺、庙、庵、观200多处。

贤　　牧

一　胡烈

魏胡烈字武贤，咸熙[1]元年为荆州刺史。[一]有惠化，补缺堤[二]，民赖其利。百姓刊石铭之[三]，为载童歌凡三首[四]，及记山都、襄阳、邔[五]、中庐、宜城决塞之功[2]。

【校勘记】

[一] "荆州刺史"，《水经注》卷28《沔水》《太平御览》卷465《人事部》称胡烈为"前汉人，襄阳太守"误甚。

[二] "补缺堤"，《水经注》卷28《沔水》作"补塞堤决"。

[三] 《水经注·沔水中》载该碑立于"景元四年（263）九月"。《舆地碑记目·襄阳府碑记》谓："东汉襄阳太守胡烈碑，皇朝郡县志云，在南漳县之固城。"固城，《六艺之一录》转引《舆地碑记目记》时作"故城"，南宋南漳县故城在今南漳县城东五十里。

[四] "童歌凡三首"，经检索录得二首，见《习凿齿集》卷三《胡烈歌》注1。

[五] "邔"，原作"印"，魏晋时荆州无"印"县，"邔"为秦汉魏晋南北朝时县，先属南郡，后属襄阳郡。

【注释】

1　咸熙（264—265）：魏元帝曹奂的年号。

2　决塞之功：当指前文之"补缺堤"。

二　羊祜

晋羊祜字叔子。武帝将有灭吴之志，以祜为都督荆州诸军事，率营兵出镇南夏[1]，开设庠序[2]，绥怀[3]远近，甚得江汉之心。与吴人开布大信。及卒，南州人征市日闻祜丧，莫不号恸，罢市，巷哭者声相接。吴守边将士亦为之泣。其仁德所感如此。

祜乐山水，每风景，必造岘山，置酒谈咏，终日不倦。常慨然叹息，顾谓从事中郎邹湛等曰："自有宇宙，便有此山。由来贤达胜士，登此远望，如我与卿者多矣！皆湮灭无闻，使人悲伤。如百岁后有知，魂魄犹应登此也。"湛曰："公德冠四海，道嗣前哲[4]，令闻令望[5]，必与此山俱传。至若湛辈，乃当如公言耳。"

祜卒后，襄阳百姓于祜平生游憩之所建碑立庙，岁时飨祭焉。望其碑者莫不流涕，杜预因名为"堕泪碑"。文，蜀人李安[6]所撰。安，一名"兴"，初为荆州诸葛亮宅碣[7]，其文善。及羊公卒，碑文工，时人始服其才也。《南雍州记》云："杨世安[8]同记室主簿读祜碑讫，乃长叹曰：'大丈夫所在当立名。吾虽不敏，岂独无意！'自尔为政，务存宽简。"荆州人为祜讳名，屋室皆以门为称，改户曹为辞曹。

【注释】

1　南夏：六朝时华夏、蛮夷观念尚未在地域上完全消除，中原王朝往往将其所控较发达的南方地区称为南夏。荆襄一带开发较早，文化水平高，赤壁之战后隶属北方，故中原王朝称为南夏，此特指魏晋所辖有的荆州北部地区。

2　庠序：古代地方基层启蒙学校。殷称庠，周称序。据《孟子·滕文公》载："设为庠序学校以教之。庠者，养也；校者，教也；序者，射也。夏曰校，殷曰序，周曰庠；学则三代共之，皆所以明人伦也。"《汉书·食货志》："于里有序，而乡有庠。序以明教，庠则行礼，而视化焉。"

3　绥怀：安抚怀柔。指用适宜的策略、手段笼络人心，使之服从归顺。

4　道嗣前哲：继承前代圣哲的思想道路。

5　令闻令望：美好名声和品德。

6　李安：一名李兴，字隽硕，犍为武阳（今四川彭山）人，晋汉中太守李密子，官至太傅参军。

7　诸葛亮宅碣：镇南将军刘弘令李安所作。《水经注·沔水》作《诸葛亮宅铭》。西晋永兴（304～306）中，镇南将军刘弘镇压张昌起义期间，由宛县移驻襄阳，专程前往隆中瞻仰诸葛亮故居，命太傅掾李安撰《诸葛亮宅铭》，立于宅前旌表，是迄今对诸葛亮评价最高最全面的一篇优文，文见《三国志·诸葛亮传》裴注引《蜀记》。

8　杨世安：生平失载，当为出仕雍州（治襄阳）之六朝弘农杨氏大族移民，家族代表人物有晋末雍州刺史杨佺期。《南雍州记》这段当是后人误补入

三　杜预

晋杜预字符凯，为镇南大将军、都督荆州诸军事。修立泮宫[1]，江汉怀德，化被万里。修召信臣遗迹[2]，激用滍[3]、淯[4]诸水，浸原田万余顷，分疆刊石，使有定分，公私同利，众庶赖之，号曰"杜父"。旧水道唯沔汉达江陵千数百里，北无通路。又巴丘湖[5]，沅湘之会，表里山川，实为险固，荆蛮之所恃也。预乃开阳口[一][6]，起下水达巴陵[7]千余里，泻长江之险，外通零桂[二][8]之漕。人[三]歌之曰："后世无叛由杜翁"。预好留后世名，常言"高岸为谷，深谷为陵"，刻石为二碑，记其勋绩，一沉万山之下，一立岘山之上，曰："焉知此后不为陵谷乎！"《南雍州记》云："其沉碑，今天色晴郎，渔人常见此碑于水中也。预在镇，因宴集醉卧斋中，外人闻呕吐之声，窃窥于户，正见[四]一大蛇垂头而吐。闻者异之。"[五]

【校勘记】

[一]"阳口"，《晋书》卷34《杜预传》作"杨口"。"杨"通

[二]"桂"，原作桪，据《晋书》卷34《杜预传》改。

[三]"人"，《晋书·杜预传》作"南土"。

[四]"正见"，《晋书·杜预传》讹作"止见"。

[五]"《南雍州记》云"至"闻者异之"。吴庆焘《考异》认为系后人增入，是。但吴氏不明《襄阳耆旧传》被后人续写至五代，故在其辑佚时举凡有习凿齿身后事，兹皆率意删改。

【注释】

1　泮宫：原指周代诸侯设立的学宫，后泛指学校。《礼记·王制》："大学在郊，天子曰辟雍，诸侯曰泮宫。"

2　召 shào 信臣：字翁卿，九江寿春（今安徽寿春）人。以明经为郎官，历任谷阳长、上蔡长、零陵太守、南阳太守，迁河南太守，其政绩在全国屡排第一。汉元帝竟宁元年（33），征召为少府，位列九卿。为人勤力，有方略，好为民兴利，躬劝耕农，视民如子，任南阳太守期间，使南阳经济文化得到迅速发展，户口倍增，百姓尊称为"召父"。

3　滍：即滍水，今沙河、颍河。《水经注·滍水》谓滍水出伏牛山脉主峰尧山，东向流入汝水。元至元年间（1335）因洪水泛滥，滍水、澧水所入的汝水段于舞阳转入颍河，汝水中下游段遂分别流入沙河、洪河，从周口市西汇入颍河。

4　淯：即淯水，今称白河。发源于河南南召县，南向流至湖北襄阳市襄州区与唐河交汇，称唐白河，在樊城东之白口（今清河口）入汉江，清咸丰十一年（1861）改道于其在五里的龙坑（今襄州区张湾镇）汇入汉江。

5　巴丘湖：本指今洞庭湖东南部，后与洞庭湖互称。洞庭湖位于湖南东北部，长江中游荆江南岸，因湖中洞庭山（今君山）而得名。北纳长江松滋、太平、藕池、调弦四口来水，由南而西纳湘、资、沅、澧四水及汨罗江等小支流，从岳阳市城陵矶注入长江。洞庭湖是长江流域的重要调蓄湖泊，中国第二大淡水湖。

6　阳口：又名杨口，杨水入汉江之水口。据《水经注》载杨水从江陵（今湖北江陵）赤湖过郢城南，至竟陵（今湖北潜江西北）由西向北注入汉水。杨水上接漳水，下入汉水，与长江相连，借此水就近打通汉水与长江的水路交通，极大地缩短了汉水中上游地区至江陵、岳阳、常德地区的水路里程，有力促进了荆楚地区经济社会的发展。

7　巴陵：县名。西晋太康元年（280）置，治今湖南省岳阳市。

8　零桂之漕：零陵、桂阳二郡间的漕运。零指零陵郡，西汉元鼎六年（前111）分桂阳郡置，湘水中上游主要径流区。桂指桂阳郡，西汉高帝二年（前205）置，耒水中上游主要径流区。湘水和耒水均北流汇入洞庭湖，是湖南境内最重要的南北水上交通要道。

四　山简

晋山简字季伦，司空涛[1]子。永嘉[2]三年，出为征南将军、都督荆湘[一]交广四州诸军事、假节，镇襄阳。于时四方寇乱，天下分崩，王威不振，朝野危惧。简优游卒岁，唯酒是耽[3]。诸习氏，荆土豪族，有佳园池，简每出嬉游，多之池上，置酒辄醉，名之曰"高阳池"。时有童儿歌曰："山公出何许，往至高阳池。日夕倒载归，酩酊无所知。时时能骑马，倒著白接䍦。举鞭问葛强，'何如并州儿？'"强家在并州，简爱将也。时乐府伶人[4]避难，多奔沔汉，宴会之日，寮佐或劝奏之。简曰："社稷倾覆，不能匡救，有晋之罪人也。何作乐之有！"因流涕慷慨，坐者咸愧焉。

【校勘记】

[一]"湘"，原文为"襄"，晋无襄州，据《晋书》卷43《山涛附山简传》改。按，"襄"通"湘"，古可互换。《汉书》卷28《地理志》载王莽改"襄阳"为"相阳"。孟浩然《秦中苦雨思归赠袁左丞贺侍郎》云："泪忆岘山堕，愁怀湘水深。"贾岛《行次汉上》："习家池沼草萋萋，岚树光中信马蹄。汉主庙前湘水碧，一声风角夕阳低。"均将襄阳之襄水写作湘水。

【注释】

1 涛：山涛（205—283），字巨源，河内怀（今河南武陟西南）人，"竹林七贤"之一。山涛早年家中贫困，少有器量，喜好庄、老学说，初任河内郡吏，后一路高升，历骠骑将军从事郎中、赵国相、冀州刺史、北中郎将、侍中、尚书、吏部尚书、太子少傅、尚书仆射、司徒等职。

2 永嘉（307—313）：晋怀帝司马炽的年号。

3 耽：沉溺。

4 乐府伶人：皇宫乐府的乐官、乐人。乐府初设于秦，是专门管理乐舞演唱教习的少府下属机构。元鼎五年（前112），汉武帝正式复立乐府，职掌采集民间歌谣，经乐府整理加工，配上乐舞演唱，以备朝廷祭祀或节庆、宴会时表演用，其搜集整理的诗歌，被称为乐府诗。

五 李茂

晋李茂字仲鲁。为襄阳太守，崇教化，修学校，表笃行，拔贤能，清简无匹，正身率下。二年弹黜[1]四县。

【注释】

1 弹黜：弹劾黜免。

六 刘弘

晋刘弘[一]字和季，沛国相[1]人也。太安[二][2]中，张昌[3]作乱，转使持节[4]、南蛮校尉[5]、荆州刺史，讨昌斩之，悉降其众。时荆部守宰多缺，弘请补选，帝从之。弘乃叙功铨德，随才补授，甚为论者所称。劝课农桑，宽刑省赋，岁用有年，百姓爱悦。

弘尝夜起，闻城上持更者叹声甚苦，遂呼省之。兵年过六十，羸疾无襦[三][6]，弘悯之，乃谪罚主者，遂给韦袍复帽，转以相付。

旧制，岘万二山泽中不听百姓捕鱼，弘下教曰："礼，名山大泽不封，与共其利。今公私并兼，百姓无复厝手[7]，地当何谓邪！速改此法。"时天下大乱，弘专督江汉，威行南服。每有兴废，手书守相，丁宁[8]款密，所以人皆咸悦，争赴之，咸曰："得刘公一纸书，贤于十部从事[9]。"卒于襄阳，士女嗟痛，若丧所亲。父老追思弘，虽甘棠之咏召伯，无以过也。

【校勘记】

［一］"刘弘"，原文避宋太祖赵匡胤父追尊宣祖武昭皇帝弘殷讳，改"弘"为"洪"。今据《晋书》卷66《刘弘传》、刘弘墓出土刘弘印改回。

［二］"太安"，原作"大安"，晋无大安年号，乃"太安"之误。

［三］"襦"，原文作"褐"，据《晋书》卷66《刘弘传》改。

【注释】

1 沛国相：沛国，西晋泰始元年（265）十二月，封司马景为沛王，治相县（今安徽萧县西南）。司马景为武帝司马炎子，过继给叔父城阳哀王司马兆为后。

2 太安（302—304）：晋惠帝司马衷的年号。

3 张昌：出身义阳蛮，青年时为平氏县吏，武力过人，好论攻战。当益州李特、李流率流民发动起义时，张昌暗地聚集数千人，打着为朝廷募兵征讨李流使者的名义，伺机举事。太安二年（303），当荆州百姓不肯应征益州而武装反抗时，张昌屯聚在江夏安陆石岩山的队伍不断壮大，在打败前来讨伐的江夏太守弓钦后，乘胜攻克江夏，进而进攻樊城、宛等地，杀新野王司马歆。朝廷派镇南将军刘弘领军镇压，永兴元年（304）军败被俘处死。

4 使持节：魏晋南北朝时，出镇地方的军政大员往往加使持节称号，给予诛杀中级以下官吏之权。次一等的称持节，有杀无官职人的权力。再次称假节，能杀犯军令之人。参见《汉晋春秋校注》"司马宣王伪请战"条注2。

5 南蛮校尉：官名。始置于西晋武帝年间（280—290），亦称护南蛮校尉，主掌荆州少数民族事务，统领其军兵武装，设府置僚佐，治襄阳。东晋初迁江陵。安帝时，于襄阳复置宁蛮校尉。

6 襦：短衣、短袄。

7 厝手：措手、插手。

8 丁宁款密：亲切地再三叮嘱。丁宁，再三告示、嘱咐。《汉书·谷永传》："二者同日俱发，以丁宁陛下。"颜师古注曰："丁宁，谓再三告示也。"款密，亲密、亲切。

9 十部从事：谓众多辅助官吏。

七 皮初

晋皮初，刘弘牙门将。弘讨张昌，初为都战帅[一]，忠勇冠军，汉沔肃清，实初等之功也。弘表初为襄阳太守，朝廷以初虽有功，襄阳名郡，乃以弘婿夏侯陟¹⁰为守。弘曰："若必姻亲可用，荆州十郡，安得十婿？"乃表陟姻亲不得相监，初勋宜见酬报。诏听之。

【校勘记】

[一]"帅"，原文为"师"，据《晋书》卷66《刘弘传》改。

【注释】

1 夏侯陟：生平失载。荆州刺史刘弘婿，曾任东平（今山东东平一带）太守。

八 桓宣

晋桓宣¹监沔中诸军事²。石勒³荆州刺史郭敬⁴戍襄阳，陶侃⁵使其子与宣俱攻樊城，拔之。敬惧，遁走，宣遂平襄阳。侃使宣镇之，招怀⁶初附，劝课农桑，简刑罚，略威仪，或载鉏耒⁷于轺轩⁸，或亲芸获于陇亩。十余年间[一]，绥抚侨寓⁹，甚有称绩。

【校勘记】

[一]"十余年间"，原脱"间"，据《晋书》卷81《桓宣传》补。

【注释】

1　桓宣：晋谯国铚县（今安徽宿州西南）人，祖父义阳太守桓诩，父冠军长史桓弼。桓宣初为司马睿丞相舍人、南中郎将王含参军，迁谯国内史，太尉陶侃表为武昌太守，迁监沔中军事、江夏相。咸和七年（332），与陶侃子斌乘虚驱走后赵名将荆州刺史郭敬，收复樊城，镇襄阳。咸康四年（338），征西将军庾亮表桓宣为都督沔北前锋诸军事、司州刺史，仍镇襄阳。建元元年（343）荆州刺史庾翼改任梁州（寄治襄阳）刺史，翌年（344），命桓宣进击后赵将李黑于丹水（今河南淅川荆紫关东南），军败贬为建威将军，迫其移戍城南岘山，忧愤而卒。

2　沔中诸军事：东晋设置的汉水中游都督区，是这一地区事实上的一级军政区，包括南阳、新野、义阳、义成等郡，多数时候镇襄阳。因督区涵盖沔水中流地区，故称督沔中诸军事。又因其防地主要在沔水以北的广大地区，亦称沔北诸军事，有时甚至分置沔北、沔中两都督区，都督之职多以雍梁刺史兼领，或以郡守充任，无定制，是掌管督区的最高军政长官。

3　石勒（274—333）：本名匐勒，字世龙，上党郡武乡县（今山西武乡）人，羯族，十六国后赵开国皇帝。石勒壮健雄武，善于骑射。先后投靠成都王司马颖部将公师藩和汉光文帝刘渊，平定河北和江汉地区，累迁至幽并二州刺史，封汲郡公。石勒重用谋臣张宾，以襄国（今河北邢台襄都）为根据地，占据幽、并、冀三州后，光初二年（319）建立后赵，自称大赵天王，定都襄国，实施核定户籍、减租缓刑、开办学校等惠民措施，成为北方地区最强大的割据政权。建平四年逝世，谥明皇帝，庙号高祖，葬高平陵。

4　郭敬：生卒年不详，字季子，太原邬县（今山西介休）人，出身太原郭氏，为后赵名将。郭敬年轻时多次救助石勒，后来跟随石勒，击败东晋名将周抚，助石勒攻克襄阳、樊城，出任襄阳太守，官至上将军，后被东晋桓宣、陶斌击走。

5　陶侃（259—334）：字士行（一作士衡），原籍鄱阳，出身寒微的江南溪人，晋灭吴后移居庐江寻阳（今江西九江）。陶侃少年孤贫有大志，西晋末年随荆州都督刘弘镇压张昌暴乱，以军功为江夏太守，后随王敦进讨杜弢流民军，以战功被王敦表为荆州刺史、南蛮校尉，不久，左迁广州刺史凡十余年。王敦之乱平定后再任荆州刺史十年，政绩斐然。咸和四年（329）领军平定苏峻之乱，升侍中、太尉，封长沙郡公，加督交、广、宁三州诸军事。咸和九年（334）以疾上表逊位，自武昌（今湖北鄂州）登船回长沙途中，病逝于武昌樊溪。

6　招怀：招抚、怀柔。

7　钼耒：钼和耒，此泛指农具。钼，古同锄。耒，耕地、翻土的农具。

8　轺轩：轻车、小马车。

9　绥抚侨寓：安定抚慰侨居之移民。侨寓，指永嘉之乱后从北方地区南迁和部分从徐淮地区西迁、东晋政府设立侨州郡县安置的大量移民。

九　邓遐

晋邓遐[1]字应远。勇力绝人，气盖当时，时人方之樊哙[2]。治郡，号为名将，为襄阳太守。城北沔水中有蛟，常为人害，遐遂拔剑入水，蛟绕其足，遐挥剑截蛟流血，江水为之俱赤，因名曰"斩蛟渚"，亦谓之"斩蛟津"。

【注释】

1　邓遐：字应远，陈郡（今河南陈县）人，平南将军邓岳子。桓温以为参军，数从温征伐，历冠军将军、骠骑大将军、竟陵太守、襄阳太守，温手下名将。襄阳城北沔水中有蛟，常为人害，遐拔剑入水杀蛟。温第三次北伐，兵败枋头（今河南鹤壁浚县），深感耻忿，又忌惮邓遐之勇果，将其免官，遂忧愤卒。宁康中，追赠庐陵太守。

2　樊哙（前？—前189）：泗水郡沛县（今江苏沛县）人。樊哙出身寒微，以屠宰为业，因迎娶吕雉之妹吕媭，深得刘邦和吕雉信任。樊哙身经百战。鸿门宴时护卫刘邦脱险。汉朝建立，任大将军、左丞相，封舞阳侯，参与平定臧荼、卢绾、陈豨、韩王信等"叛乱"。孝惠帝六年去世，谥武。

十　朱序

晋朱序[1]字次伦，义阳人。宁康初，拜使持节、监沔中诸军事、南中郎将，镇襄阳。苻丕围序，序母韩自登城覆行，谓西北角当先受弊，领百余婢并城中女丁于其角斜筑二十余丈。贼攻西北，溃，便固新城，襄人谓为"夫人城"。序累战破贼，守备少懈，序陷于苻坚。后坚败得归，拜征虏将军，复还襄阳。太元[2]十八年卒。

心斋本牧守终于朱序，朱序与习凿齿同时代人，前秦破襄阳，朱序和习凿齿被一同掳往长安。朱序以后所记人物主要由后世好事者从史书中简单删节而成，故校注时概将其主要来源一如前述之耆旧续写部分，一一注明于文末小括号内。

【注释】

1　朱序（？—393）：字次伦，义阳平氏（今河南泌阳）人，益州刺史朱焘子。累迁鹰扬将军、江夏王相。太元二年（377），出任南中郎将、梁州刺史，镇襄阳。前秦攻襄阳，城破降苻丕，被掳往长安。淝水之战中暗助晋军大败前秦，授龙骧将军、琅琊太守，历任豫、青、兖、雍四州刺史。太元十二年（387）改监兖、青二州诸军事，兖、青二州刺史如故，代谢玄镇彭城。十三年持节都督司雍梁秦四州军事、雍州刺史。太元十八年病逝，赠左将军、散骑常侍。

2　太元（376—396）：东晋孝武帝司马昌明的年号。

十一　刘诞

宋刘诞[1]字休文，文帝第六子。封竟陵王。元嘉[2]二十八年，为雍州刺史。上欲大举侵魏，以襄阳外接关、河，欲广其资力，乃罢江州军府，文武悉配雍州。及大举北侵，诸番师败，惟诞中兵参军柳元景[一]克弘农³、关⁴、陕三城[二]⁵。

诞性恭和，得庶之心，筑罗城⁶。（节略自《宋书》卷79《文五王·竟陵王诞传》）

【校勘记】

［一］"参军柳元景"，原无，据《宋书·竟陵王诞传》补。

［二］"三城"，原无，据《宋书·竟陵王诞传》补。

【注释】

1　刘诞（433—459）：字休文，彭城（今江苏徐州铜山）人，宋文帝刘义隆第六子。刘诞初封广陵王，先后出镇南兖州、南徐州、雍州、会稽等地，改封随郡王，参与元嘉北伐。在文帝被弑后，起兵讨伐刘劭，拥立孝武帝，授侍中、开府仪同三司、扬州刺史，进封竟陵王，支持孝武帝讨平刘义宣之乱。后受到孝武帝猜忌，移镇广陵，大明三年（459）被贬为竟陵侯，在广陵起兵拒命，兵败被杀。

2　元嘉（424—453）：南朝宋文帝刘义隆的年号。

3　弘农：县名。汉元鼎三年（前114），以函谷关之故关置弘农县，治今河南灵宝北。

4　关：潼关。曹操于建安元年（196）废函谷关，于其西设潼关，在今陕西渭南之北。

5　陕：陕县。秦置，属三川郡，西汉时属弘农郡，在今河南三门峡西部。

6　罗城：城垣外的大城或外城墙。

十二　刘道产

宋刘道产为雍州刺史、襄阳太守，善于临民，在雍部政绩尤著，蛮夷前后叛戾[一]不受化者，并皆顺服，悉出缘沔为居[二]。百姓乐业，民户丰赡，由此有《襄阳乐》歌¹，自道产始也。卒，谥襄阳侯[三]。泽被西

土,及丧还,诸蛮皆衰绖,号哭送至沔口[2]。(节略自《宋书》卷65《刘道产传》)

【校勘记】

[一]"叛戾",原作"叛类",据《宋书·刘道产传》改。
[二]"缘沔为居",原脱"居",据《宋书·刘道产传》补。
[三]"襄阳侯",《宋书·刘道产传》作"襄侯"。

【注释】

1 《襄阳乐》歌:南朝西曲歌之一,民间为纪念循吏刘道产而编导的清商乐歌曲。

2 沔口:位于汉水入长江处,因汉水亦名沔水、夏水,故其入江口有沔口、夏口、汉口之称。

十三　褚裕之

宋褚裕之[1]字叔度。为雍州刺史,在任三年,以清简致称。(节略自《南史》卷28《褚裕之传》)

【注释】

1 褚裕之(381—424):字叔度,因犯宋武帝刘裕讳,遂以字为名。南阳翟县(今河南禹州)人。晋太傅褚裒曾孙,祖父歆为秘书监,父爽为金紫光禄大夫。裕之初为宋武帝车骑参军,从征鲜卑,因力战卢循功被任命广州刺史,加督建威将军,因在任期间广营赀货免官,降为太尉谘议参军、相国右司马。入宋后任右卫将军,封番禺县男。景平元年(423),出为雍州刺史兼领宁蛮校尉,以清简著称。景平二年卒。

十四　朱修之

宋朱修之字恭祖。孝武[1]初,累迁宁蛮校尉、雍州刺史,加都督。修之政存宽简，士庶悦附。以功封南昌县侯。

修之立身清约¹，百城贶赠²，一无所受。唯以蛮人宜存抚纳，有饷皆受，得辄与佐吏分之[一]，未尝入己。去镇之日，秋毫无犯，计在州以来，然油及私牛马食官谷草，以私钱十六万[二]偿之。（节略自《宋书》卷76《朱修之传》）

【校勘记】

[一]"左吏分之"，原文作"左吏赌之"，据《宋书》卷76《采修之传》改。

[二]"十六万"，原文倒为"六十万"，据《宋书》卷76《朱修之传》改。

【注释】

1　孝武：指宋孝武帝刘骏（430—464），字休龙，小字道民，徐州彭城（今江苏徐州铜山）人，宋文帝刘义隆第三子，刘宋第4位皇帝，公元453—464年在位。刘骏自少机智聪颖，初封武陵王，屡镇外州，先后统军平定雍州蛮族叛乱、参与元嘉北伐、征讨汉水中下游群蛮，屡立功勋，颇得军民推戴。元嘉三十年（453），太子刘劭弑父，刘骏起兵攻杀刘劭，夺得帝位，在位期间，推行了一系列加强中央集权的改革，大明八年去世，庙号世祖，谥号孝武皇帝。

2　贶赠：馈赠。

十五　张邵

宋张邵¹字茂宗，为襄州刺史，筑长围²，修立堤堰，开田千顷，郡人赖之[一]。（节略自《宋书》卷46《张邵传》）

【校勘记】

[一]"郡人赖之"，《宋书·张邵传》"之"下多"富瞻"。

【注释】

1　张邵：字茂宗，吴郡吴人。晋时为琅琊内史王诞的龙骧府功曹，受刘裕赏识，转太尉参军、署长，能与刘裕同忧虑，刘裕出征，邵悉心政事，颇合裕意。入宋，以功封临沮伯，元嘉五年（428）转雍州刺史，因营私受贿，被免官削爵。后复出为吴兴太守，卒，追复爵邑，谥简。

2　长围：长堤。环绕一城一地的大堤工程，用于防洪、围攻、固守，此指襄阳城外的防洪灌溉长堤。

十六　萧赤斧

齐萧赤斧[1]为雍州刺史，在州不营产利，勤于奉公[一]。（节略自《南齐书》卷38《萧赤斧传》）

【校勘记】

［一］"奉公"，原脱"奉"，据《南齐书·萧赤斧传》补。

【注释】

1　萧赤斧（430—485）：南兰陵（今江苏常州武进）人，齐高帝萧道成从祖弟。赤斧以性和谨为萧道成所知，官奉朝请。宋孝武帝大明三年（459），竟陵王刘诞反，赤斧从沈庆之讨平之。先后任丹阳、钱唐令，迁正员郎。萧道成辅政，为辅国将军。入齐迁冠军将军、宁蛮校尉，出为持节督雍梁南北秦四州、郢州之竟陵、司州之随郡军事、雍州刺史，在州不营产利，勤于奉公。武帝即位，亲遇之，封南丰县伯，官给事中、太子詹事，永明三年卒。

十七　萧缅

齐萧缅[1]字景业。迁宁蛮校尉、雍州刺史，加都督。缅留心辞讼，人人呼至案前，亲自顾问，有不得理者，勉喻²之，退皆无恨，为百姓所畏爱。及卒，丧还，百姓缘沔水悲泣设祭，于岘山为立祠。谥曰昭侯。建武³元年，赠司徒、安陆王。（节略自《南齐书》卷45《宗室·安陆昭工缅传》）

【注释】

1 萧缅（454—491）：字景业，南兰陵人（今江苏武进），齐高帝萧道成次兄萧道生第三子，明帝萧鸾之弟。宋时任秘书郎、邵陵王文学、中书郎。南齐建立，封安陆侯，任太子中庶子、侍中。武帝即位，历任五兵尚书、吴郡太守、郢州刺史、中领军、会稽太守、左将军、雍州刺史等职。政绩卓著，深得百姓敬爱。永明九年去世，赠卫将军。明帝萧鸾即位后，追赠侍中、司徒、安陆郡王，谥昭侯。

2 勉喻：晓喻、劝说。

3 建武（494—498）：齐明帝萧鸾的年号。

十八　萧景

梁萧景¹字子昭，武帝从父弟。封吴平²县侯。天监³七年，为雍州刺史，加都督。初到州，省除三[一]迎羽仪⁴器服，不得频扰吏人。修葺城垒，申警边备，理辞讼，躬劝农桑。州内清静[二]，抄盗⁵绝迹。（节略自《梁书》卷24《萧景传》）

【校勘记】

[一]"三"，《梁书·萧景传》作"参"。

[二]"清静"，《南史·吴平侯景传》同，《梁书·萧景传》作"清肃"。

【注释】

1 萧景（477—523）：字子昭，本名萧昞，避唐世祖李昞讳改名萧景，梁宗室，东阳太守萧崇之之子、武帝萧衍堂弟。齐时曾任永宁县令，历官骠骑将军行参军、步兵校尉，以助萧衍建梁功封吴平县侯，参与天监四年（505）北伐，累迁至领军将军。天监七年（508）出镇雍州，天监十一年（512）被征为右卫将军，出任南兖州刺史，此后长年在中朝任职，深受萧衍礼遇。普通四年在郢州去世，追赠侍中、中抚军、开府仪同三司，谥忠。

2　吴平：县名。三国时吴改汉平县置，属豫章郡，在今江西樟树西南。隋开皇十一年（591）并入宜春县。

3　天监（502—519）：梁武帝萧衍的年号。

4　羽仪：以羽毛装饰旌旗类的仪仗。

5　抄盗：劫掠财物的盗贼。

十九　柳庆远

梁柳庆远[1]字文和[一]。梁武出镇，以庆远为别驾。及即位，自散骑常侍出为雍州刺史，加都督。帝饯之曰："卿衣锦还乡矣！"后复自领军将军出为本州，颇励清节，士庶怀之。（节略自《梁书》卷9《柳庆远传》）

【校勘记】

［一］"字文和"，"字"上原衍"位"。据《梁书·柳庆远传》删。

【注释】

1　柳庆远（458—514）：字文和，祖籍河东解县，变祖柳绰迁居襄阳。南雍州襄阳。柳元景侄。起家齐郢州主簿，官魏兴太守、襄阳令。萧衍起兵，庆远为其谋主。梁朝建立，封云杜侯，累迁雍州刺史。卒谥忠惠。

二十　萧恭

梁萧恭[1]字敬范。为雍州刺史，政绩有声，百姓请立碑，诏名"政德

碑"。(节略自《南史》卷52《梁宗室下·南平元襄王伟附萧恭传》)

【注释】

1　萧恭（498—549）：字敬范，梁宗室，生于南东海郡（今江苏涟水），梁武帝萧衍侄，太宰、南平元襄王萧伟第二子。萧恭历任给事中、太子洗马、督齐安等十一郡事、宁远将军、西阳武昌二郡太守。入朝历秘书丞、中书郎、监丹杨尹，出为云麾将军、湘州刺史。大同年间，以持节、仁威将军为雍州刺史领宁蛮校尉，在州政绩有声，百姓为之立碑颂德。后因多取官米还赡私宅，被荆州刺史、庐陵王萧续告发而免官削爵。太清二年（548），死于侯景之乱，诏复其爵。梁元帝追赠侍中、左卫将军，谥僖侯。

二十一　李密

北齐李密[1]字希邕。为襄州刺史，在州十余年，甚得安边之术，威信闻于外境。高祖频降手书劳问，并赐口[一]马[2]。(节略自《北齐书》卷22《李元忠传附李密传》)

【校勘记】

［一］"口"原文阙，据《北齐书·李密传》补。

【注释】

1　李密：字希邕，平棘（今河北赵县）人。李密因母久病勤力学医，母病愈后，以医术知名。北魏末聚豪右迎高欢，封容城县侯。历建州、襄州刺史，在边境十余年，威震境外，后被侯景诱捕，授其官爵。侯景败，还东魏。北齐初，以旧功授散骑常侍。

2　口马：长城以北游牧区出产的良马，为良马的代称。口，长城诸关口。

二十二　贾思同

魏贾思同[1]字仕明，齐郡[2]人。武定末，迁襄州刺史。虽无明察之誉，百姓安之。（节略自《魏书》卷72《贾思伯传附贾思同传》）

【注释】

1　贾思同（？—540）：字仕明，北魏益都（今山东寿光）人。贾思同少励志行，雅好经史。历任彭城王国侍郎，五迁尚书考功郎，迁镇远将军、中散大夫、试守荥阳太守。后任襄州刺史，封营陵县男，擢抚军将军、青州大中正，后加车骑大将军、左光禄大夫。迁邺后，除黄门侍郎兼侍中，与国子祭酒韩子熙并为侍讲，授静帝《杜氏春秋》，拜侍中。兴和二年卒，谥文献。

2　齐郡：西汉改临淄郡置，治临淄县（今山东淄博东北），不久改为封国，元封元年复为郡。王莽改济南郡，东汉为齐国，十六国时复为郡。隋开皇初废。

二十三　王述

周王述[1]字长述，京兆人。封龙门郡[2]公。明帝时，为襄州总管，治[3]有能名。（节选自《北史》卷62《王罴传附孙述传》）

【注释】

1　王述：生卒年不详，字长述，出身京兆霸城（今陕西西安东北）望族。初任员外散骑侍郎，封长安县伯，累迁抚军将军、银青光禄大夫、太子舍人等职。袭祖父扶风郡公爵，拜中书舍人，修《起居注》，随大将军于谨平江陵乱。北周时，拜宾部大夫，出任晋州、广州刺史，襄州、信州总管，擢上大将军、行军总管，参与平息王谦叛乱，以功为柱国。隋开皇九年（589）献平陈策，任行军总管，病逝于征讨南宁（今云南曲靖）途中，赠上柱国、冀州刺史。

2　龙门郡：西魏置，属南汾州，治所在龙门县（今山西河津东南）。北周属绛州。隋开皇初废郡为县，属河东郡。

3　治：治理。

二十四　申徽

后周申徽[1]字世仪。为襄州刺史，时南方初附，旧俗，官人皆通饷遗[2]。徽性廉慎，乃画杨震[3]像于寝室以自戒。及代还，人吏送者数十里不绝。徽自以无德于人，慨然怀愧，因赋诗题于清水亭，长幼闻之，皆竞来就读，递相谓曰："此是申使君手迹。"并写诵之。（节选自《周书》卷32《申徽传》）

【注释】

1　申徽：字世仪，魏郡（治今河北临漳西南）人。北魏孝庄帝时，由南朝入北魏，东徐州刺史元邃引为主簿，迁太尉参军。孝武帝即位后，投奔夏州刺史宇文泰，任记室参军兼主簿，迁大行台郎中。因奉迎孝武帝西迁有功，封博平县子、齐州大中正。西魏时历中书舍人、给事黄门侍郎、瓜州刺史，迁侍中、右仆射、开府仪同三司，赐姓宇文氏，出任襄州刺史。北周建立后，历任荆州刺史、少保、小宗伯。天和六年卒，追赠泗州刺史，谥章。

2　饷遗：馈赠。

3　杨震（？—124）：字伯起，弘农华阴（在今陕西华阴）人。出身书香门第，曾跟太常桓郁修习《欧阳尚书》，时人誉之为"关西孔子"。居家授徒二十余年，家中清贫，屡辞州郡辟除。年五十，大将军邓骘荐入仕途，举茂才，四迁至荆州刺史、东莱太守。在他赴任东莱途中，路经昌邑，昌邑令王密是其任荆州刺史时举荐入仕。夜里，王密以黄金十斤相送，杨震大惊曰："故人知君，君不知故人，何也？"密曰："暮夜无知者。"震曰："天知、神知、我知、子知，何谓无知？"王密惭愧而出。

二十五　李礼成

隋李礼成[1]，为襄州总管，称有惠政[2]。于岘山建徘徊堂，迎送宾客。（节选自《隋书》卷50《李礼成传》）

【注释】

1　李礼成：字孝谐，陇西狄道（今甘肃临洮）人。年七岁，与姑之子、兰陵太守郑颢随魏武帝入关。西魏大统中，任著作郎，迁太子洗马、员外散骑常侍。北周受禅，拜平东将军、散骑常侍。后以军功拜车骑大将军、仪同三司，赐爵修阳县侯，迁州刺史。北周围北齐晋阳之役，以功封冠军县公，拜北徐州刺史，转民部中大夫。杨坚为丞相，进位上大将军，迁司武上大夫。入隋，拜陕州刺史，封绛郡公，征为左卫将军，迁右武卫大将军，出为襄州总管。数载后，复为左卫大将军，因备突厥寇患，出为宁州刺史，岁余，以疾还京师，卒。

2　惠政：仁政、德政。

二十六　崔弘度

隋崔弘度[1]，博陵[2]人。开皇[3]中，为襄州总管。御下严急，吏人闻其声，莫不战栗。令行禁止，盗贼屏迹。后为太府卿，长安为之语曰："宁饮三升酢，不见崔弘度。"（节选自《隋书》卷74《酷吏·崔弘度传》）

【注释】

1　崔弘度：字摩诃衍，博陵安平（今河北安平）县人，北周、隋时名将。出自博陵崔氏第二房，初仕北周，授仪同三司。随周武帝灭齐，封邺县公。嗣后，平定卢昌期叛乱，经略淮南军事，从平尉迟迥之乱，以功进位上柱国，封武乡郡公。开皇初，任行军总管，屯兵灵武（今宁夏陶乐）。后任华州刺史、襄州总管转江陵总管，参与平定陈朝，随杨素平高智慧等人叛乱，事后，以行军总管兼任检校原州（今宁夏固原）事，炀帝继位后忧愤而死。

2　博陵：郡名。东汉安帝永初（107—113）间置，治安平县，辖今河北定州、深州、饶阳、安国等地。历史上博陵迁徙变化频繁，隋唐以后专指定州。

3　开皇（581—600）：隋文帝杨坚的年号。

二十七　韦世康

隋韦世康[1]，杜陵[2]人。开皇七年，将事江南，议重方镇，拜襄州刺史。政简静，百姓爱悦。（节选自《隋书》卷47《韦世康传》《北史》卷64《韦孝宽传附兄琼琼子世康传》）

【注释】

1　韦世康（531—597）：京兆杜陵（今陕西西安）人。出身京兆韦氏，初仕雍州主簿，西魏末授直寝、汉安县公，迎娶襄乐公主，授仪同三司。北周建立后，出任沔、硖二州刺史。后随周武帝平北齐，授司州长史，进位上开府，转司会中大夫，出为绛州刺史，参与平定尉迟迥叛乱。隋朝建立，拜礼、吏二部尚书，晋爵上庸郡公，出任荆州总管。开皇十七年卒，赠大将军、雍州刺史，谥文。

2　杜陵：县名。原为汉宣帝刘询陵墓，元康元年（前65）由杜县改置，因在杜县之东，并修有宣帝陵，故更名杜陵，隶京兆尹，治今西安杜陵南，三国魏恢复杜县名，北周建德二年（573）省入万年县。

二十八　薛道衡

隋薛道衡[1]字玄卿[一]，河东人。仁寿[2]中，自内史侍郎[3]、检校襄州总管。道衡久当枢要，不胜悲恋。高祖曰："尔侍奉劳，欲令将摄，兼抚萌俗[4]。尔之去，朕如断一臂。"赍九环金带等慰遣之。在任清简，吏民怀

其仁。(节选自《隋书》卷57《薛道衡传》)

【校勘记】

[一]"玄卿",原作"元卿",避宋宗室附会赵氏始祖为玄朗讳改,据《隋书·薛道衡传》改回。

【注释】

1　薛道衡(540—609):字玄卿,河东汾阴(今山西万荣)人。专精好学,诗文为时所重,历仕北齐、北周。隋朝建立后,任内史侍郎,加开府仪同三司。炀帝即位,为司隶大夫。大业五年,隋炀帝逼令自尽,天下冤之。著文集七十卷,今仅存《薛司隶集》一卷,《先秦汉魏晋南北朝诗》录其诗二十余首,《全上古三代秦汉三国六朝文》录其文八篇。

2　仁寿(601—604):隋文帝杨坚的年号。

3　内史侍郎:官名。隋朝内史省次官,员四人,大业三年(607)减为二员,十二年(616)改内书侍郎。唐高祖武德元年(618)复名内史侍郎,三年(620)改中书侍郎。

4　萌俗:民俗,亦作甿俗。

二十九　李孝恭

唐李孝恭[1],太祖孙。封河间[2]王。武德[3]中,自荆州总管迁襄州道行台左仆射[4]。时岭表未平[一],乃分遣使者安辑,款附[5]者四十九州,号令畅南海。(节选自《旧唐书》卷60、《新唐书》卷78《宗室·河间王孝恭传》)

【校勘记】

[一]"未",原作"失",据新旧《唐书·河间王孝恭传》改。

【注释】

1　李孝恭(591—640):陇西成纪(今甘肃天水秦安)人,唐宗室,名将，位列凌烟阁二十四功臣第二。武德元年（618），拜孝恭左光禄大夫，改山南招尉大使，经略巴蜀。武德二年（619）任信州总管，四年（621）转夔州总管，灭萧铣后授荆州大总管，招抚岭南诸州。武德六年（623）率军平定辅公祏，因功拜扬州大都督，其间被人告发谋反免官。后复出为宗正卿、凉州都督、晋州刺史。太宗即位后升礼部尚书，封河间郡王，贞观十四年病亡，诏赠司空、扬州都督，谥元。

2　河间：郡名。汉高祖九年（前198）置，治乐城（今河北献县东南）县。

3　武德（618—626）：唐高祖李渊的年号。

4　道行台左仆射：道，唐初天下未定，在重要征讨或经略地区临时设置的行政区。行台，指出征时随其所驻之地临时设立的代表中央政府的政务机构，北朝后期称尚书大行台，衙署设置与中央无异。左仆射，即尚书左仆射，仅次于尚书令的副长官。

5　款附：诚心归附。

三十　张公谨

唐张公谨¹字弘慎[一]。贞观[二]五年四月，使持节都督襄、邓、唐、浙郡五州诸军事[三]、襄州刺史，郡人以惠政立碑颂德，在开元寺。（节选自《旧唐书》卷68《张公谨传》）

【校勘记】

[一]"弘慎"，原作"方慎"，避宋太祖赵匡胤父追尊宣祖武昭皇帝弘殷讳。据新旧《唐书·张公谨传》改。

[二]"贞观"，原作"正观"，系避宋仁宗、赵祯讳改。据《旧唐书·张公谨传》改回。

[三]"使持节都督襄、邓、唐、浙郡五州诸军事"，襄、邓、唐、浙不足五州之数，余下一州不详。

【注释】

1　张公谨：字弘慎（594—632），魏州繁水（今河南濮阳南乐）人，凌烟阁二十四功臣之一。原为王世充之洧州长史，与刺史崔枢一同降唐，任邹州别驾、右武侯长史。后为秦王幕僚，于玄武门之变中立功，出任代州都督，封定远郡公。贞观三年（629），任行军副总管，随李靖讨平东突厥，晋封邹国公，后改任襄州都督。贞观六年（632）病逝，赠左骁卫大将军，谥襄。《旧唐书》本传载其卒年三十九，《新唐书》本传载其卒年四十九。

三十一　韩思复

唐韩思复[1]字绍出[一]，长安人。景龙[2]中，为刺史。开元[3]初，自吏部侍郎，复为襄州刺史[二]兼按察使[4]，治行名天下。卢僎[5]、孟浩然为立石岘山。子朝宗。

朝宗[6]开元十八年以给事中为荆州长史兼襄州刺史。二十二年初，置采访使[7]，复领山南东道。州南楚故城[8]有昭王井[9]，传言汲者死，行人暑暍[10]，不敢视。始思复移书谕神，自是饮者亡恙，号"韩公井"。朝宗又奏立"襄水门"。（节选自《新唐书》卷118《韩思复传》）。

【校勘记】

[一]"绍出"，原作"绍世"，据新旧《唐书·韩思复传》改。
[二]"襄州刺史"，原作"襄州"，据新旧《唐书·韩思复传》初。

【注释】

1　韩思复：字绍出，京兆长安（今陕西西安）人。少好学，举秀才高第，袭祖父韩伦长山县男爵，初为梁府仓曹参军，转汴州司户。受姚崇赏识，拔为司礼博士，迁礼部郎中。中宗时拜给事中，迁中书舍人。开元初为谏议大夫，出为德州刺史，入为黄门侍郎，迁御史大夫、吏部侍郎。出为襄州刺史，还拜太子宾客，卒，谥文。唐玄宗亲题其碑："有唐忠孝韩长山之墓",其属官卢僎及襄阳诗人孟浩然为其在岘山上立碑颂德。

2 景龙（707—710）：唐中宗李显的年号。

3 开元（713—741）：唐玄宗李隆基的年号。

4 按察使：官名。唐初仿汉刺史制设立，职司巡察、考核各道吏治。睿宗景云二年（711）分置十道按察使，成为常设官员，玄宗开元二十年（732）称采访使，乾元元年（758）改观察处置使。处置使权力仅次于节度使，而节度使皆兼观察处置使衔，有先斩后奏之权。

5 卢僎：字守成，范阳涿县人，诗人。开元六年（718），卢僎自闻喜尉入为集贤殿学士，出为襄阳令。开元末任祠部、司勋员外郎，终吏部员外郎，存诗14首。

6 朝宗：韩思复之子，初为左拾遗，累迁荆州长史。开元二十二年（734）以襄州刺史兼山南东道采访使。因受属吏擅自处置赋役牵连，贬洪州刺史。天宝（742—755）初诏为京兆尹，于终南山建房避世被告发，贬吴兴别驾，卒于任上。

7 采访使：官名。唐玄宗开元二十一年（733）分全国为十五道，每道置采访处置使，简称采访使，职掌检查刑狱和监察州县官吏。天宝后只考课官吏治绩，不得干预他政。乾元以后，各地乱兵烽起，废采访使而置防御使。

8 南楚故城：此指先秦时期楚国故都鄢郢，汉惠帝三年（前192）改为宜城县。韩朝宗所见昭王井即韩愈在《宜城驿记》所记之昭王井。

9 昭王井：在今湖北宜城东南楚故鄢都楚皇城。韩愈《宜城驿记》："此驿置在古宜城驿，东北有井，传是昭王井。有灵异，至今人莫汲。驿前水传是白起堰西山下涧，灌此城，城坏，楚人多死，流城东陂，臭闻远近，因号其陂曰臭陂。有蛟害人，渔者避之。井东北楼十步有楚昭王庙。"

10 暑暍：暑热、中暑。

三十二　樊泽

唐樊泽字安时。有武力，喜兵法。议者谓有将帅器。尝召对延英[1]，德宗叹其论兵"与我意合"。累迁山南东道司马，就拜节度使。每射猎，诸将惮其材武。数与李希烈[2]角[一]，禽其将张嘉瑜、杜文朝、梁俊[二]之[3]等，贼气沮缩，遂取唐、隋[4][三]二州。贞元[5]三年，为荆南[6]节度使。会山南东道嗣曹王皋卒，军乱，剽居人。以泽威惠著襄汉间，复徙山南东道，加检校尚书右仆射[7]。（节选自《新唐书》卷159《樊泽传》）

【校勘记】

[一]"角"，《新唐书·樊泽传》作"确"。

[二]"俊"，《新唐书·樊泽传》作"悛"。

[三]"隋"，新旧《唐书》皆作"随"。

【注释】

1　延英：宫殿名。

2　李希烈（约750—786）：燕州辽西县（今北京）人，唐淮西节度使李忠臣族侄。先为光禄卿，李忠臣被部将驱逐后，代宗派李希烈为留后主事。德宗即位，升淮宁军节度使。建中二年（781），山南东道节度使梁崇义勾结河北三镇叛乱，奉诏讨伐梁崇义，封南平郡王。建中三年（782），联合王武俊、李纳、田悦、朱滔各自称王，翌年底攻占汴州，称帝建国，号楚。贞元二年（786），被部将陈仙奇毒死。

3　张嘉瑜、杜文朝、梁俊之：李希烈部将，被樊泽所擒。《新唐书·德宗本纪》载，在彰义军节度使吴少诚叛军进攻唐州时，张嘉瑜为守城而死，知三人在被擒后重新效力于唐军。他事不详。

4　唐、隋：唐州、隋州。唐州，太宗贞观九年（635）改显州为唐州，辖境约当今河南之泌阳、桐柏、社旗、方城、唐河及湖北之枣阳、随州等地。天宝元年（742），改唐州为淮安郡。乾元二年（759），改回唐州，隶山南东道，辖比阳、慈丘、平氏、桐柏、湖阳、泌阳、方城七县。天祐三年（906）移治泌阳，后改名泌州。隋州，即随州，晋太康九年（288）分义阳置随郡，西魏大统十六年（550）改郡为州，治随县（今湖北随州），辖随、光化（今湖北随州西南一带）、枣阳、唐城（今湖北随州唐县镇）四县。

5　贞元（785—805）：唐德宗李适的年号。

6　荆南：唐、五代方镇名。至德二年（757）始置，治荆州（今湖北荆州市荆州区）。辖境相当今湖北石首、荆州及湖南洞庭湖以西，重庆垫江、丰都以东的长江两岸地区。

7　检校尚书右仆射：即代理尚书右仆射。检校为非正式拜授官职，相当于"代理"行使该职事。唐中后期，"检校"官职均为荣誉性散官或加官。尚书右仆射，尚书省副官。尚书令为虚职后，尚书仆射成为尚书省的实际长官，唐初是名副其实的首席宰相。

三十三　李皋

唐李皋[1]字子兰，袭封曹王，镇山南东道。性勤俭，能知人疾苦，参听微隐[2]，尽得吏下短长。其赏罚必信。所至常平物价[一]，豪举[二]不得擅其利。教为战舰，挟二轮蹈之，鼓水疾进，驶于阵马。有所造作，皆用省而利长。以物遗人，必自视衡量，库帛皆印署，以杜吏谩。扶风马彝未知名，皋识之，卒以正直称。张柬之有园圃在襄阳，皋尝宴集，将市取之。彝曰："汉阳有中兴功，今遗业当百世共保，奈何使其子孙鬻乎？"皋谢曰："主吏失词，以为君羞，微[3]君安得闻此言？"（删节自《旧唐书》卷131《李皋传》）

【校勘记】

[一]"价"，原作"估"，据《旧唐书·李皋传》改。

[二]"举"，《旧唐书·李皋传》作"家"。

【注释】

1　李皋（733—792）：字子兰，唐宗室。少补左司御率府兵曹参军。

天宝十一年（752），嗣封曹王，历官衡州刺史、湖南观察使、江南西道节度使、荆南节度使、山南东道节度使等要职，平李希烈之乱，使淮西吴少诚畏服，为人勤俭巧思，贞元八年猝逝，追赠右仆射，谥成。

2　微隐：精深而隐秘。指深悉属下的详细情况。

3　微：无，没有。

三十四　柳公绰

唐柳公绰字宽[一]，检校户部尚书、山南东道节度使。行部至邓，县吏有纳贿¹、舞文²二人同系狱，县令以公绰素持法，谓必杀贪者。公绰判曰："赃[二]吏犯法，法在；奸吏坏法，法亡。"诛舞文者。宝历元年，就迁检校左仆射。卒，谥"成"[三]。尝曰："吾莅官未尝以私喜怒加于人，子孙其昌乎？"（节选自《旧唐书》卷165、《新唐书》卷163《柳公绰传》）

【校勘记】

[一]"字宽"，《旧唐书·柳公绰传》作"字起之。"

[二]"赃"，原作"贼"，据新旧《唐书··柳公绰传》改。

[三]"成"，原作"元"，据《旧唐书·柳公绰传》改。

【注释】

1　纳贿：受贿。

2　舞文：玩弄文字，曲解法律。

三十五　李承

唐李承¹，为山南东道节度使。时李希烈犹据襄州，帝虑不受命，欲以禁兵卫送承。承辞，请以单骑入。既至，希烈舍承外馆，迫胁万端，承晏然，誓以死守。希烈不能屈，遂大掠去，襄、汉荡然²。承辑绥³抚安之，居一年，阖境全复。初，希烈虽去，留部校守觇⁴，往来踵舍⁵，承因得使所厚⁶臧叔雅⁷结[一]希烈腹心周曾[二]、王玢、姚憺⁸。及曾等谋杀希烈，承首谋也，密诏褒美[三]。（节选自《新唐书》卷143《李承传》）

【校勘记】

[一]"结"，原作"作"，据《新唐书·李承传》改。

[二]"曾"，中华书局点校本《新唐书·李承传》误作"会"，四库本《新唐书·李承传》和中华书局点校本《旧唐书·李承传》作"曾"。

[三]"密"，据《新唐书》本传于其下补"诏褒美"。

【注释】

1 李承（722—783）：赵郡高邑（今河北高邑）人。出身赵郡李氏，以明经及进士第，授大理评事、河南采访使判官。安史之乱后，拜监察御史，转淮南节度使判官，历任抚州、江州刺史、淮南西道黜陟使。建中二年（781），拜同州刺史、河中尹，晋绛都防御观察使，转襄州刺史、山南东道节度、观察、盐铁等使，平定淮西节度使李希烈叛乱，改检校工部尚书兼潭州刺史，湖南都团练观察使，建中四年去世，赠吏部尚书。

2 荡然：毁坏、消失。形容原来的东西被毁坏殆尽。

3 辑绥：安抚。

4 守觇：留守窥视。觇，窥视、观察。此为留守侦察之意。

5 踵舍：跟随到居住的房屋。踵，跟随、追随。

6 厚：优待、重视。

7 臧叔雅：生平不详。据新旧《唐书》记载，臧叔雅是李承平定李希烈计划的具体执行者和关键人物。

8 周曾、王玢、姚憺：周曾、王玢、姚憺、韦清四人为李希烈部将，时称"四公子"。李希烈发起叛乱，四人谋杀之，不料谋泄，周曾、王玢、姚憺三人被杀，韦清逃脱。德宗赠周曾太尉、王玢司徒、姚憺工部尚书，擢韦清安定郡王，封二百户。《新唐书》为周曾立传。

三十六　裴度

　　唐裴度[1]字中立，兼侍中，为山南东道节度使。白罢[2]元和[3]所置临汉监[4]，收千马[一]纳之校[5]，以善田四百顷还襄人。顷之，固请老，不许。八年，徙东都留守，俄加中书令。薨。册赠太傅，谥文忠[二]。大中[6]初，诏配享宪宗[7]庙廷。度退然[8]才中[9]人，而神观迈爽[10]，操守坚正，善占对。既有功，名震四夷。使外国者，其君长必问度年今几、状貌熟似、天子用否。其威誉德业比[11]郭汾阳[12]，而用不用，常为天下轻重[三]。事四朝，以全德始终。及殁[13]，天下莫不思其风烈。（《旧唐书》卷170、《新唐书》卷173《裴度传》）

【校勘记】

　　[一]"收千马"，原作"牧于马"，据《新唐书·裴度传》改。

　　[二]"谥文忠"，原作"谥文中"，据《新唐书·裴度传》改。

　　[三]"轻重"，《新唐书·裴度传》误作"重轻"。

【注释】

　　1　裴度（765—839）：字中立，出身河东闻喜（今山西闻喜）裴氏。贞元五年（789）进士，宪宗时迁御史中丞，代武元衡为相，在位支持削藩，亲自督统诸将平定淮西之乱，以功封晋国公。后仕穆宗、敬宗、文宗三朝，数度出镇拜相。晚年与世沉浮，以求避祸，终官中书令，开成四年去世，赠太傅，谥文忠。裴度为将相二十余年，辅佐宪宗实现"元和中兴"，在文学上主张"不诡其词而词自丽，不异其理而理自新"，晚年与白居易、刘禹锡等唱酬甚密，有文集二卷。

　　2　白罢：通过申说禀明罢去、撤销。

　　3　元和（806—820）：唐宪宗李纯的年号。

　　4　临汉监：监牧名。唐元和十四年（819）置临汉监于襄州谷城（今湖北谷城），以山南东道节度使兼监牧使，大和七年（833）废。

　　5　校：养马官"校人"的省称。

6　大中（847—860）：唐宣宗李忱的年号。

7　宪宗：即唐宪宗李纯（778—820），本名李淳，唐顺宗李诵长子，唐朝第十二位皇帝，公元805—820年在位。贞元二十一年（805）立为太子，开始监国理政，改名李纯，同年为帝。李纯在位期间修订律令，整顿科举，裁减官吏，实行削藩，加强财政管理，实现"元和中兴"。晚年迷信方士，元和十五年崩。

8　退然：谦卑、恬退。

9　才中：才智中等。

10　神观迈爽：神观，精神容貌。迈爽，超逸俊爽。

11　比：比肩。

12　郭汾阳（697—781）：郭子仪，华州郑县（今陕西渭南华州）人，唐代中兴名将、政治家。子仪早年以武举高第，累官天德军都防御使兼九原（今内蒙古包头九原）太守、朔方（今陕西靖边北）节度右兵马使。安史之乱率军勤王，收复河北、河东，拜兵部尚书、同中书门下平章事。至德二年（757），收复两京，加司徒，进位中书令，封代国公。宝应元年（762），平定河中兵变，进封汾阳郡王，故称郭汾阳。广德元年（763）再度出任关内副元帅，收复被吐蕃、回纥侵占的长安。永泰元年（765），于泾阳单骑说退回纥，击溃吐蕃。大历十四年（779），德宗即位，尊为"尚父"，进位太尉兼中书令。建中二年病逝，赠太师，谥忠武。

13　殁：死、去世。

三十七　卢钧

唐卢钧[1]字子和。会昌[2]中，汉水害襄阳，拜钧山南东道节度使，筑堤六千步，以障汉暴。懿宗[3]初，以太保[4]致仕。卒，谥曰元。钧与人交，始若淡薄，既久乃益固。所居官必有绩，大抵根仁恕[5]至诚而施于事。玩服不为鲜明，位将相，没而无赢[6]财。（节选自《新唐书》卷182《卢钧传》）

【注释】

1　卢钧（778—864）：字子和，祖籍幽州范阳（今河北涿州），后徙居京兆蓝田（同今县）。卢钧出身范阳卢氏，元和四年（809）进士，仕文宗、武宗、宣宗三朝，历官校书郎、长安县尉、太原观察支使、监察御史、常州刺史等内外官职。开成元年（836）后，连拜镇国军使、岭南节度使、山南东道节度使、昭义节度使、宣武节度使、河东节度使等职，政绩显著。大中九年（855），入朝为尚书左仆射。懿宗时以太保致仕。咸通五年去世，赠太傅，谥元。

2　会昌（841—846）：唐武宗李瀍的年号。

3　懿宗：唐懿宗李漼（833—873），本名李温，宣宗李忱长子，唐朝第十八位皇帝，公元859—873年在位。李漼洞晓音律，犹如天纵，后期骄奢淫逸、任人唯亲，政治腐败，民不聊生，导致浙东、安南、徐州、四川相继发生叛乱。咸通十四年（873），驾崩，谥睿文昭圣恭惠孝皇帝，庙号懿宗，葬于简陵。

4　太保：官职名。周成王年少时，由周公与召公辅佐，召公任太保，太保之名始见。西汉置太保，位同三公，在太傅、太师之下，在司徒、大司马、司空、御史大夫之上，不具职掌。隋唐时期多用作赠官。

5　根仁恕：根源于仁爱宽容基础之上。根，根源、根基。仁恕，仁爱、宽容。

6　赢：余、满。

三十八　王起

唐王起[1]字举之，太原人。大和[2]八年，以检校左仆射为襄州刺史、山南东道节度使，召为兵部尚书。初，江汉水田，前政挠法[3]，塘堰厥坏。起下车，命从事李业行部[4]补缮，时无水泛，民无凶年。（节选自《旧唐书》卷164《王播附弟炎起传》）

【注释】

1　王起（760—847）：字举之，祖籍太原，出生于扬州，司徒王播弟。贞元十四年（798）及进士第，又登制策直言极谏科，初任集贤院校书郎，补蓝田县尉，淮南节度使李吉甫辟为掌书记。元和末，累迁中书舍人、礼部侍郎、尚书左丞，以户部尚书判度支。文宗朝拜兵部尚书、襄州刺史，充山南东道节度，迁太子少师。会昌四年（844），拜尚书左仆射、知贡举，封魏郡公。随后外任山南道节度使、同平章事。大中元年病逝，赠太尉，谥文懿。王起知识渊博，有"当代仲尼"之称。

2　大和（827—835）：唐文宗李昂的年号。

3　挠法：枉法。

4　李业行部：李业，生平难辨。据《唐书》记载，文宗至宣宗朝，名李业者有：文宗时襄州刺史、充山南东道节度王起的从事李业；文宗大和五年（832）任检校户部尚书、太原尹、北都留守、充河东节度使之李业；宣宗时为鸿胪卿，入黠戛斯册拜其王子为英武诚神可汗之李业；宣宗大中二年（848）为太原节度使，杀降虏，引起北边大扰之李业；宣宗大中四年诏合节度兵之凤翔李业。未知此五人是否为一人。行部，巡行其所属的部辖区，考核官吏政绩。

三十九　徐商

唐徐商[1]字义声，新郑[2]人。大中[3]十年，以尚书右丞为山南东道节度。十四年，赴阙。有德政碑在岘山[一]。（节选自《新唐书》卷113《徐商传》）

【校勘记】

[一]　"岘山"，原作"崐山"，襄阳无崐山，据《唐书·徐商传》改。

【注释】

1　徐商：字义声，或字秋卿，新郑（今河南新郑）人。徐商为大和五年（831）进士，历任翰林学士、中书舍人、户部侍郎。宣宗大中时，拜河中节度使，绥定突厥，徙山南东道节度使，入为御史大夫。懿宗咸通初，加刑部尚书，充诸道盐铁转运使。咸通四年（863），擢兵部尚书同平章事。六年（865），罢相，出为荆南节度使，终官太子太保。

2　新郑：县名。秦置，即今河南新郑市。本春秋战国初之郑国都城，韩灭郑，其地属韩。西晋废。隋开皇十六年复置，属荥阳郡。唐乾元元年（758），改荥阳郡为郑州郡，新郑属之。

四十　刘审交

五代晋刘审交[1]，为襄州防御使[2]，绥抚[3]有术，民庶怀之。（节选自《旧五代史》卷106《刘审交传》）

【注释】

1　刘审交（877—950）：字求益，五代幽州文安（今河北文安）人。刘审交少读书，尤精吏道。仕后唐，历官辽州、磁州刺史。后晋时为襄州防御使，治襄汉抚绥有方，累官检校太尉。入后汉，历汝州防御使，有政绩，百姓歌之，卒后，州人哭聚柩前，上疏乞留葬近郊，诏许起祠立碑。

2　防御使：官名。唐代设置的地方军事长官，有都防御使、州防御使两种，全称防御守捉使。州防御使最早见于武则天圣历元年（698），以夏州都督领盐州防御使。安史之乱期间，置于中原大都、军事要地，掌管军事，由刺史兼任，后常与团练使互兼。肃宗宝应元年（762）诏停诸州防御使，代宗复置，延至整个五代时期。

3　绥抚：安定抚慰。

四十一　安审琦

五代汉安审琦[1]，为襄州节度使。严而不盛，威而不暴，南邦之民甚怀其惠。（节选自《旧五代史》卷123《安审琦传》）

【注释】

1　安审琦（897—959）：字国瑞，沙陀族。后唐振武军节度使安金全之子，后唐、后周名将。审琦出身边将世家，自幼便侍奉后唐庄宗李存勖，参与攻伐两川之战。末帝时，随太原副招讨使杨光远投降契丹。后晋建立，历任天平节度使、晋昌节度使、河中节度使、泰宁节度使、忠武节度使等要职，领兵抗击契丹。后汉时期，任山南东道节度使十余年。官至守太师兼中书令，封陈王。显德六年为仆人所杀，赠尚书令、齐王，谥恭惠。

贤　　宰

一　刘秀之

宋刘秀之¹字道宝，为襄阳令。襄阳有六门堨²，良田数千顷，堨久缺坏，公私[一]废业。世祖³遣秀之修复，雍部由是大丰。后为宁蛮校尉、雍州刺史、都督。卒，谥忠成公。（节选自《宋书》卷81《刘秀之传》）

【校勘记】

[一] "公私"，原作"父私"，据《宋书》卷81《刘秀之传》改。

【注释】

1　刘秀之（396—464）：字道宝，东莞郡莒县（今山东莒县）人，司徒刘穆之堂侄，世居京口（今江苏镇江）。秀之历任抚军行参军，无锡、阳羡、乌程、建康县令。后随武陵王刘骏出镇雍州，改督梁、南北秦三州诸军事、宁远将军、西戎校尉、梁南秦二州刺史，参加元嘉北伐。宋孝武帝即位后，迁使持节、督益宁二州诸军事、宁朔将军、益州刺史，尚书右仆射等职，封康乐（今江西万载东）县侯。大明五年（461），出为使持节、散骑常侍、都督雍、梁、南北秦四州、郢州之竟陵、随二郡诸军事、安北将军、宁蛮校尉、雍州刺史，大明八年病逝，赠侍中、司空，谥忠成公。

2　六门堨：即六门陂。南阳太守召信臣于建昭五年（前34）壅遏湍水，设三水门引水灌溉。元始五年（5），又扩建三石门，合为六门，故称六门堨。位于穰县（今河南邓州）东南。

3　世祖：宋孝武帝刘骏庙号。

二　传僎

传僎[1]为襄阳令。旧经云："僎字子成，有善政。"襄阳旧多虎，害人。尝追虎入城，诫励[2]虎不为害。邑人为立碑。（出处不详。其事见于李俊民之《庄靖集》卷6《诫虎碑》）

【注释】

1　传僎：生平不详。据《庄靖集·诫虎碑》所载，南朝刘宋时期曾为襄阳令，有善政。

2　诫励：告诫勉励。

三　厍狄履温

厍狄履温[一][1]为襄阳令。有"遗爱碑"在县西三里。（节选自《新唐书》卷134《宇文融传》）

【校勘记】

[一]"厍狄履温"，原脱"温"，据《新唐书·宇文融传》补。

【注释】

1　厍狄履温：据《元和姓纂》，其先辽东人，鲜卑首领段匹䃅的远裔，以避难变姓厍狄。《唐诗品汇》载为开元时人，官尚书郎兼充节度判官。《六艺之一录·石刻文字四十八·唐刻》引《金石录》载有天宝三年（744）正月周择从撰、萧颂书丹的《襄阳令厍狄履温德政碑》。开元初，唐玄宗为清查天下隐匿户籍和田亩，以宇文融为覆田劝农使，宇文融奏遣慕容琦、韦洽、裴宽、厍狄履温、贾晋等二十九人为劝农判官，去全国各地推动落实这项工作。《文苑英华》收录有厍狄履温的《对》《表》各一篇，《唐诗品汇》称厍狄履温的五言诗为盛唐名家以外之佼佼者。

四　颜籀

隋颜籀[1]为安养[2]尉，以干治[一][3]闻。（节选自《旧唐书》卷73、《新唐书》卷198《颜师古传》）

【校勘记】

[一]"干治"，《旧唐书》卷73《颜师古传》作"干理"。

【注释】

1　颜籀（581—645）：字师古，京兆万年人（今陕西西安）。隋时任安养县尉。贞观中，与魏征等纂修《隋书》。太宗以五经传写多讹误，诏师古详加校订，迁秘书少监，校勘官藏图籍。终官秘书监、弘文馆学士。著有《汉书注》《匡谬正俗》《安兴贵家传》《大业拾遗》《正会图》《吴兴集》《庐陵集》等。

2　安养：县名。西魏在原邓县南设安养县（今湖北襄阳樊城），唐玄宗天宝元年（742）改为临汉县。

3　干治：干练有治才。

五　襄阳耆旧传终

系右漕司旧有此版[1]，岁久漫不可读，于是锓木[2]郡斋[3]。庶几流风遗迹，来者易考焉。绍熙[4]改元[5]初伏日，襄阳守延陵[6]吴琚[7]识[8]。

【注释】

1　右漕司旧有此版：漕司，掌管催征税赋、出纳钱粮、办理上供以及转运等财赋事务的官署，北宋始置于各路，称转运司，南宋称漕司，右漕司掌常平，免役、保甲、农田水利、义仓、坊场等事务。此右漕司或指襄阳郡之右漕司，或指四川转运副使井度收藏版《襄阳耆旧传》（见《序一》注8）。

2　锓木：亦作锓板，刻书。

3　郡斋：州郡衙署之屋舍。任兆麟言此郡斋指吴琚任襄阳太守时之襄阳郡郡署。

4　绍熙（1190—1194）：南宋光宗赵惇的年号。

5　改元：中国皇权专制时期皇帝在位期间改换年号。

6　延陵：春秋吴邑，是吴王寿梦第四子季札三次让国后的避居（一说分封）地。季札才学渊博，品德高尚，富有远见卓识，《公羊传·襄公二十九年》谓季札"去之延陵，终身不入吴国。"故址在今江苏常州，是吴姓郡望之一。

7　吴琚：生卒年不详。字居父，号云壑，汴京人，宋高宗宪圣皇后侄，太宁郡王、卫王吴益之子，从其以延陵人相标榜，知延陵为其郡望。乾道九年（1173），吴琚以恩荫特授临安府通判，历任尚书郎、镇安军节度使，复以才选知明州（今浙江宁波）兼沿海制置使。宁宗初，知鄂州，再知庆元府（宁宗改明州为庆元府），转建康府通判兼留守，世称"吴七郡王"，位至少保（亦有载为少师、少傅），卒谥忠惠。从其后记知，吴琚于绍熙任襄阳太守期间，于襄阳郡斋重刻了此版本之《襄阳耆旧传》。

8　识：志、记。

辑　补

一　王昌

　　王昌[一]字公伯，为东平相[1]、散骑常侍[2]，早卒。妇是任城王曹子文[二]3女。昌弟式，字公仪，为渡辽将军长史[4]，妇是尚书令[5]桓阶女。昌母聪明有典教[6]，二妇入门，皆令变服下车，不得逾侈。后阶子嘉尚魏主[7]，欲金缕衣[8]见王式妇，嘉止之曰："其妪严固[9]，不听善尔，不须持往，犯人家法[10]。"（《太平御览》卷689引《襄阳耆旧记》）

【校勘记】

　　[一] 按，王昌非襄阳人，亦未曾任职襄阳，此条文字不应出自习凿齿的《襄阳耆旧记》，或来自习凿齿之《汉晋春秋》，《太平御览》误引为《襄阳耆旧记》文。

　　[二] "曹子文"，原文作"曹子大"，据《金楼子》卷3、《资治通鉴》卷68改。《金楼子》卷3："曹子文少善射御，膂力过人，手格猛兽，不避险阻，数从征伐，志意慷慨，魏武帝常抑之（后略）。"亦见于《资治通鉴》卷68。萧常《续后汉书》卷37有《传》。

【注释】

　　1 东平相：东平国相。东平，诸侯国名，汉甘露二年（前52），宣帝封第三子刘宇为东平王，改大河郡为东平国，治无盐县（今山东省东平县东）。后汉光武帝封其子刘苍为东平王，魏文帝黄初元年（220）废。

相,官名,统诸侯王国众官,汉高祖时称丞相,景帝中元五年(前145),令诸侯王不得治国,改丞相曰相,成帝绥和元年(前8)令相治民。从此诸侯国相之职掌与郡太守同。

2 散骑常侍:职官名。秦置散骑和中常侍,三国魏时,将二者合而为一,称"散骑常侍",掌侍从皇帝左右,规谏过失,以备顾问。南北朝时属集书省,隋属门下省,唐分属门下省和中书省,无实权。宋代不常置,金元以后废。

3 曹子文(189—223):即曹彰,曹操与卞后子,曹丕弟,曹植、曹冲兄。曹彰少善射,膂力绝人,不喜读书。建安二十一年(216),封鄢陵侯。二十三年(218),为北中郎将、行骁骑将军,率军征讨代郡乌桓,大破柯比能部。曹丕即位,让曹彰就国。黄初二年(221),晋爵为公。三年,封任城王。四年,卒,谥威。

4 渡辽将军:将军名号,亦称度辽将军。汉昭帝元凤三年(前78)置,中郎将范明友为首任渡辽将军,宣帝时罢。东汉明帝永平八年(65)复置,与使匈奴中郎将、护羌校尉、护乌桓校尉等同掌西北边防及匈奴、鲜卑、乌桓、西羌诸部事。东汉末,曾分置左、右度辽将军。三国魏沿置。长史,为渡辽将军属官,掌参谋、文书之类事务。

5 尚书令:职官名。秦置,少府属官,负责管理少府文书和传达诏令。汉武帝时设内朝官,任用少府尚书处理天下章奏,涉及国家政治中枢,朝廷重臣可以"领尚书事"(录尚书事)为名掌实权。东汉尚书令权职重大,为"三独坐"之一,成为对君主负责,执行一切政令的首脑。隋唐时期,尚书令为尚书省长官,宰相职。

6 典教:典章教化。

7 魏主:指魏文帝曹丕女升迁亭公主。

8 金缕衣:缀有金线的衣服。

9 严固:严格、固执。形容王昌母严守礼制法度,从不逾越。

10 家法:规范家族内部成员言行的礼法。

二　人有二黄

黄穆字伯开。博学养门徒，为山阳[1]太守，有德政，致甘露、白兔、神雀、白鸠之瑞。弟奂，字仲开，为武陵太守，贪秽无行，武陵人谣曰："天有冬夏[2]，人有二黄[3]。"言不同也。（《太平御览》卷492引《襄阳耆旧记》）

【校勘记】

此条时代不详，当在东晋义熙九年（413）置山阳郡以后事，黄穆、黄奂或出自汉晋襄阳大族黄氏。

【注释】

1　山阳：郡名。东晋义熙九年（413）置，治山阳县（今江苏淮安）。隋开皇初废。

2　冬夏：冬天和夏天。

3　二黄：黄穆、黄奂。言兄弟之间的优劣有冬夏寒暑差距那么大。

三　盗发楚王冢

盗发楚王冢，得宫人玉屐[1]。一作玉履。（《七国考》卷8《楚器服》引《襄阳耆旧传》）

【校勘记】

《南史》卷22《王昙首传附僧绰弟僧虔传》载其事："文惠太子镇雍州，有盗发古冢者，相传云是楚王冢，大获宝物，玉履、玉屏、风竹、简书，青丝纶简广数分，长二尺，皮节如新，有得十余简，以示僧虔，云是科斗书，《考工记》周官所阙文也。"此条当删节自《南史·王僧虔传》。

【注释】

1　玉屐：又作"玉履"。指饰玉的鞋。屐，原指木头鞋，后亦泛指鞋。

附录一　吴庆焘辑补《襄阳耆旧记》之"山川、城邑"

山　川

一　鹿门山

鹿门山，旧名苏岭山[一]。建武^{1}中，襄阳侯习郁立神祠于山，刻二石鹿，夹神道^{2}口。俗因谓之"鹿门庙"，遂以庙名山也。（《后汉书·逸民传》注。此为吴庆焘自注其辑文出处，其后之《考异》略。后皆同。）

习郁为侍中^{3}时，从光武幸黎丘^4，与武帝同梦[二]见苏岭山神。光武嘉之，拜大鸿胪^5，录其前后功，封襄阳侯，使立苏岭之祠。[三]（《寰宇记》一百四十五《山南东道四·襄州》）

【校勘记】

[一] 习凿齿编撰此条当借用了魏晋之名人名典故事。《太平御览》卷59《乐都十七·琴下》载："孙登字公和，不知何许人。散发宛地，行吟乐天，居白鹿、苏门二山，弹一弦琴，善啸，每感风雷，嵇康师事之，三年不言。"

[二] "同梦"，《太平寰宇记》《艺文类聚》《北堂书钞》等作"通梦"。

[三] "使立苏岭之祠"后，《艺文类聚》卷49《职官部五·鸿胪》多"刻二石鹿，夹神道，百姓谓之鹿门庙，或呼苏岭山为鹿门山"二十

三字，《太平寰宇记》卷145《山南东道四·襄州》多"刻二石鹿，夹祠神道，百姓谓鹿门庙"十四字。

【注释】

1　建武（25—56）：东汉光武帝刘秀的年号。

2　神道：即神行之道。原指神灵或人死后供魂魄行走的道路，后引申为寺、庙、陵墓、祠碑等参拜场所前面的道路。

3　侍中：职官名。秦置，宫中直接供皇帝指派的散职，隶少府。汉为加官，分掌乘舆服物，侍于皇帝左右，参与朝政，成为皇帝亲近重臣。

4　黎丘：地名。在今湖北宜城东北。

5　大鸿胪：职官名。秦置典客，为九卿之一。汉景帝中元六年（前144）改名大行令，武帝太初元年（前104）改为大鸿胪。职掌诸侯王国及藩国事务，因多与礼仪有关，后变为赞襄礼乐之官。

二　中庐山

中庐[1]侯国[一]，古庐戎[2]也。县西山中，有一道[二]。汉时，常有马数百匹出其中[三]。马形皆小，似巴滇马。

三国时，陆逊攻襄阳，又值此穴中有数十匹马[四]。逊载还建业。蜀使来，有五部兵[3]家滇池者，识其马色，云"亡父所乘"，对之流涕。（《后汉书·郡国志》注）

【校勘记】

［一］"中庐侯国"，为《后汉书志第二十二郡国志》文，非注引《襄阳耆旧记》文字。

［二］"有一道"，《御定渊鉴类函》卷433《兽部五·马一》作"有一地穴"。《艺文类聚》卷7《山部上》《太平御览》卷897《兽部九》《御定渊鉴类函》卷24《地部二》作"有一地道"。

［三］"常有马数百匹出其中"一句，《后汉书·郡国志四》注作"常有数百匹马出其中"。

［四］"又值此穴中有数十匹马"一句，《后汉书·郡国志》所引在"马"字之后有"出"字。

【注释】

1　中庐：又作中卢，县名。秦置，东汉改为侯国，位于湖北襄阳襄城南、宜城北、南漳东，属南郡，三国魏属襄阳郡。

2　庐戎：又称卢戎。先秦时期古卢戎族建立的国家，大约周时迁于汉水中游，位于今湖北襄阳的南漳东北、宜城西北、襄城南一带。在春秋早期被楚武王所灭。

3　五部兵：三国时期诸葛亮收服孟获后，移南中地区青羌等少数民族万余家于蜀，以其中劲卒组成"五部无当军"，置五部都尉，称"五部兵"。

三　岘山

襄阳[一]岘山南八百步，西下道百步，有习家鱼池。（《初学记》卷8《州郡部·山南道》）

汉侍中习郁，依范蠡养鱼法，中筑一钓台。将亡，勅其儿曰："必葬我近鱼池。"池边有高堤，皆种竹及长楸¹，芙蓉²覆水，是游宴名处。山季伦³每游此，未尝不大醉而还，恒曰："此我高阳⁴池也。"[二]（《御览》六十七及八百四十五）

岘山下汉水中，多[三]鳊鱼⁵，肥美。尝禁人采捕，以槎头⁶断水，谓之"槎头鳊"。[四]（《渊鉴类函》）

【校勘记】

[一]"襄阳"，《初学记》《太平寰宇记》卷145《山南东道四·襄州》无，应为吴庆焘所加。

[二]《太平御覽》卷67《地部三十二·池》："岘山南有山季伦、习郁大鱼池，依范蠡养鱼法，当中筑一钓台。季伦将亡，勅其儿曰：'必葬我近鱼池。'山季伦每临此，辄大醉而归。"卷845《饮食部三·酒下》

自注引《襄阳耆旧记》："汉侍中习郁,于岘山南依范蠡养鱼法作鱼池。池边有高堤,皆种竹及长楸,芙蓉覆水,是游宴名处。山季伦游此池,未尝不大醉而还,恒曰:'此是我高阳池也。'"舒焚、张林川《校注》本谓此条系吴庆焘将《太平御览》两处内容综合而成,是。

［三］"多",《御定渊鉴类函》卷442作"出"。

［四］"槎头鳊",《御定渊鉴类函》卷442于"鳊"下增"宋张敬儿为刺史,齐高帝求此鱼,敬儿作陆舻船置鱼而献曰:'奉槎头缩项鳊鱼一千六百头'"三十六字。吴庆焘《考异》以张敬儿为南朝人,认为非习凿齿原书文字删。《太平寰宇记》卷145《山南东道四·襄州》:"岘山下汉水中,出鳊鱼,味极肥而美。襄阳人采捕,遂以槎断水,因谓之'槎头缩项鳊'"。

【注释】

1　长楸：高大的楸树。古代因常种于道旁,亦用其借指大路。

2　芙蓉：荷花别称。

3　山季伦：山简字。

4　高阳：地名。在今河南杞县西南。高阳人郦食其是汉高祖刘邦的谋士,为汉朝的建立立下大功,被封为广野君。初见刘邦时,因其儒生打扮没有受到礼遇,遂高叫"吾高阳酒徒也,非儒人也！"被刘邦引为同类,受到重用。从此"高阳酒徒"成为郦食其的代称,后来比喻嗜酒而放荡不羁的人。此系山简以高阳酒徒自嘲。

5　鳊鱼：体侧扁,略呈菱形,肉味鲜美,分布于中国各地江河、湖泊中,为重要经济鱼类之一。

6　槎头：槎,树枝。因当地人将槎头置襄阳城东鱼梁洲汉水河套、浅水滩中抓捕鳊鱼,故称"槎头鳊"。

四　万山

万山北隔汉水[一],父老相传,即交甫见游女弄珠[1]之处。(《寰宇记》)

【校勘记】

[1]"万山北鬲汉水","鬲"乃"隔"之形讹,《太平寰宇记》卷145《山南东道四·襄州》谓:"万山在县西八里,一名汉皋山。习凿齿《襄阳记》云:'山北隔沔水,父老相传,即交甫见游女弄珠之处。'"

【注释】

1 交甫见游女弄珠:指郑交甫在汉皋台遇神女的故事。《列仙传·江妃二女》:"江妃二女者,不知何所人也,出游于江汉之湄,逢郑交甫。见而悦之,不知其神人也,谓其仆曰:'我欲下请其佩。'仆曰:'此间之人皆习于辞,不得,恐罹悔焉。'交甫不听,遂下与之(中省)愿请子之佩(中省)遂手解佩与交甫。交甫悦,受而怀之(中省)趋去数十步,视佩,空怀无佩。顾二女,忽然不见。"《韩诗外传》《文选注》《太平御览》等均载此传说。

五　荆山

荆山[1],有石室,相传[一]卞和[2]宅也。(《舆地纪胜》)

【校勘记】

[一]"相传",《舆地纪胜》卷82《京西南路·襄阳府》"卞和宅"条"相传"下有"云"。

【注释】

1 荆山:位于今湖北襄阳南漳、保康境内,长约150公里,主峰聚龙山海拔1852米。沮河、漳河及蛮河等水发源于此山。相传此山产玉,抱玉岩是卞和采玉处。

2 卞和:生卒年不详,春秋时期楚人,和氏璧的发现者。《韩非子》卷4《和氏》载:"楚人和氏得玉璞楚山中,奉而献之厉王。厉王使玉人相之,玉人曰:'石也。'王以和为诳,而刖其左足。及厉王薨,武王即位，和又奉其璞而献之武王，武王使玉人相之，又曰：'石也。'王又以和为诳，而刖其右足。武王薨，文王即位，和乃抱其璞而哭于楚山之下。三日三夜，泪尽而继之以血。王闻之，使人问其故，曰：'天下之刖者多矣，子奚哭之悲也。'和曰：'吾非悲刖也，悲夫宝玉而题之以石，贞士而名之以诳，此吾所以悲也。'王乃使玉人理其璞而得宝焉，遂命曰和氏之璧。"

六　薤山

襄阳[一]县薤山¹，山上有竹，三年生一笋，笋成竹死，代谢如春秋焉。(《御览》四十三)

【校勘记】

[一] "襄阳"，为"筑阳"之误。《太平寰宇记》卷145《山南东道四·襄州》"谷城"条："薤山在县西六十里……因山薤为名。山上有孤竹三茎，三年生一笋，故竹死，代谢如春秋。"《后汉书》卷32《郡国志·郡国四·荆州·南阳郡》"筑阳，侯国，有涉都乡"注引《荆州记》："县北四里有开林山，西北有薤山。"

【注释】

1　薤山：在今湖北襄阳谷城西南，因山多薤草而名之为薤山。薤，一种多年生草本植物，地下有鳞茎，叶子细长，花紫色，鳞茎可食。

七　石梁山

襄阳[一]石梁山，起白云则雨，黄云则风，黑云则蛮[二]多病。(《太平御览》卷四十三)

【校勘记】

[一] "襄阳"，《太平御览》卷43《地部八》作"襄州"，吴庆焘以

习凿齿时尚无襄州，改为"襄阳"。

［二］"蛮"，《太平御览》卷43《地部八·商洛襄邓淮蔡诸》作"人"。《御定渊鉴类函》卷5《天部五·云一》引《物类相感志》作"黑云起则多病"。吴庆焘改"人"为"蛮"，不知何据。

八　冠盖山

冠盖山，汉末尝有四郡守[1]、七都尉[2]、二卿[3]、两侍中，朱轩[4]冠盖[一]会山下。因名"冠盖山"，里曰"冠盖里"。（《山谷诗·内集》卷四任渊注）

【校勘记】

［一］"冠盖"，《绀珠集》卷9《古今诗话》作"高盖"。

【注释】

1　郡守：官名，始置于战国。战国各国在边地设郡，派官防守，官名为"守"。秦始皇统一六国后，实行郡、县两级地方行政区划制度，每郡置守，管理民政，成为地方行政长官。汉景帝中元二年（前148）改称太守。

2　都尉：武官名，低于将军。汉景帝改秦以来的郡尉为都尉，掌一郡之军事。武帝又置关都尉、农都尉、属国都尉于各要地，又于中央官职中设置水衡都尉，执行临时职务的搜粟都尉、协律都尉等。

3　卿：先秦时期一般指中央政府的高级官职，《礼记》："夏后氏官百，天子有三公、九卿、二十七大夫、八十一元士。"周代以少师、少傅、少保、冢宰、司徒、宗伯、司马、司寇、司空为九卿。秦汉时期奉常、郎中令、卫尉、太仆、廷尉、典客、宗正、治粟内史、少府为九卿。

4　朱轩：古代显贵所乘的朱红色车子。

九　浊水

楚王¹至邓²之浊水³，去襄阳二十里。（《水经注》）

【注释】

1　楚王：楚国的君王。

2　邓：两周时期诸侯国，曼姓，都邑在今湖北襄阳樊城北十余里的邓城遗址。鲁庄公十六年（前678）楚文王灭邓设邓县，秦汉魏晋南北朝沿置。

3　浊水：据《水经注》记载，浊水源出今河南邓州东南的白水，南流至今湖北襄阳邓城东南，再东流至邓塞北注入唐白河，于今樊城东之白河口汇入汉江。清咸淳十一年唐白河改道于其东五里的龙坑入汉，故白河口改称清河口，现小清河应是先秦至六朝文献所载的浊水。

十　沔水

【校勘记】

只有篇目，无正文。

十一　檀溪

襄阳本楚之邑[一]，檀溪¹带其西，岘山亘其南，为楚国之北津²也。楚有二津，谓从襄阳渡沔，自南阳界出方城关³是也，通周、郑、晋、卫之道；其东则从汉津⁴渡江夏，出平皋关⁵是也，通陈、蔡、齐、宋之道。（《太平寰宇记》）

【校勘记】

[一]"襄阳本楚之邑"，《太平寰宇记》卷145《山南东道四·襄州》

作"襄阳城本楚之邑",《太平御览》卷168《山南道下·襄州》作"襄阳本楚之下邑",《舆地纪胜》卷82《京西南路·襄阳府》作"襄阳城本楚之下邑"。《太平寰宇记》此条下还有"又为秦南阳郡,即昭王十六年使左更错伐楚、取邓,封公子悝,始置南阳郡。西汉为邓县之地"36字。

【注释】

1　檀溪：古水名,在湖北襄阳城西。据《水经注》记载,檀溪源出县西柳子山,东为鸭湖,水从湖东一分为二流出,沿襄阳城西里余北流入汉的溪水谓之檀溪水,唐以后干涸。

2　北津：即北津戍,是楚国设置于襄水上的一个北渡汉江的渡口,位于襄阳城西的真武山、琵琶山北麓的鸭湖旁,从这里顺檀溪进入或渡过汉江,春秋战国时发展成带军事性质的渡口,故有此称。《水经注》谓："楚之北津戍也,今大城西垒是也。"

3　方城关：楚国向北扩张后,在叶县境内设置的重要关隘,是楚国的北大门。地在今河南方城东北独树镇一带。

4　汉津：襄阳城东之汉江渡口。

5　平皋关：即平靖关,位于鄂豫交界处的河南信阳境内,南邻湖北广水,为沟通汉淮地区的战略要道,地势险要,古天下九塞之一,与武胜关、九里关合称"义阳三关"。

十二　马仁陂

马仁陂,在比阳县西五十里,盖地百顷。其所周溉田万顷。随年变种,境无俭岁。(《水经注》)

【校勘记】

《水经注》卷31《潕水》引此文,前有"郭仲产曰"四字,比阳溢出其时的襄阳辖域,应为郭仲产的《南雍州记》文,吴庆焘误辑。

十三　巫山

　　赤帝女曰瑶姬，未行而卒，葬于巫山之阳，故曰巫山之女。楚怀王游于高唐、蛋寝，梦见与神通，自称巫山之女。王因幸之。遂为置观于巫山之南，号为"朝云"。至襄王时，复游高唐。（《文选》注）

　　楚襄王与宋玉游于云梦之野，将使宋玉赋高唐之事。望"朝云"之馆，上有云气、崒乎直上，忽而改容，须臾之间，变化无穷。王问宋玉曰："此向气也？"时曰："昔者先王游于高唐，怠而昼寝。梦一妇人，暖乎若云，焕乎若星，将行未至，如漂如停。详而视之，西子之形。王悦而问焉，曰："我帝之季女也，名曰瑶姬。未行而亡，封于巫山之台。精魂依草，实为茎[一]芝，媚而服焉，则与梦朝。所为[二]巫山之女，高唐之姬。闻君游于高唐，愿荐枕席，王因而幸之。"（《御览》三百九十九）

【校勘记】

　　[一]"茎"，《御览·人事·美妇人》作"灵"，是。
　　[二]"所为"，当作"所谓"。

十四　夏水

　　楚王好田猎[一]之事，扬镳¹驰逐[二]乎华容²之下，射鸿³乎夏水⁴之滨。（《太平御览》八百三十二）

【校勘记】

　　[一]"田猎"，《太平御览》卷832《资产部十二·猎下》及《七国考》卷4《楚宫室放鹰台》作"游猎"。
　　[二]"驰逐"，原脱"逐"，据《太平御览》卷832《资产部》补。

【注释】

1　扬镳：提起马嚼子，谓驱马。

2　华容：县名。汉置，在今湖北潜江、监利一带。

3　鸿：指大雁。

4　夏水：水名，意为从楚地通往华夏之水路，战国时从江陵之阳（扬）水北通汉，经唐白河至南阳，与夏路并行，从阳口至襄阳的汉水中游是其核心段。《左传·昭公》十三年（前529），"（楚）王沿夏，将欲入鄢"。杜注："夏，汉别名。顺流为沿。"按江河互受通称规则，往往将整条汉水称为夏水，江陵东南江水向北分出之"江之沱也"，流经监利县北，至仙桃附近入汉水的汊流也循这一规则称为夏水，后世误以汉水下游名夏水系得名于斯。

十五　北津

襄城[一]，本楚国之北津。（《初学记》八）

【校勘记】

[一]"襄城"，"襄"下脱"阳"。《舆地纪胜》谓："襄阳城，本楚之北津"，见卷三"檀溪"条校勘记[一]。

十六　战地[一]

刘表嗣子北降，襄阳、沔北为战伐之地。自羊公镇此，吴不复入。晋大将军庾翼将谋北伐，遂镇襄阳。（《寰宇记》）

【校勘记】

[一]《太平寰宇记》卷145《山南东道四·襄州》文前有"郭仲产"三字，应非《襄阳记》文，吴庆焘误辑。

十七　柤中

"柤",音如租税之"租"[一]。柤中在上黄[1]界,去襄阳一百五十里。[二]魏时,夷王梅敷[2]兄弟三人部曲[3]万余家屯此,分布在中庐,宜城西山鄢、沔二谷中。土地平敞,宜桑麻,有水陆良田,沔南之膏腴沃壤,谓之"柤中"。(《三国志·朱然传》注)

【校勘记】

[一]"'柤',音如租税之'租'",应为注文,吴庆焘误作正文。

[二]"柤中在上黄界,去襄阳一百五十里",《太平寰宇记》卷145《山南东道四·襄州》载其事:"吴时,朱然、诸葛瑾、万彧从沮中,寻山险道出柤中(中省)其地在上西黄界,去襄阳城百五十里。""上西黄界"当为"上黄西界"。全句为"柤中在上黄西界,去襄阳城一百五十里"。

【注释】

1　上黄:古县名。晋武帝平吴后置,在今湖北南漳东南至荆门西北一带,属襄阳郡。

2　夷王梅敷:夷王,貉越人首领。梅敷,人名,聚居于柤中的貉越人首领,面对魏吴双方争战,夷王梅敷在魏吴之间摇摆不定。按,梅氏为越人大姓。

3　部曲:此指豪门大族或部落首领的私人军队,带有深厚的人身依附性质,吴军大多具有浓厚的部曲性质。

十八　松子亭

蔡阳[1]侯国[一]有松子亭,下有神陂[2],中多鱼,人捕不可得。《南都赋》[3]所称。(《后汉书·郡国志》)

【校勘记】

[一]"蔡阳侯国",《后汉书·郡国志四》注引《襄阳耆旧记》无此四字,当为吴庆焘所加。

【注释】

1 蔡阳:县名。秦置,属南阳郡,在今湖北枣阳,西汉末分其东南部的白水、上唐二乡置从湖南舂陵北迁的舂陵国。

2 陂:池塘。

3 《南都赋》:东汉文学家张衡创作的一篇称颂东汉南阳(郡)的大赋,赋文构思巧妙,气势恢宏,铺陈了南阳的地理位置、地理环境、宝藏矿产、峰峦山岳、珍禽异兽、林木果蔬、川渎水产等自然物产,表达了对家乡的真情热爱,感情真挚,文采斐然,是汉赋之中的名作。

十九　牵羊坛

襄阳有坛号"牵羊坛"。刺史初至,必牵一羊诣坛绕之,以其遭[1]数验临州[2]之年[一]。晋文帝[二]为刺史,羊行六遭不止,果八年而迁[三]。(《舆地纪胜》)

【校勘记】

[一]"以其遭数验临州之年",《元丰九域志》卷1《京西南路》引《雍州记》:"每刺史初上,皆牵一羊远坛,观其转数,以验刺史临州期年多少。""远",当作"绕"。《明一统志》卷60《襄阳府》:"在府城中。旧传,刺史初至,必牵一羊,诣坛绕之,以其所绕之数,验治州之年多寡。晋文帝为刺史,羊行六次不止,果八年。"

[二]"晋文帝",司马昭。按晋文帝司马昭并未出任过荆州刺史,舒焚、张林川《襄阳耆旧记校注》认为只有宋文帝符合这一条件,因改晋文帝为宋文帝。按,此说无稽,宋文帝刘义隆自义熙后期至永初

元年（420）入朝前，都督荆、益、宁、雍、梁、秦六州时为荆州刺史，时间约为4年，其时襄阳为雍州首府，故此刺史难以推断为宋文帝。

[三]"果八年而迁"，《类说》卷2引《襄阳耆旧传》作"强止之，果八年而后迁"。

【注释】

1 遭：周，圈。
2 临州：临，来、到。州，此指荆州，意为到荆州任刺史。

二十　活国城

山都县活国城，临沔水有大石激[1]。宅欲为水所毁，其人五女，皆大富，共敛[2]钱作其坟宅[一]。

初，狼子家赀[3]万金[二]，而自少不从父命，父临终，意欲葬山上，恐儿不从，曰："葬我著渚[4]下石碛[5]上。"狼子曰："我从来不奉教令[三]，当从此一语。"遂尽散家财，作石冢[四]，积土绕之一洲，长数百步[四]。元康[6]中，始为水所坏。今冢石皆如半榻许，数百枚聚水中。狼子是前汉时人。（《渊鉴类函》）

【校勘记】

[一]"共敛钱作其坟宅"，《渊鉴类函》卷26作："共敛钱作激，全其家宅"。"家宅"乃"冢宅"之误。《水经注》卷28《沔水》："有人葬沔北，墓宅将为水毁。其人五女，无男，皆悉巨富，共修此激，以全坟宅。"

[二]"初，狼子家赀万金"，《太平御览》卷556《礼仪部三十五·葬送四》作"有狼子者，家赀万金"。

[三]"令"，《太平御览》卷556《礼仪部三十五·葬送四》讹作"今"。

[四]"石冢"，原文讹作"石像"，结合下文及《水经注》卷28

《沔水》载"遂尽散家财，作石冢，积土绕之成一洲，长数百步"改。按，《水经注》《太平御览》文或当源自《襄阳耆旧记》。

【注释】

1　激：指水因受到震荡阻碍而翻滚飞溅，后指石堰、堤等挡水建筑物，此指狠子所垒石堤岸。《汉书》卷29《沟洫志》："河从河内北至黎阳，为石堤激，使东抵东郡平刚。"颜师古注曰："激者，聚石于堤旁冲要之处，所以激去其水也。"

2　敛：把散乱的东西收集到一起，此指募集钱财。

3　赀：财货。

4　著：安放。

5　石碛：多石的沙滩。碛，浅水里的沙石。

6　元康（291—299）：晋惠帝司马衷的年号。

二十一　乐宅戍[一]

南阳城南九十里，有晋尚书令乐广故宅。广，字彦辅，善清言[1]，见重当时。成都王[2]，广女婿，长沙王[3]猜之。广曰："宁以一女而易五男！"犹疑之，终以忧殒。其故居，今置戍，因以为名。（《水经注》）

【校勘记】

[一]　按此条《水经注》文前有"郭仲产《襄阳记》曰"，时南阳城南九十里非襄阳辖地，应属郭仲产《南雍州记》文，吴庆焘误辑。

【注释】

1　清言：高雅的言论。又指魏晋时期玄学派竞谈玄理的风气。

2　成都王：指司马颖（279—306），字章度，西晋宗室，晋武帝司马炎第十六子，封成都王（永嘉年间因蜀地战乱，其封地改在南郡华容县），镇邺，"八王之乱"之八王之一。赵王伦篡位，他与齐王司马冏等讨杀之。长沙王司马乂杀齐王司马冏，他又与河间王司马颙联合攻司马义。东海王司马越囚司马乂，挟惠帝攻邺城获胜，但被王浚等自幽州击败奔长安，河间王颙让其统兵迎战司马越，不敌败奔河北，被范阳王司马虓长史刘舆矫诏赐死。

3　长沙王：指司马乂（276—303），字士度，晋武帝司马炎第六子，封长沙王，"八王之乱"之八王之一。赵王伦篡位，司马乂率兵助齐王司马冏等攻杀司马伦。河间王司马颙自长安讨司马冏，司马乂在洛阳作司马颙内应，杀司马冏。及司马颙与成都王司马颖连兵攻洛阳，他在京郊与司马颙等大战三月，东海王司马越暗中勾结，将其囚送司马颙，被司马颙的部将张方杀害。

二十二　张平子碑[一]

张平子[1]碑，是崔瑗[2]之词。夏侯孝若[3]为郡，薄其文，复刊碑阴[4]为铭[5]。（《水经注》）

【校勘记】

[一]《水经注》卷31《淯水》："又径西鄂县南。水北有张平子墓。墓之东侧坟有平子碑，文字悉是古文篆，额是崔瑗之辞。盛宏之、郭仲产并云：'夏侯孝若为郡，薄其文，复刊碑阴为铭。'""墓之东侧坟"，衍"坟"字。按西鄂非襄阳辖境，此条非《襄阳耆旧记》文，吴庆焘误辑。

【注释】

1　张平子（78—139）：张衡字，南阳郡西鄂县（今河南南阳）人，蜀郡太守张堪孙。东汉杰出的天文学家、数学家、发明家、文学家。张衡出身孝廉，历任郎中、太史令、侍中、河间相等职，永和四年病逝。

2　崔瑗（77—142）：字子玉，涿郡安平（今河北安平）人，东汉著名书法家、文学家、学者。与王符、窦章、马融、张衡等问学交游，精通天文、历算、周易等学。

3　夏侯孝若（243—291）：夏侯湛字，谯国谯郡（今安徽亳州）人，魏征西将军夏侯渊曾孙，西晋文学家。历官晋武帝太尉掾、中书侍郎、南阳相，惠帝时为散骑常侍，元康元年病逝。

4　碑阴：指碑的背面。

5　铭：指刻在器物或碑碣上用来警诫自己或称述墓主功德的文字，以志不忘。

二十三　三公城[一]

宛城南三十里，有一城，甚卑小，相承名"三公城"。（《水经注》）

【校勘记】

[一] 按此条《水经注》卷31《淯水》文前有"郭仲产言"，三公城非东晋襄阳辖地，吴庆焘误辑。

二十四　诸葛女郎墓

襄阳城南，边¹大道有诸葛女郎墓者，是诸葛仲茂² 女冢也。年十三[一]亡，茂妇怜之，不能自远，故近城葬之，日日往哭。（《御览》五百五十六）

【校勘记】

[一] "十三"，《太平御览》卷556《礼仪部三十五·葬送四》作"十三、四"。

【注释】

1　边：靠近。古代有把早夭儿童葬于道边的风俗。《北堂书钞》卷92《礼仪部·葬三十二》"小儿葬于道"条引《风俗通》云："葬小儿必于道边者，伤其人道未成，故置于道侧，使视成人之道也。"

2　诸葛仲茂，生平不详。

二十五　秦颉冢

秦颉[1]者，字初起。颉之南阳，过宜城。中一家，东向大道。住车视之曰："此居处可作冢。"后丧还，至处住[一]，车不肯前，故吏为市此宅葬之。今宜城城中大冢前有二碑是也。（《御览》五百五十六）

【校勘记】

[一] "至处住"，《太平御览》卷556《礼仪部三十五一·葬送四》作"至此住处"。

【注释】

1　秦颉：（？—186），南郡郚县（今湖北宜城东南）人。黄巾起义爆发后，南阳太守褚贡被黄巾军首领张曼成攻杀，秦颉以江夏都尉继任南阳太守。秦颉与荆州刺史徐璆合击，杀张曼成。随后，又与徐璆、朱儁联合平定荆州黄巾军。中平三年，在江夏士兵赵慈发动的叛乱中被杀。

二十六　熨斗陂

宜城县东北角有熨斗陂[1]。（《渊鉴类函》）

【注释】

1　熨斗陂：据《水经注》文，即是战国时期白起引西山长谷水灌鄢郢，在城东形成的水渊。

二十七　木兰桥

木兰桥者，今之猪兰桥是也。刘季和[一]以此桥近获[1]，有蕺菜[2]，于桥东大养猪。襄阳太守皮府君[二][3]曰："作此，猪屎臭，当易名作'猪兰

桥'耳，莫复云'木兰桥'也。"初如戏言[三]4，而百姓遂易其名。(《渊鉴类函》)

【校勘记】

[一]"刘季和"，刘弘字，原文倒为"刘和季"，据《初学记》卷29《兽部》《晋书》卷66《刘弘传》改。

[二]"皮府君"，《水经注》卷28《沔水》《太平御览》卷73《地部》无此三字。

[三]"戏言"，《初学记》卷29《兽部·木兰桥》作"戏之"。

【注释】

1　荻：多年生草本植物，生在水边，叶子长形，似芦苇，秋天开紫花，嫩叶可作饲料。

2　蕺菜：又名折耳根、鱼腥草、狗贴耳、猪鼻拱等。草本植物，有异味。可入药，有清热、解毒、利水之效。嫩根茎可食用。

3　皮府君，当指其时为刘弘属下，任襄阳太守的皮初，见守宰七。

4　初，皮初。

二十八　黎丘[一]

秦丰1，黎丘乡人。黎丘，楚地，故称楚黎王。(《通志》)

【校勘记】

[一]《通志》卷105《后汉书·岑彭传》："是时南方犹乱。南郡人秦丰，据黎邱，自称楚黎王。"《后汉书》卷1上《光武帝纪上》注："习凿齿《襄阳记》曰：'秦丰，黎丘乡人。黎丘，楚地，故称楚黎王。'"吴氏明显辑自《后汉书·光武帝纪》，而非《通志》。又《后汉书·岑彭传》注："《襄阳耆旧记》曰：'戎号周成王，义称临江王。'"舒焚、张林川《校注》本将其补入此条文后。

【注释】

1　秦丰：南郡邔县（今湖北宜城北）人，王莽末年起兵割据黎丘（今湖北宜城东北）一带。《东观汉记》卷二十三《载记》："秦丰，邔县人，少学长安，受律令，归为县吏，更始元年起兵，攻得邔、宜城、若、编、临沮、中庐、襄阳、邓、新野、穰、湖阳、蔡阳，兵合万人。"自立为楚黎王，先后联合邓奉、延岑、田戎等人抗拒刘秀。建武五年（30）被汉大将军朱祐迫降，囚斩于洛阳。

附录二 《襄阳耆旧传》四旧序跋

序一[一]
（明）陆长庚[1]

《襄阳耆旧传》，绍熙[2]初，太守[3]吴琚刻于郡斋。泯灭久，郡无得而觏[4]焉。宜城少司寇[5]胡公价[6]初令临海[7]，得于学士[8]先生，梓[9]以归。书前载人物，中载山川、城邑，后载牧守。晁氏[10]谓，记录丛脞[11]，非传体也，名《记》[二]可已。

嗟乎！人物、山川，相待而显。孔明龙卧隆中，士元凤栖东野[12]，德公遁迹鹿门[13]，习氏选胜白马[14]，皆足为山川重。若乃叔子岘山之碑[15]，元凯万山潭之石[16]，季伦高阳池之饮[17]，明德高风，千载之下，令人慨想。

不佞赐履[18]虽未能如三公，襄阳实在部内[19]。山川如旧，景物宛然[20]，宁讵[21]兢无其人乎？匿而不吾见也。布德惠，兴学校，则所兢兢[22]。才质谢劣[23]，安敢徼[24]后世名。向从事而悲伤，寄遗碑于陵谷，念不及此。朝廷百官，奉职不暇，性复不堪曲蘖[25]，向高阳池倒接䍦[26]骑马而归，复不能此[三]。不逮三公远矣。

感今怀古，有如旦暮。序诸简首[27]，示向往焉。

万历[28]癸巳冬，赐进士出身[29]、中顺大夫[30]、奉敕提督太岳太和山[31]、兼管抚民、分守[32]下荆南道[33]、湖广布政使司[34]右参议[35]鹅湖[36]陆长庚谨序。

【校勘记】

[一] 吴庆焘本作《心斋十种本旧叙》。

［二］《记》，原文误作《传》。

［三］"复不能此"，原脱"复"。据舒焚、张林川本补。

【注释】

1　陆长庚：字元白，嘉兴府平湖（同今县）人，万历庚辰（1580）科进士，历官南直隶广德知州、刑部员外郎、南吏部郎中、湖南按察副使、广西桂平道参政、湖广按察使、江西布政、兵部右侍郎等。其所序之郡斋本《襄阳耆旧传》并无山川、城邑，乃袭晁公武旧说。

2　绍熙（1190—1194）：南宋光宗赵惇的年号。

3　太守：官名。战国时对郡守的尊称。汉景帝改郡守为太守，隋文帝废郡存州，以刺史代太守，罢地方官自辟佐吏之权。隋、唐州郡、刺史太守名义屡变，唐肃宗至德二年（757）改郡为州，太守不再是正式官名。宋为知州事，明清为知府，仍习称为太守。

4　觏：遇见。

5　少司寇：古代主管刑狱的官名，西周始置，春秋时诸侯国沿用。秦汉以廷尉主掌刑狱，司寇之名废，但习惯上仍以大司寇为刑部尚书的别称，刑部侍郎则称为少司寇。

6　胡公价：即胡价，字玉如。明代湖广宜城（今湖北宜城）人，同进士出身，历官顺天府固安县（同今县）知县、临海县令、大理寺少卿、刑部右侍郎，故尊称其为少司寇。《宜城县志》、乾隆《襄阳府志》有传。

7　令临海：任临海县令。令，县令。临海，县名，三国吴孙权析章安县西部及永宁县部分境域置，以境内有临海山命名，明代属浙江台州府，今为浙江临海市。

8　学士：指在乡学、县学等官办教育机构学习的学生。

9　梓：因古代多以梓木为雕版，故用以指雕版，引申为印刷。

10　晁氏：即晁公武（1104？—1183？），字子止，因祖居汴梁昭德坊，号昭德先生，澶州清丰（今山东巨野）人，著名藏书家、目录学家。南宋高宗绍兴二年（1132）进士，为四川转运副使井度属官。井度是南宋初四川的一位藏书家，临终前将其藏书悉数送给晁公武，晁在合州、恭州、荣州任知州期间公务事少，对井度赠书加自己所藏，依经、史、子、集四部之下设类，除其重复，整理得书二万四千五百余卷，一千四百九十二部，后又屡加订补，撰录题注成《郡斋读书志》。该志是现存最早、有提要的私家藏书目录，基本包括了南宋以前的各类重要著述。

11　丛脞 cuǒ：烦琐、杂乱。脞，琐细。

12　士元凤栖东野：士元，庞统字，号凤雏。庞统居住在襄阳东郊的南白沙，故有此语。《水经注》卷28《沔水中》："襄阳城东有东白沙，白沙北有三洲……士元居汉之阴，在南白沙，世故谓是地为白沙曲矣。"

13　德公遁迹鹿门：德公，庞德公，传其晚年携妻隐逸鹿门山，见本书卷之"庞德公"条。

14　习氏选胜白马：指习郁选择形胜之地白马陂修建习家池。白马，即白马陂。《水经注》卷28《沔水中》："（沔水）又与襄阳湖水合，水上承鸭湖，东南流经岘山西（东），又东（西）南流注白马陂。又东入侍中襄阳侯习郁鱼池。"

15　叔子岘山之碑：即岘山所立纪念羊祜的"堕泪碑"。见本书《汉晋春秋校注》"晋羊祜"条。

16　元凯万山潭之石：元凯，杜预字，见本书《汉晋春秋校注》"晋杜预"条。《晋书·杜预传》："预好为后世名，常言高岸为谷，深谷为陵，刻石为二碑，纪其勋绩，一沉万山之下，一立岘山之上，曰：'焉知此后不为陵谷乎？'"

17　季伦高阳池之饮：季伦山简字，此指山简以高阳酒徒自况，经年累月终日在习家池醉酒。见本书《汉晋春秋校注》"晋山简"条。《史记·郦生陆贾列传》："（郦食其）复入言沛公，吾高阳酒徒也，非儒人也。"

18　不佞赐履：不佞，不才，自谦之词。赐履，原指君主赐封之地，后指受命履职的管辖范围。

19　部内：管辖区域内。

20　宛然：仿佛。

21　宁讵：难道、岂不。

22　兢兢：形容专心勤勉的样子。

23　谫劣：浅薄低劣。

24　徽：此为求取之意。

25　曲蘖：酒。

26　向高阳池倒接䍦骑马而归：指山简任征南将军镇襄阳时，常常清晨入习家池饮酒，入暮大醉而归。见本书《汉晋春秋校注》"晋山简"条。

27　简首：书的前面、序言。

28　万历（1573—1620）：明神宗朱翊钧的年号。

29　赐进士出身：明清科举考试中，殿试第一甲，赐进士及第；第二甲，赐进士出身；第三甲，赐同进士出身。

30　中顺大夫：散官名，古代文官品级。金代始置，授正五品下文官，元改正四品文官，明沿袭不变。

31　提督太岳太和山：明代因崇奉道教而给一些臣下管理道教名山的荣誉官衔。提督，官名，明代武职以外的提督，专用于管理一职一事，如提督会同馆主事、提督四夷馆少卿等。太岳，太和山，今湖北武当山，为明代皇家道观。

32　分守道：明清时期由布政使司派驻府州的机构，一般辖三至四个府州，协助布政使掌理该地区钱谷，督课农桑，考核官吏，简军实，固封守等。

33　右参议：承宣布政使司设左、右布政使各一人，以及左、右参政和左、右参议各若干人，参政、参议派驻布政使司下辖各道。

34　下荆南道：明代永乐初年设立，辖郧襄二府，分守道驻郧阳，分巡道驻襄阳。据吴葆仪《郧阳府志》载，自明永乐二十二年（1424）至清雍正六年（1728），共历304年。

35　湖广布政使司：明太祖朱元璋改行省为承宣布政使司，湖广布政使司辖今湖北、湖南两省。

36　鹅湖：山名，在江西上饶铅山北，宋儒朱熹、陆九渊等曾于此辩论。后人于此建书院，鹅湖因此亦成书院通名。

序二[一]
（清）吴郡任兆麟心斋氏[1]

立言必根乎识[2]，尚已[二][3]。晋彦威习氏，博学赡文[4]，史才不常。所著《汉晋春秋》，黜魏帝蜀[5]，其识何如哉！其视陈寿[6]何如哉！后朱文公《纲目》[7]特笔以正司马光[8]之失者，此大路之椎轮[9]已！惜其书散佚不传。余家藏有《襄阳耆旧传》一册，亦习氏所著，前神宗[10]时郡斋刊本。考元[11]书前载人物，中载山川、城邑，后载牧守[12]。《隋志》称《记》，《唐志》始称《传》。今本不载山川、城邑，则云《传》亦可。然前人所引，率称《记》，则仍旧名为得也。中列时代，以晋继汉，以汉继周，居然《春秋》笔法[13]。

世鲜行本[14]，脱讹颇多。今为补正数处，以备史传记一家。

乾隆五十三年六月望。[三]

【校勘记】

[一] 吴庆焘作《任兆麟心斋十种本叙》

[二] "尚已"，吴庆焘作"立言莫尚乎识。存吾性之本直，则识自至。而或妄作者，丧厥本也"。

[三] 吴庆焘作"乾隆五十三年六月望，震泽任兆麟心斋书"。震泽为吴郡所辖县名。清雍正二年（1724）由苏州府吴江县析置，民国元年（1912）又并入吴江县。

【注释】

1　吴郡任兆麟：吴郡，郡名。楚汉时析会稽郡钱塘江以西分置，武帝后废。东汉永建四年（129）复置，治原会稽郡治所吴县。隋开皇九年废，唐武德四年（621）改名苏州，天宝元年（742）复为吴郡。任兆麟，原名廷麟，字文田，一字心斋，江苏震泽（吴县）人，生卒年不详。嘉庆元年（1796）举孝廉方正。幼承家学，博闻敦行，著有《竹居集》十三卷、《述记》四卷、《毛诗通说》二十卷、《春秋本义》十二卷等十余种著作。

2　识：见识、见解。

3　尚已：尚，尊崇、注重。已，此同语气助词"矣"。

4　赡文：富有文才。赡，充足、丰富。

5　黜魏帝蜀：指习凿齿著《汉晋春秋》推翻曹魏的正统地位，将其重新定性为篡逆的伪政权，以蜀汉为后汉正统政权的延续，称为季汉、蜀汉君主为本纪。黜，废除。帝，皇帝、君主。

6　陈寿（233—297）：字承祚，巴西安汉（今四川南充）人，西晋著名史学家。陈寿少好学，师事谯周，起步于州郡的礼聘，初任蜀汉卫将军主簿，历东观秘书郎、观阁令史、散骑黄门侍郎等职。蜀降晋后，历任晋著作郎、长广（治今山东龙口市东南）太守、治书侍御史、太子中庶子等职，从太康元年（280）开始着手纪传体《三国志》的写作，历时十年撰成一部与《史记》《汉书》《后汉书》并称"前四史"的史学巨著。元康七年病逝。

7　朱文公《纲目》：指南宋朱熹依据司马光《资治通鉴》《举要历》和胡安国《举要补遗》等书所编撰的纲目体史书。该书以儒家纲常名教为本，模仿《春秋》以纲为提要；模仿《左传》用目叙事，意在"辨名分，正纲常"。《通鉴纲目》作为一种新的史学体裁——纲目体著作，自问世以后，在社会上产生了广泛影响。朱文公，即朱熹（1130—1200），字元晦，号晦庵，南宋徽州婺源（今江西婺源）人，生于福建尤溪。著名南宋理学家思想家、哲学家、教育家、诗人。闽学派代表人物，世称朱子，曾任南康、漳州知府、浙东巡抚等职，死后追赠太师、徽国公，谥文，世称朱文公。

8　司马光（1019—1086）：字君实，号迂叟，陕州夏县涑水乡（今山西夏县）人，北宋政治家、史学家、文学家。宋仁宗宝元元年（1038）及进士第，累迁龙图阁直学士，历仁宗、英宗、神宗、哲宗四朝，官至尚书左仆射兼门下侍郎。司马光政治上反对王安石变法，史学方面主持完成编年体通史《资治通鉴》的编纂。元祐元年去世，追赠太师、温国公，谥文正。

9　大路之椎轮："大路"的车轮。路，通"辂"，古代一种车子。椎轮，以原木为轮的原始无辐车轮。语出南朝梁萧统《文选·序》："若夫椎轮为大辂之始，大辂宁有椎轮之质？"后以"椎轮大辂"比喻事物由创始时的原始状态，逐步完善至成熟状态。

10　前神宗：指任兆麟前朝的神宗皇帝，即明神宗朱翊钧（1563—1620）），明第十三位皇帝，隆庆二年（1568）立为太子，六年即位，万历四十八年去世，神宗是其庙号。神宗万历前十年由张居正主政，一度出现"万历中兴"局面，此后朝政腐败荒废，党争不断，国势衰败，女真乘机兴起。

11　元：同"原"。

12　牧守：指州牧和郡太守。

13　《春秋》笔法：指寓褒贬于文笔之中，以史实为基础含蓄婉转的警诫邪恶，褒扬良善。《史记·孔子世家》："至于为《春秋》，笔则笔，削则削，子夏之徒不能赞一词。"

14　行本：指在世上流行的版本。行，流行。本，版本。

序三
《重辑襄阳耆旧记序》

吴庆焘

《襄阳耆旧记》，隋、唐《志》皆"五卷"。《宋志》同《隋志》，作"记"，《唐志》作"传"。马氏《通考》[1]引晁氏说，以为名当从《隋志》，是也。原书世少传本。明人丛书[2]，如《说郛》[3]及《五朝小说》[4]等书，皆采之。

国朝乾隆中，任氏兆麟刊入所辑《心斋十种》[5]。博雅如南皮师[6]，《书目答问》[7]所列亦只任本。观鹅湖陆氏《叙》，知任书盖据吾乡胡玉如先生临海刊本。而临海本之为吾宗云壑[8]本否，未可知也。

然云壑去唐较近，其时当有完书。今任本乃止三卷，山川、城邑，概从阙如，与唐、隋《志》皆不合。独《崇文书目》[9]与此卷数同。疑二卷之亡已久，《宋志》不足信矣。

余暇日搜辑群书，得若干事，厘为二卷，以补任本山川、城邑之阙。外补入人物、牧宰[10]者复得数事。其有一事而征引各殊者，别为《考异》一卷。网罗散佚，不厌求详。

是编所录，视任为多。究其疏漏，仍惧不免。梓桑[11]文献，重以先芬[12]。什一千百[13]，慰情胜无[14]。后之述者，庶几无废云尔[15]！

光绪[16]己亥五月，吴庆焘宽仲[17]书。

【注释】

1　马氏《通考》：即《文献通考》，宋元之际马端临编纂的一部典章制度史，共348卷。《文献通考》分门别类记载上古至宋宁宗时的典章制度及其沿革因变，计有田赋考、钱币考、户口考、职役考、征榷考、市籴考、土贡考、国用考、选举考、学校考、职官考、郊社考、宗庙考、王礼考、乐考、兵考、刑考、经籍考、帝系考、封建考、象纬考、物异考、舆地考、四裔考等24门。马氏，马端临（1254—1324），字贵与，号竹州，江西乐平人。南宋晚期宰相马廷鸾次子，学识渊博，荫补承事郎，曾漕试第一，短暂出任过慈湖书院、柯山书院院长、教授及台州路学教授等职，一生主要时间隐居于家著书，兼采经史、会要、传记、奏疏、论及其他文献，穷尽20年之力，所成《文献通考》比《通典》丰富翔实。

2　丛书：又称丛刊、丛刻或汇刻等，指按一定目的，在一个总名之下，将各种相关著作汇编于一体的一种集群式图书，分综合型、专门型两种类型。

3　《说郛》：明代陶宗仪所著的丛书，共100卷，汇集秦汉至宋元名家作品，包括诸子百家、各种笔记、诗话、文论，是历代私家汇编大型丛书中较重要的一种。书名意为五经众说，源自扬雄《扬子法言·问神》："天地万物郛也，五经众说郛也。"

4　《五朝小说》：明代桃源居士编纂的小说总集，收小说480种，分"魏晋小说""唐人小说""宋元小说""明人小说"四部分。

5　《心斋十种》：清任兆麟收藏和辑补的十种图书，包括《夏小正补注》《石鼓文集释》《尸子》《四民月令》《襄阳耆旧记》《文章始》

《寿者传》《孟子时事略》《心斋诗乐谱》《纲目通论》。

6　南皮：指张之洞（1837—1909），因其为直隶（今河北省）南皮人，时人称为张南皮，清末洋务派首领，曾任两广总督、湖广总督。师，吴庆焘对张之洞的尊称，吴曾就读于张之洞创办的经心书院，故以师事之。

7　《书目答问》：张之洞在同治十三年（1874）任四川学政时，为让学生掌握读书门径而编撰的读书指南，或说系张之洞委托缪荃孙代撰。《书目答问》收书2200余种，按经、史、子、集、丛书5部分5卷编排，比较注重收录清后期的学术著作和科技图书，著录书名、作者姓名、版本等，重要图书前还撰有按语，指明阅读方法。书后附《别录》和《清朝著述诸家姓名略》。该书初刻于光绪二年（1874），曾多次翻刻重印。

8　吾宗云塈：云塈，吴琚号，见《襄阳耆旧传》终之后记注。吾宗，因吴庆焘与吴琚同姓吴，或与其同宗同族，故称。

9　《崇文书目》：即《崇文总目》，北宋时期王钦若、王尧臣等以崇文阁藏书编撰而成的书目，庆历元年（1041）上奏，宋仁宗题名为《崇文总目》。《崇文总目》共六十六卷，分经、史、子、集四部共四十五类，著录书目三万六百六十九卷，后佚失。清修《四库全书》时，四库馆臣据清朱彝尊传抄明天一阁藏南宋绍兴改定抄本，又辑《永乐大典》所引《崇文总目》内容进行补校，辑补为十二卷。

10　牧宰：吴本《襄阳耆旧记》卷五作"牧守"。郡斋本《襄阳耆旧记》之牧，指州郡牧守。宰，指县令长。

11　梓桑："桑梓"、故乡。古代常在居家房屋旁栽种桑树和梓树，故用"桑梓"比喻故乡。

12　重以先芬：指将前人的美好诗文重新呈现在世人面前。重，重新。先芬，前人的美好诗文，源自陆机的《文赋》："咏世德之骏烈，诵先人之清芬。"

13　什一千百：数以千百，仅存十一，指保存下来的很少，丢失的很多。

14　慰情胜无：作者自我宽慰的话。出自陶渊明《和刘柴桑》："弱女虽非男，慰情聊胜无。"

15　庶几无废：希望其事得以延续。庶几，或者可以、有希望。无废，不要废掉。

16　光绪己亥（1875—1908）：光绪，清德宗爱新觉罗载湉的年号。己亥，指光绪二十五年，即1899年。

17　宽仲：吴庆焘字。

跋　《重校襄阳耆旧传》

黄丕烈[1]

《襄阳耆旧传》五卷，晋荥阳太守、襄阳习凿齿彦威撰。此见诸《书录》"解题"者也，复来藏书如绛云[2]曾一载于目，世行未见古本。顷晤简庄[3]，云新得一专刻本[4]，板甚古雅，当是明代刻。携归，见卷上有"晋习凿齿"一条，并罗列唐、五代人物，则此书之伪显然矣，然犹不知伪自何人。适书友携一汇刻本[5]至，不分卷，无"重校"字样，而末有"绍熙改元初伏日襄阳守延陵吴琚识"语，以为"系右漕司旧有此版，岁久漫不可读，于是锓木□□郡斋，庶几流风[一]遗迹，来者易考焉"。则此书伪自宋人乎？云"重校"者，殆袭习书之名而实匪其书尔，古书无传本可质[6]，聊备览尔，不可以为据[7]也。敢以是质诸简庄，庄想亦以余言为然。

丙寅[8]立夏后一日荛翁

此本欠叶，因第十三、七、八叶与汇刻本文理不对，未敢以十七叶所欠者照汇刻本补之，倘欲便于卒读，可取汇刻本补之，然余究以为不可信，听之亦无妨也。

又识

【校勘记】

［一］"风"，荛翁讹作"以"。

【注释】

1　黄丕烈：(1763—1825)，字绍武，一字承之，号荛翁、荛圃、绍圃、复翁、佞宋主人、秋清居士、知非子、抱守主人、求古居士、宋廛一翁、陶陶轩主人、复见心翁、长梧子、书魔、独树逸翁等，长洲（今江苏苏州）人，乾隆五十三年（1788）举人，职任主事，嘉庆六年（1801）授直隶知县，后弃职回乡专心治学和藏书，是清中期著名藏书、目录、校勘大家。

2　绛云：指绛云楼，是清初著名诗人、史学家、文章家钱谦益名冠东南的藏书楼。钱谦益是明万历间进士，降清后，任礼部右侍郎。绛云楼置有大书柜73个，百余种宋元珍本贮藏其中，顺治七年（1650）初冬之夜，钱氏小女不慎打翻烛火，酿成大火，将绛云楼藏书焚尽。

3　简庄：清陈鳣（1753－1817）的号。鳣字仲鱼，浙江海宁人，嘉庆举人，精许、郑之学，与钱大昕、翁方纲、段玉裁游，与黄丕烈相交甚密。陈鳣雅好藏书，得吴骞拜经楼藏书，是清朝乾嘉时期江浙地区主要藏书家之一，其所建向山阁精藏多种宋元版本，在中国藏书史上却起着承前启后的作用。从晚年在紫薇山麓筑讲舍，晨夕著书，勤于校勘，著《简庄文钞》《简庄随笔》等。

4　专刻本：为一书刊行的书。

5　汇刻本：汇集刊行或汇集某类文章而刊行的书。

6　质：对质、辨别。

7　拠：古同据。据，证据、依据。

8　丙寅：嘉庆十一年，公元1806年。

附录三　习凿齿名字释义

叶　植

一　怪名不类与穿凿的解读

习凿齿（319？—384），湖北襄阳人，荆楚豪族出身，精通儒学、玄学、佛学、史学以及文学，历任荆州治中、别驾、户曹参军和荥阳太守，后以脚疾归襄阳，寿终于梓里习家池。习凿齿的主要著作有《汉晋春秋》《襄阳耆旧记》《习凿齿集》，《晋书》为之立传。

在一个十分考究取名表字的国度，出身于襄阳望族、以诗书传家自矜、身为史学名家兼文章大匠的习凿齿，其名在后人眼里生僻怪异，尤不得其义解，为此困惑的宋代学者孙奕曾将其列入《不类名字》的第二位。① 小文就其名字之意蕴试予以释义，并就教于方家与同行。

习凿齿少年得志，久列士林，终日行走于饱学之士与达官显贵之间，处理政务，送往迎来，唱和应答，以工于文字著称，时人似乎无人认为其名有何不妥，亦未曾留下对"凿齿"意蕴的任何诠释，想必该名在当时不仅别具一格，而且含有某种为士人所称许的文化内涵。

按凿齿是帝尧时一个极凶残的部族，曾与后羿大战，文献中存有大量极具浓厚神话色彩的相关记载和解读。《山海经·海外南经》载：

羿与凿齿战于寿华之野，羿射杀之。在昆仑墟东。羿持弓矢，凿齿

---

① （宋）孙奕：《示儿编》卷14《杂记》，文渊阁《四库全书》本，上海古籍出版社1987年版，子部，第864册第518页。

持盾，一曰戈。①

《山海经·大荒南经》：

大荒之中，有山名曰融天，海水南入焉。有人曰凿齿，羿杀之。"②

《汉书》卷八七《扬雄传》载其《长杨赋》云：

昔有强秦，封豕其士，窫窳其民，凿齿之徒相与摩牙而争之，豪俊麋沸云扰，群黎为之不康。

服虔曰：

凿齿［齿］长五寸，似凿，亦食人。③

《淮南鸿烈解·本经训》载：

逮至尧之时，十日并出，焦禾稼，杀草木，而民无所食。猰貐、凿齿、九婴、大风、封豨、修蛇皆为民害。尧乃使羿诛凿齿于畴华之野，杀九婴于凶水之上，缴大风于青邱之泽。上射十日而下杀猰貐，断修蛇于洞庭，擒封豨于桑林。④

兹仅以清吴任臣注引各家对凿齿民的记载，作为对此"凿齿"的基本解释：

鸿烈解："有凿齿民，即此。"高诱云："凿齿，兽名，齿长三尺，其状如凿，下彻颔下，羿射杀之。"《博物志》曰："羿与凿齿战于畴华之野，羿持弓，凿齿持矛，羿杀之。"《路史》云："尧殊（诛）凿齿于畴华之野，戮九婴于凶水之上。"畴华即寿华也。《青邱记》："东方泽畴华，南方泽凶水。"《图赞》曰："凿齿人类，实有杰牙，猛越九婴，害过长蛇，尧乃命羿毙之寿华。"《金薤琳琅》载《昭仁寺碑》云："殄暴寿华之泽，戮凶绝辔之野"本此也……郭曰："凿齿亦人也，齿如凿，长五六尺，因以名云。"⑤

---

① （晋）郭璞著，袁珂校译：《山海经校注》（增补修订本）卷六《海经新释·海外南经》，巴蜀书社1993年版，第241页。

② 《山海经校注》（增补修订本）卷十《海经新释·大荒南经》，第428—429页。

③ 《汉书》卷八七下《扬雄传》，中华书局1962年标点本，第3559—3560页。

④ （汉）刘文典著，冯逸、乔华点校：《淮南鸿烈解》卷八《本经训》，中华书局1989年版，上册第254—255页。

⑤ （清）吴任臣：《山海经广注》，文渊阁《四库全书》本，上海古籍出版社1987年版，子部，1042册第180页。

除高诱认为凿齿是一种长着从下颌中穿出如凿子般三尺长牙、被羿消灭的一种凶残的猛兽外,其他学者均认为凿齿是一个民族或部落,该族人嘴上长有长五六寸(尺)、似凿子般的獠牙,使用戈、矛、盾等兵器,为帝尧派遣的羿部落杀死于东方大泽——畴(寿)华之野。故事不免悠谬,与其说真有这么一个长有獠牙的野蛮部族,不如说是一个戴着画有獠牙面具或头盔的原始部落更为可信。他们勇猛强悍,威武好战,面目狰狞,臭名昭彰,危害甚于"九婴"和"长蛇",在与中原帝尧领导的部落联盟的战争中落败于羿,羿因此被传颂为除害英雄。

习凿齿与汉魏之际的高诱、西晋的张华所处时代相去不远,与东晋郭璞大致同时,其族中亦不乏博学洽闻、穷通经史之人,不会不熟知这则频见于经史的典故,却径直为这名孩童取名"凿齿",莫非与该部落故事所显露出的威武勇猛精神有关?联系其字"彦威"作如是推断,于义理虽免强可通,却不能让人释然。既然凿齿部落名声如此不佳,习凿齿怎会以之为名?此释恐为郢书燕说,不妨另觅解读之途。

又古代西南一些少数民族流行一种拔牙习俗,"凿齿"就是拔牙或折齿,将青春期男女上颌两侧牙齿对称拔除或敲折以为美观,以示成年。对此史籍所载甚多,与习凿齿时代相距不远的张华《博物志》称:

荆州极西南界至蜀,诸民曰"獠子",妇人妊娠七月而产,临水生儿,便置水中,浮则取养之,沈便弃之,然千百多浮。既长,皆拔去上齿牙各一,以为身饰。①

不过是獠子用拔牙作为成年礼标志的习俗传闻而已。《新唐书·南蛮传·南平獠传》载:

又有乌武獠,地多瘴毒,中者不能饮药,故自凿齿。

同《传》"三濮"称:

三濮者,在云南徼外千五百里,有文面濮,俗镂面,以青湼之。赤口

---

① (晋)张华著,范宁校正:《博物志校正》卷二《异俗》,中华书局1980年版,第24页。

濮,裸身而折齿。①

唐张说《广州都督岭南按察五府经略使宋公遗爱碑颂》谓:

虽有文身、凿齿、被发、儋耳、衣卉、面木、巢山、馆水种落,异俗而化齐。②

有人认为,襄阳与极西南这些流行拔齿习俗民族的居地相近,两地民众或有通婚往来,习俗亦受到影响,取名"凿齿"可能与之相关。其立论基础是襄阳在东晋时经济文化仍极为落后,可能还残留一些与这些地域相近民族有关的拔齿习俗。③

事实上,襄阳距当时"荆州极西南界"獠子、三濮等族的居地非但不近,反而是山河悬隔,异常遥远。襄阳所处汉水中游地区在古代虽属南方,但开发历史早,经济文化并不落后。西周王朝业已对这一地区开始进行有效管控;春秋战国时期是楚国的腹心地区;东汉时期为帝乡;汉末刘表治荆州期间一度成为全国的文化教育中心,诞育了所谓的荆州学派;襄阳还是西晋灭吴统一战争的策源地;习凿齿所处的东晋时期,王敦、陶侃、庾翼、桓温先后出镇荆州,主要依靠荆襄地区的实力,控制或影响朝政长达近百年之久,荆州的实际地位并不在建康之下,根本不存在经济文化落后一说。近20年来,襄阳及其邻近地区发掘汉魏六朝墓葬逾千座,尸骨中亦未发现凿齿现象,此论穿凿无稽。

襄阳习氏以世代书香门第自矜,断不至用极落后地区的民族习俗为名,其名和相关联的表字必另含深意。

二 雅名释义

周一良先生曾就习凿齿名字的意义发表过一番独到见解:

习凿齿之名何所取义不可解,但与其字彦威理当相应。案:陶弘景

---

① 《新唐书》卷二二二下《南蛮传下》,中华书局1975年标点本,第6326、6328页。

② (唐)张说:《广州都督岭南按察五府经略使宋公遗爱碑颂》,[清]董诰等纂:《全唐文》卷二二七,中华书局1985年影印。

③ Widewidesea:《问一下,习凿齿的名和字之间是什么关系呢》,国学数典论坛,http://bbs.gxsd.com.cn/forum.php? mod = viewthread&tid = 20662,2007 - 5 - 12。

《真诰》十五阐幽微云，"夜行常琢齿，琢齿亦无正限数也，煞鬼邪。鬼常畏琢齿声，是故不得犯人也"。又云，"昔鲍助者，济北人也。都不学道，亦不知法术。年四十余，忽得面风气，口目不正，气入口而两齿上下恒相切拍，甚有声响，如此昼夜不止，得寿百二十七岁"。注云，"如鲍助琢齿，何容不得永年"。道家叩齿为修炼方法之一，而齿自叩动即所谓琢齿，亦可以辟邪长寿。琢与凿二字，虽韵部不同，而同为入声相近。疑凿齿之名即琢齿之意，而辟邪祛鬼，亦正与彦威之字相符合也。①

其说理固凿然，然详加审察，理据似嫌不足，经不起推问。既为避邪祛鬼，习氏为何不径自选取"琢"本字，却偏要用远不及"琢"雅正又不同韵之"凿"呢？虽与其表字之"威"相应，与"彦"字却乖若凿枘。其说固难成立，但其与表字相联系解读的方法给人以启迪。

《通雅》"凿凿"条称：

凿凿，犹言齿齿也。凡有凿可枘之处与龃龉之状皆名为齿。凿或音造，庄（笔者按：庄字误，当为凿）子音槽，古人常并言，如习凿齿取以为名是也。退之《柳碑》'白石齿齿'。刘飖引《录图》曰：'啴啴、㕛㕛、纷纷、雉雉，犹齿齿也。"②

直言习氏取名"凿齿"意为"凿"之重言，凿在作凿子时读音为槽，"凿凿"就是"齿齿"。其说未免肤浅，却无意中为我们探寻"凿齿"的本意闪露出一条新径。

《襄阳耆旧记》"习嘏"条载：

习嘏字彦云，为临湘令。山简以嘏才有文章，转为征南功曹。苾官，止举大纲而已，不拘文法，时人号为'习新妇'，简益器之，转为记室参军。③

山简于"永嘉三年（309），出为征南将军，都督荆湘交广四州诸军事、假节，镇襄阳。"这位受命于危难之际的征南将军，到任后终日"优

---

① 周一良：《魏晋南北朝史札记·〈晋书〉札记》，中华书局1985年版，第97—98页。
② （明）方以智：《通雅》卷十《释诂·重言》，中国书店1990年据清康熙姚文燮此藏轩刻本影印.
③ 习凿齿著，黄惠贤校补：《〈襄阳耆旧记〉校补》卷二《人物·习嘏》，中州古籍出版社1987年版，第52页.

游卒岁,唯酒是耽。诸习氏荆土豪族,有佳园池。简每出嬉游,多之池上,置酒辄醉,名之曰:'高阳池'"。永嘉五年六月西晋灭亡,不久,山简死于其退避的夏口(今武汉武昌)。①或许是受到这位每日必至习家池醉饮高官的眷顾,习嘏旋即由临湘令转任山简征南府功曹、记室参军。这位不甚熟悉官场规矩,常不按官场套路办事的官员,行事方式颇似刚过门的新媳妇,周围人送给了他一个"习新妇"的雅号。由此不难判定其主要生活于西晋后期至东晋初年,《初学记》载其所撰《长鸣鸡赋》②可证习凿齿称"嘏才有文章"之言不虚。

据《世说新语·文学第四》"习凿齿史才不常"条及其注引檀道鸾《续晋阳秋》《晋书·习凿齿传》《桓温传》《袁瓌传附袁乔传》载,习凿齿随桓温于永和三年(347)灭蜀后不久,在袁乔的推荐下,于一年中官职三转至荆州治中时尚未满30岁,袁乔在永和四年八月进号龙骧将军后不久即英年早逝。据此推定,习凿齿大约生于元帝太兴二年(319)或此后的1—2年,③较习嘏小30岁以上。在"名"或"字"中用同样的字或偏旁以示同辈关系是汉以后逐渐形成的一种普遍风气和文化现象,从二人的表字和先后入仕荆州的时间顺序看,他们可能是同宗兄弟。

习嘏之名很可能出自《诗经》,《小雅·宾之初筵》:

赐尔纯嘏,子孙其湛。④

《周颂·载见》:

绥以多福,俾缉熙于纯嘏。⑤

《鲁颂·閟宫》:

---

① (晋)习凿齿著:《襄阳耆旧记·贤牧·山简》,上海图书馆藏明嘉靖刻宋吴琚郡斋本;并见《晋书》卷四三《山涛传附山简传》,中华书局1974年标点本,第1229—1230页。

② (唐)徐坚:《初学记》卷三十《鸟部·鸡第三》,中华书局1962年版,三册,第730页。

③ 参见(南朝宋)刘义庆撰,(南朝梁)刘孝标注,(清)余嘉锡笺疏《世说新语笺疏》卷上下《文学第四》及其注引檀道鸾之《续晋阳秋》"习凿齿史才不常"条,中华书局1983年版,第258页;《晋书》卷八二《习凿齿传》,第2152页;《晋书》卷九八《桓温传》,第2569页;《晋书》卷八三《袁瓌传附袁乔传》,第2169页。

④ (宋)朱熹集注:《诗集传》卷一四《小雅·宾之初筵》,上海古籍出版社1958年版,第163页。

⑤ 《诗集传》卷一九《周颂·雍·载见》,第231页。

天赐公纯嘏，眉寿保鲁。①

"嘏"意为"大"、"远"、"福"，为上天所赐，其表字彦云与之呼应。若上述推测不误，循此立可窥见，习凿齿之名抑或取自《诗经》，《唐风·扬之水》称：

> 扬之水，白石凿凿。
> 素衣朱襮，从子于沃。
> 既见君子，云何不乐？
>
> 扬之水，白石皓皓。
> 素衣朱绣，从子于鹄。
> 既见君子，云何其忧？
>
> 扬之水，白石粼粼。
> 我闻有命，不敢以告人。②

首章之"凿凿"形容白石鲜明坚洁，次章之"皓皓"形容白石洁白清幽，三章之"粼粼"形容白石晶莹。宋严粲谓："石以白言，又称凿凿然鲜明，皓皓然洁白，盖石在水中，为水所荡涤，故其白如此。末章言粼粼，亦谓水清石见。"③

习凿齿之名当取自首章之"白石凿凿"。郑玄笺称"激扬之水，波流湍疾，行于石上，洗去石之垢秽，使白石凿凿然而鲜明"。④ 经过流水的激荡洗涤，立于清澈流水中的白石犹如一堵玉肌清润的白璞。苏轼《浚

---

① 《诗集传》卷二十《鲁颂·閟宫九章》，第242页。
② 《诗集传》卷六《唐风·扬之水三章》，第69页。
③ （宋）严粲：《诗缉》卷一一《国风·唐》，文渊阁《四库全书》本，上海古籍出版社1987年版，75册第148页下栏。
④ 李学勤主编：《毛诗正义》卷六《唐风·扬之水三章》，北京大学出版社1999年版，第383—384页。

井》谓"上除青青芹，下洗凿凿石"。① "凿"字引申义为使之精白，《左传·桓二年》有"粢食不凿"语。对此，汉唐以来诸儒的解读相同："粢"是未经加工谷物的总称。先秦时期，初次加工过的米称为粝米，将粝米再加工成精白的精米称为"凿"。元许谦谓："凿，即各反。粟一石得米六斗为粝，粝米一石舂为八斗为凿。"② 杨伯峻先生称"再舂为凿"，"凿，舂也"。③ 一石粝米经凿这道工序后仅能获得精米八斗，此米亦称"凿"，故《六书故》云："凿，《传》曰'粢食不凿'，引之，则凡精白者皆曰凿。诗云：'白石凿凿'"。④ 诚如是解，则习凿齿之名便略显雅正并蕴含深意，与其字亦有一定关联，但仍意犹未尽。

魏晋人喜欢或标榜喜欢散怀山水，放志田园，一些高士以归隐山林、枕石漱泉为高洁志向，凿齿或与当时流行的枕石漱流语有关。曹操《秋胡行》云："名山历观，遨游八极。枕石漱流饮泉。"⑤ 《三国志·彭羕传》："伏见处士绵竹秦宓，膺山甫之德，履隽生之直，枕石漱流，吟咏缊袍，偃息于仁义之途，恬淡于浩然之域，高概节行，守真不亏，虽古人潜遁，蔑以加旃。"⑥ 《世说新语·排调》："孙子荆年少时欲隐，语王武子，当'枕石漱流'，误曰'漱石枕流'。王曰：'流可枕，石可漱乎？'孙曰：'所以枕流，欲洗其耳；所以漱石，欲砺其齿。'"误读变为名答。余嘉锡案语称："枕石漱流"始见于此（笔者按，指《秋胡行》），然彭羕荐秦子勅亦用之，未必袭自魏武，疑其前更有出处也，《晋书·隐逸·宋纤传》太守杨宣画其像作颂曰：'为枕何石，为漱何流？身不可见，名不可求'。知此语为魏晋人所常用矣。"⑦ 余说是。

---

① 苏轼：《浚井》，苏轼著，傅成、穆俦标点：《苏轼全集》卷二一《古今体诗》，上海古籍出版社 2000 年版，第 261 页。
② （元）许谦：《诗集传名物钞》卷三《郑风·缁衣》，王云五主编：《丛书集成初编》，商务印书馆 1936 年版，第 25 页。
③ 杨伯峻：《春秋左传注》第一册《桓公二年》，中华书局 1981 年版，第 86 页。
④ （宋）戴侗：《六书故》卷二二《植物二》，中华书局 1975 年版，第 521 页。
⑤ 《宋书》卷二一《乐志三·胡秋行》，中华书局 1975 年版，第 610 页。
⑥ 《三国志》卷四十《彭羕传》，中华书局 1959 年标点本，第 995 页。
⑦ （南朝宋）刘义庆撰，[南朝梁] 刘孝标注，（清）余嘉锡笺疏：《世说新语笺疏》卷下下《排调第二十五》，7 第 81—782 页。

"齿齿"亦常连用，意与"凿凿"同。"白石齿齿"常见于唐宋及其以后诗文中，多指水中精白之石："柳之水桂树团团兮，白石齿齿侯朝游兮"。① "青山映溪三十里，水中白石何齿齿"。② "清波漪漪，白石齿齿"。③ "白石齿齿泉涓涓"④。其语明显源自《扬之水》之"白石凿凿"。

一般而言，叠音词用于人名较之于单字更显亲切活泼、雅致且具韵律，翻开《诗经》305篇，使用叠音词的诗篇过半，为习凿齿取名者的灵感或来自此。取名者巧妙地从叠音词"凿凿"或"齿齿"中各取一字为名，既不失叠音词的韵致，又更为端庄含蓄，凸显取名者学问高深，匠心独具。

显而易见，"凿齿"就是"凿凿"或"齿齿"，来源于《诗·扬之水》，意指屹立于碧波或溪泉中的白石，它如屏如笋，如笔如齿，如剑如戟；它峻峭挺拔，品格高洁，质若白璧。取此佳名乃期望其将来成为一个大有作为、风度翩翩、受人爱戴的高尚君子，犹如扬之水中凿凿齿齿的白石。

我们不妨再来看看习凿齿表字彦威的来源与意蕴。

彦，《说文解字》："从彣。彦，美士有彣，人所言也。从彣，厂声。"对此段注予以纠正："彣作文，非是，今正。言彦叠韵，《释训》曰'美士为彦。'郭曰'人所言咏也。'《郑风传》曰'彦，士之美称'。人所言，故说彦，有文，故从彣。《大学》'彦或作盘'，古文假借字。从彣。厂声，山石之厓岩。人可居者。呼旱切。彦，鱼变切。"⑤ 知彦系指通常所称的俊彦、彦士，是为美称。《诗·郑风·羔裘》：

羔裘如濡，洵直且侯。彼其之子，舍命不渝。

---

① （唐）韩愈：《柳州罗池庙碑记》，韩愈著，马其昶校注、马茂元整理：《韩昌黎文集校注》卷七《碑志》，上海古籍出版社1986年版，第94页。
② （宋）释文珦：《潜山集》卷五《七言古·溪翁》，文渊阁《四库全书》本，上海古籍出版社1987年版，1186册第335页上栏。
③ （宋）刘学箕《方是闲居士小稿》卷下《菖蒲记》，文渊阁《四库全书》本，上海古籍出版社1987年版，1176册第601页上栏。
④ （明）庐集：《题夏简伯画》，朱存理：《珊瑚木难》卷七，文渊阁《四库全书》本，上海古籍出版社1987年版，815册第228页上栏。
⑤ （汉）许慎著，（清）段玉裁注：《说文解字注》九篇上《彣部》，第425页。

羔裘豹飾，孔武有力。彼其之子，邦之司直。

羔裘晏兮，三英粲兮。彼其之子，邦之彥兮。①

诗中的主人显然是国中那些身着华美羔裘的英年才俊，他们德才兼备、英气勃发、为世人所钦羡。《书·秦誓》云："人之彥圣，其心好之。"②

威，《说文解字》"威，姑也。从女，戌声。《汉律》曰'妇告威姑。'"段注："引申为有威可畏。"③《诗·小雅·宾之初筵》第三章：

宾之初筵，温温其恭。

其未醉止，威仪反反。

曰既醉止，威仪幡幡。

舍其坐迁，屡舞仙仙。

其未醉止，威仪抑抑，

曰既醉止，威仪怭怭。

是曰既醉，不知其秩。④

《诗·大雅·既醉》第四章称：

其告维何，边豆静嘉。

朋友攸摄，摄以威仪。

第五章云：

威仪孔时，君子有孝子。

孝子不匮，永锡尔类。⑤

《大雅·柏舟》：

威仪棣棣，不可选也。⑥

不言而喻，威字意为高大、威风、威武，前置一彥字，构成主谓结

---

① 《诗集传》卷四《郑风·羔裘》，第 292 页。
② 《尚书正义》卷二十《周书·秦誓》，阮元：《十三经注疏》本，中华书局 1980 年影印，上册，第 256 页下栏。
③ 《说文解字注》十二篇下《女部》，第 615 页。
④ 《诗集传》卷一四《小雅·宾之初筵》，第 890 页。
⑤ 《诗集传》卷一七《大雅·既醉》第三章，第 115 页。
⑥ 《诗集传》卷二《邶风·柏舟》，第 15 页。

构词组，形容其人，威风俨然，端庄俊美。《旧五代史·安彦威传》称："安彦威字国俊。"①《梁书·臧严传》称："臧严字彦威"② 可证。值得注意的是，"凿凿"与"齿齿"并具巍峨高峻义。朱熹《诗集传》注："凿凿，巉岩貌"③ 与之亦合。

如上考不误，习凿齿之名来自《诗经》，彦威与之紧照，从孙绰与习凿齿以《诗》相嘲的捷对中不难窥见其对《诗》三百篇之烂熟于心，④《诗》自是家世宗儒的襄阳习氏子弟必精熟之书。

在通常情况下，取一个威武英俊的名字，或是对其人某一方面缺陷的补偏；抑或是在讲究风度仪容的东晋时代，家人寄予其长大后威严俊美、才貌双全的愿望。此乃国人取名表字的惯用手法。这位至少晚年有严重足疾、体貌不扬、皮黑面⑤的名士之名理应为前者。

习凿齿在《汉晋春秋》中为晋代魏绘声绘色地载录有一个有趣的水激白石祥瑞故事：

> 氐池县大柳谷口夜激波涌溢，其声如雷，晓而有苍石立水中，长一丈六尺，高八尺，白石画之，为十三马，一牛，一鸟，八卦玉玦之象，皆隆起，其文曰："大讨曹，适水中，甲寅。"帝恶其"讨"也，使凿去为"计"，以苍石窒之，宿昔而白石满焉。至晋初，其文愈明，马象皆焕彻如玉焉。⑥

晋以金行，生金者石，其色白。雷同之故事见于与《汉晋春秋》大致同时的《魏氏春秋》和《搜神记》，⑦ 诸作者在为晋朝法统的合法性制造天意舆论以迎合当朝政治需要的目的昭然若揭。故事虽非习凿齿所杜

---

① 《旧五代史》卷九一《晋书·安彦威传》，中华书局1976年标点本，第1202页。
② 《梁书》卷五十《文学下·臧严传》，中华书局1973年标点本，第718页。
③ 《诗集传》，第70页。
④ 《世说新语笺疏》卷下下《排调第二十五》，"习凿齿孙兴公未相识"条，第809页。
⑤ （梁）萧绎撰，许逸民校笺：《金楼子》，中华书局2011年版，第1128—1131页。
⑥ 《三国志》卷三《传明帝纪》裴注引习凿齿《汉晋春秋》，中华书局1974年标点本，第107页。
⑦ 参见《三国志》卷三《传明帝纪》裴注，第106—107页。

撰，但以习凿齿叙述的最为精采，其笔下符瑞中的那堵立于大柳谷口水中、在天然苍石上由白石画出一组图案与文字的巨石，不正是"白石齿齿"吗？那堵立于水中变得"焕彻如玉"的白石画，不就是"扬之水"中之"白石凿凿"吗？结合石上的凿凿白石文字、图案，不正是"白石凿齿"吗？此载与其名之字义相关虽属偶合，仍不妨我们将之理解为习凿齿在编撰此祥瑞故事时兼及对自己的名字作了一次隐晦解读，其取名表字意蕴高致蕴藉臻于极致，何不类之有？

原文载：《魏晋南北朝史的新探索》，中国社会科学出版社2015年版。

附录四 《晋书》卷 82《习凿齿传》

习凿齿字彦威，襄阳人也。宗族富盛，世为乡豪。凿齿少有志气，博学洽闻，以文笔著称，荆州刺史桓温辟为从事，江夏相袁乔深器之，数称其才于温，转西曹主簿，亲遇隆密。

时温有大志……（文见《习凿齿集》卷五《其他》一《点醒星人》）

星人大喜，明便诣温别，温问去意，以凿齿言答。温答曰："凿齿忧君误死，君定是误活，然徒三十年看儒书，不如一诣习主簿。"

累迁别驾，温出征伐，凿齿或从或守，所在任职，每处机要，莅事有绩，善尺牍论议，温甚器遇之。时清谈文章之士韩伯、伏滔等并相友善，后使至京师，简文亦雅重焉。既还，温问："相王何似？"答曰："生平所未见。"以此大忤温旨，左迁户曹参军。时有桑门释道安，俊辩有高才，自北至荆州，与凿齿初相见，道安曰："弥天释道安。"凿齿曰："四海习凿齿。"时人以为佳对。

初，凿齿与其二舅罗崇、罗友俱为州从事，及迁别驾，以坐越舅右，屡经陈请，温后激怒既盛，乃超拔其二舅，相继为襄阳都督，出凿齿为荥阳太守。

温弟祕亦有才气，素与凿齿相亲善，凿齿既罢郡归，与祕书曰：……（文见《习凿齿文集》卷二《尺牍》一《与桓祕书》）

其风期俊迈如此。

是时，温觊觎非望，凿齿在郡，著《汉晋春秋》以裁正之。起汉光武，终于晋愍帝。于三国之时，蜀以宗室为正，魏武虽受汉禅晋，尚为篡逆，至文帝平蜀，乃为汉亡而晋始兴焉。引世祖讳炎兴而为禅受[一]，明天心不可以势力强也。凡五十四卷。后以脚疾，遂废于里巷。及襄阳陷于符坚，坚素闻其名，与道安俱舆而致焉。既见，与语，大悦之，赐遗甚厚。又以其蹇疾，与诸镇书："昔晋氏平吴，利在二陆，今破汉南，获士裁一人有半耳。"俄以疾归襄阳，寻而襄邓反正，朝廷欲征凿齿，使典国史，会卒，不果。临终上疏曰：……（文见《习凿齿集》卷一《疏论》一《晋宜越魏继汉不应以魏后为三恪》）

子辟强，才学有父风，位至骠骑从事中郎。

【校勘记】

［一］"引世祖讳炎兴而为禅受"。中华书局标点本［校勘记］李校：语有脱落，当作"引世祖讳炎为兴，而后主讳禅为禅受"，文义方明。

参考文献

（清）汤球辑：《汉晋春秋辑本》，商务印书馆《丛书集成初编》本1937年版。

（清）汤球辑、杨朝明校补：《九家旧晋书辑本》，中州古籍出版社1991年版。

（清）黄奭辑：《黄氏辑书考·汉晋春秋》，广陵书社翻刻清刻本。

（清）王仁俊辑：《玉函山房辑佚书续编三种》，上海古籍出版社1989年版。

乔治忠：《众家编年体晋史·汉晋春秋》，天津古籍出版社1989年版。

尚明：《汉晋春秋今注今译》，中国文史出版社2011年版。

余鹏飞：《校补汉晋春秋》，湖北人民出版社2012年版。

（南宋）吴琚刊刻：《襄阳耆旧传》，右漕司郡斋本。

（清）任兆麟辑校：《心斋十种·襄阳耆旧记》，

（清）吴庆焘辑校：《襄阳耆旧记》，

黄惠贤：《校补襄阳耆旧记》，中州古籍出版社1987年版。

黄惠贤：《校补襄阳耆旧记（附南雍州记）》，中华书局2018年版。

舒焚、张林川：《襄阳耆旧记校注》，湖北人民出版社1999年版。

（清）马瑞辰：《毛诗传笺通释》，中华书局1989年版。

李学勤主编：《毛诗正义》，北京大学出版社1999年版。

（汉）韩婴撰，许维遹校释：《韩诗外传集释》，中华书局1980年版。

（宋）朱熹集注：《诗集传》，上海古籍出版社1958年版。

（元）许谦：《诗集传名物钞》，王云五主编：《丛书集成初编》，商务印书馆1936年版。

（宋）严粲：《诗缉》，文渊阁《四库全书》本，上海古籍出版社1987年版。

《尚书正义》，阮元：《十三经注疏》，中华书局1980年影印本。

（清）孙星衍：《尚书今古文注疏》，中华书局1986年版。

（清）王聘珍撰，王文锦点校：《大戴礼记解诂》，中华书局1983年版。

（清）孙星衍：《周易集解》，上海书店1988年版。

（清）牛钮、孙在丰著，赵金涛注评：《日讲易经解义》，中州古籍出版社2019年版。

杨伯峻：《论语译注》，中华书局1980年版。

（汉）赵岐注，（宋）孙奭疏：《孟子注疏》，上海古籍出版社2017年版。

杨伯峻：《春秋左传注》，中华书局1990年版。

（清）孔广森撰，崔冠华点校：《春秋公羊经传通义》，北京大学出版社2012版。

（晋）范宁注，（唐）杨士勋疏，黄侃经文句读：《春秋穀梁传注疏》，上海古籍出版社1990年版。

（晋）郭璞注，（宋）邢昺疏：《尔雅注疏》，上海古籍出版社2010年版。

（清）钱绎撰，李发舜、黄建中点校：《方言笺疏》，中华书局1991年版。

（清）王念孙撰：《广雅疏证》，江苏古籍出版社1984年版。

（明）方以智：《通雅》，中国书店1990年据清康熙姚文燮此藏轩刻本影印。

（汉）刘熙撰，（清）王先谦疏证：《释名疏证补》，上海古籍出版社1984年版。

（汉）许慎撰，（清）段玉裁注：《说文解字注》，上海古籍出版社1981年版。

（西汉）司马迁撰：《史记》，中华书局1982年版。

（汉）班固著，（唐）颜师古注：《汉书》，中华书局1962年版。

（南朝宋）范晔撰，（唐）李贤等注：《后汉书》，中华书局1965年版。

（东汉）刘珍等撰，吴树平校注：《东观汉记校注》，中华书局2008年版。

张烈点校：《两汉纪》〔（汉）荀悦撰：《汉纪》，（晋）袁宏撰：《后汉纪》〕，中华书局2002年版。

（宋）萧常撰：《续后汉书》，《文渊阁四库全书》，台湾商务印书馆1982—1986年影印版。

（元）郝经撰：《续后汉书》，商务印书馆《丛书集成初编本》1937年版。

周天游辑注：《八家后汉书辑注》，上海古籍出版社1986年版。

（宋）徐天麟撰：《东汉会要》，上海古籍出版社2006年版。

（清）汪文台辑，周天游校：《七家后汉书》，河北人民出版社1987年版。

（明）梅鼎祚编：《东汉文纪》，《文渊阁四库全书》，台湾商务印书馆1982—1986年影印版。

（晋）陈寿撰，裴松之注，陈乃乾点校：《三国志》，中华书局1982年版。

（明）谢陛撰：《季汉书》，北京大学图书馆藏明万历刻本。

（清）杨晨撰：《三国会要》，中华书局1956年版。

（民国）卢弼撰，钱剑夫整理：《三国志集解》，上海古籍出版社2009年版。

（清）杭世骏撰：《三国志补注》，商务印书馆《丛书集成初编本》1937年版。

（唐）房玄龄等撰：《晋书》，中华书局1974年版。

（梁）沈约撰：《宋书》，中华书局1974年版。

（梁）萧子显撰：《南齐书》，中华书局1972年版。

（唐）姚思廉撰：《梁书》，中华书局1973年版。

（唐）姚思廉撰：《陈书》，中华书局1972年版。

（唐）李延寿撰：《南史》，中华书局1975年版。

（北齐）魏收撰：《魏书》，中华书局1974年版。

（唐）令狐德棻等撰：《周书》，中华书局1971年版。

（唐）李百药撰：《北齐书》，中华书局1972年版。

（唐）李延寿撰：《北史》，中华书局1974年版。

（唐）魏征、令狐德棻撰：《隋书》，中华书局1973年版。

（后晋）刘昫等撰：《旧唐书》，中华书局1975年版。

（宋）欧阳修、宋祁撰：《新唐书》，中华书局1975年版。

（宋）薛居正等撰：《旧五代史》，中华书局1976年版。

（宋）欧阳修撰，（宋）徐无党注：《新五代史》，中华书局1974年版。

（元）脱脱等撰：《宋史》，中华书局1985年版。

（汉）宋衷撰，（清）秦嘉谟等辑：《世本八种》，中华书局2008年版。

（晋）皇甫谧撰，（清）宋翔凤、钱保塘辑，刘晓东校点：《帝王世纪》，辽宁教育出版社1997年版。

（宋）罗泌撰：《路史》，中华书局1936年《四部备要》本。

黄怀信等校注：《逸周书彙校集注》，上海古籍出版社1995年版。

徐元诰撰，王树民、沈长云点校：《国语集解》，中华书局2002年版。

（西汉）刘向集录、范祥雍笺证、范邦瑾协校：《战国策笺证》，上海古籍出版社2006年版。

（汉）赵晔撰，周生春辑校汇考：《吴越春秋》，上海古籍出版社1997年版。

（汉）袁康、吴平辑录，樊祖谋点校：《越绝书》，上海古籍出版社1985年版。

（晋）皇甫谧撰：《高士传》，《文渊阁四库全书》，台湾商务印书馆1982—1986年影印版。

（唐）许嵩撰，张忱石点校：《建康实录》，中华书局1986年版。

（北宋）司马光编著、（元）胡三省音注：《资治通鉴》，中华书局2013年版。

（南宋）袁枢撰：《通鉴纪事本末》，中华书局2018年版。

（南宋）朱熹编撰：《资治通鉴纲目》，中国书店2021年版。

（南宋）胡宏撰：《皇王大纪》，《文渊阁四库全书》，台湾商务印书馆1982—1986年影印版。

（唐）刘知几撰，（清）浦起龙释：《史通通释》，上海古籍出版社1978年版。

（唐）刘知几撰，赵吕甫校注：《史通新校注》，重庆出版社1990年版。

（清）王鸣盛撰，黄曙辉点校：《十七史商榷》，上海书店出版社2005年版。

（清）赵翼撰，王树民点校：《廿二史劄记校证》，中华书局1984年版。

（清）赵翼著，栾保群、吕宗力校点：《陔余丛考》，河北人民出版社1990年版。

（清）钱大昕撰：《廿二史考异》，江苏古籍出版社1998年版《钱大昕全集》本。

（清）顾炎武撰，（清）黄汝成集释、秦克诚点校：《日知录集释》，岳麓书社1996年版。

（唐）杜佑撰，王文锦、王永兴、刘俊文、徐庭云、谢方点校：《通典》，中华书局1988年版。

（宋）郑樵撰：《通志》，中华书局1987年版。

（元）马端临撰：《文献通考》，中华书局1986年版。

（晋）郭璞注，（清）郝懿行笺疏，沈海波校点：《山海经》，上海古籍出版社2015年版。

（清）吴任臣：《山海经广注》，文渊阁《四库全书》本，上海古籍出版社1987年版。

（晋）郭璞著，袁珂校译：《山海经校注》（增补修订本），巴蜀书社1993年版。

方韬译注：《山海经·海外南经》，中华书局 2009 年版。

（晋）常璩撰，刘琳校注：《华阳国志校注》，巴蜀书社 1984 年版。

（清）吴增僅撰：《三国郡县表》，北京出版社《四库未收书》辑刊 2000 年版。

（北魏）郦道元注，杨守敬、熊会贞疏：《水经注疏》，江苏古籍出版社 1989 年版。

（南朝宋）檀道鸾著：《续晋阳秋》，北方文艺出版社 2021 年版。

（唐）余知古撰：《渚宫旧事校释》，《文渊阁四库全书》，台湾商务印书馆 1982—1986 年影印版。

（唐）余知古撰，杨炳校校释：《渚宫旧事校释》，武汉出版社 1992 年版。

（唐）李泰等撰，贺次君辑校：《括地志辑校》，中华书局 1980 年版。

（唐）李吉甫撰，贺次君点校：《元和郡县图志》，中华书局 1983 年版。

（宋）王应麟撰，张保见校注：《通鉴地理通释校注》，四川大学出版社 2008 年版。

（宋）乐史撰：《太平寰宇记》，中华书局 2007 年版。

（宋）王象之撰：《舆地纪胜》，中华书局 1992 年版。

（宋）王象之撰：《舆地碑记目》，《文渊阁四库全书》，台湾商务印书馆 1982—1986 年影印版。

（宋）王存撰，王文楚、魏嵩山点校：《元丰九域志》，中华书局 1985 年版。

（宋）祝穆撰，祝洙增订：《方舆胜览》，中华书局 2003 年版。

（清）顾祖禹撰，贺次君、施和金点校：《读史方舆纪要》，中华书局 2005 年版。

（明）李贤等撰：《明一统志》，《文渊阁四库全书》，台湾商务印书馆 1982—1986 年影印版。

（清）穆彰阿、潘锡恩等纂修：《大清一统志》，《文渊阁四库全书》，台湾商务印书馆 1982—1986 年影印版。

（清）陈运溶、王仁俊辑，石洪运点校：《荆州记九种》。

吴庆焘著，洪永越点校：《襄阳四略》，湖北人民出版社1999年版。

（南朝梁）宗懔著，谭麟译注：《荆楚岁时记译注》，湖北人民出版社1985年版。

（明）谢肇淛著：《五杂组》，上海人民出版社2021年版。

（清）徐国相、王新命等编撰：《湖广通志》，《文渊阁四库全书》，台湾商务印书馆1982—1986年影印版。

（清）陈锷：《乾隆襄阳府志》，湖北人民出版社2009年版。

韩慧：《嘉靖宜城县志校注》，中州古籍出版社2021年版。

（明）徐学谟等撰，潘彦文等校注：《郧阳府志》，长江出版社2007年版。

（清）赵宏恩等监修：《江南通志》，《文渊阁四库全书》，台湾商务印书馆1982—1986年影印版。

（汉）赵岐等撰，（清）张澍辑、陈晓捷注：《三辅决录 三辅故事 三辅旧事》，三秦出版社2006年版。

（清）顾炎武著：《历代宅京记》（又称《历代帝王宅京记》），中华书局2004年版。

（晋）虞预撰：《会稽典录》，广陵书社2006年《四明丛书》本。

（明）董说著：《七国考》，中华书局1956年版。

（晋）王弼注：《老子注》，中华书局1986年《诸子集成》本。

（三国魏）王弼注，楼宇烈校释：《老子道德经注》，中华书局2011年版。

郭庆藩集释，王孝鱼整理：《庄子集释》，中华书局1961年版。

（清）王先谦撰：《荀子集解》，中华书局1986年《诸子集成》本。

严北溟、严捷译注：《列子译注》，上海古籍出版社2016年版。

（清）王先谦撰，钟哲点校：《韩非子集解》，中华书局1998年版。

黎翔凤撰，梁运华整理：《管子校注》，中华书局2004年版。

吴则虞：《晏子春秋集释》，中华书局1962年版。

（汉）高诱注、王利器疏：《吕氏春秋注疏》，巴蜀书社2002年版。

刘文典集解，冯逸、乔华点校：《淮南鸿烈集解》，中华书局1989年版。

(汉)扬雄著,(晋)李轨、(唐)柳宗元注:《扬子法言》,中国书店出版社 2018 年版。

(晋)葛洪撰,王明校释:《抱朴子内篇校释》,中华书局 1985 年第 2 版。

(晋)葛洪撰,杨明照校释:《抱朴子外篇校释》,中华书局 1998 年版。

(宋)张君房编,李永晟点校:《云笈七籤》,中华书局 2003 年版。

(唐)魏征等撰:《群书治要》,上海古籍出版社《续修四库全书》本。

(宋)洪迈撰:《容斋随笔》,上海古籍出版社 1996 年版。

(隋)虞世南撰:《北堂书钞》,中国书店 1989 年影印本。

(隋)杜公瞻撰,(清)高士奇补遗:《编珠》,《文渊阁四库全书》,台湾商务印书馆 1982—1986 年影印版。

(唐)欧阳询撰,汪绍楹校:《艺文类聚》,上海古籍出版社 1982 年版。

(唐)徐坚等撰:《初学记》,中华书局 1980 年版。

(宋)李昉等撰:《太平御览》,中华书局 1960 年版。

(宋)李昉等撰:《文苑英华》,中华书局 1982 年版。

(宋)王钦若、杨亿等编撰,周勋初等校订:《册府元龟》,凤凰出版社 2006 年版。

(宋)王应麟编撰:《玉海》,台湾华文书局 1964 年影印本。

(宋)祝穆撰:《古今事文类聚》,《文渊阁四库全书》,台湾商务印书馆 1982—1986 年影印版。

(宋)戴侗:《六书故》,中华书局 1975 年版,

(宋)陈思:《宝刻丛编》,浙江古籍出版社 2012 年版。

(宋)吴曾撰,于年湖点校:《能改斋漫录》,山东人民出版社 2020 年版。

(元)陶宗仪辑:《说郛三种》,上海古籍出版社 1999 年影印本。

(明)周婴撰:《卮林》,福建人民出版社 2006 年版。

(清)倪涛编撰:《六艺之一录》,《文渊阁四库全书》,台湾商务印

书馆 1982—1986 年影印版。

（宋）章如愚辑：《容斋随笔》，扬州广陵书社影印本 2008 年版。

（唐）魏徵、虞世南、褚遂良撰：《群书治要》，团结出版社 2011 年版。

（唐）瞿昙悉达撰：《开元占经》，九州出版社 2012 年版。

（唐）白居易撰：《白孔六贴》，齐鲁书社 2014 年版。

（宋）曾慥编：《类说》，《文渊阁四库全书》，台湾商务印书馆 1982—1986 年影印版。

（晋）张华著，范宁校正：《博物志校正》卷二《异俗》，中华书局 1980 年版。

（宋）罗愿撰，（元）洪焱祖音释：《尔雅翼》，吉林出版集团 2005 年版。

（明）陈耀文撰：《天中记》，《文渊阁四库全书》，台湾商务印书馆 1982—1986 年影印版。

（明）彭大翼：《山堂肆考》，《文渊阁四库全书》，台湾商务印书馆 1982—1986 年影印版。

（明）佚名辑：《五朝小说大观》，上海文艺出版社 1991 年据石印本影印。

（清）张英、王士禛、王掞等编撰：《御定渊鉴类函》，《文渊阁四库全书》，台湾商务印书馆 1982—1986 年影印版。

（宋）王尧臣、欧阳修等撰，（清）钱东垣辑：《崇文总目》，现代出版社《中国历代书目丛刊》本。

（宋）陈骙等撰，赵士炜辑考：《中兴馆阁书目辑考》，现代出版社《中国历代书目丛刊》本。

（宋）尤袤撰：《遂初堂书目》，现代出版社《中国历代书目丛刊》本。

（宋）晁公武撰，孙猛校证：《郡斋读书志校证》，上海古籍出版社 1990 年版。

（宋）陈振孙撰，徐小蛮、顾美华点校：《直斋书录解题》，上海古籍出版社 1987 年版。

（清）永瑢等撰：《四库全书总目》，中华书局1965年版。

（清）张之洞著，范希曾补正：《书目答问补正》，中华书局2018年版。

（宋）刘羲仲撰：《通鉴问疑提要》，载《四库全书总目》，台湾商务印书馆1982—1986年影印版。

（明）冯琦、冯瑗等编撰：《经济类编》，《文渊阁四库全书》，台湾商务印书馆1982—1986年影印版。

（三国魏）嵇康撰，崔富章注译、庄耀郎校阅：《新译嵇中散集（二版）》，三民书局2011年版。

（南朝宋）郭茂倩编撰，聂世美、仓阳卿校点：《乐府诗集》，上海古籍出版社2016年版。

（东汉）王逸著，黄灵庚疏证：《楚辞章句疏证》（增订本），上海古籍出版社2018年版。

（三国蜀）诸葛亮著，段熙仲、闻旭初编校：《诸葛亮集》，中华书局1960年版。

（晋）陶潜撰，袁行霈笺注：《陶渊明集笺注》，中华书局2011年版。

（宋）洪兴祖撰，白化文等点校：《楚辞补注》，中华书局2015年版。

（南朝梁）萧统编，（唐）李善注：《文选》，上海古籍出版社2019年版。

（南朝宋）刘义庆著，（南朝梁）刘孝标注，余嘉锡笺疏：《世说新语笺疏》，中华书局2011年版。

（南朝梁）萧绎编撰，许逸民笺校：《金楼子校笺》，凤凰出版社2021年版。

（宋）苏轼著，傅成、穆俦标点：《苏轼全集》，上海古籍出版社2000年版。

（宋）释文珦著：《潜山集》，文渊阁《四库全书》本，上海古籍出版社1987年版。

（宋）刘学箕著：《方是闲居士小稿》，文渊阁《四库全书》本，上海古籍出版社1987年版。

朱存理著：《珊瑚木难》，文渊阁《四库全书》本，上海古籍出版社1987年版。

（南朝梁）释惠皎撰、汤用彤校注：《高僧传》，中华书局1992年版。

（南朝梁）僧祐编撰：《弘明集》，中华书局2011年版。

（南朝梁）僧祐编撰：《弘明集》，台湾华藏净宗学会2003年《乾隆大藏经》版。

（唐）释道宣撰：《广弘明集》，台湾中华书局1970年版。

（印度）龙树菩萨著，（后秦）鸠摩罗什翻译、王孺童点校：《大智度论》，宗教文化出版社2014年版。

（唐）释道世撰，周叔迦、苏晋仁校注：《法苑珠林校注》，中华书局2003年版。

（隋）智顗撰，王新水点校：《维摩经玄疏》，上海古籍出版社2020年版。

赖永海主编、王彬译注：《法华经》，中华书局2010年版。

赖永海主编、陈林译注：《无量寿经》，中华书局2010年版。

李晓虹注译：《阿弥陀经》，中州古籍出版社2010年版。

（唐）玄奘编译：《大般若波罗多经》，文物出版社2020年版。

（南朝梁）僧祐撰：《出三藏记集》，中华书局2013年版。

（宋）孙奕：《示儿编》，《文渊阁四库全书》，台湾商务印书馆1982—1986年影印版。

（唐）韩愈著，马其昶校注，马茂元整理：《韩昌黎文集校注》，上海古籍出版社1986年版。

（宋）司马光著：《家范》，中国书店2018年版。

马积高、万光治主编：《历代词赋总汇》，湖南文艺出版社2014年版。

（清）永瑢校，孙球勘：《御制文集二集》，《文渊阁四库全书》，台湾商务印书馆1982—1986年影印版。

（宋）黄庭坚著，（宋）任渊、史容、史季温注，黄宝华点校：《山谷诗集注》，上海古籍出版社2003年版。

（宋）朱胜非：《绀珠集》，《文渊阁四库全书》，台湾商务印书馆1982—1986年影印版。

（金）李俊民著：《庄靖集》，山西古籍出版社2006年版。

（明）高棅编撰，汪宗尼校订，葛景春、胡永杰点校：《唐诗品汇》，中华书局 2015 年版。

（清）严可均辑：《全上古三代秦汉三国六朝文》，上海古籍出版社 2009 年版。

（清）董诰等纂：《全唐文》，中华书局 1985 年影印版。

（明）贺复徵编：《文章辨体汇选》，《文渊阁四库全书》，台湾商务印书馆 1982—1986 年影印版。

（清）康熙御选，徐乾学等编注：《御选古文渊鉴》，《文渊阁四库全书》，台湾商务印书馆 1982—1986 年影印版。

（明）叶盛撰，魏中平点校：《水东日记》，中华书局 1980 年版。

（明）杨慎撰：《丹铅馀录·谭菀醍醐》，上海古籍出版社 1992 年版。

（明）陈耀文：《正杨》，《文渊阁四库全书》，台湾商务印书馆 1982—1986 年影印版。

逯钦立：《先秦汉魏晋南北朝诗》，中华书局 1983 年版。

周一良：《魏晋南北朝史札记》，中华书局 1985 年版。

方北辰：《三国志全本今译注》，陕西人民出版社 2011 年版。

银雀山汉墓竹简整理小组著：《银雀山汉墓竹简·壹》，文物出版社 1985 年修订版。

银雀山汉墓竹简整理小组著：《银雀山汉墓竹简·贰》，文物出版社 2010 年版。

陈茂同：《历代职官沿革史》，华东师范大学出版社 1997 年版。

刘纬毅：《汉唐方志辑佚》，北京图书馆出版社 1997 年版。

刘纬毅等：《汉唐地理总志钩沉》，国家图书馆出版社 2016 年版。

黄惠贤：《习凿齿事迹丛考》《襄阳师专学报》（社科专号）1988 年第 3 期。

张承宗：《〈汉晋春秋〉在史学上的影响》《史学史研究》1986 年第 2 期。

丁邦钧：《安徽马鞍山东吴朱然墓发掘简报》，《文物》1986 年第 4 期。

人名地名索引

说明

1. 本索引收录《习凿齿文史合集》所含人名与地名。
2. 同一人在文中称呼不同时，如周瑜和周公瑾，不合为一条，单独开列。人名为简称时在括号补全，称字或号时在后面括号补人名全称。地名为简称时亦在括号补全。
3. 人名地名按英语字母顺序排列，后面为页码。

A

安定　86

安禄山　289

安期先生　173

安审琦　325

安养　329

B

巴东　260

巴汉　125

巴郡　66

巴陵　293，295

巴丘湖　293，294

巴西　250

霸城　71

白马　355

白沙　186，187

白寿　46，51

白崖　284—286

鲍防　280

鲍叔　173，175

北地　56，58

北津　342，343

北门　186

北山　46，48，50

卞和　339

豳州　270

邴吉 248, 249
并州 93—95
伯牙 245
伯夷 17
勃海 15, 17, 19
博陵 311, 312
卜式 280, 281
步协 260, 261

C

蔡道贵 268
蔡讽 232, 234
蔡瑁 30, 232, 233
蔡叔 26
蔡琰 234
蔡阳 347
蔡邕 189, 231, 232
蔡瓒 234
蔡洲 232, 234
曹操 11—13, 17, 19, 20, 22, 23, 25, 26, 28—34, 38, 39, 42, 46—48, 50—52, 54, 59, 69, 73, 74, 77, 78, 81, 83, 89, 90, 96, 108, 138, 141, 146, 172, 181, 182, 187—189, 229, 230, 233—235, 237, 251, 256
曹芳 73, 74, 86, 104, 141, 162, 261
曹公 32—34

曹髦 76, 92, 94, 101—109, 120, 162, 256
曹叡 59, 69—72, 74, 86, 98, 141
曹爽 73, 75, 77, 78, 82, 84, 86, 87, 89—92, 98, 101, 106, 108, 114, 121, 129, 160—162
曹休 46, 48, 54
曹宇 75—77
曹肇 75, 77
曹真 49, 53, 56, 59
曹子文 331, 332
昌霸 46, 51
昌邑 96, 97
长安 49, 56, 79, 83, 94, 145, 146, 150, 155, 162, 191, 201, 271, 285, 289, 301, 309, 311, 315, 322, 323, 350, 351, 354
长沙 14, 30, 41, 55, 103, 142, 143, 167, 173, 182, 185
常忌 260, 261
晁氏 355, 356
巢湖 46, 51, 91
朝宗 315, 316
陈平 49, 248, 249
陈骞 83
陈群 140, 141
陈寿 359, 360
陈泰 93, 94
陈震 55, 56

成得臣　95
成都　33，34，37，41，43，44，51，65，112，115，121，122，125—127，142，143，162，164，206，226，231，246，247，250，251，254，261，290
成济　104，107
成师　250，252，253
泜上　15，16
赤松　114，116
楚成　44，45
楚顷襄王　81，168，223，224
楚王　45
楚王彪　89，90
楚墟　264
楚庄　166，167
楚庄王　44
褚常侍　202
褚裕之　303
传僎　328
淳于髡　173，178
崔弘度　311
崔瑗　351
崔州平　187，188

D

大柳谷口　70，376
大石山　86
戴陵　56，59
丹杨　107，257，259
丹朱　225，228
单超　8，9
单父　276，277
当阳　31，32
邓　89，90
邓艾　37，65，112—117
邓朗　137
邓老　186，187
邓铜　46，51
邓羲　12，13
邓遐　300
邓县　29，342，343
邓禹　173，184
狄道　96，97，111，311
狄仁杰　273，274
氐池　70，376
滇池　43，44
丁奉　93
丁立　46，51
东方朔　173，180，194
东郭先生　173，179
东海　217
东海王司马越　144，149，215，350，351
东平　139
东兴　91，93，95，98
董恢　66，254
董威辇　215
董仲舒　5，7
斗谷於菟　165

窦建德　269，271
独孤恓　280，282
杜甫　286
杜陵　117，312
杜审言　210，286，288
杜恕　289
杜文朝　317
杜袭　189，265
杜乂　154，155
杜易简　286
杜预　116，117，129，152，289，292，293
杜轸　260，262

E

峨眉　114，116
鹅湖　355，358

F

法兰　199，200
法祖　199—201
樊城　10，29，111，161，187，257，294，297—299，329，342
樊建　136，137
樊哙　300
樊墟　186，187，263，264
樊泽　282，283，316
樊胄　238，241
繁钦　189，263
繁仲皇　238

范蠡　114，116，207，337，338
方城　138，317
房陵　161，250，252
费诗　40，41
费曜　56，57，59
费祎　67，82，88，236，255
封道洪　271，272
冯唐　136，137
逢丑父　173，176
逢纪　23，25，27
逢萌　173，180
凤林　284
凤林山　282，283
奉天　280，281
夫人城　301
伏高阳　173，182
伏三老　173，180
伏滔　173，174，378
伏羲　173，185
伏征君　173，179
扶风　129，164，181，318
苻坚　191，198，263，301
福建　280
傅嘏　90，97，98
傅金　112
傅玄　128—130
傅巽　265

G

高开道　269，271

高堂隆　71，72
高翔　57，60
高阳池　206，207，295，355，357，358，371
葛强　206，207，295
更始　40—42，164
更始帝刘玄　41，42
公孙强　87，88
公孙述　164
公孙渊　59，62，72—74，161
公孙瓒　14，17，20，21
公羊高　173，176
巩县　286，288
共工　163，170
鼓城　135
顾劭　226，230
关靖　16，21，22
关右　82，83
关羽　36，47，52，53，65，68，111，161，238，241，252，253，268
关中　42，46，49，66，91，96，161，167，185，201，234，238，284
官渡　13，22，23，27，50，181
冠盖里　209，210，341
冠盖山　209，341
馆陶　24，27
管叔　26
管幼安　173，181

管仲　67—69，173，175，176，181，259
毌丘俭　92，93，95—98，100，102，114，115，161
光武　6，40，42，141，154，164
光武帝刘秀　6，42，184，336
广汉　254，260，261
广武君　239，242
广州　140，239，300，303，309
鲧　163，246，247
郭汾阳　321，322
郭后　69，71
郭淮　56，57，59，96，114
郭敬　298，299
郭马　140
郭若讷　286，288
郭氏坞　65
郭祖深　266，267

H

韩德高　249，251
韩思复　315，316
韩系伯　266
韩信　49，60，67，114，150，242，255
汉高帝　261，285
汉高祖　49，167，180，230，247，314，332，338
汉光武　6，121，154，207，263，270，284

汉桓帝　152

汉津　342，343

汉南　50，84，263，379

汉文帝　42，71，97，152

汉献帝　12，14，51，53，88，94，141，172，235，251，252

汉阳　60，129，232，273，318

汉阴丈人　173，174，183

汉舆　284，285

汉中　8，36，38，39，42，46，48，51，53，60，65，66，82，83，112，122，127，161，238，246

合肥　96，102

何平　57，58，60

何晏　61，82，90，184，192

何曾　120，121

和洽　265

河北　188，284

河东　54，92，117，118，120，147

河间　313，314

河南　9，12，13，17，21，22，25，30，55，56，81

河内　92，97，118

阖闾　165，166，168

狠子　349，350

衡山　85，185，290

弘农　289，302

后稷　170，171

后主　36，113，121，122

狐偃　62，63

胡公价　355，356

胡烈　112，113，205，260，291

胡威　151

胡玉如　361

胡遵　93，95

华林园　260，261

华容　344，345

华山　141，285

华轶　143，144

华阴　284，285

华子鱼　173，181

怀王　42，166，167

淮北　84，138，289

淮南　91，107，114，115

淮浦　50，101，237

淮阳　79，81

桓公　78，175，176

桓阶　103

桓祕　186，264

桓温　154，155，174，187，202，263，264，300，369，371，378

桓宣　298

桓彝　103

皇甫谧　4，86，87

黄承彦　232—234

黄奂　333

黄穆　332，333

会稽　52，149

浑瑊　276，277

活国城　349

霍弋　121，122

J

嵇绍　138，207

箕谷　45，48，49

箕子　239，242

吉州　286，287

即墨大夫　173，179

季伦　206，295，337，355

季友　23，26

济南　138，178

冀州　13，16—19，22，23，69，106，188，296，310

贾充　104，107，108，124

贾逵　53，54，78

贾思同　308，309

贾栩　57，58，60

建业　91，93，127，130，131

剑南　286，289，290

江北　61，84—86，98

江表　99，100，133

江东　14，46，52，80，99，146，172，205

江革　173，180

江汉　84，85，182，188，292，293，297，299，323，339

江淮　13

江陵　30，31，80，91，131，286，294，295，297，311，345

江南　61，85，131，171，184，185，232，233，235，240，284，312，319

江西　165，280，307，360

江夏　30，33，67，84—86，106，181，232—235，241，297，342，353，378

江阳　61

江由　116，117

江州　61

姜维　37，64，65，88，95，96，111，113，114，117，254

蒋班　98—100

蒋济　73，74，86，89

蒋舒　112

蒋琬　41，65

交甫　338，339

交址　122，123

焦彝　98—100

接舆　173，182

街亭　47

街邮　262

桀　176，225，228

界桥　18，20

晋怀帝　149，150，234，296

晋怀公　38，41

晋惠帝　145，214，215，262，297，350

晋惠公　41，175

晋景帝 91
晋愍帝 150，154，263，378
晋穆侯 250，252，253
晋文帝 348
晋文帝司马昭 348
晋文公 38，41，45，63，95，135，259
晋武 250
晋武帝 78，81，109，124，129，132，136，141，146，151—153，214，215，262，285，286，297，347，350
晋宣帝司马懿 107，240
京师 39，108，146，161，184，234，252，282，311，378
京兆府 283，287
荆门 85，283，284
荆南 278，317，318
荆山 141，339
荆州 8，30，32—34，36，52，53，56，65，68，80，86，102，112，116，129—132，144，145，173，174，184，187—189，205，206，209，226，233—235，237，239—241，243，246，251，252，260，261，263，265，273，275，276，282，291—293，296—300，308，310，312—316，318，340，348，349，353，366，368，369，371，378

景差 222，223
竟陵 33，233，234，269，295，300，305，327
九真 122，123，132
九州 81，160，163
菊潭 284，285
莒大夫 177
瞿唐 286，290
涓子 173，176

K

开州 286，287
轲比能 56—58
孔子 148，177，182，183，206，235，310，361
蒯聩 23，26
蒯钦 262，263
蒯越 31，233

L

老父 10
老莱夫妇 173，183
乐广 142，350
乐令 142，173，184
乐毅 133，135，136，177
耒阳 228，230，286，287
犁丘 335
黎丘 336，354
黎阳 27，46，50，350
李安 292，293

李白　286
李承　319，320
李定　10，11
李服　46，51
李皋　318
李固　7，8
李衡　95，96，257—259
李礼成　310，311
李茂　296
李密　308
李牧　137，138，242
李平　67，68
李世民　271
李特　260，262，297
李希烈　283，317
李孝恭　313
李雄　262
李业　323，324
李渊　270，314
李昭仪　124，125
廉颇　137，138
梁不疑　9
梁鹄　233，234
梁皇后　9
梁冀　7，8
梁俊之　317
梁孟星　232，233
梁武帝　267，307，308
梁州　162，270，299，301
辽东　17，20，26，62，73，74，144，161，181
廖化　111，253
廖立　67，68
临海　355
临汉　320
临沮　250，252，354
临湘　185，263，265
零桂　293，295
零陵　30，79，173，185，235，238，239，241，294，295
令狐德棻　272，273
令狐愚　88—90
刘备　4，14，28—31，33，34
刘表　12，13，28，30，31，172，181，188，189，225，230，232—235，237，241，250，251，265，346，369
刘粲　145，146
刘禅　36，37，42，44，65，112，113，117，122，123，146，147，254
刘谌　113
刘聪　146，149，150
刘琮　13，30，52，232—235，265
刘诞　301，302
刘道产　302
刘放　75—77
刘和　20，150
刘郃　46，51
刘弘　293，296，297

刘季和　29，353
刘景升　232
刘琨　143，144
刘琩　37，41
刘琦　232，234，235
刘审交　325
刘秀之　327
刘焉　33，37，162
刘繇　46，50
刘毅　140，141，151，152
刘虞　17，20
刘允济　286，288
刘璋　33，41，52
刘兆　138，139
留略　91，92
柳城　28，29，51，289
柳公绰　280，281，319
柳浑　276
柳庆远　307
柳元景　302
六门堨　327
龙河　15，19
龙鹤　238—240，242
龙门　309
龙阳　258，259
隆中　29，30，186，208，263，
　　264，293，355，361
陇西　80，96，97
陇右　79，80
陇州　273，276

卢钧　322
卢僎　315，316
泸水　49
卤城　57，60
鲁　5，6
鲁连　173，178
鲁穆公　235
鲁肃　34，52，171，226
鲁昭公　104，106
鲁仲连　178
陆长庚　355，356
陆绩　226，230
陆抗　132，134，260
陆氏　361
陆逊　48，53，54，79—81，92，
　　134，230，241，252，336
鹿门山　188，225，229，282，
　　335，357
吕兴　122，123
轮扁　173，175
罗蒙　270
罗尚　260
罗宪　146，147，206，260，
　　261，270
罗艺　269
洛水　86，109
洛阳　17，37，62，74，86，91，
　　92，104，108，109，111，113，
　　121，124，126，129，142，145，
　　150，152，162，201，215，235，

253，254，261，262，270，271，274，282，285，288，289，351，354

洛邑　43，75

雒城　35，243

雒县　162，262

M

马端临　362

马仁陂　343

马谡　45，60，243，246

马彝　318

马玉　46，51

麦丘人　175

毛玠　131，132

枚皋　286，289

梅敷　346，347

郿县　59

孟达　160，161

孟浩然　229，282，295，315，316

孟获　43，44，246，337

孟轲　173，177

孟明　15，20，256

祢正平　173，181

绵竹　41，125，127，246，247

沔北　84，184，299，346，349

沔南　84，233—236，242，253，347

沔中　299

愍帝　143，145，146，150

明帝　5，6，62，69，70，72—78，81，92，98，121，148，155，180—182，189，265，270，306，309

明皇帝　6，190，195，299

明神宗　358，361

穆质　280—282

穆子　133，135

N

南昌　50，304

南陔里　271

南郡　14，30—32，85，92，93，95，122—124，131，173，185，226，231—233，252，254，268，288，291，309，337，350，353，354

南皮　19，25，361，363

南围　57，58，60

南夏　125，292

南阳　10，22，29，30，41，42，46，50，56，68，90，116，129，142，153，167，175，184，196，197，235，254，299，303，327

南岳　209，210

南中　43，44，49，252

南州津　268

宁戚　173，175

宁州　123，270，271，311

P

潘濬 238—241

潘滔 144，145

庞德公 184，188，224，226，229，234，264，357

庞士元 173，225，226，250

庞统 34，35，184，187，188，224，227，230

裴度 320，321

裴潜 188，265

沛国 38，114，230，235，297

彭越 60，255

皮初 298，354

郫城 260—262

骈邑 67，69

平皋关 342，343

平阳 72，107，120，129，146，149，150

平州 73

Q

戚 23

齐桓公 33，63，69，78，175，179

齐郡 179，308，309

齐王 77，78，86，104，118，121，142，177—179，261，282，326，350

祁连 46，50

祁山 45，48，50，56，57，161，246

邠 291

黔子 178

谯周 4，113，250，260，262，360

秦丰 354

秦颉 352，353

秦朗 75，77

秦穆 63

秦穆公 21，37，38，41，45，63，71

秦政 163

青源 273，274

青州 19，25，30，81，101，116，151，174，185，207，238，309

清水亭 310

黥布 60，67，255

曲阿 13，14

屈宋 223，286，287

屈原 173，183，184，194，221，223，231，287

全琮 48，92，100，226，230

全端 91，92，99，100

全怿 100

阙里 148，149

R

任城 331

任兆麟 330，358，359，361

日南 122，123

S

三川 286，289
三江 166，168
三岭 82
散关 47，53
桑弘羊 282
山都 255，257，291，349
山公 206
山季伦 337，338
山简 206，207，263，264，295，358，370，371
山涛 138，207，295，296
山阳 12，118，189，234，262，332，333
陕县 302
商均 225，228
商汤 39，228
上邽 56，57，59，161，164
上黄 144，346，347
上洛 284—286
上庸 161，260，261，312
少昊 173，185
库狄履温 328，329
申徽 310
申详 233，235
神农 173，182，252
审配 22，23，25，27，50
盛宪 146

师旷 245
施但 130，131
石城 56，59
石勒 139，144，150，298，299
石梁山 340
石曼姑 23，24，26
石门 284，285，327
士元 35，355，357
释道安 189—191，216，263，265，378
寿春 79，81，102，125，127，137，151，294
叔齐 17，180
叔孙通 173，179，180
叔振铎 87，88
叔子 129，292，357
舜 37，160，164，165，171，185，228，247
司马大将军 94，95，101
司马德操 173，184，188，225，249，264，265
司马孚 90，108
司马光 170，359，360
司马徽 184，187，188，234
司马景王 91，92，96
司马睿 107，143—145，154，195，299
司马师 91—95，97，98，102，104，107，109，129，182
司马文王 93，103，104，

123，124
司马宣王　56，60，64，67，76，82，84，89，255，297
司马懿　49，64，73，74，77，78，80，84，86—88，90—92，94，95，98，107，108，113—115，121，141，143，152，161，162，166，184，189，240，256，257
司马昭　91，95，99，100，102，104，106—109，113，115，116，119—121，125，127，129，139，140，143，152，241，242，348
司马伷　107，143
松子亭　347
宋孝武帝　304，305，327，328
宋玉　221，223，231，287，344
苏岭山　229，335
苏颋　286，288
隋炀帝　270，276，281，285，313
隋州　317，318
孙策　13，14，46，50，55，81，134，146，147，171，172，181，230，237
孙綝　99，100，103，110，259
孙绰　99，211，212，376
孙夫人　36，37
孙皓　93，107，125，126
孙坚　14，18，55，103，147，186，188
孙将军　243

孙亮　92，99，100，110，258，259
孙权　14，36，46，48，52，54—56，62，66，67，73，74，79—81，84，85，91—93，110，126，127，146，150，161，171，172，188，189，230，238，239，241，244，245，254，259，356
孙盛　149，152，215，250，251，253
孙叔敖　182
孙武　50，188，246
孙兴公　211，376
孙休　96，100，110，126，256，257，259
孙彧　125—127
孙资　75—78，253

T

太平公主　275，278，279
太原　20，59，78，89，92，94，106，120，151，211，212，274，278，290，299，323
太岳太和山　355，358
太宗　262，270，281，284，314，317，329
太祖　13，14，28，38，39，42，55，188，230，280，297，313，314，358
檀溪　186—188，263，342，

343，346

檀子　173，178

唐公　269

唐衡　9

唐玄宗　275，288，315，316，328，329

唐州　317

唐咨　100，101

陶璜　111，132

陶侃　154，155，298，299，369

田单　135，136，173，177

田光　173，178

田续　115—117

田豫　73

田子方　173，178

潼关　46，51，83，289，302

屠羊说　173，183

W

宛城　50，197，234，351

万山　263，264，285，293，338，339，357

王褒　138，139

王粲　30，189，241，263

王昌　221，331，332

王昶　92，93，95

王敦　144，145，195，234，300，369

王玢　320

王广　88，90，184

王基　101

王济　151

王经　104—106，108，109，118，119

王朗　13，14，46

王凌　89，90，101，230

王起　323，324

王戎　139，142

王沈　104，106

王升　174

王述　309

王威　31，295

王维　282，283

王武子　149，151

王羲之　286，287

王祥　102，120

王雄　58，73，139

王衍　139，142，145，150

王业　46，104，106，170，269，274

王仪　139

王夷甫　140，142，144，184

王逸　231

韦世康　312

卫瓘　115—117，142，250，289

卫灵公　23，26

隗嚣　164

魏绛　246，247

魏明帝　49，56，58，59，61，62，64，70—72，74，77，80，86，

98，161，188，261

魏平　57，60

魏武帝　39，62，159，229，235，311，331

魏延　57，60，66，67，236，254，255

文帝　30，69，77，97，103，128，137，138，150，159

文钦　92，98—102，115

文舒　91

文王　17，104—106，109，116，118—120，122，123，138，176，340

文鸯　102

文种　116

汶山　56，238，240

卧龙　186—188，225，263

乌巢　22，46，50

吴班　57，60，61

吴楚　84

吴琚　221，329，330，355，363，364，371

吴郡　14，36，52，55，81，92，99，134，146，150，188，230，265，304，306，358，359

吴平　306，307

吴起　50

吴庆焘　221，222，239，294，335，337，338，340，343，346，347，350—352，355，359，361—364

吴氏　37，41，61，294，354

五湖　114，116

五溪　241，243，245

武昌　91，93，95，130，145，154，203，239，241，257，299，300，308，371

武后　273，274

武皇　160，279

武皇帝　39，42，82，83，149，150，155，230，262，304

武陵　30，68，106，235，241，243，245，258，333

武三思　273，276

武则天　274—276，279，325

X

西鄂　260，261，351

西陵　85，132，134

西平　88，265

西山　15

习蔼　238

习承业　238

习凿齿　263，264，370，371

习宏　239，242

习融　238

习温　238—240，264

习询　238

习郁　207，239，240，335，337，338，357

习凿齿 6，29—32，34，37—40，42，44，53，62，67，71，94，95，98，101，119，123，133，134，148，149，152，157，167，170，173，174，186，187，190，191，196，205，210—217，239，242，263—265，291，294，301，331，335，338，339，341，354，360，364，366，368—374，376—379

习珍 238，239，242

习竺 238，257

席豫 278

隰朋 173，175

郤正 124

下荆南道 355，358

夏侯霸 82，113，114，129

夏侯献 75，77

夏侯孝若 351

夏侯玄 82，83，114

夏侯渊 51，83，114，351

先主 11，31，32，35—37，40—45，113，239，243，246，250

鲜于辅 14，20

咸阳 40，42，137，163

岘山 207，209，210，224，226，228，229，234，292，293，299，306，310，315，316，324，337，338，342，355，357

相 5

襄城 29，65，184，189，234，254，275，283，285，346

襄王 81，168，222，224

襄阳 13，29—31，35，49，65，79，84，85，147，154，161，184，186—188，191，196，204，207，208，210，216，219，221

襄州 29，210，221，271—273，275，276，280，285，295，304，308—316，319，321，323—325，335—343，346，347

向伯茂 119

向充 249

向宠 249，250

向朗 249，251

向雄 118，119

萧赤斧 305

萧恭 307，308

萧景 306

孝文 54，55

孝武 303，304

斜谷口 238

泄柳 233，235

谢安 187，199，201，202，263，264

谢侍中 201

谢询 146，147

薤山 340

辛毗 64

新城 93，96，97，161，262，301

新兴　77，93—95，120，146，150，269
新郑　324，325
新州　273，276
兴平　20，67，81，82，94，164，231，268
星人　213，378
徐干　181
徐商　324
徐绍　125—127
徐庶　184，187
徐塘　93
徐伟长　173，181
徐元直　187，188，225，229，249
徐州　29，81，92，116，141，180，181，185，304，323
许昌　12，39，91，94，116，121，141，143，187
许攸　22
宣皇帝　160，164，166
玄德　171
薛道衡　312，313
薛珝　111，132
荀林父　44，45
荀卿　173，177
荀顗　106，120，121

阎圃　38，39
阎显　87，88
阎宇　260，261
阎芝　46，51
颜歜　173，174，178，179
颜籀　329
兖州　6，60，81，88—90，92，149，185，188，302，307
偃师　17，45，86，109，286
彦威习氏　358
晏婴　25，165，173，176
雁门　20，93—95，120，138
扬济　262
扬州　4，50，81，83，88，92，98，102，107，130，143—145，203，259，275，302，314，323
羊衜　72，73，129
羊公　139，186，187
羊祜　128，129，132—134，139，153，187，246，292，357
阳安关　112
阳口　293，294，345
阳群　46，51
杨干　246，247
杨洪武　271，272
杨岌　270，271
杨稷　131，132
杨虑　235
杨世安　292，293
杨太后　262

Y

延陵　164，165，329，330，364
严武　286，290

杨雄 54

杨仪 60，65—67，161，235，254，255

杨颙 247，248

杨震 310

尧 37，160，163—165，171，185，228，283，367

姚崇 273—275，315

姚憺 320

冶夫 133，135

邺城 24，27，50，69，184，191，350

伊水 86

夷甫 139

夷界 238，241

夷陵 53，56，61，68，80，81，134，243，246，252

宜城 85，168，209，210，221，223

宜都 30，31，111，134，253

宜僚 173，183

义阳 60，112，115，137，251，298，299，301，318，343

易京 14，17，20—22

益州 4，29，33，35—37，39，52，67，79，83，123，161，162，164，213，226，247，252，254，257，260—262，270，288，297，301，327

阴平 37，111，112，122，240

殷浩 154，155

殷礼 79，80

尹怦 271

尹嗣宗 272

英习 257，258

郢 166

郢州 282，283，305—307，327

雍州 93—95，106，114，275，285，292，293，301—308，312，327，333

永安 103，110，123，126，131，147，150，254，259，261

幽州 17，19，20，58，73，92，139，161，163，269，271，289，322，325，350

游女 338，339

于陵仲子 173

鱼弘 269

鱼梁 186，188

渔父 173，183

渔梁 263

虞舜 162，165，173，185

虞松 96，97

宇文化及 269，270

禹 165，228

庾翼 154，155，299，346，369

豫章 29，50，52，149，150，155，166，181，203，230，267，307

豫州 15，18，81，102，106，

107，141，151，155，185，268
元凯　117，355，357
袁淮　84，85
袁尚　22，23，25—28，50，51
袁绍　12—14，17—23，25—28，45，50，69，188
袁谭　19，23，25—28，50
原城　133，135
越巂　122，123

Z

牂牁　41，123，225，230，250，260
臧叔雅　320
曾参　130，188，232
柤中　84，85，161，346，347
斩蛟津　300
斩蛟渚　300
张伯　5，7
张昌　296，297
张飞　36，254，268
张公谨　314
张郃　22，23，49，51，56，57，60，246
张衡　194，348，351
张嘉瑜　317
张柬之　271—275，318
张九龄　282
张良　49，67，114，115
张鲁　38，39

张平子　351
张如　232，234
张邵　242，304
张邵伯　239，242
张松　32，33
张悌　255
张温　10，80，232，233，235
张延赏　276，278
张翼　253，254
张允　232，235
张昭　13，14，62，63，242
昭烈　113
召伯　297
召忽　173，175
召信臣　293，327
赵彦　11，12
赵云　36，37，46，48，49，53
甄后　69
鍼叔　23
郑交甫　339
郑康成　4，173，181
郑諴　282，283
郑玄　4，130，181，372
枝江　30，122，134
中卢　111，253
中庐　291，337
中夏　31
中原　31，44，54，68，73，100，135，181，228，234，284，292，325，368

终军　173，179
钟会　65，90，112—119，206，254
钟离意　3，5，6
钟期　243，245
钟士季　113
钟子期　245
仲恭　91，92
仲尼　5，148，170，177，324
周公　23，26
周公旦　26，229
周公瑾　13，14，392
周季重　286，288
周孔　205，206
周武王　7，17，39，229
周亚夫　96，97
周瑜　14，171，172，392
周曾　320
朱桓　48，79，81
朱朴　283，284
朱然　79，80
朱文公　359，360
朱熹　358，360，371，376
朱修之　303
朱序　301
朱异　99
诸葛诞　257

诸葛瑾　79，80，92，161，347
诸葛靓　255—257
诸葛恪　91，92，95，96，257
诸葛孔明　225，262
诸葛亮　23，29，30，36，37，44，49，51，52，54，56，60，61，64—68，80，92，113，122，124，136，161，184，187，188，208，209，234，236，243—245，250，254，255，257，292，293，337
诸葛武侯　171，207
诸葛仲茂　352
卓茂　173，184
涿郡　11，77，269，271，351
子犯　37，38
子贡　173，174，178，183
子骞　130
子文　164，165
子围　40，41
秭归　47，53，134，161，184，250，252，253
宗预　253，254
邹奭　173，177
邹衍　167，173，177
邹湛　152，153
左悺　9